国家社会科学基金项目（12BJL019）成果

# 我国融资结构测度及优化

## ——基于净融资法的研究

陶春生　著

中国财经出版传媒集团
中国财政经济出版社

**图书在版编目（CIP）数据**

我国融资结构测度及优化：基于净融资法的研究 / 陶春生著. --北京：中国财政经济出版社，2023.8

ISBN 978-7-5223-2033-5

Ⅰ.①我… Ⅱ.①陶… Ⅲ.①融资结构-研究-中国 Ⅳ.①F832.48

中国国家版本馆 CIP 数据核字（2023）第 036658 号

责任编辑：郁东敏　　责任校对：胡永立

封面设计：中通世奥　　责任印制：刘春年

**我国融资结构测度及优化——基于净融资法的研究**

**WOGUO RONGZI JIEGOU CEDU JI YOUHUA**

**——JIYU JINGRONGZIFA DE YANJIU**

中国财政经济出版社 出版

**URL**：http：//www.cfeph.cn

E-mail：cfeph@cfeph.cn



社址：北京市海淀区阜成路甲 28 号　邮政编码：100142

营销中心电话：010-88191522

天猫网店：中国财政经济出版社旗舰店

网址：https：//zgczjjcbs.tmall.com

北京财经印刷厂印刷　各地新华书店经销

成品尺寸：170mm×240mm　16 开　20.5 印张　336 000 字

2023 年 8 月第 1 版　2023 年 8 月北京第 1 次印刷

定价：72.00 元

ISBN 978-7-5223-2033-5

（图书出现印装问题，本社负责调换，电话：010-88190548）

本社质量投诉电话：010-88190744

**打击盗版举报热线：010-88191661　QQ：2242791300**

# 目 录

# 第一章 导论

## 一、融资结构的含义及研究意义

融资结构（Financing Pattern）指的是相对于实体投资（Physical Investment）而言，各种融资来源及其比例关系，其对象一般是非金融企业部门①，也就是人们通常说的实体经济②。按照经济增长核算方程，经济增长的来源最终可分解为三个：第一是资本投入的增加；第二是劳动投入的增加；第三是技术进步等带来的效率提高。其中，资本的投入对应的就是实体投资。如同硬币的正反面一样，实体投资的另一面就是企业融资。无疑地，一个经济体系如能形成高效的融资机制，则一方面可以更有力地为实体投资提供融资来源；另一方面也可以通过引导资源更有效配置，从而促进经济快速且高质量增长。③

那么，如何才能准确地揭示一个经济体系中融资机制及其效率呢？考察实体投资的融资来源及其相对关系，也就是说从融资结构入手，就构成最直接的切入口。

---

① 为叙述方便，除非特别说明，本书所称的企业指的是非金融企业。

② 实体经济虽然经常被人们提及，但尚缺乏统一的界定。黄群慧（2017）对此进行了仔细的考察，区分了三个层次的含义：第一个层次的实体经济是制造业，这是实体经济核心部分，也可以理解为最狭义的实体经济；第二个层次的实体经济则将外延扩展至农业、建筑业和除制造业以外的其他工业，这是实体经济的主体部分，或者说一般意义或者传统意义上的实体经济；第三个层次的实体经济则进一步包括批发和零售业、交通运输仓储和邮政业、住宿和餐饮业，以及除金融业、房地产业以外的其他所有服务业，这是实体经济的整体内容，也可以称为最广义的实体经济。他认为，房地产的实体经济部分已经在建筑业中体现了，即包含在第二个层次实体经济中。总体来看，广义的实体经济和非金融企业部门基本上是对应的。

③ 白芝浩（Bagehot，1873）早在100多年前就对此有过生动的描述：发达的银行业和相关的金融市场，使得英国具有了强大的储蓄动员能力，能立刻将资金供给那些善于发现并能很好利用新的投资机会的人，工商企业还因此避免了以前经常容易出现的流动性困境，英国由此获得了独特的竞争优势和经济成就。

传统上，对融资结构的相关研究已形成了两条主线：一条是资本结构理论；另一条是金融结构和金融发展理论。资本结构理论大致在MM定理之后才兴起，其研究的主题实际上是企业最优融资行为及其存在性。虽然MM定理对此给出一个否定的结论，但这是建立在一系列严格假定的前提条件基础上。其后的研究实际上是在证明最优融资行为在一定条件下的存在性。一个很自然的问题是，如果企业个体存在最优融资行为，那么，加总以后的企业部门融资状况是怎样的呢？资本结构理论对此并没有给予回答。更重要的是，从资本结构入手的相关研究存在着严重的局限（Mayer，1988，1990）。表现在：第一，资本结构对融资形式的区分比较简略，仅仅将资本区分为股权和债权两个部分，无法揭示多样化融资工具的结构特征，例如直接融资和间接融资的比例关系；第二，对资本结构的测度是以企业财务报表为基础的，通常无法从中加总或统计推断出一国宏观层面的非金融产业部门的整体融资状况；第三，资本结构和融资结构在内涵上有本质的差异，资本是投资积累的结果，属于存量指标，融资则是投资的来源，属于流量指标，用资本结构其实无法直接测度融资结构。

金融结构和金融发展理论可以追溯到戈德史密斯（Goldsmith，1955，1969）。[①] 金融结构理论聚焦于金融体系中金融市场与金融中介的相对关系，金融发展理论的研究主题则是金融体系发展与经济增长的相互关系。如果将结构变动的因素纳入金融体系的发展中，则广义的金融发展理论包含了金融结构理论。不过，尽管金融结构理论与金融发展理论有着密切的联系，两者的视角还是有着显著的不同，将两者分述更有助于认清问题。金融结构理论揭示了金融市场融资和金融中介融资各自的比较优势，在一定程度上也探讨了两者结构的影响和决定因素（Ndikumana，2005；德米尔古克-肯特和莱文，2006）。金融发展理论则着重揭示了金融体系发展促进经济增长的机理，即如何扩展了储蓄和投资的边界，提高了总的融资水平，又如何促使资金更有效率地进行配置，提高了经济体系的效率。不过，金融结构和金融发展理论虽然也研究了融资结构中一些重要方面，例如直接融资与间接融资的比例关系，但是，它们的测度指标口径与融资结构含义有显著差异，且同样因为对融资方式区分很粗略，无法加总出融资结构的全貌。

---

① 金融结构（Financial Structure）一词最早由Goldsmith（1955）提出，并且因其1969年那部开创性著作而广为人知，但Goldsmith对金融结构和金融发展未能加以清晰区分。

鉴于以上情况，对融资结构的研究亟待新的突破。主要基于净融资法（Net Sources - uses Method）的融资结构理论就是在此背景下应运而生。净融资法为准确地揭示一国融资结构全貌提供了新的视角（Corbett & Jenkinson, 1996, 1997），其基本思想是：从国民统计账户的资金流量表入手，基于一国的“**实体投资 = 企业部门净融资额**”这一恒等式，详细地测度各种融资形式（如内源融资、银行融资、债券融资、股票融资、商业信用融资等）对实体投资的贡献度。由此测度出来的结果能够准确地揭示出多样化融资工具的结构特征和一国融资结构的整体面貌。而且，基于联合国相关统计规则的指引，这种方法将各国统计规范不尽一致的影响降到了最小，因此，测度结果具有良好的国际可比性，从而为从实证研究的角度认清一国融资结构形成与演化的机理，提供了更有力的基础。运用净融资法对英国、美国、日本、法国、德国等发达国家和印度等发展中大国的一系列实证研究（Cobham & Subramaniam, 1998；Green et al.，2002；Suzuki & Cobham, 2005；Mullineux et al.，2007, 2010, 2011），已使人们对融资结构模式的认识，从传统的“市场主导型”和“银行主导型”简单的两分法，深化为比较丰富的谱系，并进而对融资结构演化机理获得了许多全新的认识。

国内对融资结构的研究目前还停留在传统方法上，基本上将融资结构等同于资本结构（王玉荣，2005；杜欣，2007；曹裕等，2009；张京等，2009；何国华和常鑫鑫，2011），有时甚至还将其视为金融结构（Financial Structure）（孙立芳，2005）。因此，本书将运用净融资法对我国融资结构的测度及优化问题进行系统的研究。这项研究的现实意义至少有以下两个方面：

第一，有助于我国金融体系防控住风险，更好地服务实体经济。金融体系在融资机制中发挥着至关重要的作用，且其运行自有规律。2008 年爆发的全球金融危机显示，当金融体系自我膨胀到与实体经济运行严重背离的程度时，它不但不能促进经济增长，反而成为经济危机的源头。对此，很多发达国家痛定思痛，提出了要回归实体经济，甚至在去工业化几十年后主张再工业化。学界也在反思，对金融过度化提出质疑和批评（Arcand et al.，2012）。我国的金融深化自 2006 年起进入了加速期，尤其是影子银行开始急速发展。虽然由于金融市场对外开放和连通有限，因而我国在全球金融危机中所遭受的冲击相对较小，但近年来金融体系与实体经济发展越来越严重地背离，还是引起了广泛的关注。基于自身发展路径，我国一向对实体经济高度重视。全球金融危机的教训更增加了我国对这种背离的警觉和对实体经济的重视。

党的十八大报告明确提出，要“牢牢把握发展实体经济这一坚实基础. 实行更加有利于实体经济发展的政策措施”，要“深化金融体制改革. 健全促进宏观经济稳定、支持实体经济发展的现代金融体系”。2016 年中央经济工作会议进一步提出，要“着力振兴实体经济”。第五次全国金融工作会议不仅强调“金融要把为实体经济服务作为出发点和落脚点，全面提升服务效率和水平”，更提出“要把主动防范化解系统性金融风险放在更加重要的位置”。党的十九大报告进一步强调，“必须把发展经济的着力点放在实体经济上”，要“深化金融体制改革，增强金融服务实体经济能力”。2017 年中央经济工作会议则把防范化解重大风险放在了未来三年决胜全面建成小康社会的三大攻坚战之首，其重点是防控金融风险。可见，如何防控住金融风险，使金融体系更好地服务于实体经济，当前已成为我国经济工作的最重大任务之一。对融资结构的深入研究将有助于我们对我国金融体系的效率做出评估，从而为相关决策提供参考。

第二，有助于我国优化融资结构，处理好直接融资和间接融资的关系。我国的金融体系原先对银行部门过于偏重，金融市场则相对不发达。鉴于此，着眼于加快经济结构的调整和经济发展方式的转变，“十二五”规划明确提出，要“显著提高直接融资比重”。“十三五”规划在推进供给侧结构性改革背景下进一步提出要“提高投资效率，发挥投资对稳增长、调结构的关键作用”，同时继续强调“提高直接融资比重”。党的十九大报告指出，“我国经济已由高速增长阶段转向高质量发展阶段，正处在转变发展方式、优化经济结构、转换增长动力的攻关期”。在深化供给侧结构性改革的背景下，“提高直接融资比重”继续被作为重要的政策抓手。然而，研究表明：发展直接融资会受到一系列因素的制约，包括经济发展水平（Rajan & Zingales，2001；林毅夫等，2009；Reid，2010）、制度环境（La Porta et al.，1997，1998；Chakraborty & Ray，2006）、金融体系发展的广度和深度以及经济当事人整体风险偏好等（Singh，1995；Antonios，2010）。更重要的是，金融市场有其脆弱性，尤其是股票市场，即它易于波动，进而影响直接融资的稳定性。根据世界证券交易所联合会（World Federation of Exchanges，WFE）的统计，我国的股票融资已连续多年位居世界前列，而市场表现则连续多年位居世界最差之列。与此同时，我国债券市场近年来出现快速增长，企业的债券融资规模已达到相当高的水平。因此，如何进一步发挥直接融资的作用，已成为亟待研究的重大问题，有必要深化对融资结构整体面貌及其演化规律的认识，从优化融资结构的视角，找到有效路径。

## 二、融资结构的测度

### （一）融资结构测度面临的问题

从概念上讲，融资结构指标比较简明、单一，但在如何测度上却存在多样化的方法，并且争议较大。Green et al.（2002）对融资结构的测度方法做了一个比较系统的总结。他们归纳出了五种主要的方法，包括总融资法（Gross Sources - uses Method）、净融资法（Net Sources - uses Method）、净资产增长法（Net Asset Growth Method）、总资产法（Total Assets Method）、净有形资产法（Net Tangible Assets Method）。

Hackethal 和 Schmidt（2003）提出了研究融资结构的 3×2 数据矩阵：（1）特定融资工具总流量数据；（2）净流量数据——总流入 - 总流出；（3）存量数据——累计净流量数据 + 价值调整。每种数据既可以是单个公司层面的（源自公司账户），也可以是部门加总层面（源自国民统计账户）。这样，基于不同的数据，融资结构的测度方法可以有六种。

对于同一国家，用不同种方法所衡量出来的融资结构，常常有很大的差异，彼此不能混淆使用。这里碰到的问题主要有：（1）数据的类别，是用资产负债表还是用资金流量表？（2）数据来源，是用由企业数据加总成的国民统计账户数据还是直接用企业报表中数据？（3）计价问题，是用市价还是面值？（4）数据特性，是用总量数据还是用净量数据？如果不对这些问题事先作出一个清晰的界定，则融资结构就会成为一个筐子，可以装进不同的东西，从而使得对相关问题的研究不但得不出有益的结论，反而还会产生严重的误导作用。

从概念上讲，投资是流量，因此，用资金流量表来测度融资结构似乎应该是没争议的。然而，在实践中，当使用企业账户数据时，人们更多地依赖资产负债表来测度融资结构。所以，对上述第二个问题的讨论就和第一个问题连接在一起了。

Mayer（1988，1990）比较了资金流量表和公司数据的优缺点。他认为，用国民账户中资金流量表的最大优点是其样本代表性强，数据全面、综合，可以反映企业部门融资流的整体情况，而公司数据的样本有限，代表性不足。

但资金流量表也有不足：(1) 各国的统计标准不尽一致，如对非法人企业的处理就不同；(2) 数据来源很多，资金来源与使用经常不平衡，需要用统计误差项来调整；(3) 只包含国内交易（公司数据则包含国际交易），因此，在跨国业务较多的情况下，公司数据在揭示企业部门的内源融资上可能更准确，而资金流量表在揭示国内金融部门的贡献上更有效；(4) 国民账户中资金流量表不容易获得，只有少数国家有统计，相比之下，获得企业账户数据就容易得多，有很多大的数据公司可以提供数据源。不过，使用企业资产负债表问题更大：(1) 概念冲突，投资是流量，资产负债表数据是存量；(2) 估值调整影响大；[①] (3) 对折旧政策很敏感；(4) 经常出现具体数据不连续问题。综合起来，从揭示实体投资的融资源角度来看，国民账户中的资金流量表要胜于企业账户数据。

Mayer (1990) 提到各国的统计口径上差异，影响其实很小。国民统计账户构建资金流量表有公认的准则——SNA（the System of National Accounts）[②]。在国民账户对外国部门也进行统计时，它也能揭示国际交易。

不过，Green et al. (2002) 争辩说，国民账户中资金流量表的编制也是基于对企业的抽样，其样本数有时甚至不及企业数据中的样本数，因此，国民账户未必就优于企业账户。

Corbett 和 Jenkinson (1996, 1997) 基本赞同 Mayer (1988, 1990) 的观点，认为国民账户比企业账户更有代表性，更能反映对实体投资的融资来源情况。而且，SNA 提供了一致的标准，便于展开国际比较研究，而各国企业会计准则的差异则大得多，用企业数据进行国际比较，难度更大。使用企业账户数据还有一个重要弱点是衍生出上述第三个问题，即相关指标的计算既可以基于市值，也可以基于面值。使用面值有会计信息失真问题，所以，有很多研究者主张使用市值作为计算基础。不过，证券的市值不仅反映了证券融资的流入和流出，还反映了作为一个新信息到达后现存资本资产价值的变化。因此，用市值作为计算基础，就要对资产负债表进行大量的调整，结果会因证券市场强弱的变化而变得更加不确定。国民账户的资金流量表则基本上不存

① 他构建一个简化模型假定一个企业购买一块土地开采石油，借了 100 万英镑，初始杠杆为 100%，结果如果打出石油，土地增值至 1 亿英镑，则杠杆率随之降为 1%，如果没打出石油，则土地贬值为 10 万英镑，企业破产。杠杆率随结果不同而不同，但并没有改变初始投资的融资方式。

② SNA 是由联合国统计委员会（the United Nations Statistical Commission，UNSC）发布的国际公认的衡量经济活动的统计准则，最早可追溯到 1953 年，其后在 1968 年、1993 年和 2008 年进行了修订。

在用市价计值问题。

综上所述，测度融资结构最合适的选择是用国民账户中的资金流量表。由于资金流量表既包括流入部分，又包括流出部分，那么，接下来的问题自然是：究竟该用总量数据，还是该用净量数据？

Mayer（1988，1990）认为用净量数据合适，可以消除企业部门内部交易，从而更准确地反映企业部门作为一个整体的融资真实状况。此外，还可以消除金融体系一些惯例所带来的扭曲。例如，日本的银行在给企业贷款时通常会要求企业保留一部分补偿存款，使得企业实际贷款额打了一定的折扣。

Corbett 和 Jenkinson（1996，1997）从另外一个角度强调使用净量数据的重要性。尽管国民账户统计时基于公认的准则 SNA，但各国在实践中还是存在着一定的差异。这里的主要问题是不同国家报表合并程度的差异。SNA 建议基于非合并（gross）基础或最小化合并（netting）基础来汇总大多数交易。这样可以使部门内的交易显示出来，因为不同类型金融工具的发行和赎回是分别列示的。不过，许多国家统计的是合并交易，这样，部门内的赎回已从出售中扣减，显示的仅仅是部门间的交易。例如，英国、德国、日本通常统计的是合并交易。不过，德国、日本对股票和证券的统计却是基于非合并基础的。另外，日本对商业信用和票据的统计也是基于非合并基础的。而美国尽管通常是基于非合并基础的，但对股票却是基于合并基础的。Corbett 和 Jenkinson 认为，为了便于比较，最好的方法就是用净量数据，这样会消除不同国家统计扣除上的差异，使得所有国家有了一个相似的统计基础。

从国民账户中资金流量表出发，基于净量原则来测度融资结构，这种方法就是净融资法。作为对照，基于总量原则来测度融资结构，对应的方法就是总融资法。回过头去看，Green et al.（2002）总结的 5 种方法中，前两者有关联，后 3 种方法使用的是企业资产负债表，严格地说，它们并非融资结构的测度方法，而是更接近于资本结构的测度方法。Hackethal 和 Schmidt（2003）提出的第一方法和第二种方法在使用国民账户情况下可分别归属为总融资法和净融资法，第三种方法使用国民账户没多大意义，其他三种方法都使用公司账户，可以归属为资本结构测度的范畴。

### （二）净融资法

净融资法是由 Mayer（1988，1990）开创，由 Corbett 和 Jenkinson（1996，1997）系统化。Mayer（1988）最早提出了这样的研究视角：一国的金融部门是如何为实体投资提供融资的？他还指出，单从对一国融资情况的研究中，很难推断出什么，需要一系列对国际融资状况的研究来进行比较。他对这种研究面临的困难进行了探讨，并提出了净融资法。

净融资法是基于国民账户系统（SNA）对融资结构进行测度的。SNA是一个国际公认的基于经济学原理严格核算规则编制经济活动测度的统计准则，包括一套完整的概念、定义、分类和核算规则。它具有以下特性：（1）全面性，即一个经济体中所有设定的活动和对于所有经济主体运行的结果都包含在其中；（2）一致性，即在度量一项特定活动对于所有参与主体产生的结果时，使用了相同的核算规则和一致的价值；（3）完整性，即一个经济主体任一活动的所有结果都会得到反映。由于具备这些特点，SNA不仅可以用于监测经济活动与分析宏观经济，而且特别适合进行国际比较，从而为净融资法提供了坚实的基础。

SNA通常将一国经济体分成如下几个互相独立的部门：（1）非金融企业部门；（2）金融企业部门；（3）政府部门；（4）住户部门；（5）为住户服务的非营利机构部门。可见，基于SNA，可以将非金融企业部门分离出来。

SNA还包含一系列账户。其中，涉及实体投资的资金流量表涉及两个账户：一个是资本账户，另一个是金融账户。资本账户列示对非金融资产的投资和能用于投资的资金来源。其统计项目包括储蓄、资本转移、资本形成总额、固定资本形成总额、固定资本消耗、存货变化、非生产非金融资产的获得减处置等，从中可以分离出实体投资额和企业内源融资额。金融账户会列示对金融工具的投资、负债以及相应的形式。金融工具通常包括货币和存款、债务证券（如商业票据、债券等）、贷款、股票和其他股权、保险准备金（退休和寿险基金净股权）、金融衍生工具、其他应付应收账款（商业信用和预付预收款等）等，每个大类下还可以进一步细分。可见，根据金融账户，可以分离出企业融资的各种来源。

基于国民账户中资金流量表，Corbett和Jenkinson（1996，1997）把企业融资的来源区分为如下七大类：（1）内源融资，包括留存收益和折旧；（2）银行融资，包括来自银行及非银行金融机构的各类贷款，但要扣除企业部门在银行中的各类存款和持有的现金；（3）债券融资，即通过发行公司债券获得的资金，但扣除债券兑付和提前赎回；（4）股票融资，即通过发行股票获得的资金，但要扣除股票赎回和股份购买的资金支出；（5）商业信用融资，包括各种应付账款和延期支付款，但要扣除各种预付和应收账款；（6）资本转移；(7) 其他融资，包括商业票据、外国直接投资以及杂项资金来源，但要扣除海外投资以及杂项资金支出。这样形成的净融资额与实体投资应该是相等的（见表1-1）。由此就可以计算出各种融资方式对实体投资的净贡献率，并加以比较。

表1-1　企业部门资金流量分类与平衡关系

| 总来源 | 总使用 | 净来源 | 净使用 |
|---|---|---|---|
| 1. 内源融资 | 9. 现金和存款 | 内源融资（1） | |
| 2. 资本转移 | 10. 债券购买 | 银行融资（3-9） | |
| 3. 银行贷款 | 11. 股票购买 | 债券融资（4-10） | |
| 4. 债券发行 | 12. 商业信用融出 | 股票融资（5-11） | |
| 5. 股票发行 | 13. 其他应收款 | 商业信用融资（6-12） | |
| 6. 商业信用融资 | 14. 资本形成额 | 资本转移（2） | |
| 7. 其他融资 | | 其他融资（7-13） | |
| 8. 总融资额 | 15. 总投资额 | 净融资额<br>（8-9-10-11-12-13） | 实体投资（14） |

资料来源：根据Corbett和Jenkinson（1996，1997）整理。

Mayer（1988，1990）、Corbett和Jenkinson（1996，1997）等运用净融资法对英国、美国、日本、德国、法国等发达国家融资结构展开的实证研究，获得了许多新认识，在一些方面甚至颠覆了人们原先的传统观念。

不过，对净融资法也存在着一些批评。Hackethal和Schmidt（2003）认为，净融资法有个关键的假定，即在任何给定时期，每种外部融资工具新获得的资金都首先用于偿付该种工具发生的资金支出，只有余额才贡献给实体投资。这个假定是有问题的。因为很多外源融资项都有偿付问题，这会导致双重扣除：(1) 资金流量表中所有融资工具都已经被扣除了偿付，例如在合并原则下银行贷款总额不会直接呈现，而是先扣除偿还额，从而显示出来的是贷款增加额；(2) 扣除偿付后的融资额还需要进一步扣除产业部门相应的金融资产增加额，例如，银行贷款增加额还需要扣除企业在银行的各项存款。而内源融资则没有偿付问题，所以，被假定全部流向投资。由此，净融资法会偏向高估内源融资的作用，低估外源融资的作用。Hackethal和Schmidt（2003）甚至精心设计了一个具有三个企业的经济体系融资模型，来揭示其中存在的两个谬误：一个是跨企业加总谬误，另一个是跨期加总谬误。我们举个简化的例子来说，假如在一个给定时期，A公司向银行贷款20单位，B

公司和C公司各向银行存款10单位。按照净融资法，A获得的贷款为B、C公司的存款所抵消，银行对公司部门没有净的融资，尽管实际上银行提供了20单位的贷款。这就是跨企业加总谬误。再假如一个给定公司，先在第1期里向银行借20单位债务，接着在第2期里再借10个单位的新债，同时还10个单位的上期债务，最后在第3期偿还前两期剩余的20单位债务。结果，3期累计起来，借款与还款互相抵消，银行对公司部门没有净融资，尽管实际上银行提供了30单位的贷款。这就是跨期加总谬误。

针对以上问题，Hackethal和Schmidt试图提出一种新的方法——总流量法（Aggregated Gross Flows），来代替净融资法。其具体做法如下：第一步，直接用总流量的时间序列数据，如没有，用一定的技术方法根据存量数据来估算出，这里要用到对债务工具平均久期的假定；第二步，按照常规方法对融资工具进行分类，以便进行国际比较；第三步，把每一种工具的综合总流量除以公司部门的总实体投资；第四步，计算长期融资源在长期总融资中所占的比重。由于长期资产倾向于由长期债务和股权融资来形成，所以，长期融资与长期投资应大致相等，把这部分单列出来更有意义。

对于Hackethal和Schmidt的批评和主张，Corbett、Jenkinson和Mayer等人（2004）联袂给予了回应。他们认为，Hackethal和Schmidt对净融资法存在误解。净融资法针对的是实体投资，当测度结果显示外源融资占比为0时，仅仅表示金融体系等外源融资对实体投资的融资没有净量贡献，实体投资完全依赖内源融资，但这并非要否定金融体系提供的其他服务，也没有考虑其为非金融部门内金融关系提供的便利作用。[①] 而且，Hackethal和Schmidt提出的总流量法存在严重问题。该方法对外源融资的久期高度敏感。久期越短，偿还量就越大，从而其流量以及在总流量中所占的份额就会越大。由此，短期债务工具在实体投资的作用必然会被很不恰当地高估。所以，Hackethal和Schmidt才没有在实证研究中一以贯之地采用他们提出的新方法，而是采用了一个奇怪的混合，即对中长期融资结构的测度用总流量数据，对短期融资结构则用净流量数据。

Mayer和Sussman（2004）承认净融资法存在跨期加总问题，为此提出了一个解决办法。他们还构建了一个简单的三企业模型。假定每个企业每年经

---

① Mayer（1988，1990）强调了金融体系的三大功能：为储蓄者提供机会；构筑资金融通特别是融通到企业的渠道；对存量资源进行再配置（主要通过接管来实现）。

营总收益都是50单位，企业A每年投资50单位，企业B第三年投资150单位，企业C第一年投资150单位，那么，企业A每年都可以依赖内源融资，企业B则可以靠内部积累在第三年进行投资，企业C在第一年必须进行100单位的外部融资，但随后两年可以靠内部积累偿还这100单位融资，在3年期限上表现得也是完全依赖内源融资。由此出发，他们将目光转向关注企业投资高峰年的融资结构。其理由是：现代公司金融学关注的焦点是当企业在缺资金又面临不可分割的投资机会时如何融资？投资峰值在企业整个投资中重要性很高，所占的比重很大，应成为主要关注点。在具体做法上，他们采取过滤法选择峰值年，该年投资较前后年份的投资高出两倍及以上。这样，对企业融资的考察又回到企业账户上了。

Corbett等认为净融资法的确不能揭示部门内或期限内的交易，但那也不是净融资法的目标。他们认为，如果要将总流量法与Mayer和Sussman（2004）的滤子法进行比较，总流量法更不恰当，还不如用滤子法去关注投资峰值年的融资结构。

客观地看，由于净融资法对融资结构的测度是分期进行的，所以，跨期加总谬误一般不存在。不过，仅从净流量数据来考察融资结构，在一定程度上的确存在忽略金融体系的某些作用的倾向。所以，作为参照，用总融资法测度融资结构，则具有一定的价值。

### （三）总融资法

与净融资法一样，总融资法也是基于国民账户中的资金流量表对融资结构进行测度的。在实证中，总融资法几乎没有被单独使用。

总融资法采用与净融资法同样的对企业融资来源的分类方法，即分成内源融资、银行融资、债券融资、股票融资、商业信用融资、资本转移、其他融资7类。其中，内源融资和资本转移项数据来自资本账户，其含义与净融资法中一致，其他各项外部融资均取融资总额，不再对相应的金融投资项进行扣除。

在资金使用方面，总融资法区分出了两大主要类别：实体投资和金融投资。由此，资金总的来源与使用的恒等式调整为：

**总融资＝实体投资＋金融投资＝净融资＋金融投资**

总融资法对融资结构的衡量则是基于总资金来源和总资金使用相等的原则，由以上各类资金来源占总资金来源或总资金使用的比重来体现。

与净融资法相比，使用总融资法来衡量公司融资结构，由于融资总额变大，而内源融资没有变化，所以，内源融资的作用必定会下降，而外部融资的作用则可能会提高。这在一定程度上会改善人们所批评的净融资法对外部融资作用有低估倾向的问题。

但是，使用总融资法来测度融资结构，需要面对前面探讨过的统计数据可比较性问题。在一些国家实际统计的国民账户中，部分融资方式经常是以净值计量，例如，债券融资额并不是当年债券发行总量，而是扣除兑付和提前赎回后的净发行量，股票融资也是如此。这会导致在净融资法中，债券融资项和股票融资项没有可扣除的，而在总融资法中，它们的作用反而被进一步低估了。

## 三、净融资法与其他传统测度方法的对比

如前所述，传统上对融资结构的相关研究已形成了两条主线：一条是资本结构理论，另一条是金融结构和金融发展理论。其中，资本结构本身经常被视为一种融资结构，其测度很简明，这里不再赘述。相比之下，金融结构与金融发展理论对融资结构的测度受关注较少，有必要展开予以说明。由于从渊源上看，金融发展理论产生得较早，所以，我们先从考察金融发展理论的相关测度开始。

### （一）金融发展理论对融资结构的测度

金融发展理论早期的测度指标主要测度的是金融体系相对于经济体系的规模，如 Goldsmith（1955，1969）的金融相关率、McKinnon（1973）的货币化率等。King 和 Levine（1993）首次涉及了融资测度。他们提出了四个金融发展测度指标：第一个指标类似于货币化率；第二个指标是从风险管理和信息处理的角度提出的；第三个指标是对私人企业部门的贷款额与国内贷款总额的比值；第四个指标是对私人企业部门贷款与 GDP 的比值。这两个指标都涉及对融资活动的测度，只是角度不同。

Beck et al.（1999）开创了一种新范式，首次试图构建测度维度，并在此基础上提出一组综合指标，对金融发展进行全面的测度。他们把全部测度指标分成了四类：（1）金融中介的规模与活动类指标；（2）商业银行的效率与市场结构类指标；（3）其他金融机构规模和活动类指标；（4）股票和债券市

场规模、活动和效率类指标。每一类所包含的具体指标参见表 1－2。

**表 1－2　　Beck et al.（1999）的金融发展测度指标体系**

<table>
<tr><th>测度对象</th><th colspan="2">测度维度</th><th>具体指标</th></tr>
<tr><td rowspan="3">1.<br>金融中介<br>（10 个指标）</td><td rowspan="2">规模类指标<br>（8 个）</td><td>相对规模类指标<br>（4 个）</td><td>中央银行资产/总金融资产、储蓄货币银行资产/总金融资产<br>其他金融机构资产/总金融资产<br>存款货币银行资产/（存款货币银行资产＋中央银行资产）</td></tr>
<tr><td>绝对规模类指标<br>（4 个）</td><td>中央银行资产/GDP、存款银行资产/GDP<br>其他金融机构资产/GDP、金融机构流动负债/GDP</td></tr>
<tr><td colspan="2">活动类指标<br>（2 个）</td><td>存款货币银行对私人企业部门的贷款/GDP<br>存款货币银行＋其他金融机构对私人企业部门的贷款/GDP</td></tr>
<tr><td rowspan="2">2.<br>商业银行<br>（6 个指标）</td><td colspan="2">效率类指标<br>（2 个）</td><td>净息差率（净利息收入账面值/总资产）<br>经常性（或间接）成本（银行经常性成本的账面值与总资产的比值）</td></tr>
<tr><td colspan="2">市场结构类指标<br>（4 个）</td><td>3 家最大银行资产/银行部门总资产、外资银行数量/银行总数<br>外资银行资产/银行总资产<br>政府或公共机构持股 50% 以上银行资产/银行总资产</td></tr>
<tr><td rowspan="2">3.<br>其他金融机构<br>（14 个指标）</td><td colspan="2">规模类指标<br>（6 个）</td><td>类银行机构（储蓄银行、合作银行、抵押银行、金融公司等）、保险公司、养老基金及公积金、集合投资计划、开发银行等 5 类其他金融机构各自总资产/GDP<br>寿险公司总资产/GDP</td></tr>
<tr><td colspan="2">活动类指标<br>（8 个）</td><td>5 类其他金融机构各自对私人企业部门要求权/GDP<br>寿险公司对私人企业部门要求权/GDP<br>寿险渗透率、寿险密度</td></tr>
<tr><td rowspan="3">4.<br>股票和债券市场<br>（7 个指标）</td><td colspan="2">规模类指标<br>（5 个）</td><td>股票市场总市值/GDP、私人债券总市值/GDP<br>公共债券总市值/GDP、股票发行额/GDP<br>长期私人债券发行额/GDP</td></tr>
<tr><td colspan="2">活动类指标<br>（1 个）</td><td>股票交易额/GDP</td></tr>
<tr><td colspan="2">效率类指标<br>（1 个）</td><td>股票市场换手率</td></tr>
</table>

资料来源：根据 Beck，Demirguc－Kunt & Levine（1999）相关资料整理。

不难看出，表 1 - 2 中金融中介的两个活动类指标均为对企业融资活动的测度，其他金融机构的活动类指标大部分均涉及对企业融资活动的测度。

Čihák et al.（2012）调整并简化了对金融发展的测度体系。他们区分了四个维度——深度、效率、可达性、稳定性和两类对象——金融机构、金融市场，形成了一个非常清晰的 4×2 矩阵指标测度体系，即对每个对象都可从四个维度加以测度，综合起来则构成对金融体系的全面测度（见表 1 - 3）。其中，每个维度的首个指标为标杆指标。该指标体系已被世界银行首份关于全球金融发展的报告所采用（World Bank，2012），并在此后被沿用。

**表 1 - 3　Čihák et al.（2012）的金融发展测度指标体系**

| | 金融机构 | 金融市场 |
|---|---|---|
| 规模类指标 | 储蓄货币银行对私人企业部门的贷款/GDP<br>金融机构资产/GDP、M2/GDP、存款/GDP<br>金融部门附加值/GDP | 股票市值加上未清偿国内私人企业部门债务证券额/GDP、私人企业部门债务债券额/GDP、公共部门债务证券额/GDP、国际债务证券额/GDP、股票市值/GDP、股票交易额/GDP |
| 可达性指标 | 每千名成人商业银行开户数<br>总人口中拥有银行账户者所占比重<br>所有企业中拥有贷款授信者所占比值<br>小企业中拥有贷款授信者所占比重<br>商业银行分支机构数量/成人数量（10 万人为 1 个单位） | 前十大公司之外上市公司市值占总市值比例、前十大公司之外上市公司交易额占总交易额比重、政府债券收益率（3 个月到 10 年）、国内债务证券额/总债务证券额、国内私人部门债务证券额/总债务证券额、新发行公司债券额/GDP |
| 效率类指标 | 净息差率、存贷款息差、经常性（或间接）成本、非利息收入占总收入比重、盈利能力（资产收益率、权益收益率）、布恩指标（Boone Indicator）或 H 统计值（H - statistics） | 股票市场换手率、股价变动的同步性、发生基于私人信息进行交易的公司所占比重、价格影响、流动性或交易成本、政府债券买卖报价差、交易所（公共、私人）债券换手率、清算效率 |
| 稳定类指标 | Z 值（Z - score）<br>资本充足率<br>资产质量比率<br>流动比率<br>其他（如外汇净头寸与资本比率等） | 股票指数、主权债指数的波动率<br>股票指数、主权债指数的偏度<br>对盈余操纵的脆弱性、市盈率、久期<br>国内或国际短期债券额占全部债券额比重<br>与德国或美国等主要债券市场收益率相关性 |

资料来源：根据 Čihák et al.（2012）相关资料整理。

表 1 - 3 中的储蓄货币银行对私人企业部门的贷款/GDP 和新发行公司债券额/GDP 均是对企业融资活动的测度。

### （二）金融结构理论对融资结构的测度

与狭义的金融发展主题广受关注不同，对金融结构的研究在相当长的一段时间内一直较冷清。Demirguc – Kunt 和 Levine（1999）率先对测度金融结构进行了有益的尝试。他们从规模（Size）、活动（Activity）和效率（Efficiency）的角度，提出了 3 类金融结构测度指标：（1）规模类结构指标，包括存款货币银行国内资产/国内股票市值（Bank vs Capitalization）和存款货币银行国内资产/其他金融机构国内资产（Bank vs Other Financial Institutions）；（2）活动类结构指标，包括存款银行对私人企业部门贷款/国内股票交易额（Bank Credit vs Trading）和非银行金融机构贷款/国内股票交易额（Other Financial Institutions vs Trading）；（3）效率类结构指标，包括国内股票交易额/GDP × 银行经常性成本比率（Trading vs Overhead Cost）和国内股票交易额/GDP × 银行净息差（Trading vs Interest Margin）。其中，活动类结构指标涉及对企业融资活动的测度。

Allen et al.（2006）提出了两组测度金融结构的指标。一组是反映的是银行部门与金融市场的对比，包括 $FS_{BM1}$、$FS_{PM1}$、$FS_{BMB1}$、$FSP_{MB1}$，计算方式分别是：

$$FS_{BM1}=\frac{\text{存款银行国内贷款/GDP}}{\text{国内上市公司市值/GDP}}$$

$$FS_{PM1}=\frac{\text{除中央银行之外的金融中介对私人企业部门的贷款/GDP}}{\text{国内上市公司市值/GDP}}$$

$$FS_{BMB1}=\frac{\text{存款银行国内贷款/GDP}}{\text{国内上市公司市值/GDP}+\text{国内私人企业部门未清偿债券额/GDP}}$$

$$FS_{PMB1}=\frac{\text{除中央银行之外的金融中介对私人企业部门的贷款/GDP}}{\text{国内上市公司市值/GDP}+\text{国内私人企业部门未清偿债券额/GDP}}$$

另外一组反映的是银行部门与整个金融体系的对比，即在计算上将上组指标的分母由原来的分母与分子之和替代，形成 4 个新的指标：$FS_{BM2}$、$FS_{PM2}$、$FS_{BMB2}$、$FS_{PMB2}$。

以上两组指标均涉及对企业融资活动的测度，但具体测度方式与前述金融发展理论中的相关测度具有对应关系。

### （三）融资结构测度方法对比

现在，我们来对融资结构相关测度方法做一个比较。

资本结构理论的相关测度很简单，主要是从企业层面来测度其债务资本与权益资本的比值。如前面所述，它不像净融资法那样能揭示企业融资的多样化方式，例如，内源融资、债券融资、股票融资、银行贷款等重要融资方式的作用并不能从资本结构中反映出来。而且，这种测度是基于存量而非流量，无法揭示融资流的结构特征。一国企业部门整体的资本结构通常也无法从企业层面数据直接测度。

金融发展理论的相关测度指标虽然是从国家层面数据出发，但很不完整，主要关注的是银行体系各类机构对私人企业部门的贷款，而对内源融资、股票融资等其他类型融资并未关注。而且，这里的测度反映的是金融体系与经济体系的关系，不能反映融资方式之间的结构特征（见表1-4）。

**表1-4　融资结构各种相关测度指标的对比**

| 代表性测度方法 | | 与融资结构的相关测度指标 |
|---|---|---|
| 资本结构理论 | M&M（1958） | 企业债务额/权益价值 |
| 金融发展理论 | King & Levine（1993） | 对私人企业部门的贷款额/国内贷款总额<br>对私人企业部门贷款/GDP |
| | Beck, Demirguc-Kunt & Levine（1999） | 存款货币银行对私人企业部门的贷款/GDP<br>存款货币银行+其他金融机构对私人企业部门的贷款/GDP<br>类银行机构（储蓄银行、合作银行、抵押银行、金融公司等）、保险公司、养老基金及公积金、集合投资计划、开发银行等5类其他金融机构对私人企业部门要求权/GDP<br>寿险公司对私人企业部门要求权/GDP |
| | Čihák et al.（2012） | 储蓄货币银行对私人企业部门的贷款/GDP<br>新发行公司债券额/GDP |
| 金融结构理论 | Demirguc-Kunt and Levine（1999） | 存款银行对私人企业部门贷款/国内股票交易额<br>非银行金融机构贷款/国内股票交易额 |
| | Allen et al.（2006） | 存款银行国内贷款/GDP<br>除中央银行之外的金融中介对私人企业部门的贷款/GDP |
| 净融资法 | Corbett and Jenkinson（1996, 1997） | 内源融资/实体投资<br>银行融资/实体投资<br>债券融资/实体投资<br>股票融资/实体投资<br>商业信用融资/实体投资<br>资本转移/实体投资<br>其他融资/实体投资 |

资料来源：根据相关文献整理。

金融结构理论的相关测度指标与金融发展理论的相关测度指标是一脉相承的，其局限性也一样。只是在这里，贷款是银行部门重要性的代理指标，相应的测度指标主要反映的是银行部门与资本市场的相对重要性，而不是两者融资之间的关系。

相比之下，净融资法的相关测度指标不仅很全面，而且内涵上合理，可以揭示一国企业部门的总体融资面貌。这里的测度是从国家层面的流量数据出发的，包含了内源融资、银行融资、债券融资、股票融资、商业信用融资、资本转移等几乎所有重要的融资形式，可以揭示出多样化融资工具的结构特征。因此，净融资法是融资结构测度方法上的一个巨大突破，它打开了对融资结构问题更深入研究的大门。

当然，已有的文献运用净融资法对融资结构的测度也存在不足之处。主要表现在两个方面：一是测度口径不够严密，例如未将非金融性投资以及存货价值调整的影响从内源融资计算中剔除[①]，将对非企业类债券的投资从企业债券融资中做了扣除处理[②]等；二是对个别重要的融资方式未加注意，例如外商直接投资，这种融资方式对发展中国家尤其重要。

鉴于以上情况，本书将对净融资法的测度指标进行改进，并在此基础上提出银行融资效率、中长期融资结构等新指标，以更全面地反映企业部门的融资结构。

---

① 这通常会导致内源融资被高估。

② 这会导致债券融资被低估。

# 第二章　我国融资结构及演化

如前所述，净融资法远比基于资本结构、金融结构和金融发展的角度对融资结构的揭示更全面、深刻，总融资法则可以形成有益的补充。因此，本章我们将运用净融资法来对我国的融资结构进行测度，并运用总融资法来对这种测度进行对照。

## 一、指标设计

按照 Corbett 和 Jenkinson（1996，1997）的范式，净融资法把企业的融资来源区分为内源融资、银行融资、债券融资、股票融资、商业信用融资、资本转移和其他项等七大类。但将其运用到我国时，还需要根据我国统计实践的惯例，来确定是否需要加以调整。

我国国民账户体系中资本账户的流量统计和 SNA 高度一致，体现在资金流量表的实物交易部分。从测度融资结构的角度看，其包含的项目非常完整，包括总储蓄、资本转移、资本形成总额、固定资本形成总额、存货变动等。对于非金融企业部门来说，总储蓄和可支配总收入相同，是其内源融资的来源。资本转移是一个部门无偿地向另一个部门支付用于非金融投资的资金，是一种不从对方获取任何对应物作为回报的交易。资本转移具有不同于经常转移的两个特征：一是转移的目的是用于投资，而不是用于消费；二是资本转移的实物形式往往涉及除存货和现金以外资产所有权的转移。企业常常是资本转移净流入方，所以，资本转移构成企业外源融资的一种来源，但它又与金融工具融资相区别。资本形成总额是在一定时期内获得减去处置的固定资产和存货的净额，包括固定资本形成总额和存货变动两部分。存货变动则是在一定时期内存货实物量变动的市场价值，即期末价值减期初价值的差额，再扣除当期由于价格变动而产生的持有收益。根据我们前述界定，非金融企业部门的固定资本形成总额就构成了一国实体投资，其融资来源就是我们要研究的主题。

我国国民账户体系中金融账户的流量统计和SNA在框架上基本一致，体现在资金流量表的金融交易部分，但在细项统计方面相对粗略一些。其大类金融工具包括通货、存款、贷款、证券、保险准备金[①]、证券投资基金等。其中，存款包含了以各种形式存在的存款，具体又细分为活期存款、定期存款、外汇存款和其他存款[②]；贷款细分为短期贷款、中长期贷款、委托贷款、外汇贷款和其他贷款[③]；证券包含债券和股票，债券又细分为国债、金融债券、中央银行债券、企业债券等。此外，针对与国外部门的经济联系，金融账户还统计了直接投资[④]、其他对外债权债务、国际收支误差与遗漏。直接投资包括外国、中国港澳台地区在我国内地，以及我国内地在外国、中国港澳台地区以独资、合资、合作及合作勘探开发方式进行的投资，其他对外债权债务包括除储备资产和外汇存贷款之外的全部国内与国外间的债权债务。国际收支误差与遗漏是一个统计平衡项，由于无法区分经常项目和资本项目在其中所占的比重，所以，我国的国际收支误差与遗漏均统计在金融账户中。与SNA相比，我国的金融账户未列出商业信用统计项，对债券的统计也较笼统，未区分短期债券和长期债券。

在统计单元上，我国的资金流量表区分了5个部门，将常住机构单位划分为非金融企业部门、金融机构部门、政府部门和住户部门，将所有与我国常住单位发生交易的非常住单位归并在一起，组成了国外部门。其中，非金融企业部门就是我们要研究的对象，我们常常将之简称为企业部门。

基于以上情况，在用净融资法对我国融资结构进行测度时，我们需要对Corbett和Jenkinson（1996，1997）的范式做适当的调整。调整的原则主要有两点：（1）资料可获得性，即基于统计实践舍去缺乏统计资料的项目；（2）国际可比较性，即尽可能地保持与Corbett和Jenkinson（1996，1997）的范式一致，以便于开展国际比较研究。

此外，如我们在上一章指出的那样，Corbett和Jenkinson（1996，1997）的范式也存在不足之处，主要表现在两个方面：一是测度口径不够严密；二

---

① 保险准备金包括对社会保险和商业基金的净权益、保险费预付款和未结索赔准备金。

② 其他存款包括委托存款、信托存款、保证金存款等未包含在前面分类中的存款。

③ 其他贷款包括信托贷款、租赁等未包含在前面分类中的贷款。

④ 1997年之前，对外金融交易部分主要统计项为国际资本往来，该项又细分为长期资本、短期资本。从1997年起，统计项目调整为直接投资、其他对外债权债务。

是对个别重要的融资方式未加注意。因此，我们也会对这一范式进行完善，在资料可获得的情况下，对相关测度口径进行优化，将未受关注的重要融资方式适当地单独提取出。

从我国资金流量表的实际构成来看，它并未统计商业信用融资的状况，但单独统计了外商直接投资的情况。鉴于改革开放以来，外商直接投资在我国经济快速增长过程中发挥了重要作用，所以，将外商直接投资单独列示出来对测度我国融资结构是有必要的。这样，我们将在测度指标设计中做两项调整：（1）不列示商业信用融资，因缺乏统计资料；（2）将外商直接投资单独列示，因为该项融资来源可能很重要。这样，我们把我国企业部门的融资来源区分为内源融资、银行融资、债券融资、股票融资、资本转移、外商直接投资和其他项等七大类，其中，内源融资、资本转移数据取自资金流量表的实物交易部分，其他各项融资取自资金流量表的金融交易部分。在这样分类的基础上，根据净融资法的原理，我们提出如下的测度指标体系：

（1）内源净融资占比[①]，由“（企业部门总储蓄－存货价值变动－其他非金融资产投资）/固定资本形成总额”来表示；

（2）银行净融资占比，由“（对企业部门的贷款额－企业部门的存款和现金）/固定资本形成总额”来表示；

（3）债券净融资占比，由“（企业部门债券发行额－企业部门债券投资额）/固定资本形成总额”来表示；

（4）股票净融资占比，由“企业部门发行股票获得的资金额[②]/固定资本形成总额”来表示；

（5）外商直接投资净融资占比，由“企业部门实际利用外商直接投资净额/固定资本形成总额”来表示；

（6）资本转移净融资占比，由“企业部门获得的资本转移净额/固定资本形成总额”来表示；

（7）其他净融资占比，由“企业部门获得的未包含在以上类别中的资金额/固定资本形成总额”来表示。

总融资法的原理和净融资法类似，因此，对融资来源的分类以及测度指

---

① 在计算净融资结构时，内源融资从概念上讲没有扣除项，所以，内源净融资和内源总融资并无区别。资本转移的情况类似。

② 股票融资通常以净额记录，少数年份资金流量表也列示了股票投资额，对此情况，在净融资法下，我们一律进行扣除处理。

标名称保持着与净融资法的一致。但是，总融资额与净融资总额是不相同的。净融资总额与固定资产形成总额相等，而总融资额则是固定资产形成额与金融投资额之和。其中，金融投资额为企业部门对金融资产的投资额，即资金流量表金融交易部分的资金运用额。这样，尽管总融资法下各项测度指标与净融资法相同，但两者在内涵上并不相同。

总融资法下各项融资测度指标具体的计算方式如下：

(1) 内源总融资占比 =（企业部门总储蓄 - 存货价值变动 - 其他非金融资产投资）/总融资额；

(2) 银行总融资占比 = 企业部门的贷款额/总融资额；

(3) 债券总融资占比 = 企业部门债券发行额/总融资额；

(4) 股票总融资占比 = 企业部门发行股票获得的资金额/总融资额；

(5) 外商直接投资总融资占比 = 企业部门外商直接投资总额/总融资额；

(6) 资本转移总融资占比 = 企业部门获得的资本转移净额/总融资额；

(7) 其他总融资占比 = 企业部门获得的未包含在以上类别中的资金额/总融资额。

以上指标体系着重从融资规模的角度测度了融资结构。如上一章讨论过的那样，净融资法的测度对银行部门的某些作用存在忽略倾向。另外，金融体系除了为企业部门提供融资外，还会影响企业部门的投资效率。从实践层面看，我国当前还特别关注直接融资与间接融资的关系，也特别关注企业的杠杆水平。对于这些问题和关注点，我们在指标设计中也需要回应。为此，基于资金流量表和净融资法以及总融资法的特点，我们设计出以下几个新指标：

(1) 银行部门融资效率指标，由“（对企业部门的贷款额 - 企业部门的存款和现金）/对企业部门的贷款额”来表示。这一指标实质上是银行融资净额与总额的比值，该值越大，表明在同样的贷款活动水平上，银行部门对企业部门融资的净贡献越大；反之，银行部门越有陷入资金空转的嫌疑。

(2) 直接融资与间接融资结构指标，由“（企业部门债券融资 + 股票融资）/企业部门的银行融资”来表示。这个指标可以在总额和净额水平上分别测度，即变为两个细分指标：一个是净额结构，由企业部门金融市场融资净额与银行融资净额比值来表示；另一个用企业部门金融市场融资总额与银行融资总额来表示。这两个细分指标都可以测度出直接融资与间接融资的相对贡献度。

（3）债务融资与权益融资结构指标，由“（对企业部门的贷款额+企业部门债券融资）/企业部门的股票融资”来表示。这个指标似乎与资本结构的测度同属一类，但资本结构通常是基于企业资产负债表，是存量结构指标。在部门层次上，用流量数据来测度债务融资与权益融资的结构，是一个很有意义的尝试，不但可以回应对企业部门杠杆水平的关注，还应该与资本结构有对照意义。

（4）长期融资结构指标，由中长期贷款、中长期债券融资和股票融资的比值关系以及前两者与固定资产形成总额的比值关系来表示，可以细分为长期直接融资与间接融资结构指标、长期债务融资与权益融资结构指标、中长期贷款占比、中长期债券融资占比。长期直接融资与间接融资结构指标由“（中长期债券融资和股票融资）/中长期贷款”来表示，长期债务融资与权益融资结构指标由“（中长期贷款+中长期债券融资）/股票融资”来表示，中长期贷款占比由“中长期贷款/固定资产形成总额”来表示，中长期债券融资占比由“中长期债券融资/固定资产形成总额”来表示，后两个指标还可以分别用“总额”与“净额”来测度。因为短期融资难以用于固定资产投资，所以，把长期融资单独列出来分析是有意义的。不过，这里存在的困难是，我国资金流量表未将企业部门不同期限的债券融资分列出来。

（5）银行部门长期融资效率指标，由“（对企业部门的中长期贷款额-企业部门的定期存款）/对企业部门的中长期贷款额”来表示。这一指标实质上是银行长期融资净额与总额的比值，该值越大，表明在同样的贷款活动水平上，银行部门对企业部门长期融资的净贡献越大。

## 二、数据来源

我国从20世纪80年代中期开始对资金流量进行核算。1986年，国家统计局试编了全国资金流量简表。1987年，国家统计局组织了全国7个省市统计局开展资金流量核算的试编工作（国家统计局国民经济核算司，2005）。1992年，国家统计局、中国人民银行、财政部、国家计委联合下发《关于编制资金流量表的通知》，确定各部门的分工。其中，国家统计局负责编制资金流量表实物交易部分，中国人民银行负责编制资金流量表的金融交易部分。

经过5年的试编，1998年，中国人民银行开始正式对外发布我国资金流量表。最初的资金流量表起始年份为1996年。在编制初期，我国将资金流量表的统计单元分为企业、行政事业单位、财政、金融机构、居民和国外 6 个部门。这种分类与 SNA 标准有所不同，主要的差别是将政府部门进行了细分，分成行政事业单位和财政两个部分。1997 年，我国在借鉴 SNA 1993 的基础上，对资金流量表进行了较大的修订，将统计单元区分为非金融企业、金融机构、政府、住户、国外等 5 个部门，使部门划分基本上和与 SNA 一致，具体统计项目的设置也基本接近 SNA。

2002 年，中国人民银行对我国资金流量表的金融交易部分进行追溯编制，将起始年份延伸到了 1992 年。2008 年，国家统计局和中国人民银行发布了追溯修订后的 1992—2004 年资金流量表实物交易部分和金融交易部分。2010 年，国家统计局发布了对 2000—2009 年资金流量表实物交易部分的再修订。由于资金流量表编制有两年的滞后期，目前最新可获得数据的年份为 2015 年。

自 2011 年起，中国人民银行正式编制并公布社会融资规模增量统计数据。2013 年起，中国人民银行增加编制和发布地区社会融资规模增量统计数据。2014 年起，进一步增加编制和公布社会融资规模存量统计数据。其背景是，随着我国金融结构日益复杂化，金融创新不断涌现，融资提供主体由传统的银行机构，扩大到证券、保险等其他非存款性金融机构，融资工具多元发展，非信贷金融工具创新步伐明显加快，贷款占社会融资规模比例不断下降，新增人民币贷款已不能全面反映实体经济的融资规模，创设社会融资规模统计可以更全面地监测整个社会融资的状况。

社会融资规模增量也是一种流量统计，指的是一定时期内实体经济从金融体系获得的资金总额，包括人民币贷款、外币贷款（折合人民币）、委托贷款、信托贷款、未贴现的银行承兑汇票、企业债券、非金融企业境内股票融资、投资性房地产、保险公司赔偿和其他金融工具等十种形式融资。这里的实体经济不但包括非金融企业部门，还包括居民部门。金融体系则是整体金融的概念，从机构看，包括银行、证券、保险等金融机构；从市场看，包括信贷市场、债券市场、股票市场、保险市场以及中间业务市场等。

可以看出，社会融资规模将实体投资性融资和居民消费性融资合并在一起，从中并不能分离出企业融资情况，所以，它并不能直接用于测度企业部门的融资结构。但从概念上看，这个数据包含了金融体系为企业部门提供的融资，因此，将它与资金流量表中的相关数据加以对照，对于我们了解企业部门融资结构变动原因应该有一定的启示意义。

对于一些重要形式金融工具如贷款、债券、股票等融资情况，我国相关管理部门、行业组织、证券交易所、登记结算机构等，会独立发布相关数据。例如，中国人民银行会定期发布金融机构本外币贷款数据，中国证监会、中国证券登记结算公司、上海证券交易所、深圳证券交易所等会发布股票融资和公司债券融资等相关数据，银行间交易商协会、中央国债登记结算公司、上海清算所等会发布短期融资券、中期票据、企业债券融资等相关数据。还有一些大型的数据公司，如 Wind，也提供相关数据服务。这些单独的金融工具融资数据，可以为考察相应的企业部门融资情况提供参照。

一些重要的国际机构和组织如国际货币基金组织、世界银行、国际清算银行（BIS）、世界证券交易所联合会（WFE）等也会发布各国贷款、债务证券、股票等金融工具融资数据。这些数据也可以做参照。

## 三、我国净融资结构及演化

按照前述指标设计，我们运用净融资法来对 1992—2015 年我国企业部门的融资结构进行测度。对于资金流量表中相关数据出现修订的情况，我们一般遵循采用修订后数据的原则。测度结果参见表 2-1。

**表 2-1　我国净融资结构变化（1992—2015 年）**　（单位：%）

| 年份 | 内源融资 | 银行净融资 | 债券净融资 | 股票净融资 | 资本转移 | 外商直接投资 | 其他净融资 | 统计误差 |
|---|---|---|---|---|---|---|---|---|
| 1992 | 33.99 | 27.76 | 8.13 | 2.71 | 15.27 | 1.56 | 11.62 | -1.03 |
| 1993 | 33.09 | 39.93 | 0.81 | 1.89 | 12.84 | 11.69 | -0.14 | -0.12 |
| 1994 | 38.11 | 30.40 | 0.34 | 0.37 | 10.92 | 21.21 | -2.43 | 1.09 |
| 1995 | 38.32 | 31.63 | -0.14 | 0.14 | 10.03 | 18.85 | 0.12 | 1.05 |
| 1996 | 33.01 | 45.36 | 0.39 | 1.69 | 11.66 | 18.80 | -0.08 | -10.82 |
| 1997 | 43.20 | 33.80 | 0.18 | 7.67 | 11.08 | 17.99 | -14.66 | 0.75 |
| 1998 | 44.72 | 29.58 | 0.20 | 3.98 | 10.17 | 16.23 | -9.72 | 4.85 |
| 1999 | 46.19 | 17.42 | 0.46 | 4.15 | 16.59 | 13.72 | -6.97 | 8.45 |
| 2000 | 68.39 | 6.21 | 0.43 | 9.03 | 12.58 | 13.34 | -6.35 | -3.63 |
| 2001 | 62.78 | 8.85 | 0.58 | 4.97 | 13.62 | 12.27 | -3.95 | 0.87 |
| 2002 | 61.75 | 12.36 | 1.11 | 3.30 | 12.45 | 13.28 | 5.78 | -10.03 |

续表

| 年份 | 内源融资 | 银行净融资 | 债券净融资 | 股票净融资 | 资本转移 | 外商直接投资 | 其他净融资 | 统计误差 |
|---|---|---|---|---|---|---|---|---|
| 2003 | 50.47 | 22.77 | 1.05 | 4.23 | 11.78 | 11.51 | 3.21 | -5.02 |
| 2004 | 60.81 | 4.56 | 0.81 | 4.17 | 3.51 | 10.87 | 2.04 | 13.23 |
| 2005 | 65.75 | 14.58 | 4.54 | 2.43 | 3.71 | 12.55 | 0.21 | -3.77 |
| 2006 | 55.39 | 11.85 | 3.94 | 4.89 | 3.01 | 8.35 | -12.28 | 24.84 |
| 2007 | 54.73 | -3.40 | 3.11 | 7.98 | 3.01 | 11.50 | -2.81 | 25.90 |
| 2008 | 55.87 | 20.73 | 5.95 | 3.84 | 2.97 | 7.43 | -6.75 | 9.95 |
| 2009 | 42.30 | 12.09 | 11.09 | 5.08 | 2.95 | 2.23 | -6.39 | 30.65 |
| 2010 | 35.23 | 0.89 | 8.89 | 6.09 | 3.18 | 6.90 | -10.43 | 49.26 |
| 2011 | 33.52 | 18.15 | 9.96 | 4.21 | 3.05 | 7.98 | -8.21 | 31.34 |
| 2012 | 32.28 | 28.52 | 13.80 | 1.45 | 2.55 | 7.73 | -23.02 | 36.68 |
| 2013 | 37.26 | 26.83 | 8.23 | 1.99 | 2.74 | 6.93 | -21.25 | 37.26 |
| 2014 | 45.54 | 32.14 | 14.98 | 3.03 | 2.38 | 6.96 | -22.08 | 17.05 |
| 2015 | 43.45 | 8.10 | 13.40 | 2.13 | 2.60 | 2.01 | -20.03 | 48.33 |

资料来源：根据国家统计局发布的我国相关年份资金流量表计算。

### （一）内源净融资占比

从表2-1可以看出，我国内源融资的第一大特点是，尽管总体水平不高[①]，但仍然是我国实体投资的第一大来源。在1992—2015年，仅有两个年份是例外：一个是1993年，内源净融资占比为33.09%，比银行净融资占比的39.93%略低；另一个是1996年，内源净融资占比为33.01%，显著低于银行净融资占比（45.36%）。这里碰到了一个重要问题，即统计误差异常。统计误差是一个调整项，它是实体投资的融资缺口和金融账户提供的净融资之间的统计差值。从国际实践上看，该值一般都很小，原本不需要展开分析，我国在2005年之前的情况也是如此。但是，从2006年起，我国的该项指标值在绝大多数年份异常地高。由于国家统计局对国民账户中实物交易的统计，体系很完整，数据可靠度高，因此，这种误差很可能来自对金融交易统计的

① 对于这一点，我们将在国际比较部分展开详细分析。

遗漏。一个合理的怀疑是由于影子银行交易难以统计所致。对此问题，我们将在后面展开进一步的分析。不过，影子银行本身较复杂，我们难以将其具体地分离出来。所以，即使是误差项占比超过了内源净融资占比，内源融资是第一大融资来源的说法也基本成立。

我国内源融资的第二个特点是其占比存在着逐步提高的趋势，但这一趋势在近年来似乎有点变化。内源净融资占比不断提升是一种国际上普遍存在的现象。我国企业部门的情况与此既有一致之处，也有背离的地方。我国内源净融资占比在20世纪90年代总体上在向上爬升，从1992年的33.09%提高到1999年的46.19%。2000年，我国内源净融资占比出现了一次跳跃，大幅提高了20多个百分点，达到了68.39%，形成了峰值（见图2-1）。此后直至2008年，一直保持着较高水平。2009年后，内源净融资占比出现显著回落，甚至回到了20世纪90年代初的水平。2014—2015年，内源净融资占比水平开始回升，恢复到了20世纪90年代末的水平。分期间来看，在1992—1995年“八五计划”期间，内源净融资占比平均35.88%；1996—2000年的“九五计划”期间，则提高到47.10%；2001—2005年“十五计划”期间则进一步地提高到60.31%。但是，在2006—2010年“十一五”计划期间，内源净融资占比则出现了回落；在2011—2015年“十二五”规划期间，进一步回落到38.41%（见表2-2）。以上变化特征似乎显示，我国内源净融资原先存在着占比不断提高的进程，不过，这种进程近年来出现了扰动。

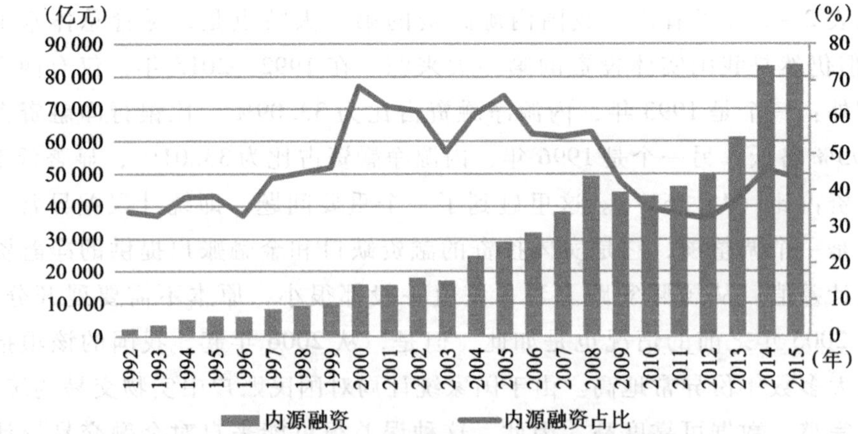


**图2-1　我国内源融资及其净融资占比变化**

资料来源：国家统计局、本书表2-1。

表 2-2　　我国不同时期净融资结构变化（1992—2015 年）　　（单位：%）

| 融资来源 | 1992—1995 | 1996—2000 | 2001—2005 | 2006—2010 | 2011—2015 |
|---|---|---|---|---|---|
| 内源净融资 | 35.88 | 47.10 | 60.31 | 48.70 | 38.41 |
| 银行净融资 | 32.43 | 26.47 | 12.62 | 8.43 | 22.75 |
| 债券净融资 | 2.29 | 0.33 | 1.62 | 6.60 | 12.07 |
| 股票净融资 | 1.28 | 5.30 | 3.82 | 5.58 | 2.56 |
| 资本转移 | 12.27 | 12.42 | 9.01 | 3.02 | 2.66 |
| 外商直接投资 | 13.33 | 16.02 | 12.10 | 7.28 | 6.32 |
| 其他净融资 | 2.29 | -7.56 | 1.46 | -7.73 | -18.92 |
| 统计误差 | 0.25 | -0.08 | -0.94 | 28.12 | 34.13 |

注：本表数值为非加权平均值。

资料来源：根据国家统计局发布的我国相关年份资金流量表计算。

我国内源融资的第三个特点是存在着小幅波动，但周期性似乎不明显。从融资额来看，我国内源融资在 1992—1996 年形成了第一次波动。1996 年内源融资出现了第一次回落，由上年的 6 118 亿元下降至 5 973 亿元。接着在 1997—2003 年形成了第二个波动期，其中 2001 年和 2003 年均出现了回落，分别由上年的 15 902 亿元、18 011 亿元下降到 15 816 亿元、17 413 亿元。2004—2010 年是第三个波动期，2009 年和 2010 年出现连续回落，由 2008 年 49 317 亿元分别下降至 44 464 亿元、43 186 亿元。从 2011 年起，我国内源融资进入一个新的波动期，截至 2015 年，尚未出现回落。表面上看，我国内源融资的波动似乎与五年计划或规划期存在着关联性，容易在其期末或期初形成回落，在期间中后期形成高点。但是，因为每个回落的幅度都很小，且与经济增长速度、实体投资额的波动不相同，因此，很难说这种波动具有周期性。

我国 GDP 增速在 1992 年后一直在回落，从 14.2% 下降到 1999 年的 7.7% 才见底（见图 2-2）。其间的 1997 年，亚洲发生了金融危机，对我国经济产生了较大冲击。但我国内源融资似乎没受经济增长速度下降和亚洲金融危机冲击的影响，仅在 1996 年出现轻微回落。2007 年，我国 GDP 增速再次回升至 14.2%，形成峰值，此后便逐步回落。其间的 2008 年，美国的次贷危机引发了全球金融危机，对我国经济产生了严重的冲击，全球经济迄今还没走出危机的阴影。但是，我国内源融资并没有受到多大影响，2008 年甚至形成了一个小高峰，其后虽然在 2009 年、2010 年出现小幅回落，然而总体上在不断迈上新台阶。到 2015 年，内源融资已达到 83 670 亿元，较 2007 年翻了一番。一般说来，当出现金融危机时，金融体系的融资会出现严重下滑，企业部门会因外部融资约束而加大对内源融资的依赖。不过，从我国 1997 年和 2008 年内源融资情况来说，这一特征并不很突出，或许跟我国金融体系因与外部的连通性有限而受到冲击较小有关。

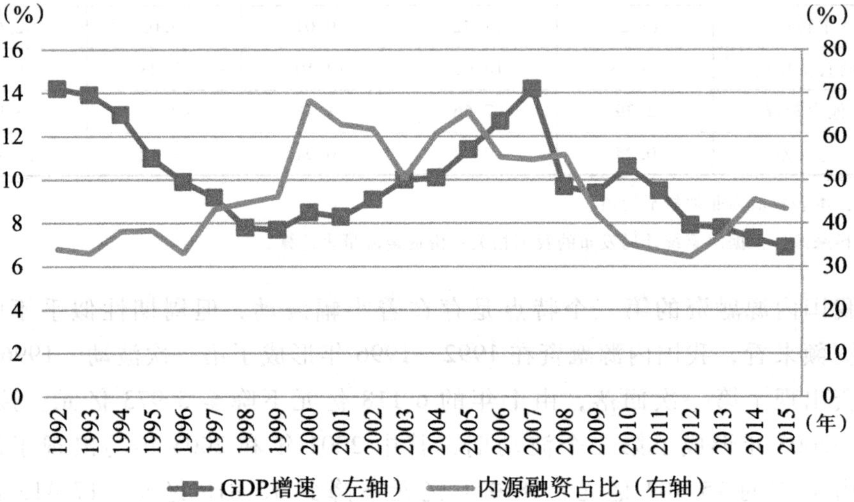


**图 2-2　我国内源净融资占比与 GDP 增速变化**

资料来源：国家统计局、本书表 2-1。

我国内源融资周期性特征不明显，这与我国实体投资增长情况较符合。很多国家的实体投资都会出现波动性甚至周期性，尤其是发达国家。然而我国实体投资额却始终保持不断增长的态势，甚至在 2007 年后我国经济增速开始下滑的情况下，也是如此。2007 年，我国企业部门固定资本形成总额为 69 988 亿元。到 2015 年，增加到了 192 556 亿元，增长了 175%（见图 2-3）。这表明投资仍是我国经济增长的重要推手，尽管我国从 2006 年就开始提出要转变经济增长方式，调整经济结构。

与实体投资的稳步增长相比，我国企业部门的总储蓄在 2007 年后的经济下行周期中多少还是受到了影响。这样，内源净融资占比自 2006 年起就开始下滑，与经济增长的趋势变得更一致起来，两者的相关性显著提高。此前，我国内源净融资占比与经济增长速度关联不大，在 20 世纪 90 年代甚至呈相反的趋势。

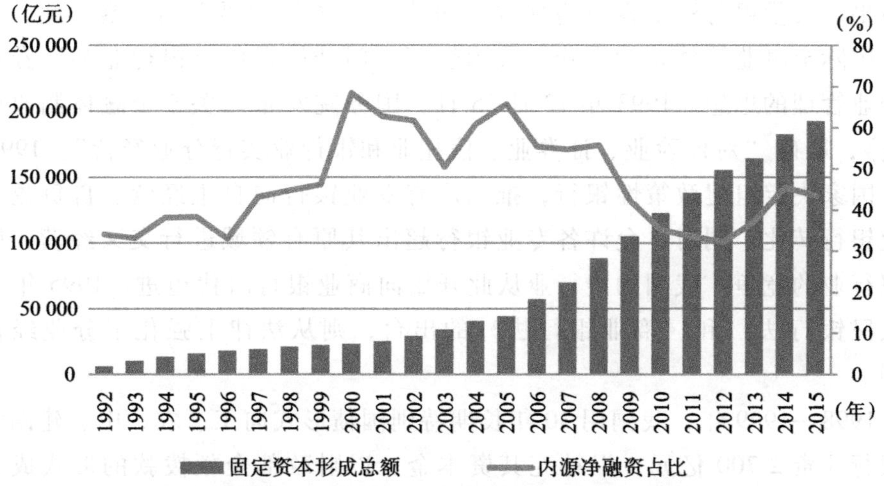


**图2－3 我国企业部门固定资本形成总额增长与内源融资变化**

资料来源：国家统计局、本书表2－1。

## （二）银行净融资占比

我国金融体系的构建是从银行业开始的。1979年，中国农业银行得到恢复，打破了原先中国人民银行“大一统”的金融体制格局，标志着专业银行体系的建立拉开了帷幕。紧接着，中国银行从中国人民银行中分立出来，成为国家指定的外汇专业银行。1983年9月，国务院决定，中国人民银行从面向企业和个人的存贷业务中退出，专门从事金融管理、制定和实施货币政策，转变为中央银行。1984年，中国工商银行设立，承担中国人民银行原先的商业职能，负责工商企业贷款，中国人民银行则转变为专门的中央银行。同时，中国建设银行从财政部所属升格为国务院所属，负责基本建设贷款。至此，我国初步形成了一个全面涵盖经济生活又互补的专业银行体系。

20世纪80年代后期，我国又组建了一批股份制银行（包括交通银行、招商银行等）和股份制非银行金融机构，在部分地区引进了一些外资金融机构，城市和农村信用合作社也出现了快速发展。这样，我国金融机构的种类开始增多，金融服务向多样化方向发展。

1993年之前，我国的银行可以开办证券、信托、租赁、房地产、投资等业务，实质上实行的是混业经营，甚至在一定程度还介入实业经营。20世纪90年代初，随着股票市场和房地产市场出现，这样的经营格局带来了一些严重后果，大量银行资金容易违规进入房地产市场和股票市场。鉴于此，借鉴当时国际金融监管体系的实践，我国管理部门开始提出对银行业和证券业实行分业管理的思想。1993 年 12 月 25 日，国务院发布《关于金融体制改革的决定》，明确“对保险业、证券业、信托业和银行业实行分业经营”。1993 年后，国家决定组建政策性银行，推动国有专业银行向自主经营、自负盈亏的商业银行转化。同时，允许各专业银行超出其原有领域进行交叉经营，以促进银行业的竞争。我国的银行业从此开始向商业银行时代迈进。1995 年《中国人民银行法》和《商业银行法》的出台，则从法律上强化了分业经营的体制。

1998—1999 年，我国用 30 年长期特别国债形式向工、农、中、建四大国有银行注资 2 700 亿元，以补充其资本金；以财政部全额拨款的形式成立了华融、长城、东方、信达 4 家金融资产管理公司，对应剥离了 4 家国有银行不良资产共 1.4 万亿元。在此基础上，为了积极应对 2001 年加入 WTO 后将出现的国际竞争问题，我国从 2003 年起开始推进国有银行的股份化改造。同年，中国银行业监督管理委员会成立，我国形成了“一行三会”严格分业监管的架构。2006—2008 年，交行、建行、中行和工行先后实现 A + H 股上市。2010 年，农行实现 A + H 股上市。与此同时，一批股份制银行如浦发银行、民生银行、招商银行、华夏银行、兴业银行、光大银行等先后上市，部分城市商业银行如宁波银行、南京银行、北京银行也完成股份化改造，实现上市。

另一方面，我国从 1995 年和 1996 年起，先后启动对数量庞大的城市信用合作社和农村信用社的改革。主要目标是将城市信用合作社改造为城市商业银行，将农村信用社改造为农村商业银行、农村合作银行等。

到 2006 年底，我国的银行部门的主要构成如下：（1）大型商业银行，包括工、农、中、建、交五大国有控股银行；（2）政策性银行，包括国家开发银行、农业发展银行、中国进出口银行；（3）股份制商业银行，包括中信银行、光大银行、招商银行、民生银行、华夏银行、浦发银行等 12 家银行；（4）城市商业银行，主要由城市信用社改制而来，共 113 家；（5）小型农村金融机构，包括农信社 19 348 家、农村合作银行 80 家、农村商业银行 13 家；（6）信托公司 54 家；（7）邮政储蓄银行 1 家；（8）外资银行 14 家。

此后，我国的银行业机构变动主要体现在农村信用社改革上。到 2016 年底，我国农村信用社减少到 1 120 家，农村合作银行减少到 40 家，农村商业银行增加到 1 114 家。大型商业银行、政策性银行（含国家开发银行）、股份制银行、邮政储蓄银行数量均无变化，城市商业银行小幅增加至134家，信托公司增加到68家，外资银行增加到39家。此外，还新增加了6家民营银行。

2003年末，我国银行部门的总资产为27.66万亿元，总负债为26.6万亿元。2016年末，我国银行部门的总资产增加到了232万亿元，总负债增加到214.8万亿元，均增加了7倍以上，资产负债表急剧膨胀（见表2-3）。

表2-3 我国银行部门资产负债额（2003年、2016年） （单位：亿元）

| 机构类型 | 总资产 | | 总负债 | |
|---|---|---|---|---|
| | 2003年 | 2016年 | 2003年 | 2016年 |
| 银行部门 | 276 564 | 2 322 532 | 265 964 | 2 148 228 |
| 大型商业银行 | 160 512 | 865 962 | 154 002 | 799 259 |
| 政策性银行* | 21 247 | 229 935 | 20 291 | 214 617 |
| 股份制商业银行 | 29 599 | 434 732 | 28 621 | 407 970 |
| 城市商业银行 | 14 622 | 282 376 | 14 123 | 264 040 |
| 农村信用社 | 26 509 | 79 496 | 26 646 | 74 798 |
| 农村商业银行 | 385 | 202 680 | 380 | 187 513 |
| 农村合作银行 | — | 4 359 | — | 3 996 |
| 外资银行 | 4 160 | 29 286 | 3 751 | 25 566 |

注：*政策性银行含国家开发银行。

资料来源：中国银监会年报（2016）。

大致以2006年为界，我国银行业经营模式出现了一次重大变化。此前，我国银行基本上囿于传统业务，主要是存贷款业务。2006年12月11日，我国加入WTO的5年过渡期结束。按照入世承诺，银行业要对外实行全面开放。鉴于当时我国银行业与发达国家差距较大，其中最大差距则是在中间业务上，我国监管部门未雨绸缪，拟通过发展中间业务进一步增强我国银行业的竞争力。2005年9月，银监会发布《商业银行个人理财业务管理暂行办法》及相关指引，标志着银行中间业务正式开启。此后，我国涌现了很多混业化金融创新，推动形成了庞大的影子银行，也改变了商业银行运营模式。1999年，美国出台了《金融服务现代化法案》，正式废除实施了60多年的金融分业经营体制，导致全球金融分业经营体系崩溃。这个背景应该为推动我国在坚守分业监管框架的同时进行各种混业创新，提供了外在的动力。

以上银行业发展背景，为考察我国银行净融资水平及变化提供了参照。

我国国民账户中资金流量表的金融交易部分包含短期贷款、中长期贷款、外汇贷款和其他贷款，2011 年后则增加了委托贷款和票据融资。银行净融资是这些贷款之和，再减去企业部门的存款和现金。由此计算出的 1992—2015 年我国的银行净融资占比参见表 2－1。

从表 2－1 中可以看出，我国银行净融资的第一大特点是其占比存在着不断下降的趋势，只是在近几年来才出现了回升。银行净融资占比不断下降也是一种国际上普遍存在的现象，我国企业部门的情况与此基本上一致，这与人们通常认为我国企业融资主要依赖于银行有很大的反差。我国银行净融资占比在 20 世纪 90 年代前期处于较高的水平，并且总体上在向上爬升，从 1992 年的 27.76% 提高到 1996 年 45.36%，达到了最高峰（见图 2－4）。1993 年和 1996 年，银行净融资占比甚至超过了内源净融资占比，成为实体投资的第一大融资来源。这个阶段正是我国四大国有银行从专业银行转向商业化的阶段，也是我国构建金融分业经营体制阶段。1997 年后，外部出现了亚洲金融危机，内部则在深化对四大国有银行的改革，我国银行净融资占比开始快速下滑，2000 年，已下降到只有 6.21 %。此后银行净融资占比虽出现回升，但总体向下的趋势并没发生改变。2007 年，这一数值创下了历史新低，降到了 －3.4%，也就是说出现了负的净贡献。然而，2008 年爆发的全球金融危机似乎没有对我国的银行体系产生冲击，当年银行净融资占比大幅回升至 20.73%。随后，为了应对全球金融危机，我国推出了“四万亿”经济刺激计划，银行贷款的增加额在 2009 年创下了历史新高。不过，当年银行净融资占比并没有进一步上升，反而大幅下降，其中的关键在于企业部门的存款也在大幅增加。2010 年，银行净融资占比再次大幅下降，降到了只有 0.89%。2011—2014 年，在影子银行很活跃的背景下，银行净融资占比回升到了较高水平，这种现象很引人注目。只是 2015 年银行净融资占比再次下滑到较低水平，为 8.1%，所以，很难断言原先不断下降的趋势是否在逆转。分期间来看，在 1992—1995 年“八五”期间，银行净融资平均占比为 32.43%，略低于内源净融资占比，为实体投资的第二大来源。到 1996—2000 年的“九五”期间，银行净融资平均占比则下降到 26.47%，2001—2005 年“十五”期间则大幅下降到 12.62%，2006—2010 年“十一五”期间，进一步地回落到 8.43%。但在 2011—2015 年“十二五”期间，银行净融资出现了大幅回升，平均占比为 22.75%（见表 2－2）。从分期情况来看，我国银行净融资占比原先不断下降的趋势很明显，近几年回升的幅度也很大。

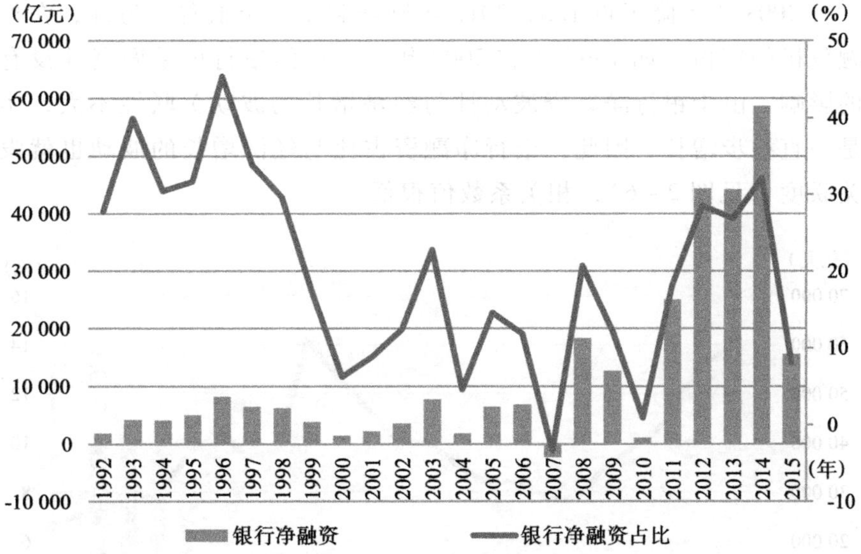


**图 2-4 我国企业部门银行净融资及占比变化**

资料来源：国家统计局、本书表 2-1。

我国银行净融资的第二个特点是存在着明显的波动性。从净融资额来看，我国银行净融资在 1992—2000 年形成了第一波动期。1992—1996 年，银行净融资不断上升，并在 1996 年出现了第一峰值，达到了 8 206 亿元，然后开始不断回落，2000 年，降低到第一个低谷，仅有 1 444 亿元。2001—2007 年，我国银行净融资形成了第二个波动期。2001—2003 年，银行净融资不断上升，并在 2003 年出现了峰值，达到了 7 736 亿元。这个峰值甚至比第一个峰值还低。然后，开始不断回落，2007 年，降低到历史低位，为 -2 382 亿元。2008—2015 年是第三个波动期。其间在 2010 年银行净融资出现了大幅回落，仅有 1 093 亿元，比第一个低谷还低，使得这个波动期出现了扰动，没有前两个波动期连续性强。总体上看，第三个波动期银行净融资规模出现跃升，并在 2014 年达到了历史峰值，为 58 728 亿元。2015 年，银行净融资出现急速回落，为 15 599 亿元。这一数值甚至低于 2008 年数值。

我国银行净融资额的上述波动性与实体投资稳步增长的情况形成了鲜明的对比，而且这种波动性与经济增长的波动性也没有对应关系。尤其引人注目的是，在近年我国经济由高速增长转为中高速增长，银行净融资反而出现了空前的扩大（见图 2-5）。而在“四万亿”经济刺激计划实施后的 2009 年和 2010 年，银行净融资水平却不高。其中，2009 年，银行净融资额为 12 710

亿元，较 2008 年下降了近 1/3，2010 年则降到了一个低谷。另外，在外部发生金融危机的年份，如 1997 年和 2008 年，我国的银行体系融资并没有受到明显的影响。由于银行净融资波动性与经济增长的波动关联性不大，实体投资又是一直稳步增长，因此，银行净融资占比与经济增长的波动也就没有明显的关联度（见图 2-6），相关系数值很低。

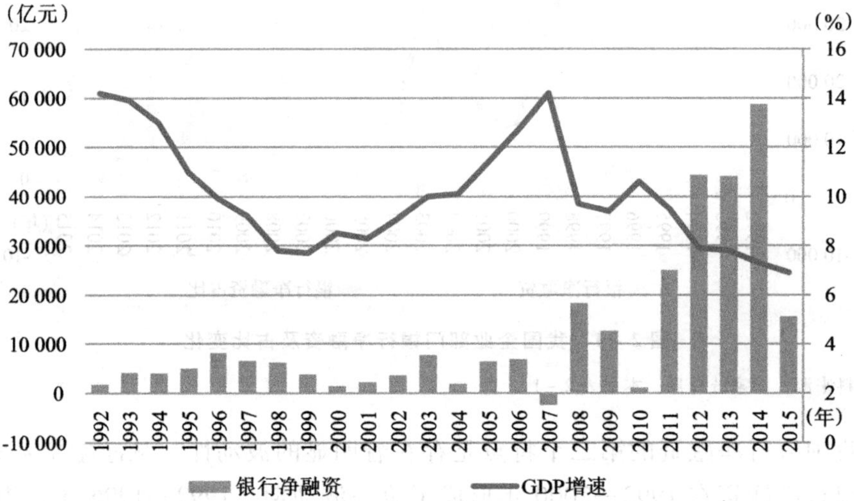


图 2-5　我国银行净融资额与 GDP 增速变化

资料来源：国家统计局、本书表 2-1。

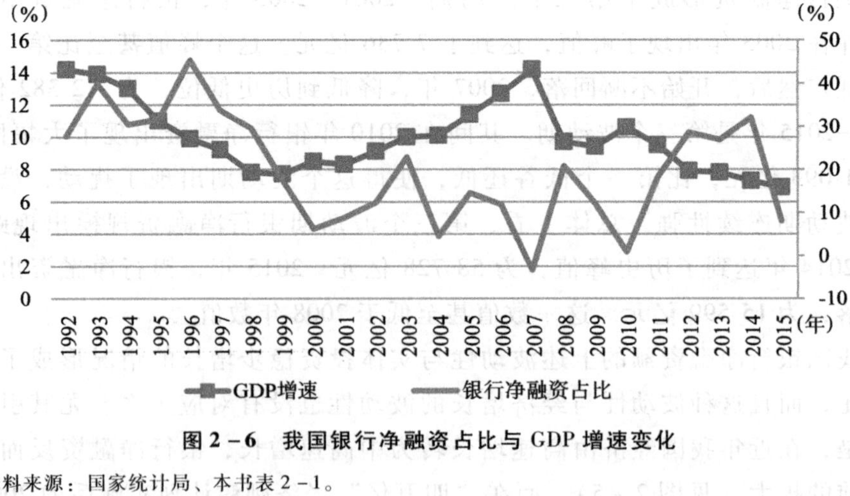


图 2-6　我国银行净融资占比与 GDP 增速变化

资料来源：国家统计局、本书表 2-1。

我国银行净融资第三个特点是其占比和内源净融资占比存在着较明显的反向关系。在2003年之前，银行净融资占比和内源净融资占比高低点的反向对应很吻合。1993年，银行净融资占比处于一个相对高点，当年内源净融资占比恰好处于一个相对低点。1996年的情况类似，当年银行净融资占比处于峰值，而内源净融资占比却处于一个低点。2000年，内源净融资占比跃升到历史高峰值，银行净融资占比处于空前的低位。2003年，内源净融资占比回落相对低位，而银行净融资占比则回升到相对高位。2003年后，虽然银行净融资占比和内源净融资占比的这种高低点对应关系不再像以前那样严格吻合，但是两者在趋势上相反的特征明显。内源净融资占比保持在高位振荡回落，银行净融资占比保持在低位振荡爬升，在2012年，两者一度再次如20世纪90年代前段那样逼近，但在近几年，内源净融资占比再次回升后，银行净融资占比又转头下行。总体上，两者反向相关系数较高，且显著（见图2-7）。

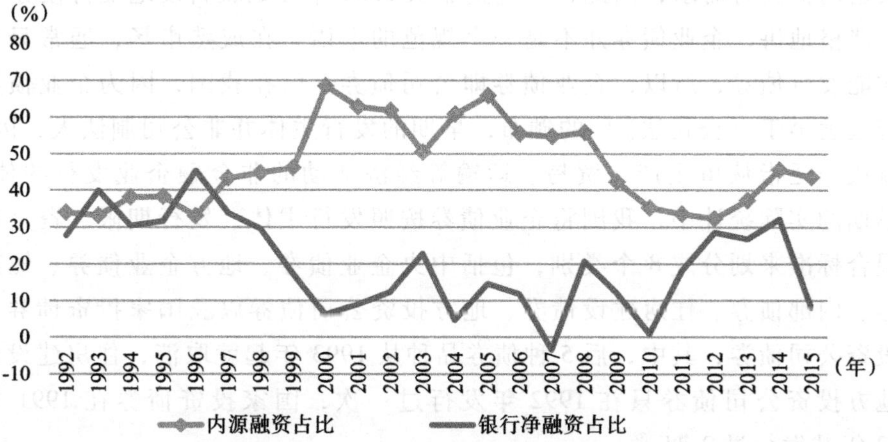


**图2-7 我国内源净融资与银行净融资对比**

资料来源：根据国家统计局发布的我国相关年份资金流量表计算。

银行净融资占比与内源净融资占比具有反向关系，这一点也是一个较常见的国际现象。其一般机理是，当银行体系受到冲击时，银行会收紧信用，此时，企业受到外部融资约束，只好转向内源融资，相应地，内源净融资占比会上升。在这种情况下，银行净融资占比的下降一般会伴随着实体投资的下降。但是，我国的情况似乎与此不符。首先，我国的实体投资并没有出现下降的年份。其次，银行净融资占比下降的年份并没有出现银行信用紧缩，甚至反而出现在信用宽松的年份。

### （三）债券净融资占比

由于历史原因，我国的债券监管体系比较复杂且处于分割状态，因此，要考察我国企业部门债券融资的变化，有必要对此先做一个梳理。从发行监管的角度来看，我国的债券体系可以分为三个部分：（1）中国人民银行主管的中国银行间市场交易商协会系统，主要监管短期融资券、中期票据、非公开定向债务融资工具等发行；（2）中国证监会主管的系统，主要监管公司债券的发行；（3）国家发展和改革委员会主管的系统，主要监管企业债券的发行。

从历史沿革上来说，企业债券出现得最早。20世纪80年代，我国经济体制转轨已经开始，一方面企业因为财政"断奶"、银行放贷不足而面临着资金来源短缺问题；另一方面，部分地区居民因金融资产开始快速增加，对投资渠道的扩大有需求，因此，一些企业从1984年开始就自发地发行债券。

严格地讲，企业债券并不是一个规范的术语。在成熟市场，通常只有公司才能发行债券，所以，企业债券即公司债券。但在我国，因为企业债券的发行远远早于《公司法》[①] 的颁布，早期的发行主体并非公司制法人，因此，它就成为泛指从事生产、贸易、运输等经济活动的非金融企业发行的债券。在早期的实际统计中，我国将企业债券按照发行主体、发行期限、资金用途等混合标准来划分成8个类别，包括中央企业债券、地方企业债券、短期融资券、内部债券、住房建设债券、地方投资公司债券以及国家投资债券、国家投资公司债券，其中，后5种债券品种从1993年起就取消，住房建设债券和地方投资公司债券只在1992年发行过一次，国家投资债券在1991年和1992年共发行过2期。[②]

由于既无经验又无法规指导，早期的企业债券市场发展中存在着很多混乱。为了防止这一问题的扩大，国务院于1987年3月27日颁布了企业债券市场的首个法规——《企业债券管理暂行条例》，规定对企业债券发行实行年控制额度管理制度，每年由中国人民银行会同计划、财政部门拟订债券发行计划额度，下达给各省市自治区和计划单列市执行。从1987年开始，国家

① 我国于1993年12月才颁布了首部《公司法》。

② 对于国家投资债券、国家投资公司债券是否属于企业债券的范畴，学界是存在着争议的。从实践情况看，它们的确被纳入企业债券发行额度管理中。但就发行主体和资金运用方式而言，它们更接近于政府支持机构债券，而不是企业债券。

开始下达企业债券发行额度，当年的额度为75亿元。此后3年，国家明显收紧了企业债券的发行，而各地发债热情高涨，企业债券实际发行规模不断超出计划。为此，国家计委与中国人民银行于1990年联合制订了《关于企业债券额度审批制度及管理办法》，规定由国家计委推选项目，并负责落实项目的投资规模和自筹资金的来源，中国人民银行负责审查批复执行。同时，1991年、1992年的企业债券发行额度得到大幅提高。尽管如此，1992年企业债券的发行量仍大大超过计划额度，达到了683.71亿元，当年企业债券余额也达到了很长时间内的一个峰值——822亿元。

企业债券的大发展产生了两个附带后果：一是一些地方借企业债名义集资，此种行为后来导致部分企业债券在1994—1996年到期后不能兑付，产生不良社会影响；二是国债发行受到了一定的冲击。鉴于此，在1993年国家开始进行经济治理和金融秩序整顿的大环境下，国务院修订了原先的《企业债券管理暂行条例》，正式颁布了《企业债券管理条例》，进一步地强化了企业债券发行计划规模管理、募集资金投向纳入固定资产投资计划、具体发行采取审批制等管制措施。这个期间，尽管每年的发行额度和实际发行量仍保持着与1990年、1991年差不多的水平，但由于前期发行的债券陆续到了兑付期，所以，连续4年企业债券的净发行额皆为负值。到1996年，我国企业债券余额已下降到只有不到600亿元。

经过1993—1996年的整顿，从1997年起，我国企业债券的发行在进一步的整顿中开始恢复，发债主体转向国有大型企业集中，资金投向则相应地向国家重点建设项目集中。1997年，国务院明确企业债券主管机构为国家计委。1999年12月，国家计委牵头组织修订《企业债券管理条例》，当年也未再安排发行额度。1999年，企业债券余额已回升到778亿元。2000年后，企业债券发行改由国务院特批，即企业先向国家发改委提出发债申请[①]，国家发改委根据申请情况，编制年度计划，包括具体发债企业、投资项目和计划额度，报国务院，由国务院办公厅会议决定，并下达特批的额度文件，再由国家发改委下达各地区各部门执行。

2008年，在银行间债券市场启动非金融企业债务工具发行的背景下，企业债券发行制度发生重大变化，由审批制转向核准制。当年，国家发改委发布了《关于推进企业债券市场发展、简化发行核准程序有关事项的通知》，

---

① 中央企业由主管部门向国家发改委提出，地方企业由省级发改委向国家发改委申报。

企业债券发行核准方式由原先的“先核定规模、后核准发行”两个环节简化为“直接核准发行”一个环节。在新的核准程序下，国家发改委在受理企业发债申请后，对符合发债条件、申请材料齐全的企业，直接予以核准，不再编制年度计划报国务院特批，企业债券发行开始进入加速期。

2015 年 10 月 13 日，国家发改委发出《关于进一步推进企业债券市场化方向改革有关工作的意见》，同年 12 月 2 日又发布了《关于简化企业债券审报程序加强风险防范和改革监管方式的意见》，进一步简化了企业债券发行申报程序，推进企业债券发行管理由核准制向注册制过渡。

总体上看，我国企业债券发展尽管起步早，但步伐并不快，甚至在较长时间里一直处于近乎停滞的状态，只是从 2008 年后才进入加速发展期。

在企业债券市场发展之后，银行间债券市场开始起步。为了将商业银行从上海证券交易所和深圳证券交易所及各地证券交易中心的证券回购和现券交易活动中分离出来，以遏制不时爆发的债券交易乱象[①]和银行资金违规使用问题，1997 年 6 月，银行间债券市场成立。在分业体制不断推进的大背景下，银行间市场的设立似乎也是顺理成章的。不过，银行间债券市场在很长一段时间并不涉及企业债务工具的发行。2005 年 5 月，中国人民银行发布了《短期融资券管理办法》，银行间债券市场开始打破传统，推出企业债务工具。

2007 年 9 月 3 日，中国银行间市场交易商协会成立，这标志着一个重大变革。2008 年 4 月，中国人民银行制定并发布了《银行间债券市场非金融企业债务融资工具管理办法》，对银行间债券市场企业发行债务融资工具的体制做出了跨越式的改革，授权中国银行间市场交易商协会进行管理，直接实行注册制，中国人民银行不再进行相关审核。随后，中国银行间市场交易商协会制定了《银行间债券市场非金融企业中期票据业务指引》，推出了中期票据，进一步打破了银行间债券市场不介入中长期企业债券工具发行管理的传统，由此和企业债券的发行形成了事实上的竞争。此后，银行间债券市场又先后推出中小企业集合票据[②]、非公开定向债务融资工具、区域集优中小企

① 最为严重的一个交易事件是 1995 年爆发的“327 国债期货事件”。

② 中小企业集合票据是对中小企业集合债的替代。2003 年科技部统一组织 12 家高新区企业集合发行债券，采用“统一冠名、分别负债、分别担保、捆绑发行”的方式，发行了总额为 8 亿元的 3 年期债券，被视为最早的集合债。但由于集合债的发行没有明确的法规依据，一直处于特事特办状态，其发展并不顺畅。

业票据等企业债务工具。

自2008年银行间债券市场实行注册制后，其企业债务工具发行即进入了快车道。

另外，中国证监会于2007年8月14日发布了《公司债券发行试点办法》，正式推出了公司债券，其发行采取与股票发行类似的核准制。不过，试点对象仅限于沪、深证券交易所上市的公司及发行境外上市外资股的境内股份有限公司，所以，其初期发展速度缓慢。此后，为了缓解中小企业融资难的问题，上海证券交易所和深圳证券交易所在中国证监会的授权下，引入了中小企业私募债券，其对象限定于符合《关于印发中小企业划型标准规定的通知》（工信部联企业〔2011〕300号）规定的，且未在沪、深证券交易所上市的中小微型企业①，其发行方式不同于公司债券，而是采取类似于银行间债券市场的注册制。2012年5月22日，沪、深证券交易所同时公布了《中小企业私募债券业务试点办法》，中小企业私募债券正式启航。然而，经过几年发展后，在早期发行的中小企业私募债券陆续进入还本期后，却出现了偿付问题，导致该债券发展遇阻。2015年1月15日，中国证监会发布了《公司债券发行与交易管理办法》，对原先的公司债券发行制度进行了大幅度的修改，将发行主体的范围扩大至所有公司制法人②，全面建立非公开发行制度，涵盖了原先的中小企业私募债券，事实上废止了中小企业私募债券这一品种。此外，大幅简化发行审核流程，取消公司债券公开发行的保荐制和发审委审核制度，但对普通公司债券的发行仍由中国证监会核准，对非公开发行公司债券则采取注册制，由中国证券业协会负责实施备案管理，中证机构间报价系统股份有限公司具体承办备案工作。这一改革之后，公司债券发展开始加速。

我国资金流量表对债券部分的统计细项包括国债、金融债券、中央银行债券、企业债券等。这里的企业债券是宽口径的，包括企业部门发行的各种债券，不限于国家发展改革委监管的企业债。我们以企业债券统计项融资额减去对企业债券的投资，作为企业部门债券融资净额，由此计算出1992—2015年我国债券净融资占比。

对照发行监管体制的演化，我国企业部门债券净融资的第一大特点是融

① 有限责任公司或者股份有限公司，不包括房地产企业和金融企业。

② 不包括地方政府融资平台公司。

资额呈现台阶式跳跃增长（见图2－8）。在2005年之前，由于债券品种单一，只有企业债券，且处于治理整顿中，所以，债券净融资水平很低。2005年银行间债券市场推出短期融资券后，叠加企业债券发行逐步恢复，债券净融资迈上了一个台阶。2004年，我国企业部门债券净融资额仅327亿元，2005年则增加到了2 009亿元，并在此后两年保持在这一水平之上。2007年后，公司债券起步，银行间债券市场实行发行注册制，并推出了中期票据，企业债券发行也由原来的审批制调整为核准制，这些因素叠加导致我国企业部门债券净融资大幅迈上一个新台阶。2008年，尽管全球金融危机爆发，但我国企业部门债券发行丝毫没有受到影响，净融资额跳升到5 254亿元，2009年进一步地跃升到11 659亿元，并在此后保持在万亿元之上。其中，2012年、2014年和2015年，我国企业部门债券净融资分别达到了21 454亿元、27 383亿元、25 811亿元。对比我国GDP增长、实体投资增长以及外部金融市场环境变化等，可以发现，我国企业部门债券净融资完全不受这些因素影响，主导其变化的主要是发行监管体制。正是发行体制上不断推进放松管制的改革，为企业部门债券发展释放出了巨大空间。

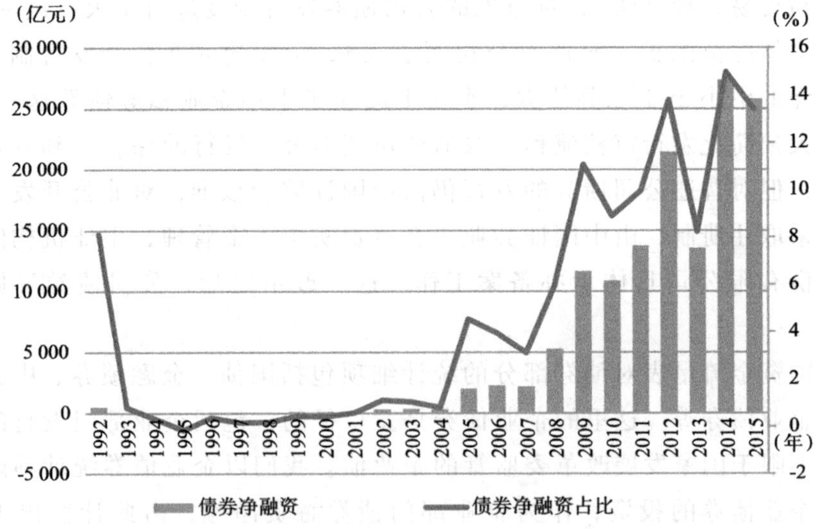


**图2－8　我国企业部门债券净融资及占比变化**

资料来源：国家统计局、本书表2－1。

与上述净融资额增长特征相对应，我国企业部门债券净融资的第二个特点是其占比也呈现台阶式跳跃，并在近年成为主要的融资方式之一。2005年之前，我国企业部门债券净融资占比都很小，基本上在1%以下，1995年甚至为-0.14%。只有1992年是例外，当时企业债券发展处于早期的巅峰期，对其治理整顿还没开始，虽然净融资总额只有524亿元，但是由于当时的实体投资规模也较小，所以，债券净融资占比达到了8.13%。此后，债券净融资占比长期处于无足轻重的状态。直到2005年，情况才发生了改变。2004年，我国企业部门债券净融资占比仅为0.81%，2005年则上升到了4.54%。此后两年虽有所回落，但一直保持在3%之上。2008年，债券净融资占比再次跳升，达到了5.95%，2009年则进一步地跳升至11.09%，首次超过了1992年水平，并在此后始终保持着这种超越状态。也就是说，我国企业部门债券融资花了17年的时间才重新到达了以前曾经有过的相对水平。

分期间来看，1992—1995年、1996—2000年、2001—2005年这三个阶段，债券净融资平均占比分别只有2.29%、0.33%、1.62%。到2006—2010年，债券净融资占比平均为6.60%，与银行净融资平均占比已很接近。到2011—2015年，债券净融资占比平均为12.07%，已成为企业主要的融资来源之一。

对比银行净融资，我们可以看出，我国债券净融资要稳定得多。在2010年和2015年，债券净融资规模和占比甚至超过了银行净融资，表明我国直接债务融资水平已达到了相当高的程度。

## （四）股票净融资占比

我国的股票融资大致与企业的债券融资同时起步。与债券融资主要受发行监管体制变革的影响不同，股票融资的情况要复杂得多，影响因素较多。主要有：（1）市场体系的建设；（2）发行制度的变化；（3）二级市场的表现。要考察我国股票融资的情况，有必要对这些因素先做一个梳理。

1984年11月，上海飞乐音响股份有限公司发行了1万股股票[①]，被认为是最早的股票发行活动。此前虽然也有企业发行过所谓股票，但这些股票与债券的区别其实不大。[②] 在飞乐音响之后，上海和深圳有一批企业先后公开招股，股份制试点工作在全国许多地方都有所开展，股票融资正式走上台面。1985年9月，我国第一家专业证券公司——深圳经济特区证券公司获准试办。

---

① 该股票面值为50元，面向社会发行0.3万股，其余的0.7万股面向内部职工发行。

② 例如，最早在报纸《深圳特区报》刊登招股说明书公开招股的广东省宝安县联合投资公司，于1983年9月所发行的股票，其发行条件是“入股自愿、退股自由，保本保息分红”。

1986 年 9 月，上海工行信托组建静安营业部，开展股票柜台交易业务。1988 年 3—9 月，全国各地共设立了 20 多家证券公司，提供国债和股票的柜台交易服务。由此，全国的证券柜台交易体系已初具规模。1990 年 12 月上海证券交易所获准正式成立和深圳证券交易所的试营业，标志着我国有组织的股票市场诞生，我国股票市场体系建设从此进入正规化阶段。1991 年 11—12 月，在当时境外投资者还不能投资我国股市的情况下，为吸引宝贵的外汇资金，中国人民银行分别联合上海市政府和深圳市政府发布相关规定，推出了 B 股[①]市场。1999 年 1 月，鉴于以网络科技产业为代表的新经济崛起，为了支持我国高科技企业发展，丰富我国股票市场的层次，深圳证券交易所提出要设立科技企业板块的构想。2000 年 4 月，中国证监会向国务院报送了《关于支持高新技术企业发展设立二板市场有关问题的请示》，建议在深圳证券交易所尝试建设我国二板市场。2000 年 5 月，国务院原则同意中国证监会的意见，并将二板市场定名为创业板市场。同年 10 月，深圳证券交易所停止新股上市，专注于筹建创业板市场。然而，2001 年，美国网络科技股泡沫开始破灭。受此影响，我国创业板市场筹建遇阻，深圳证券交易所由此长时间不能上市新股。为打破这一困境，2002 年 11 月，深圳证券交易所向中国证监会提出相关建议，希望采取分步实施方式推进创业板市场建设，此项建议后来逐渐被采纳。2004 年 2 月，国务院发布了《关于推进资本市场改革开放和稳定发展的若干意见》，提出分步推进创业板市场建设，完善风险投资机制，拓展中小企业融资渠道。以此为依据，2004 年 5 月，经国务院批准，中国证监会正式批复，深交所设立中小企业板块。2004 年 6 月 25 日，中小企业板问世，首批 8 家公司挂牌上市。此后，创业板建设工作持续推进。2007 年 8 月，国务院批复以创业板市场为重点的多层次资本市场体系建设方案。2009 年 3—7 月，中国证监会和深圳证券交易所发布了一系列与创业板相关的规章、规则。2009 年 10 月 30 日，创业板市场在经过 10 年的探索后终于诞生，首批 28 家公司挂牌上市。

另外，为解决原先法人股市场历史遗留问题[②]，2001 年 6 月，由中国证

---

① B 股的正式名称为“人民币特种股票”，面值以人民币标明，交易以外币计价。其中，上海证券交易所以美元计价交易，深圳证券交易所以港元计价交易。

② 在沪、深证券交易所之外，我国还曾存在过两个法人股交易市场。1990 年 12 月，全国证券交易自动报价系统（STAQ）系统正式开始运行。1993 年 4 月，由中国证券交易系统有限公司开发设计的 NET 系统投入试运行。1999 年 9 月，在统一的证券市场监管体制建立的背景下，这两个市场被关闭。

券业协会牵头组建了证券公司代办股份转让系统。该系统成为后来的“新三板”雏形。2006 年 1 月，代办股份转让系统开始试点为中关村科技园区非上市股份有限公司提供股份报价转让服务。2012 年 7 月，经国务院批准，决定扩大非上市股份公司股份转让试点[①]，同时批准设立全国中小企业股份转让系统。2013 年 6 月，国务院常务会议决定，将全国中小企业股份转让系统试点范围扩大至全国，使之成为全国性场外市场，以鼓励创新、创业型中小企业融资发展。至此，我国多层次资本市场初步建成。

在发行体制方面，我国早期的股票发行基本上处于自发的摸索状态，没有明确的规范。企业发行股票或者是自行决定的，或者是经行业主管部门或地方政府审批，以后中国人民银行又予以确认的。1987 年 3 月，国务院发布《关于加强股票债券管理的通知》，强化了中国人民银行作为证券发行主管机构的地位。1992 年，国务院证券委和中国证监会同时成立。我国证券市场建立一个新的、较为复杂的监管架构。国务院证券委为全国证券市场的主管机构，由中国人民银行、体改委、计委、财政部等 14 个部委作为成员单位。中国证监会为证券委的执行机构，负责对证券业务和证券市场监管。[②] 1992 年 12 月，国务院发布了《关于进一步加强证券市场宏观管理的通知》，标志着股票发行审批制的诞生。从 1993 年起，国家对证券发行实行额度控制和行政审批的制度，由主管部门根据国家经济发展总体情况，拟订每年总的发行计划，报国务院审批，再将此计划下达给各省市及各部委，由其向所属企业分配。当年下达的新股发行计划额度为 50 亿元。[③] 此后，我国股市走势长期陷入与新股发行计划的博弈中。1994 年 7 月 1 日，我国首部《公司法》正式生效，中国证监会由此成为证券发行的最终审核机构。1996 年 9 月，国务院办公厅转发国务院证券委员会《关于 1996 年全国证券期货工作安排意见的通知》，提出今后下达新股发行计划，改为“总量控制，限报家数”的管理办法，股票发行从此实行指标管理。1997 年 8 月，国务院正式决定将证券交易所由原先的地方政府管理，统一划归中国证监会直接管理。同年 11 月，全国金融工作会议决定对金融体制进行改革，对证券市场实行集中统一监管和垂

① 首批扩大试点对象包括天津滨海、上海张江和武汉东湖 3 家国家级高新技术园区。

② 其他的成员单位都有各自的监管权责，如计委管证券发行计划，中国人民银行管证券机构，财政部管会计事务所，体改委管法规，地方政府管交易所和证管办。

③ 除 1993 年外，历年下达的新股发行计划如下：1994 年为 50 亿元，1995 年为 55 亿元，1996 年为 150 亿元，1997 年为 300 亿元。

直领导。1998 年 4 月，国务院撤销证券委，职能并入中国证监会，中国人民银行对证券机构管理职能划归中国证监会，中国证监会升格为正部级。同年 8 月，国务院批准《证券监管机构体制改革方案》，中国证监会开始接收各地的证管办。至此，我国集中统一监管的证券市场体系基本形成。1999 年 7 月 1 日，我国首部《证券法》生效，对发行监管制度做出了重大改革，其第十五条明确规定："国务院证券管理机构依照法定条件负责核准股票发行申请。"由此，我国股票发行体制由审批制转向核准制。2015 年 12 月 27 日，第十二届全国人民代表大会常务委员会第十八次会议审议通过相关议案，授权国务院可以根据股票发行注册制改革的要求，调整适用现行《证券法》关于股票核准制的规定，标志着我国开始推进股票发行制度由核准制向注册制转变的试点工作。但是，由于 2015 年发生了股市异常波动以及 2016 年发生了"熔断"，此项试点后来延期实施。

在二级市场表现方面，我国股市先后围绕着新股发行额度、国有股减持和流通、国企脱困等问题，出现了较大的波动，对股票融资产生了很大影响。在二级市场表现出色的年份，股票融资通常很旺盛。反之，在二级市场低迷的年份，股票融资通常很艰难，其中，新股发行甚至多次被迫暂停，以作为救市措施之一来稳定市场。因此，新股发行与股票二级市场的强弱有很强的对应关系（见图 2－9）。

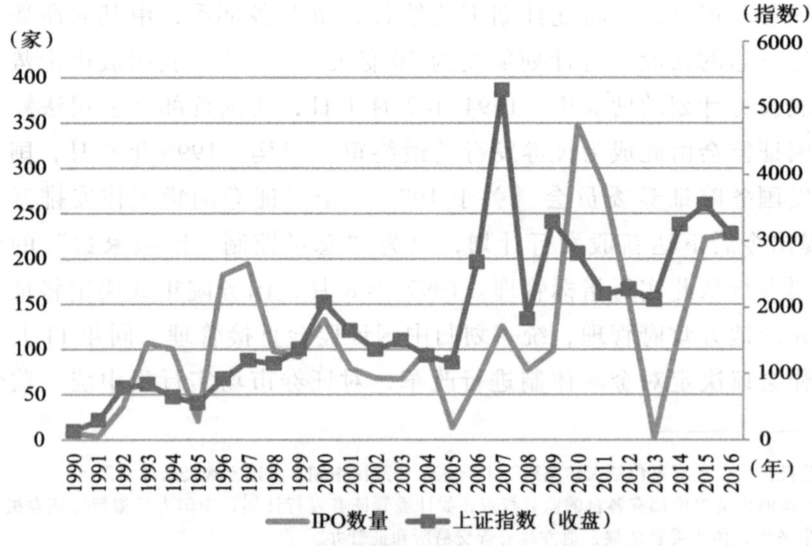


**图 2－9　我国 IPO 公司数量与上证指数走势对比**

资料来源：Wind。

1990年沪、深证券交易所设立后，最初只是处于试验状态，上市公司数量很少。1992年，随着B股市场的推出，我国股市规模有所扩大，但真正的扩容则是从1993年开始的。1993年，我国股票发行开始实行审批制，当年下达了50亿元的新股发行额度，当年完成的IPO公司达107家，远远超过上一年的37家（见表2-4）。但是，在市场规模较小时，股指已出现了严重的虚高，给后来的扩容埋下了隐患。1992年，上证指数和深圳成指最高分别达到1429点和2918点。所以，当1993年新股发行额度下达时，二级市场对扩容高度敏感，并在此后和新股发行政策形成了长时间的博弈，导致在1993年3月—1994年7月出现了较大的熊市，上证指数最低跌到只有325点。最终，中国证监会不得不在1994年7月30日宣布出台“年内暂停新股发行和上市、严控配股规模、采取措施扩大入市资金范围”等三大政策来救市。结果是我国的IPO公司数量在1995年直线下降，由上一年的100家减少到只有21家。这种困境后来被自1996年初开始的一轮牛市所打破。当时的主要背景是，在沪、深证券交易所的积极努力下，我国股市正在由原来的区域性市场向全国性市场转变，在此过程中，投资者队伍空前扩大。同时，我国经济在1996年已实现了软着陆，原先的通货膨胀势头得到了控制，此后，中国人民银行连续7次降息[①]，一年期存款利率从原先的10.98%降到只有2.25%，而且国家还开征了利息税。这轮牛市的第一个阶段持续到1997年5月，上证指数和深圳成指分别由1995年底555点和987点上涨到1510点和6103点，最高涨幅分别达172%和518%。对应地，1996年和1997年，我国股市融资空前活跃，IPO公司的数量分别达到182家、194家。出于对股指涨幅过大所产生的金融风险的担忧，监管部门出台了一系列政策对股市过热进行了抑制。叠加1997年7月后亚洲金融危机开始从东南亚爆发，我国股票二级市场在1998年再次陷入低潮，股市融资也进入收缩期。1999年5月后，鉴于国企改革进入攻关期，为发挥资本市场的积极作用，监管部门出台了包括允许三类企业[②]入市在内的相关政策，激活股票二级市场，我国股市又重新走强，进入一个长达两年的逐步上涨期，上证指数创下了2245点历史新高，股市融资由此又逐渐恢复。2000年，我国IPO公司数量为133家，其中包括少数像宝钢股份这样

---

① 这7次降息发生在1996—1999年，此后中国人民银行还于2002年2月进一步将一年期存款利率降至1.98%。

② 三类企业包括国有企业、国有资产控股企业和上市公司，在当时股市缺乏机构投资者的情况下，允许三类企业入市是一项重大政策举措。

表 2-4　　我国股票二级市场历年表现与 IPO 公司数量

| 年份 | 上证指数 | | | 深圳成指 | | | 沪、深证券交易所 IPO 数量（家） |
|---|---|---|---|---|---|---|---|
| | 最高 | 收盘 | 涨跌幅（%） | 最高 | 收盘 | 涨跌幅（%） | |
| 1990 | 127.61 | 127.61 | 32.86 | — | — | — | 7 |
| 1991 | 292.75 | 292.75 | 129.41 | 1206.32 | 963.57 | -2.48 | 4 |
| 1992 | 1429.01 | 780.39 | 166.57 | 2918.09 | 2309.77 | 139.71 | 37 |
| 1993 | 1558.95 | 833.80 | 6.84 | 3422.22 | 2225.38 | -3.65 | 107 |
| 1994 | 1052.94 | 647.87 | -22.30 | 2271.39 | 1271.05 | -42.88 | 100 |
| 1995 | 926.41 | 555.29 | -14.29 | 1473.29 | 987.75 | -22.29 | 21 |
| 1996 | 1258.69 | 917.02 | 65.14 | 4522.39 | 3217.54 | 225.74 | 182 |
| 1997 | 1510.18 | 1194.10 | 30.22 | 6103.62 | 4184.84 | 30.06 | 194 |
| 1998 | 1422.98 | 1146.70 | -3.97 | 4336.32 | 2949.32 | -29.52 | 98 |
| 1999 | 1756.18 | 1366.58 | 19.18 | 4896.04 | 3369.61 | 14.25 | 92 |
| 2000 | 2125.72 | 2073.48 | 51.73 | 5062.29 | 4752.75 | 41.05 | 133 |
| 2001 | 2245.44 | 1645.97 | -20.62 | 5091.46 | 3325.66 | -30.03 | 79 |
| 2002 | 1748.89 | 1357.65 | -17.52 | 3586.06 | 2759.30 | -17.03 | 68 |
| 2003 | 1649.60 | 1497.04 | 10.27 | 3557.89 | 3479.80 | 26.11 | 67 |
| 2004 | 1783.01 | 1266.50 | -15.40 | 4187.23 | 3067.57 | -11.85 | 99 |
| 2005 | 1328.53 | 1161.06 | -8.33 | 3481.44 | 2863.61 | -6.65 | 14 |
| 2006 | 2698.90 | 2675.47 | 130.43 | 6687.28 | 6647.14 | 132.12 | 66 |
| 2007 | 6124.04 | 5261.56 | 96.66 | 19600.03 | 17700.62 | 166.29 | 126 |
| 2008 | 5522.78 | 1820.81 | -65.39 | 19219.89 | 6485.51 | -63.36 | 77 |
| 2009 | 3478.01 | 3277.14 | 79.98 | 14096.87 | 13699.97 | 111.24 | 98 |
| 2010 | 3306.75 | 2808.08 | -14.31 | 13936.88 | 12458.55 | -9.06 | 348 |
| 2011 | 3067.46 | 2199.42 | -21.68 | 13233.02 | 8918.82 | -28.41 | 281 |
| 2012 | 2478.38 | 2269.13 | 3.17 | 10616.28 | 9116.48 | 2.22 | 155 |
| 2013 | 2444.80 | 2115.98 | -6.75 | 10057.97 | 8121.79 | -10.91 | 2 |
| 2014 | 3239.36 | 3234.68 | 52.87 | 11050.85 | 11014.62 | 35.62 | 124 |
| 2015 | 5178.19 | 3539.18 | 9.41 | 18211.76 | 12664.89 | 14.98 | 223 |
| 2016 | 3538.69 | 3103.64 | -12.31 | 12659.41 | 10177.14 | -19.64 | 227 |

注：上证指数 1990 年、深圳成指 1991 年涨跌幅系以当年收盘指数除以开盘指数计算出，其他年份均为当年收盘指数除以上年收盘指数计算出。

资料来源：Wind。

以前几乎不曾出现的巨型企业。2001 年 6 月后，我国股市陷入长达 4 年多的下跌期，上证指数最低跌破 1000 点，其导火索是国有股减持办法的发布。尽管 2004 年深圳证券交易所推出了中小企业板，但我国股市融资依然难改颓势。2005 年 4 月，经国务院批准，中国证监会决定启动股权分置改革，彻底地解决国有股和法人股流通问题。在股权分置改革期间，新股发行暂停。因此，2005 年，我国 IPO 公司数量只有 14 家，创下了 1992 年以来的最低点。以股权分置改革为契机，加之周期产业发展进入高景气期，我国股市在 1996—1997 年再次进入牛市，上证指数和深圳成指最高分别达到 6124 点和 19600 点历史最高位，最大涨幅分别为 513.6% 和 654.8%，股市融资再度空前活跃。2007 年，我国 IPO 公司数量为 126 家，其中包含像建设银行、交通银行、中国石油、中国铝业、中国平安等一大批巨型企业。与 1996—1997 年的牛市类似，股票二级市场过高的涨幅同样引起监管部门的担忧以及政策调控。2008 年，全球金融危机爆发。此后，由于多方面因素影响，我国股市进入漫长的调整期，其间只有 2009 年因国家出台“四万亿元经济刺激计划”而有所表现。然而，由于创业板于 2009 年推出，加上中小企业板，我国 IPO 公司数量在 2010—2011 年达到空前的规模。融资活动与股市走势的背离，再次引发了二级市场与新股发行政策的博弈，股市进一步低迷，经过 10 年探索才推出的创业板也面临着考验。在上证指数于 2012 年 11 月跌破 2000 点后，监管部门于 2013 年事实上暂停了新股发行。2014 年 4 月，经过长时间酝酿的沪港通终于正式起步。同年 5 月，国务院发布了《关于进一步促进资本市场健康发展的若干意见》。另外，与经济增长背离了 6 年多的股市已经严重超跌。诸多因素叠加在一起，我国股票二级市场进入一轮短暂的牛市。由于在这个阶段我国影子银行已很庞大，因此，有大量的杠杆资金进入股市，使其上涨异常迅猛，并最终因清理场外配资引发连锁反应，酿成股市异常波动，以至于国家要史无前例地直接进入二级市场救市。2015 年 6 月后，新股发行再次暂停。2015 年 11 月新股发行恢复后，监管部门开始倾向于不受二级市场约束，坚持新股发行常态化。

基于以上对我国股票市场体系的建设、发行制度的变化以及二级市场表现的考察，我们来分析一下我国股票净融资的特点。

我国企业部门股票净融资的第一大特点是融资额呈现频繁的波动。与银行净融资波动周期较长不同，我国股票净融资的波动要频繁得多，大约每 3～5 年就形成一轮波动，并在 1997 年、2000 年、2007 年、2010 年、2014 年形成波峰。1997 年，我国股票净融资首次突破千亿元，达到 1 473 亿元，为 1996 年 4.8 倍，为 1995 年的 65 倍。2000 年，我国股票净融资再上新台阶，达到 2 100 亿元，为 1999 年 2.27 倍，为 1998 年的 2.51 倍。2007 年，我国股票净融资突破 5 000 亿元，达到了 5 583 亿元，为 2006 年 1.98 倍，为 2005 年的 5.19 倍。2010 年，我国股票净融资创下了历史最高纪录，达到了 7 470 亿元，为 2009 年 1.4 倍，为 2008 年的 2.2 倍。2014 年，我国股票净融资虽然形成了一个波峰，但融资额为 5 533 亿元，仅仅恢复到 2007 年的水平。对比波动周期，可以看出，发行制度的变革直接影响似乎有限，仅在 1993 年刚开始实行额度制对股票融资产生了较大的影响。但此后直到 1997 年，尽管国家每年下达新股发行额度，股市实际融资额却与这些额度没有多少相关性，而与二级市场走势的强弱完全吻合。1994 年股市的极端低迷导致新股一度暂停发行。1995 年，股市仍没有走出低迷状态。所以，这两年股票净融资额分别仅为 49.63 亿元和 22.68 亿元，甚至较 1992—1993 年都大幅度下了一个台阶，形成了一个最深谷底。而 1997 年则是 1996—1997 年牛市的峰值年，因而当年的股票净融资也形成了一个波峰（见图 2－10）。2000 年开始正式实施的核准制，解除了股票发行额度和指标限制，似乎成为当年股票净融资形成峰值的一个制度性背景。不过，当年也是 1999—2001 年那轮慢牛行情中股市表现最强劲的一年。这两个因素叠加在一起使我们不易判断出股票融资的主导成因。其后几年，股市陷入长时间熊市，我们看到股票净融资出现了显著的回落，尽管在 2004 年深圳证券交易所推出了中小板，也没有根本扭转这种态势，这说明二级市场表现是主导股票融资状况的主导因素。直到 2009 年创业板推出，情况有所变化，连续的市场扩展最终导致股票净融资与市场强弱出现背离。但是这种背离很快显示出了后果，并导致 2013 年新股发行的暂停。2014 年后，股票净融资与市场强弱在很大程度上再度一致起来，尽管吻合度不及 2009 年以前高。综合来看，股票融资作为一级市场的活动，与二级市场有着极大的关联，股票市场体系的建设和发行制度的改革等因素虽然都会影响股票融资，但都难以脱离二级市场的状况而独自作用。这也符合成熟市场的规律。我国股票融资活动是受管制的。表面上，股票融资只受监管调节，不受市场状况的约束。实际上，市场的状况最终会发挥作用，促使一、二级市场必须协调一致起来。

与上述净融资额变化特征相对应，我国企业部门股票净融资的第二个特点是其占比呈现较频繁的横向波动，且总体而言水平较低。与股票净融资额

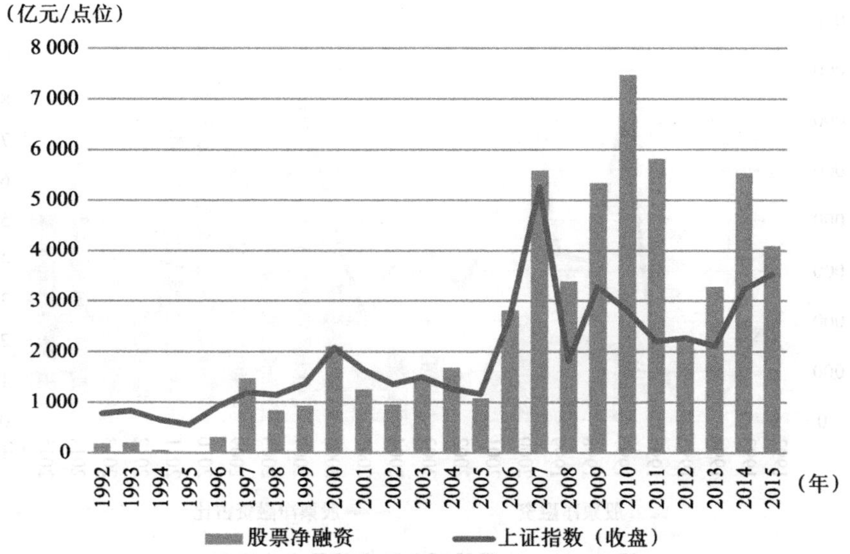


**图 2－10　我国股票净融资额与上证指数表现**

资料来源：国家统计局、Wind。

在波动中逐步扩大不同，我国股票净融资占比在波动中并没有提升的趋势。如上所述，1997 年、2000 年、2007 年、2010 年和 2014 年是我国股票净融资波峰年份。同样地，我国股票净融资占比在这几年也形成了波峰。但是，历史的峰值却没有出现在净融资额最大的 2010 年，而是出现在 2000 年，当年股票净融资占比达到了 9.03%，不仅高于 1997 年的 7.67%，也高于 2007 年的 7.98%，更是大幅超过 2010 年的 6.09% 和 2014 年的 3.03%。实际上，在 2009 年后，尽管我国股票净融资在历史最高水平上波动，但股票净融资占比却不断下降（见图 2－11）。除了四个峰值年外，我国股票净融资占比都处于 5% 以下，表明总体水平较低，并不构成一个可靠的主要融资来源。

分期间来看，我国股票净融资占比的横向波动特性就更加明显。1992—1995 年、2001—2005 和 2011—2015 年三个阶段形成波谷，股票净融资占比平均分别为 1.28%、3.82%、2.56%；1996—2000 年和 2006—2010 这两个阶段因各自包含了两个重要的峰值年份，从而形成了波峰，股票净融资占比平均分别为 5.30%、5.58%。可见，即使是在高峰阶段，股票净融资占比水平也不高。对比债券净融资占比，我们还可以看出，股票净融资占比与前者在近年已形成很大的差距。

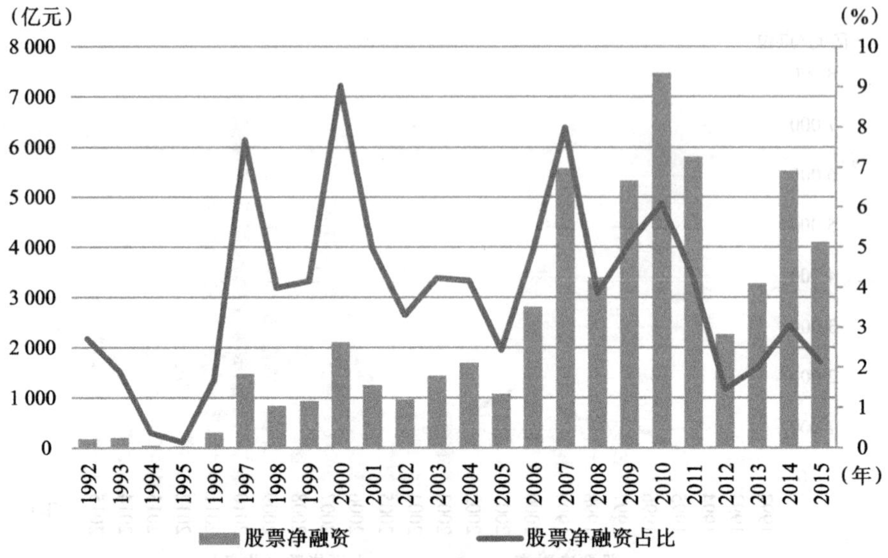


**图 2－11 我国股票净融资额及占比变化**

资料来源：国家统计局、本书表 2－1。

### (五) 资本转移净融资占比

我国资金流量表中企业部门的资本转移主要以投资补贴形式存在。按照 SNA 的定义，投资补助是指政府向常住或非常住机构单位提供的、全部或部分用作获得固定资产的资金。接受者必须将所收到的投资补助用于固定资本形成，并且补助金往往是与具体投资项目（如大型建筑项目）联系在一起的。我国的实际情况是，政府以资本转移的方式安排建设项目，项目建成投产后，形成国有企业和相应的国有资产。因此，对资本转移的统计通常限于政府向国有企业、投资项目主管单位提供的各种投资性拨款和补助（彭志龙，2003）。

暂不考虑统计口径变化问题，我国企业部门资本转移净额的变化大致分两个阶段。第一个阶段从 1992 年到 2003 年，企业部门获得的资本转移净额逐步增加，由 1992 年的 985.8 亿元增加到 2003 年的 4 000 亿元，年均递增 13.58%（见图 2－12）。第二个阶段从 2004 年到 2015 年，企业部门获得的资本转移净额同样是逐步增加，由 2004 年的 1 419 亿元，增加到 2015 年的 5 014 亿元，年均递增 12.15%，比第一阶段增速略低。从资本转移占比的角度来看，第一阶段始终保持在较高水平，最低点出现在 1995 年，为 10.03%，最高点出现在1999年，为16.59%。其中，2001年，资本转移占比超过了银行净融资占比，成为居第二位的融资来源；1999年、2000年和2002年，资本转移占比也超过或接近银行净融资占比，为主要的融资来源之一。到了第二个阶段，资本转移占比就处于较低的水平，并呈现缓慢下降的趋势，2005年形成了峰值，为3.71%，2005年则形成了谷底，为2.38%。

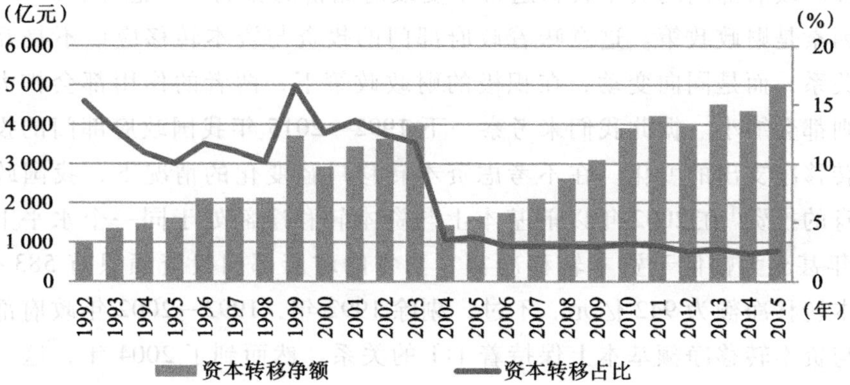


**图2-12 我国企业部门资本转移净额及占比变化**

资料来源：国家统计局、本书表2-1。

从表面上看，我国资本转移占比在早期处于较高的水平，其后出现了急剧下滑。断点出现在2004年，变化突然且剧烈，其中的原因可能在于统计口径的调整。2004年，我国开展了第一次全国经济普查，国家统计局利用普查资料对部门账户做了多方面的改革和修订。就资本转移而言，以往将财政决算中的基本建设支出全部作为政府部门对非金融企业部门的资本转移处理，而现在则将财政决算中的基本建设支出区分为两部分：一部分是用于非金融企业部门的基本建设支出，另一部分是用于政府部门本身的基本建设支出。只有前一部分才被作为政府部门对非金融企业部门的资本转移处理（许宪春，2008）。

基于前、后两个阶段我国企业部门资本转移净额都呈现比较稳定增长的态势，有理由推断，在同一口径下，总体上也应该呈现这种特征。也就是说，1992—2015年，在可比口径下，企业部门的资本转移净融资额应该稳步增长。据此，我们来对第一阶段的资本转移净额进行修订，将政府部门本身的基本建设支出从中剔除出去，这一部分本来应该体现在政府部门的固定资本形成额上。在修订时，为稳健起见，我们取一个较低的增长速度。假定2004年资本转移净额按照第二阶段平均增速增长，即比2003年增长了12.15%，据此推算出2003年的资本转移净额应为1 265.65亿元。这一推算额与原先的资本转移净额的比值为0.32。这个比值意味着原先的资本转移净额中超过2/3是政府部门直接的基本建设支出。按照这一比值对第一阶段的资本转移净额进行逐年回溯调整，我们可以大致估算出实际的资本转移净额。

对比政府部门的投资与资本转移净支出，也可以为以上估算的可靠性提供佐证。政府部门的资本转移通常不受政府储蓄的影响（彭志龙，2003），其主导因素是财政政策。这意味着政府部门的投资与资本转移应该不是互相抵消的关系，而是同向变动，在积极的财政政策下，两者的作用都会扩大；反之，则都会缩小。据此我们来考察一下1992—2015年我国政府部门的投资与资本转移净支出的变化。在不考虑资本转移口径变化的情况下，我国政府部门自身的投资[①]在2002年以前基本上与资本转移净额处于同一个水平上，在1992年甚至大幅低于资本转移净额。当年的政府部门投资额只有583亿元，而资本转移净额为942亿元。不过，剔除1992年，1993—2002年政府部门的投资与资本转移净额基本上保持着1:1的关系。然而到了2004年，这一比值突然扩大为5.3:1，并且在此后未再显著下降或回归，而是呈缓慢提升之势（见图2-13）。这种断点找不到财政政策变化上的原因，因此，统计口径上的变化就提供了坚实的解释。按照我们前述办法对资本转移净额进行修订，将政府部门直接的基本建设支出分离出来，加到其固定资本形成总额上，可以得到修正的政府部门投资和资本转移净额。根据修订值，1992年，我国政府部门的投资与资本转移的比值为4.02，2002年则上升到5.66，总体上符合波动中上升特征，与2004年后的趋势也很吻合。2004年后，我国政府部门的投资与资本转移的比值依然是在波动中上升，2015年已达到了7.63，原先截然分明的两个阶段变得统一起来，2004年的分界线消失了（见图2-14）。这佐证了我们对资本转移净额的调整估算是合理的。

基于修订值，我们可以发现，我国企业部门资本转移融资的第一大特点是融资额保持着相当稳定的增长，除了在2000年、2012年和2014年这三年较上年略有下降外，其他年份皆增长（见图2-15）。这种增长特征与我国实体投资很类似，似乎不受经济环境变化的影响。例如，1997年的亚洲金融危机、2008年的全球金融危机以及我国GDP增速的变化，均没有对资本转移额的变化形成显著影响。

---

① 即固定资本形成总额。

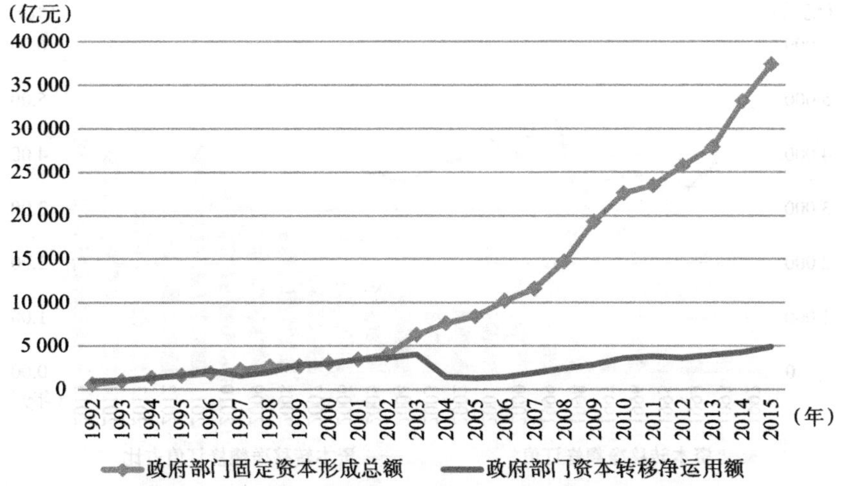


**图 2-13　我国政府部门投资与资本转移净支出变化**

资料来源：国家统计局。

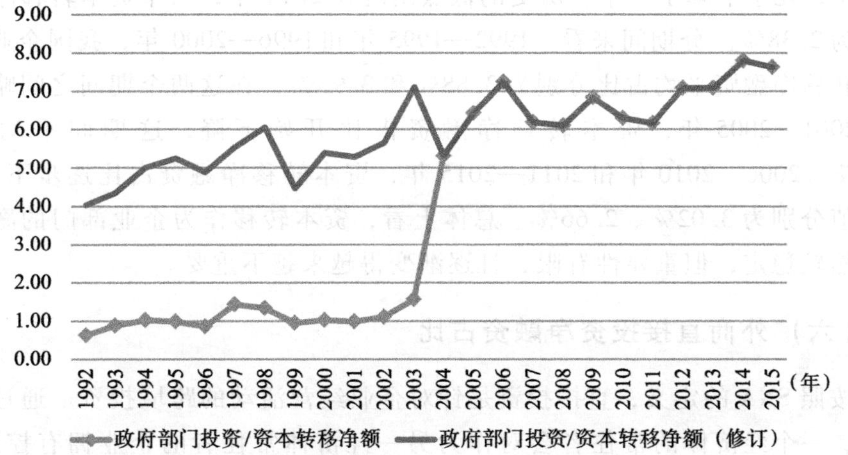


**图 2-14　我国政府部门投资与资本转移净支出比值的变化**

资料来源：根据国家统计局相关数据计算。

我国企业部门资本转移融资的第二个特点是整体占比水平不高，且有缓慢下降趋势。修正后，原先第一个阶段资本转移净额占比出现大幅下降，由10%以上下降到5%及以下，资本转移不再构成主要的融资来源。整体上看，资本转移融资水平在早期尚有一定的波动，自1999年形成历史高点后，则逐步下滑。1999年，我国资本转移净额占比为5.25%，2015年则下降到

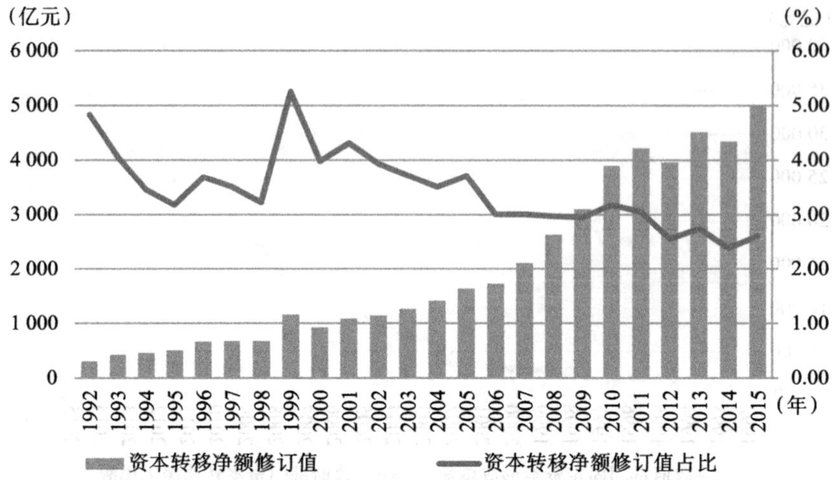


**图 2-15　我国企业部门资本转移净额及占比变化（修正）**

资料来源：根据国家统计局相关数据计算。

2.60%，几乎下降了一半。历史的低点出现在 2014 年，当年资本转移净额占比仅为 2.38%。分期间来看，1992—1995 年和 1996—2000 年，我国企业部门资本转移净融资平均占比分别为 3.88% 和 3.93%，在这两个期间之间略有上升。2001—2005 年，资本转移净融资占比开始下降，这期间平均值为 3.84%。2006—2010 年和 2011—2015 年，资本转移净融资占比逐步下台阶，平均值分别为 3.02%、2.66%。总体上看，资本转移作为企业部门的融资来源虽然较稳定，但重要性有限，且逐渐变得越来越不重要。

### （六）外商直接投资净融资占比

按照 SNA 的定义，直接投资是针对企业经营活动的跨境投资。通过直接投资，一个经济体的常住者会对作为另一经济体常住者的企业拥有控制权，或者对其管理具有显著程度的影响。直接投资的表现形式主要有独资、合资、合营及合作开发等。我国对外商直接投资的统计范围除外国外，还包括港澳台地区。

党的十一届三中全会后，对外开放成为我国基本国策之一。积极利用外资来加快我国经济发展，促进我国改革的深化，则是对外开放政策的重要内容。其中，外商直接投资因具有“一揽子创造性投资”称号，即随着资金的转移，技术、管理、营销技术、市场网络等都会随之移向受资方，更受我国重视和欢迎（王洛林、江小涓，1997）。

我国对外资及外商直接投资的利用是随着我国对外开放进程和经济发展状况的变化而变化。一般认为，我国对外资的利用可以分成以下三个大的阶段（吴彦艳等，2008；桑百川，2008）[①]：1978—1991 年为第一阶段，1992—2000 年为第二阶段，2001 年以后为第三个阶段。

1979 年 7 月，全国人大颁布了我国首部利用外资法律《中外合资经营企业法》。1980—1981 年，深圳、珠海、厦门和汕头 4 个经济特区获准正式设立。1984—1985 年，党中央决定将经济开放区扩大到上海、天津等 14 个沿海城市和长三角、珠三角地区。1986 年 4 月，全国人大颁布了《外资企业法》。1988 年，党中央将沿海经济开放区进一步扩展到辽东半岛、山东半岛等，同时批准设立海南经济特区。同年 4 月，全国人大颁布了《中外合资经营企业法》。1990 年，党中央决定开发上海浦东新区。总体上看，我国在第一阶段初步建立了利用外资的法律体系，并逐步构形成了“经济特区—沿海开放城市—经济开放区”辐射型开放格局。在这个阶段，我国对外资给予了很大的政策优惠，实行超国民待遇。但是，由于我国的改革开放刚开始，经济发展水平也较低，外资态度较谨慎。这个阶段利用外资的主要形式是借款（见表 2－5），外商直接投资较少。外资来源也较单一，主要是港澳以及台湾地区。

**表 2－5　1979—2000 年我国实际利用外资情况**

| 年份 | 实际利用外资额（亿美元） | 对外借款（亿美元） | 外商直接投资（亿美元） | 对外借款/外商直接投资 |
|---|---|---|---|---|
| 1979—1983 | 144.38 | 117.55 | 18.02 | 6.52 |
| 1984 | 27.05 | 12.86 | 12.58 | 1.02 |
| 1985 | 46.47 | 26.88 | 16.61 | 1.62 |
| 1986 | 72.58 | 50.14 | 18.74 | 2.68 |
| 1987 | 84.52 | 58.05 | 23.14 | 2.51 |
| 1988 | 102.26 | 64.87 | 31.94 | 2.03 |
| 1989 | 100.59 | 62.86 | 33.92 | 1.85 |
| 1990 | 102.89 | 65.34 | 34.87 | 1.87 |
| 1991 | 115.54 | 68.88 | 43.66 | 1.58 |
| 1992 | 192.02 | 79.11 | 110.07 | 0.72 |

① 对阶段划分的细致程度通常各有不同，但大阶段上一致性很强。

续表

| 年份 | 实际利用外资额（亿美元） | 对外借款（亿美元） | 外商直接投资（亿美元） | 对外借款/外商直接投资 |
| --- | --- | --- | --- | --- |
| 1993 | 389.6 | 111.89 | 275.15 | 0.41 |
| 1994 | 432.13 | 92.67 | 337.67 | 0.27 |
| 1995 | 481.33 | 103.27 | 375.21 | 0.28 |
| 1996 | 548.04 | 126.69 | 417.25 | 0.30 |
| 1997 | 644.08 | 120.21 | 452.57 | 0.27 |
| 1998 | 585.57 | 110.00 | 454.63 | 0.24 |
| 1999 | 526.59 | 102.12 | 403.19 | 0.25 |
| 2000 | 593.56 | 100.00 | 407.15 | 0.25 |

资料来源：国家统计局。

1992 年后，我国改革开放进入新阶段，对外资的利用开始加速。在第二个阶段，随着我国对外开放不断深入以及国民经济持续高速增长，外资的来源开始多样化，美国、欧盟等发达经济体的一些大型跨国公司纷纷进军我国，对外资的利用形式也发生很大变化，外商直接投资大幅上升，并成为主导方式。1991 年，我国对外借款为 68.88 亿美元，外商直接投资额为 43.66 亿美元，两者的比值为 1.58。到 2000 年，我国对外借款增加到 100 亿美元，而外商直接投资额为 407.15 亿美元，两者比值下降到只有 0.25（见表 2－5）。在这个阶段，我国对外资利用的政策也在逐渐完善，着眼于加入 WTO，对外资原先的超国民待遇逐渐向国民待遇调整，政策目标也从原先的单纯引进资金向引进技术和促进产业结构调整以及产业升级相结合方向转变。

2001 年，我国加入了 WTO，标志着中国开始全面融入世界经济体系。为适应 WTO 相关协议的规则，全国人大已在 2000 年对《外资企业法》和《中外合经营企业法》进行了修正。2001 年 3 月，全国人大再对《中外合资经营企业法》进行修订。在这个阶段，我国利用外资的政策基本上以 WTO 规则为指引，对外资逐步实行国民待遇，取消了过时的限制和优惠①。经过二三十年高速经济增长，我国逐步成为位居世界前列的经济体和市场，美欧日等地跨国公司开始大举在我国投资，甚至为了更好地融入我国市场，着手推行本土化战略。

① 例如，2007 年通过的《企业所得税法》将外资企业和内资企业的所得税统一设置为 25%，停止了原先对外资企业的所得税优惠。

另外，随着我国经济的国际化进程不断加深，对外投资在2001年后开始稳步增长。最近几年，鉴于我国外汇储备一度攀升到4万亿美元，国家对外汇政策逐步放松，我国对外投资呈现加速之势（见表2-6）。

**表2-6　2001—2016年我国外商直接投资额与对外直接投资额对比**　（单位：亿美元）

| 年份 | 外商直接投资 | 对外直接投资 | 对外直接投资存量 | 新增股本投资 | 当期利润再投资 |
|---|---|---|---|---|---|
| 2001 | 468.78 | | | | |
| 2002 | 527.43 | | | | |
| 2003 | 535.05 | 28.55 | | | |
| 2004 | 606.30 | 54.59 | | | |
| 2005 | 603.25 | 32.61 | | | |
| 2006 | 630.21 | 211.6 | 906.3 | 51.7 | 66.8 |
| 2007 | 747.68 | 265.1 | 1 179.1 | 86.9 | 98.2 |
| 2008 | 923.95 | 559.1 | 1 839.7 | 283.6 | 98.9 |
| 2009 | 900.33 | 565.3 | 2 457.5 | 172.5 | 161.3 |
| 2010 | 1 057.35 | 688.1 | 3 172.1 | 206.4 | 240.1 |
| 2011 | 1 160.11 | 746.5 | 4 247.8 | 313.8 | 244.6 |
| 2012 | 1 117.16 | 878.0 | 5 319.4 | 311.4 | 224.7 |
| 2013 | 1 175.86 | 1 078.4 | 6 604.8 | 307.3 | 383.2 |
| 2014 | 1 195.62 | 1 231.2 | 8 826.4 | 557.3 | 444.0 |
| 2015 | 1 262.67 | 1 456.7 | 10 978.6 | 967.1 | 379.1 |
| 2016 | 1 260.01 | 1 961.5 | 13 573.9 | 1141.3 | 306.6 |

注：2003—2005对外直接投资额为非金融类对外直接投资合计数。

资料来源：国家统计局、Wind。

不过，这里存在一个统计口径问题。按照SNA的规则，外国直接投资企业留存收益被视为外国所有者有意识做出的投资决定。因此，这种留存收益会被记为外国所有者对直接投资企业股本的再投资。也就是说，外商直接投资额应包含着按外商在外资企业权益比例计算的留存收益。在实践中，我国对实际利用外资的统计原则上也包含外商利润再投资，但是口径可能比SNA的原则严格得多。

例如，SNA将外商直接投资企业的留存收益默认为再投资，在我国还需要相关部门确认。这样，基于SNA规则的资金流量中外商直接投资额可能会与常规统计的数据有差异。我国的资金流量表基本上是基于SNA 1993编制的。其中的实际利用外商直接投资额在2005年后与常规的统计出现了非常明显的差异①。我国常规的对实际利用外商直接投资额的统计是以美元计值的，而资金流量表中的数据则是以人民币计值的。为了便于比较，我们按人民币兑美元的年平均汇率，将常规统计的实际利用外商直接投资美元额换算成人民币。因实际汇率存在波动，这种简化计算并非十分精确，但误差应不大。这样换算后，我们可以看出，2005年我国常规统计的实际利用外商直接投资额为4 942亿元，而资金流量表中的数值为6 482亿元，两者有较大的差异。到2014年，我国常规统计的实际利用外商直接投资额为7 344亿元，而资金流量表中的数据高达17 626亿元，两者有巨大的差异（见表2－7）。

**表2－7　不同口径下我国实际利用外商直接投资额（2000—2015年）**

| 年份 | 常规统计（亿美元） | 世界银行统计（亿美元） | 资金流量表（亿元） | 世界银行统计（亿元） | 常规统计（亿元） |
|---|---|---|---|---|---|
| 2000 | 407.15 | 420.95 | 3 178.76 | 3 484.79 | 3 370.55 |
| 2001 | 468.78 | 470.53 | 3 661.76 | 3 894.58 | 3 880.09 |
| 2002 | 527.43 | 530.74 | 4 081.22 | 4 392.93 | 4 365.54 |
| 2003 | 535.05 | 579.01 | 3 896.54 | 4 792.47 | 4 428.61 |
| 2004 | 606.30 | 681.17 | 4 546.98 | 5 637.91 | 5 018.22 |
| 2005 | 603.25 | 1 041.09 | 6 481.80 | 8 528.30 | 4 941.64 |
| 2006 | 630.21 | 1 240.82 | 6 226.00 | 9 891.57 | 5 023.91 |
| 2007 | 747.68 | 1 562.49 | 9 248.00 | 11 881.17 | 5 685.36 |
| 2008 | 923.95 | 1 715.35 | 10 271.00 | 11 913.28 | 6 416.93 |
| 2009 | 900.33 | 1 310.57 | 5 341.00 | 8 952.50 | 6 150.15 |
| 2010 | 1 057.35 | 2 437.03 | 12 529.04 | 16 497.47 | 7 157.73 |
| 2011 | 1 160.11 | 2 800.72 | 14 224.00 | 18 089.29 | 7 492.92 |
| 2012 | 1 117.16 | 2 412.14 | 15 932.00 | 15 226.63 | 7 052.07 |
| 2013 | 1 175.86 | 2 909.28 | 15 925.84 | 18 017.75 | 7 282.34 |
| 2014 | 1 195.62 | 2 680.97 | 17 626.00 | 16 468.66 | 7 344.45 |
| 2015 | 1 262.67 | 2 424.89 | 15 168.81 | 15 103.18 | 7 864.41 |

注：表中最后两列以人民币计价的外商直接投资额系根据人民币年平均汇率计算得出。

资料来源：国家统计局、世界银行。

① 许宪春（1995）指出了我国国民账户统计与SNA 1993的一致性和差异，我国没有把留存收益形成的外国直接投资再投资收益项区分出来。

世界银行发布的中国实际利用外商直接投资净额的数据可以为上述我们对统计口径差异的判断提供佐证。同样，按人民币汇率的年平均价，把世界银行发布的2000—2015年中国实际利用外商直接投资的美元计值换算成人民币计值。可以看出，世界银行的统计与我国的常规统计也有很大的差异，而与我国资金流量表中的数值虽不完全相同，但差异很小，且变动趋势一致（见表2-7、图2-16）。因此，我们判定，世界银行的统计口径和我国的资金流量表统计口径应很接近，都遵循着SNA的规则，而我国的常规统计则不同。据此，资金流量表中的实际利用外商直接投资额应该比我国常规的统计更全面、准确。

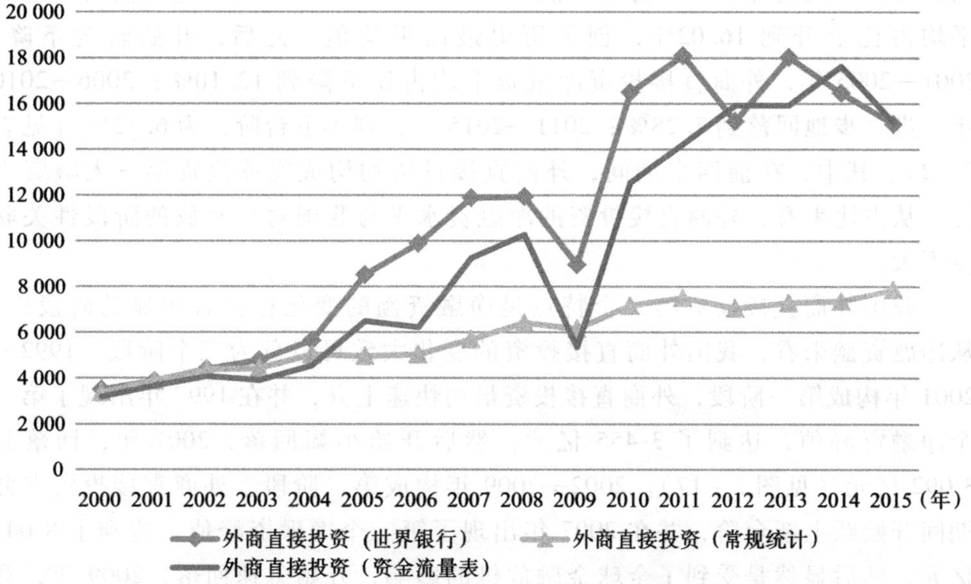


图2-16 不同口径外商直接投资比较

资料来源：国家统计局、世界银行。

依据资金流量表，我国外商直接投资的第一大特点是在企业部门净融资中占比总体上较高，但呈逐渐下降之势（见图2-17）。2007年以前，除1992年和2006年外，外商直接投资净额占比均超过10%，显示其构成企业部门重要的融资来源之一。其中，1994—1998年以及2005—2006年，外商直接投资均为仅次于内源融资和银行融资的第三大融资来源。如果考虑到资本转移项统计口径的调整，1999年和2003年，外商直接投资也构成企业部门第三大融资来源。2000年、2002年、2004年和2007年，外商直接投资甚至均仅次于内源融资，成为第二大融资来源。同样地，如果考虑到资本转移项统计口径的调整，2001 年，外商直接投资也构成企业部门第二大融资来源。2007 年以后，外商直接投资的相对重要性显著下降，仅在 2008 年构成了第三大融资来源，占比为 7.43%。总体上看，外商直接投资净额占比只在 1992—1994 年有过急速上升，从 1992 年的 1.56% 跃升到 1993 年的 11.69%，然后在 1994 年达到 21.21% 的历史峰值。此后，则逐步下滑，2004 年下降到了 10.87%，2015 年则进一步地下降到最低点，仅为 2.01%。分期间来看，在 1992—1995 年，外商直接投资净融资占比平均为 13.33%。尽管这个期间外商直接投资增长快，单个年份净融资占比创下了历史峰值，但因初始起点很低，所以平均值并未创下历史峰值。到 1996—2000 年，外商直接投资净融资平均占比上升到 16.02%，创下历史最高平均值。此后，开始转为下降。2001—2005 年，外商直接投资净融资平均占比下降到 12.10%；2006—2010 年，进一步地回落到 7.28%；2011—2015 年，则再下台阶，为 6.32%（见表 2 - 2）。其中，在前四个期间，外商直接投资均构成实体投资第三大融资来源。从占比来看，外商直接投资的净融资水平与我国对外开放的阶段性关联度不大。

我国外商直接投资第二个特点是净融资额的变化存在着明显的阶段性。从净融资额来看，我国外商直接投资的变化大致可以分为三个阶段。1992—2001 年构成第一阶段，外商直接投资最初快速上升，并在 1997 年出现了第一个净融资峰值，达到了 3 455 亿元，然后开始小幅回落，2001 年，回落到 3 092 亿元（见图 2 - 17）。2002—2009 年构成第二阶段，外商直接投资在此期间开始跃上新台阶，并在 2007 年出现了第二个净融资峰值，达到了 8 047 亿元，然后显然是受到了全球金融危机的影响，开始急速回落，2009 年，竟回落到 2 342 亿元。2010—2015 年构成第三阶段，外商直接投资在此期间再上台阶，并在 2014 年创下了净融资历史峰值，为 12 723 亿元。不过，2015 年，外商直接投资融资净额再次急剧下滑，仅为 3 871 亿元，回到了第一阶段的水平。这一次的回落并非因为外部冲击，而是因为我国对外直接投资出现了快速增长。总体上看，我国外商直接投资净额变化的阶段性与我国对外开放的阶段性有着较强的对应关系。如果没有 2008 年全球金融危机的冲击，那么，后两个阶段其实可以归并为一个阶段。对比 2008 年的情况，1997 年的亚洲金融危机则没有对我国外商直接投资产生较大冲击。展望未来，我国外商直接投资净额已开始受到我国对外直接投资较大的影响。

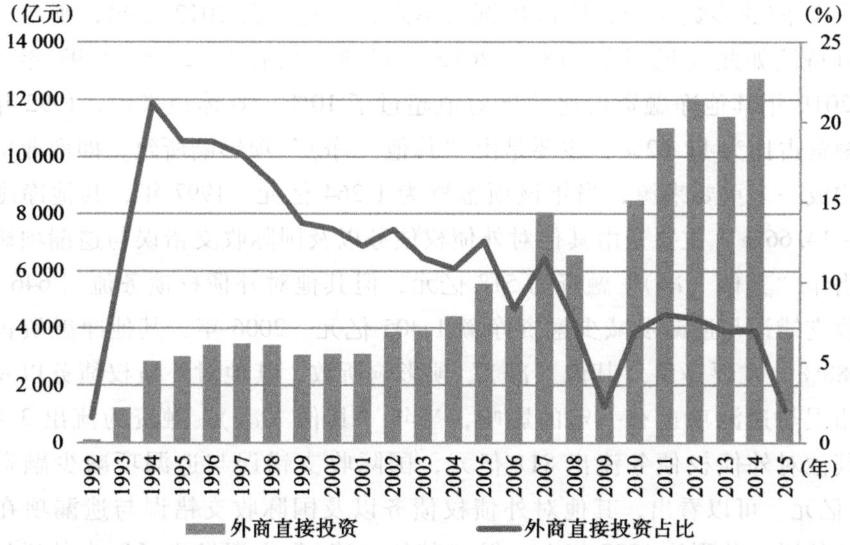


**图 2-17 我国外商直接投资净融资及占比变化**

资料来源：国家统计局、本书表 2-1。

## （七）其他净融资占比

SNA 将列示的主要金融工具以外的其他金融交易，归并为其他应收或应付款，主要包括商业信用、在建工程或拟建工程的预付款等。其中，商业信用又被单独列出。在我国的资金流量表中，商业信用未被单独列出，而是笼统地设置了一个“其他（净）”统计项。理论上，这个“其他（净）”项就代表了其他融资来源。不过，在实践中，还有一些金融交易无法归并到前述主要的融资项中，只好都归并到其他融资项中。从我国的资金流量表来看，除“其他（净）”项构成其他融资的一个主要来源外，其他对外债权债务以及国际收支错误与遗漏也对其他融资额有较大的影响。其中，国际收支错误与遗漏项因无法区分经常项目和资本项目的比例，所以，把与经常项目相关的部分也包含进来，实际上是全部国际收支的错误与遗漏项。另外，未列在主要金融工具项下的企业各类金融投资也会直接影响“其他（净）”项。所以，概括起来说，对我国企业部门其他净融资影响较大的主要项目有 4 个：（1）商业信用；（2）未列在主要金融工具项下的各类金融投资；（3）其他对外债权债务；（4）国际收支错误与遗漏。

总体上看，我国企业部门其他净融资最突出的特点是以流出为主，在

2012年以前的多数年份，所占比例均不高，不过，自2012年起，则变得非常高，且持续如此（见图2-18）。2012年以前，只有1992年、1997年、2006年和2010年其他净融资占比的绝对值超过了10%。具体地来说，1992年，其他净融资占比为11.62%，主要是由“其他（净）”项影响所致，即商业信用等融资构成一个重要来源，当年该项融资为1 264亿元。1997年，其他净融资占比为-14.66%，主要是由其他对外债权债务以及国际收支错误与遗漏项影响所致，当年“其他（净）”融资为518亿元，但其他对外债权债务流出646亿元，国际收支错误与遗漏项减少融资净额1 405亿元。2006年，其他净融资占比为-12.88%，主要是由“其他（净）”项影响所致，其他对外债权债务以及国际收支错误与遗漏项也有一定的影响，当年“其他（净）”融资为流出3 421亿元，其他对外债权债务流出811亿元，国际收支错误与遗漏项减少融资净额1 027亿元。可以看出，其他对外债权债务以及国际收支错误与遗漏项在2006年合计的影响并不比1997年大，但“其他（净）”融资发生了巨大的逆转，应该是企业部门金融投资加大所致。2010年，其他净融资占比为-10.43%，主要是由“其他（净）”和国际收支错误与遗漏影响所致，当年“其他（净）”融资为流出9 227亿元，国际收支错误与遗漏项减少融资净额4 040亿元，而其他对外债权债务流出820亿元，保持在与2006年差不多的水平上。

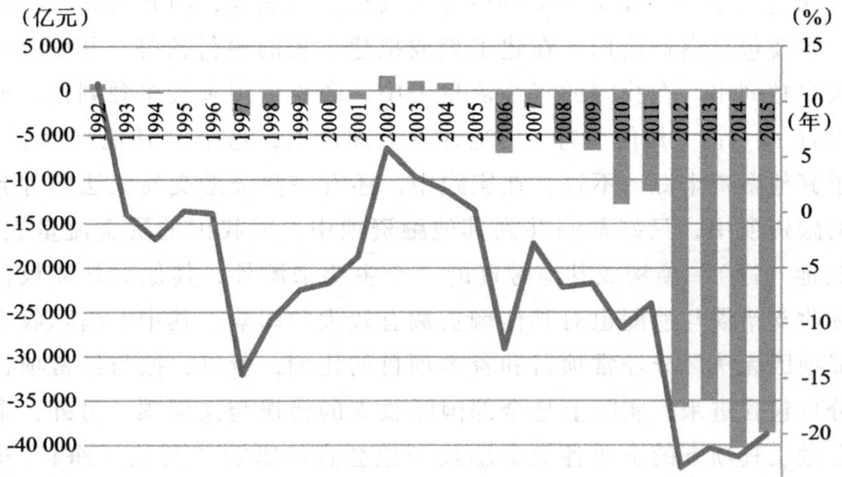


**图2-18 我国企业部门其他净融资及占比变化**

资料来源：国家统计局、本书表2-1。

2012—2015 年，我国企业部门其他融资项的净流出急剧扩大，占比均超过了 -20%。其中，2012 年，其他净融资一举超过了 -3.5 万亿元，此前的最低值为 2010 年的 -12 792 亿元，2012 年其他净融资占比也创下了历史最低，为 -23.02%。2013—2015 年，其他净融资额分别为 -34 984 亿元、-40 352亿元和 -38 570 亿元，占比分别为 -21.25%、-22.08%和 -20.03%，净流出持续保持在很高的水平上（见表 2-8）。从具体构成来看，其他（净）项的净流出在 2012 年和 2013 年都非常大，但在 2014—2015 年则迅速下降。与此相对应，对证券基金的投资额在 2012 年和 2013 年都非常小，但在 2014—2015 年则迅速增加。两者结合起来看，我们推测，其他（净）项的变动主要是金融投资引致。2012—2013 年，企业对证券基金的投资额非常小，可能主要是由于信息披露不充分所致，实际情况并非如此。可资佐证的是，上市公司披露认购的理财产品额在 2012 年也很小，2013—2015 年则快速增加，其中的一个重要背景是披露不断充分。无论是对证券投资基金的投资还是认购理财产品，都是企业的金融投资。在信息不充分时，可能都被归并到其他（净）项，导致该项流出很大。当信息变得更充分时，具体的金融投资项可以分离出来了，则其他（净）项的流出就会变小。总体上看，企业的金融投资规模会越来越大。

表 2-8　我国企业部门其他净融资构成（2012—2015 年）　（单位：亿元）

| 年份 | 2012 | 2013 | 2014 | 2015 |
|---|---|---|---|---|
| 其他净融资 | -35 770 | -34 984 | -40 352 | -38570 |
| 其中： | | | | |
| 其他（净） | -27 388 | -28 318 | -16 531 | -62 73 |
| 其他对外债权债务 | -2 697 | -743 | -4 925 | -8 033 |
| 国际收支错误与遗漏 | -5 014 | -4 788 | -8 544 | -11 742 |
| 证券投资基金 | -29 | -382 | -6 129 | -7 837 |
| 上市公司认购理财产品 | 119 | 1 643 | 3 445 | 5 614 |

注：上市公司认购的理财产品额系根据披露的单个公司资料汇总。

资料来源：国家统计局、Wind。

2012—2015 年，国际收支错误与遗漏导致的其他净融资减少越来越大，2015 年，该项值竟高达 -11 742 亿元。国际收支错误与遗漏是国际收支统计的一个平衡项，一向代表着资本的隐性流动。在我国，该项流出的相当一部分可能是由住户部门引起的，只是在统计上归于企业部门。这意味着该统计项导致的其他净融资减少额被高估了。

其他对外债权债务项下资金流出在 2014 年和 2015 年出现大幅攀升，净融资额分别达到了 -4 925 亿元和 -8 033 亿元，显示企业近年来对外金融类投资活动已经很活跃。

综合来看，我国企业无论是对内还是对外的金融投资都日趋活跃，叠加资本的隐性流出也有逐步增加的影响，导致其他净融资已成为非常大的一个资金流出项，且有持续的趋势。

### （八）统计误差与影子银行融资

理论上，资金流量表中资本账户的净金融投资应该与金融账户净金融投资相等。资本账户如果存在净储蓄，对应的金融账户会增加金融资产；反之，如果资本账户需要净融资，对应的金融账户会增加金融要求权。当然，实践中由于种种原因，资本账户和金融账户中净金融投资常常会不相等，需要统计误差项来平衡。因此，对此项本来无须多加讨论，因为有误差很正常，而且一般都较小。事实上，我国在 2006 年以前也符合这种情况：统计误差绝对额不大，在净融资中所占的比例较小。但是，自 2006 年起，统计误差占比突然跃升至 20% 以上，且有逐步扩大之势。2010 年，这一占比竟高达 49.26%，已超过了所有融资项占比。此后虽有所回落，但仍处于高位。2015 年，统计误差占比再次跃升到 48.33%（见图 2 - 19）。统计部门对于这种误差突然变得很大，并没有给予解释。但由于其影响很大，我们不得不对此做一个分析。

从一般关系式出发，我们可以对统计误差的产生作出不同的推测。一种可能是在资本账户中企业的总储蓄被低估，例如企业隐瞒了利润，或者实体投资被高估。李扬和殷剑峰（2007）认为，投资在统计上出错的概率相对较小，统计误差主要归因于总储蓄被低估的事实；居于垄断地位的国有企业可能存在着瞒报利润的现象，随着商品住宅市场的发展和商品住宅价格的迅速上涨，房地产企业也出现了类似的情况。

另一种可能是金融账户中的资金运用被高估，或者资金来源被低估。李扬和殷剑峰（2007）论述了前一种情况。他们认为，从我国实际情况看，政府以企业的名义在银行存款的现象可能相当普遍，尤其是未纳入预算管理的土地出让金。由此，金融账户中的企业存款被高估了，其中的相当一部分本应该归属于政府部门。

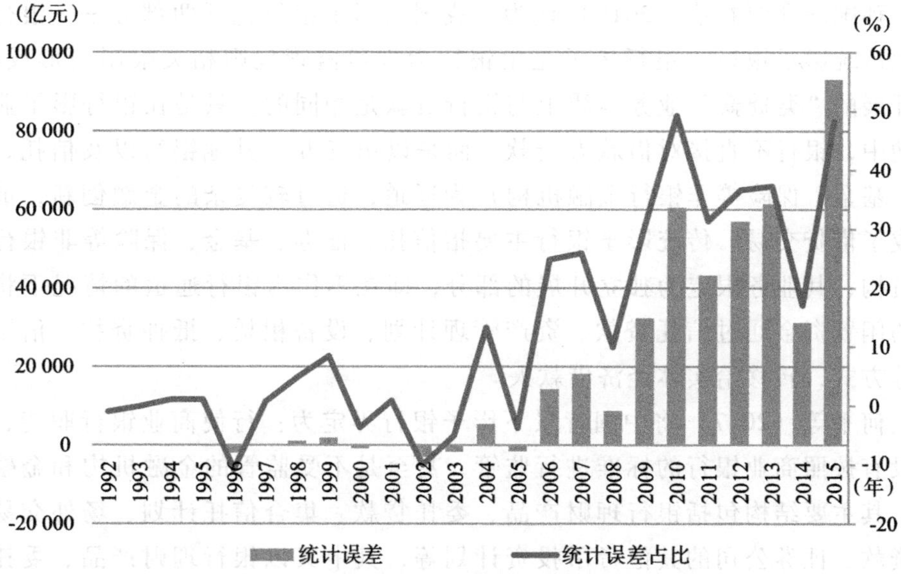


**图 2-19　我国企业部门净融资统计误差变化**

资料来源：根据国家统计局发布的我国相关年份资金流量表计算。

无论是企业总储蓄被低估，还是企业存款被高估，这些现象的存在应该具有一贯性。也就是说，一般不会造成误差项出现大的跳跃。当然，土地出让金会随房地产市场波动而波动。不过，即使这个因素存在，它的影响机制应该是增加企业部门的存款。考察 2005 年与 2006 年企业存款的变化，虽然有较快的增长，但不足以产生巨大的影响。2005 年，企业部门存款净增额为 12 477 亿元，2006 年为 19 312 亿元，较上年增加了 6 835 亿元。即使把这一增加额全部算为土地出让金导致的存款高估额，也只占实体投资的 11.88%，而 2006 年统计误差占比高出上年 28.61 个百分点。资金运用的高估因素难以解释数据序列在这里出现的断点。显然，还必须要考虑金融账户中资金来源被低估的情况。结合我国影子银行在 2006 年后飞速发展以及对其统计的困难性，我们认为，这种被低估的可能性非常大。也就是说，2006 年后巨大的统计误差最重要的来源很可能是影子银行。

国际清算银行（BIS）认为，中国的影子银行本质上是“银行影子”（shadow of the banks），银行在其中扮演了核心角色，它将借贷双方联结起来，发行影子银行工具（如理财产品等）为影子银行实体（如信托公司）提供资金与流动性，持有其相关的金融工具（如信托受益权等）（Ehlers et al.，2018）。

孙国峰和贾君怡（2015）认为，我国的影子银行包括两部分——银行影子和传统影子银行。银行影子是由银行为规避监管规则相关限制而形成的，它开展的“类贷款”业务本质上与银行贷款是相同的，只是在银行影子业务活动中，银行不直接对借款方贷款，而是以第三方（其他银行以及信托、证券、基金、保险等非银行金融机构）为通道，通过较复杂的金融创新，最终完成了借贷交易。传统影子银行主要指信托、证券、基金、保险等非银行金融机构，其业务限定为独立开展的部分，即在不作为银行通道的情况下将募集的闲置资金通过信托贷款、资产管理计划、设备租赁、抵押贷款、信用贷款等方式，转移给实体经济借款人。

何平等（2017）将中国背景下影子银行界定为：行使商业银行职能，但是没有按照商业银行的标准进行监管，甚至是不受监管的金融机构和金融产品。其主要结构包括银行理财产品、委托贷款、集合信托计划、场外交易市场贷款、证券公司的其他货币投资计划等，其中又以银行理财产品、委托贷款、集合信托计划三者为主。

王喆等（2017）认为，因应监管政策的变化，我国的影子银行发展主要经历了两个阶段：第一个阶段是2008—2013年，影子银行处于新兴阶段，以“理财产品—通道业务—非标资产”的模式为主，期间银行理财资金的最终投资标的主要为非标准化债权资产，地方融资平台和房地产行业是主要融资方；第二个阶段是2013—2016年，影子银行的发展不断深化，因非标资产受到了监管控制，主流模式转为“同业业务—委外投资—标准化资产”，银行理财资金主要流向债券等金融市场。

中国人民银行西安分行课题组（2017）将我国影子银行界定为：除银行信贷业务以外，具有“类银行信贷”特点、发挥债务融资功能的业务活动和信用中介机构。主要包括三类：一是存在银行系统内的“银行影子”业务，包括银行理财、未贴现的银行承兑汇票、委托贷款等表外业务；二是具备“类银行”特点的非银行金融机构业务，主要包括证券、保险、信托、金融租赁、消费金融、汽车金融、小贷、典当等；三是非正规金融活动，包括私募基金、民间借贷和互联网金融等。

综合来看，对我国影子银行的界定有三个口径：窄口径就是银行影子；中口径则加上正规非银行金融机构独立开展的信用中介业务部分；宽口径则再加上非正规金融部分。不过，正规的非银行金融机构独立开展的信用中介活动有很大一部分是在金融体系内，或者面向住户部门，非正规金融业类似。

就对非金融企业部门融资而言，最重要的还是银行影子，主要的金融工具是银行理财产品、委托贷款、信托贷款、证券公司定向资产管理计划等。

银行理财产品的起步恰恰是在2005年，以当年银监会发布《商业银行个人理财业务管理暂行办法》为标志。因此，考察银行理财产品的发展可以为我们了解银行影子的发展提供重要线索。一般认为，银行理财产品发展是从2008年开始加速。2007年底，银行理财产品余额为0.53万亿元，规模不算大。但到2013年底，则突破了10万亿元大关，2016年底，增加到了29.05万亿元（见表2-9）。其中，非标准化类债权资产和权益类资产可视为对非金融企业部门的融资，按照它们的占比，可以计算出银行理财产品流向非金融部门的资金规模。由于2012年之前缺乏占比数据，我们用两种方法来估算：一是按2013—2016年平均占比来估算，这种估算应该会低估非标准化类债权资产和权益类资产规模，因为研究显示，非标准化债权资产是2013年之前银行理财产品的主要投资标的（王喆等，2017）。由此，我们给出第二种估算，即非标准化债权资产和权益类资产占主导，不妨设置一个保守值，以占比60%来估算。

表2-9　　我国银行理财产品增长（2007—2016年）

| 年份 | 资金余额（万亿元） | 非标准化债权类资产占比（%） | 理财权益类资产占比（%） | 非标+权益产品余额（万亿元） | 非标+权益产品增加额（万亿元） |
|---|---|---|---|---|---|
| 2007 | 0.53 | | | 0.19（0.32） | |
| 2008 | 0.82 | | | 0.29（0.49） | 0.10（0.17） |
| 2009 | 1.70 | | | 0.60（1.02） | 0.31（0.53） |
| 2010 | 2.80 | | | 0.99（1.68） | 0.39（0.66） |
| 2011 | 4.59 | | | 1.62（2.75） | 0.63（1.07） |
| 2012 | 7.10 | | | 2.51（4.26） | 0.89（1.51） |
| 2013 | 10.21 | 27.49 | 6.14 | 3.65 | 1.14 |
| 2014 | 15.02 | 20.91 | 6.24 | 4.08 | 0.43 |
| 2015 | 23.50 | 15.73 | 7.84 | 6.26 | 2.18 |
| 2016 | 29.05 | 17.49 | — | 11.51 | 5.25 |

注：表中2008—2012年、2016年非标资产+权益类资产的余额和增加额系按照2013—2016年平均占比推算值，括号内数值为按占比60%推算数值。

资料来源：Wind。

按第一种方法计算，2012年底，在银行理财产品中，投向非标准化债权资产和权益类资产余额为2.51万亿元，当年的增加额为0.89万亿元。按第二种方法计算，2012 年底，银行理财产品中，投向非标准化债权资产和权益类资产余额则为 4.26 万亿元，当年的增加额为 1.51 万亿元。2013 年后，银行理财产品投向非标准化债权资产和权益类资产的增速仍很快。2015 年末和 2016 年末，余额合计分别 6.26 万亿元和 11.51 万亿元，对应的当年增加额分别达 2.18 万亿元和 5.25 万亿元（见表 2－9）。

银行理财产品流向非金融企业，主要是通过银信合作和银证合作的通道业务。因此，从资金信托的投向和证券公司的资产管理计划的角度，也可以对影子银行情况加以考察。银信合作的通道业务形式很多，我们直接从最终投向来加以考察。基于可获得的资料，我国资金信托流向非金融企业部门的资金在 2013 年达到了峰值，为 25 394 亿元（见表 2－10），此后开始大幅下降。与此同时，银证合作在 2013 年后快速发展。

**表 2－10　我国资金信托投向非金融企业部门余额增加额的变化**　（单位：亿元）

| 年份 | 基础产业 | 房地产 | 工商企业 | 其他 | 合计 |
|---|---|---|---|---|---|
| 2011 | 209.30 | 2 558.63 | 4 102.10 | 4 764.43 | 11 634.46 |
| 2012 | 6 346.57 | －1.63 | 9 141.12 | 2 861.10 | 18 347.16 |
| 2013 | 9 526.71 | 3 456.81 | 10 392.69 | 2 017.88 | 25 394.09 |
| 2014 | 1 665.85 | 2 757.44 | 2 325.59 | 2 442.84 | 9 191.72 |
| 2015 | －1 406.19 | －217.70 | 1 741.21 | 1 342.51 | 1 459.83 |
| 2016 | 1 010.74 | 1 418.14 | 10 256.67 | 6 755.61 | 19 441.16 |

资料来源：根据 Wind 相关数据计算。

银证合作通道业务的主要金融工具是定向资产管理计划。2012 年，中国证监会发布《基金管理公司特定客户资产管理业务试点办法》等规章，为银证合作打开了空间。此前，证券公司定向资产管理计划规模很小。据 Wind 统计，2009—2011 年，年增加额分别只有 184.39 亿元、228.33 亿元和 565.48 亿元。到 2012 年，证券公司定向资产管理计划增加额猛然增加到 15 541.53 亿元，2013 年则进一步增加到 31 404.04 亿元，2014 年小幅下降至 24 541.40 亿元，2015 年回升到 28 807.28 亿元，2016 年达到了 45 130.66 亿元。

除了通道业务外，银行的委托贷款也是一个重要的影子银行工具。从资金流量表来看，2010 年以前，对委托贷款并没有单独列示。对比社会融资规模的相关统计，资金流量表中的其他贷款项也难以包含委托贷款。2006 年和 2007 年，我国的委托贷款增加额分别为 2 695 亿元和 3 371 亿元，而对应年份资金流量表中其他贷款仅分别为345亿元和-514亿元。2009年的情况类似，只有2008年情况不同（见表2-11）。综合考虑，对2010年以前的年份，我们要把委托贷款考虑进来，也对信托贷款的数据作一个补充。有关社会融资规模的统计是面向所有的非金融部门，包含政府部门和居民部门。不过，委托贷款和信托贷款一般难以流向居民部门和政府部门，我们假定它们全部流向非金融企业部门。这样，将委托贷款、定向资产管理计划、资金信托这三个部分加总起来，就可以获得对影子银行流向非金融企业部门资金的估计。当然，定向资产管理计划包含对债券等标准化金融工具的投资，其中部分还与信托计划有重叠。因此，简单加总存在高估倾向。不过，因为无法做进一步区分，我们暂采用简单的加总，即在一个较宽的口径下来估计影子银行的规模。根据估算结果来看，2006年、2007年和2011年，影子银行融资规模约占统计误差值的1/4；2009年和2015年，影子银行融资规模约占统计误差值的1/3；2012年，影子银行融资规模约占统计误差值的60%；2008年、2013年和2014年，影子银行融资规模与统计误差值很接近。只有2010年较特殊，影子银行融资规模仅占统计误差值的不到10%。平均而言，影子银行融资规模约占统计误差值的50%。如果把国际收支错误与遗漏高估了非金融企业资金流出因素考虑在内，则占统计误差值的60%左右（见表2-11）。

表2-11　我国影子银行融资规模与统计误差对比　（单位：亿元）

| 年份 | 委托贷款 | 定向资产管理产品 | 资金信托 | 影子银行合计 | 其他贷款 | 统计误差 | 国际收支错误与遗漏 |
|---|---|---|---|---|---|---|---|
| 2006 | 2 695 | | 825 | 3 520 | 345 | 14 286.16 | -1 027 |
| 2007 | 3 371 | | 1 702 | 5 073 | -514 | 18 126.29 | 1 159 |
| 2008 | 4 262 | | 3 144 | 7 406 | 9 808 | 8 785.91 | -1 814 |
| 2009 | 6 780 | 184.39 | 4 364 | 11 328.39 | 2 940 | 32 216.53 | -2 975 |
| 2010 | | 228.33 | 3 865 | 4 093.33 | 5 256 | 60 395.50 | -4 040 |
| 2011 | | 565.48 | 11 634.46 | 12 199.94 | 1901 | 43 230.99 | -2 259 |
| 2012 | | 15 541.53 | 18 347.16 | 33 888.69 | 17 559 | 57 009.24 | -5 014 |
| 2013 | | 31 404.04 | 25 394.09 | 56 798.13 | 24 320 | 61 340.70 | -4 788 |
| 2014 | | 24 541.40 | 9 191.72 | 33 733.12 | 10 887 | 31 161.20 | -8 544 |
| 2015 | | 28 807.28 | 1 459.83 | 30 267.11 | 3 080 | 93 064.20 | -11 742 |

注；2010年后，委托贷款在资金流量表中单独列出，不再加总到影子银行融资中。

资料来源：国家统计局、Wind。

总体来看，对于2006年后统计误差占企业部门净融资的比例骤然上升，影子银行肯定发挥了重要作用。按照粗略的估计，影子银行融资规模可解释统计误差值的一半左右。另外的一半可能源自以下几个因素：（1）国际收支错误与遗漏高估了企业部门的资本流出；（2）企业部门的储蓄被低估或存款被高估；（3）难以统计的影子银行活动，例如PE和风险投资、非正规融资等；（4）对非上市企业的一般性股权投资（非PE或风险投资），例如创立企业、增资扩股。

### （九）综合分析

现在，根据各项净融资占比的对比，我们来对我国企业净融资结构的演化进行一个综合分析。概括而言，可以将这种演化分成三个阶段。

（1）1992—1997年为第一阶段，这个阶段的主要特征是内源融资与银行净融资并重，为两种主导的融资方式（见图2-20）。其中，内源净融资占比平均为36.62%，银行净融资占比平均为34.81%，两者非常接近。在其他融资方式中，外商直接投资占比最高，为15.02%，与内源融资和银行净融资的差距较大。这三项净融资合计占比超过了86%。如果考虑到资本转移项存在统计上高估的因素，这一占比会更高。因此，可以说，在这个阶段，我国企业净融资是内源融资和银行融资并举，以外商直接投资为辅。

（2）1998—2010年为第二阶段，这个阶段的主要特征是以内源融资为主。在大部分年份里，内源净融资占比均超过50%，平均为54.18%。同期，银行净融资占比平均为12.19%，外商直接投资占比为10.78%，两者与内源净融资占比的差距都较大。其中，2006年、2007年、2009年和2010年的统计误差项占比均较高。不过，对应年份的银行净融资占比都较低，即使考虑统计误差项包含影子银行因素，按前述的估计，将其一半算入银行部门的贡献，银行净融资与内源融资依然有显著的差距，并不能改变内源融资占主导的格局。可以说，在这个阶段，我国企业净融资是以内源融资为主，以银行融资和外商直接投资为辅。

（3）2011—2015年为第三阶段，这个阶段的主要特征是银行净融资回升，在影子银行的助攻下，重新与内源融资并驾齐驱。这期间，内源净融资平均占比为38.41%，银行净融资占比为22.75%，统计误差平均占比34.13%。如果将统计误差项的一半归因于影子银行，则整个银行部门净融资占比39%，略超内源融资。在其他的融资方式中，债券净融资占比最高，平

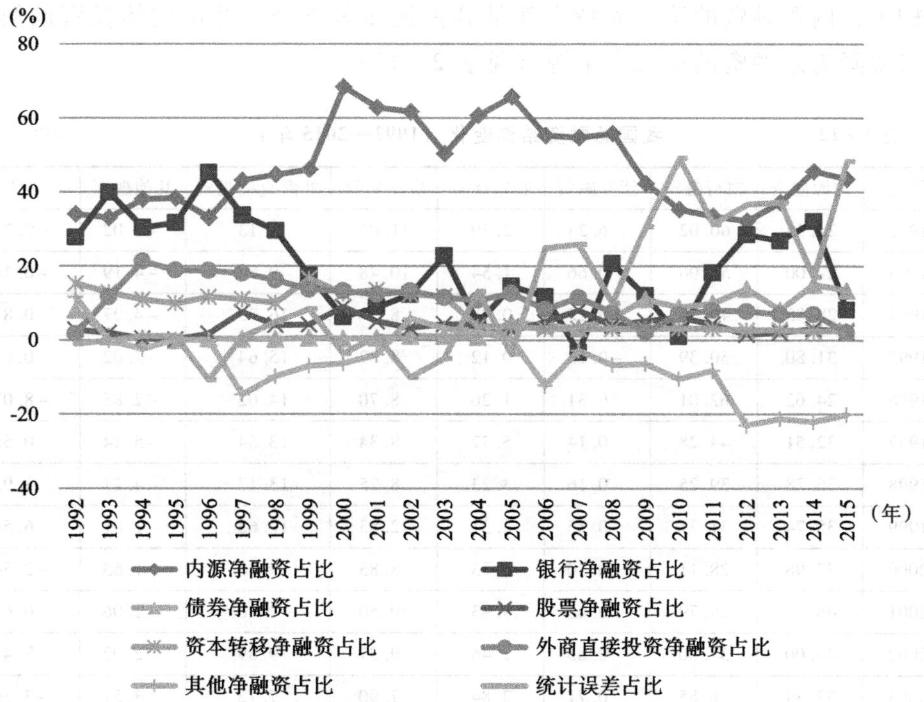


图 2-20　我国企业部门净融资结构变化（1992—2015 年）

资料来源：根据国家统计局发布的我国相关年份资金流量表计算。

均为 12.07%，与内源融资以及银行部门净融资均有较大差距。因此，可以说，考虑到影子银行的作用，在这个阶段，我国企业净融资回归内源融资和银行融资并举格局，不过，债券净融资则取代了外商直接投资，成为最重要的辅助融资方式。

## 四、我国总融资结构及演化

如第一章所述，总融资结构着重揭示各种融资方式对企业部门融资总额的贡献度。这里不再像净融资法那样对各种资金的运用做扣除处理，对应的贡献度不仅仅是针对实体投资，还包含金融投资，即：

每一种方式总融资占比 = 该方式融资总额/（实体投资 + 金融投资）

### （一）内源总融资占比

由于企业部门的总储蓄来源于资本账户，没有扣除项，所以，在总融资结构上，内源融资的第一大特点就是其占比显著下降，并由实体投资的第一大来源降为总融资的第二大来源（见表2－12）。

**表2－12　　我国总融资结构变化（1992—2015年）**　　（单位：%）

| 年份 | 内源融资 | 银行融资 | 债券融资 | 股票融资 | 资本转移 | 外商直接投资 | 其他融资 | 统计误差 |
|---|---|---|---|---|---|---|---|---|
| 1992 | 24.55 | 60.02 | 6.24 | 2.79 | 11.03 | 1.13 | -5.02 | -0.74 |
| 1993 | 27.00 | 55.06 | 0.66 | 1.54 | 10.48 | 9.54 | -4.19 | -0.10 |
| 1994 | 28.85 | 49.74 | 0.25 | 0.28 | 8.26 | 16.05 | -4.27 | 0.83 |
| 1995 | 31.80 | 50.39 | -0.13 | 0.12 | 8.32 | 15.64 | -7.02 | 0.87 |
| 1996 | 24.62 | 62.01 | 0.31 | 1.26 | 8.70 | 14.02 | -2.85 | -8.07 |
| 1997 | 32.51 | 44.28 | 0.14 | 5.77 | 8.34 | 13.54 | -5.14 | 0.56 |
| 1998 | 36.28 | 39.25 | 0.16 | 3.23 | 8.25 | 13.17 | -4.27 | 3.93 |
| 1999 | 35.74 | 31.71 | 0.35 | 3.21 | 12.83 | 10.62 | -1.01 | 6.54 |
| 2000 | 47.98 | 28.11 | 0.30 | 6.33 | 8.83 | 9.36 | 1.63 | -2.54 |
| 2001 | 48.37 | 28.79 | 0.45 | 3.83 | 10.50 | 9.46 | -2.06 | 0.67 |
| 2002 | 46.00 | 37.00 | 0.83 | 2.46 | 9.27 | 9.89 | 2.02 | -7.47 |
| 2003 | 33.84 | 46.85 | 0.71 | 2.84 | 7.90 | 7.72 | 3.51 | -3.36 |
| 2004 | 41.58 | 29.92 | 0.55 | 2.85 | 2.40 | 7.43 | 6.21 | 9.05 |
| 2005 | 50.54 | 33.28 | 3.49 | 1.87 | 2.85 | 9.65 | 1.23 | -2.89 |
| 2006 | 37.84 | 31.36 | 2.69 | 3.34 | 2.06 | 5.71 | 0.02 | 16.97 |
| 2007 | 36.82 | 25.45 | 2.09 | 5.37 | 2.02 | 7.74 | 3.09 | 17.42 |
| 2008 | 42.89 | 36.61 | 4.65 | 2.95 | 2.28 | 5.70 | -2.73 | 7.64 |
| 2009 | 25.10 | 44.59 | 6.48 | 3.01 | 1.75 | 1.32 | -0.44 | 18.19 |
| 2010 | 21.81 | 32.45 | 5.59 | 3.77 | 1.97 | 4.27 | -0.35 | 30.50 |
| 2011 | 24.18 | 35.01 | 7.14 | 3.00 | 2.20 | 5.76 | 0.11 | 22.60 |
| 2012 | 21.27 | 38.84 | 9.55 | 0.90 | 1.68 | 5.09 | -1.52 | 24.17 |
| 2013 | 23.32 | 39.45 | 6.89 | 1.61 | 1.71 | 4.34 | -0.63 | 23.32 |
| 2014 | 32.26 | 39.50 | 9.43 | 3.48 | 1.68 | 4.93 | -3.37 | 12.08 |
| 2015 | 25.99 | 25.74 | 9.11 | 2.41 | 1.56 | 1.20 | 5.08 | 28.91 |

资料来源：根据我国历年资金流量表计算。

在1992—2015年，只有10个年份的内源融资占比超过了银行融资占比，其他14个年份的内源融资占比均低于银行融资占比。分期间看，内源融资平均占比只有在2001—2005年超过了银行融资平均占比，前者为44.07%，后者为35.17%。在其他的4个期间，内源融资平均占比均低于银行融资平均占比（见表2-13）。

**表2-13　我国不同时期总融资结构变化（1992—2015年）**　（单位:%）

| 融资来源 | 1992—1995年 | 1996—2000年 | 2001—2005年 | 2006—2010年 | 2011—2015年 |
|---|---|---|---|---|---|
| 内源融资 | 28.05 | 35.43 | 44.07 | 32.89 | 25.40 |
| 银行融资 | 53.80 | 41.07 | 35.17 | 34.09 | 35.71 |
| 债券融资 | 1.76 | 0.25 | 1.21 | 4.30 | 8.42 |
| 股票融资 | 1.18 | 3.96 | 2.77 | 3.69 | 2.28 |
| 资本转移 | 9.52 | 9.39 | 6.58 | 2.02 | 1.77 |
| 外商直接投资 | 10.59 | 12.14 | 8.83 | 4.95 | 4.26 |
| 其他融资 | -5.13 | -2.33 | 2.18 | -0.08 | -0.07 |
| 统计误差 | 0.22 | 0.08 | -0.80 | 18.14 | 22.22 |

注：本表数值为非加权平均值。

资料来源：根据我国历年资金流量表计算。

与净融资情形类似，我国内源融资的第二个特点是在总融资中占比也存在着逐步提高的趋势，且似乎更为明显。同样地，这一趋势在近年来也有点变化。在2005年以前，我国内源融资在总融资中占比一直呈现逐步爬升之势。1992年，这一比例为24.55%。到2005年，则提高到了50.54%，翻了1倍多，并形成了历史峰值（见图2-21）。这个峰值出现的时间要较其净融资占比峰值年份晚5年。

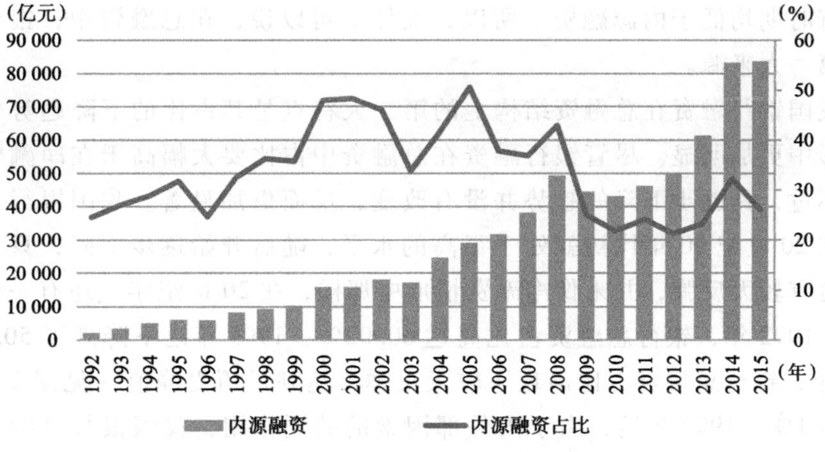


**图2-21　我国内源融资及其总融资占比变化**

资料来源：国家统计局、本书表2-12。

2006—2008 年，内源融资占比维持在较高水平上。2009 年后，由于金融投资规模的快速扩大，内源融资占比出现了较大回落，甚至降到了比 20 世纪 90 年代初还低的水平。分期间来看，1992—1995 年，内源融资在总融资中平均占比为 28.05%；1996—2000 年，提高到 35.43%；2001—2005 年则进一步地提高到 44.07%。随后，2006—2010 年回落到 32.89%，2011—2015 年进一步回落到 25.40%（见表 2－13）。

### （二）银行总融资占比

在总融资结构的测度中，银行对企业部门的贷款无须再扣除企业部门的存款。因此，在总融资结构上，银行融资的第一大特点就是其占比大幅上升，成为总融资的第一大来源（见表 2－12）。在净融资中，银行融资大致构成第二大来源，但在 2001—2005 年以及 2006—2010 年两个期间，其平均占比与外商直接投资占比已很接近。在 2000 年后的一些年份，银行净融资占比甚至低于外商直接投资占比以及债券净融资占比，少数年份还低于股票融资占比。在总融资中，银行融资则发生了很大的变化。1992—2015 年，银行融资在总融资中的平均占比要比在净融资中的平均占比提高 20 多个百分点，在其中 14 个年份里，银行融资占比超过了内源融资占比，而在净融资中只有 2 个年份的银行融资占比超过了内源融资占比。分期间看，银行融资在总融资中平均占比只在 2001—2005 年低于内源融资平均占比，在其他的 4 个期间，均超过了内源融资平均占比（见表 2－13）。而在净融资结构中，银行融资平均占比在所有时期均低于内源融资。所以，大体上可以说，在总融资中，银行融资构成第一大来源。

我国银行融资在总融资结构上的第二大特点是其占比的下降趋势较净融资情形中更加明显。尽管银行融资在总融资中占比要大幅高于在净融资中占比，不过，其逐步下降的趋势并没有改变，反而更加显著。我国银行总融资占比在 20 世纪 90 年代初就处于很高的水平，随后开始逐步下降，只是在个别年份有较大反弹，并未像净融资情形中那样，在 20 世纪年代还有一个上升阶段。1992 年，银行总融资占比高达 60.02%，1995 年已下降到了 50.39%。1996 年，银行总融资占比出现了较大反弹，达到了历史峰值（见图 2－22），为 62.01%。1997 年后，由于内外部因素的共同作用，我国银行总融资占比下滑速度有所加大，2000 年已下降到 28.11 %，2007 年进一步下降到 25.45%，达到了历史低谷。其后，银行总融资占比有所回升，但总体上处于横向波动状态，并没有显著的上升趋势。其中，2009 年，为了应对全球金融危机，我国推出了“四万亿”经济刺激计划，银行贷款的增加额创下了历史新高，当年银行总融资占比回升到44.59%，不过，较以往的峰值已有很大的差距。分期间来看，在 1992—1995 年，银行总融资占比平均为 53.80%；1996—2000 年则下降到41.07%；2001—2005 年继续下降到 35.17%；2006—2010 年进一步地回落到 34.09%；在 2011—2015 年有所回升，平均为 35.71%（见表2 - 13），但回升的势头没有像净融资情形中那样明显。

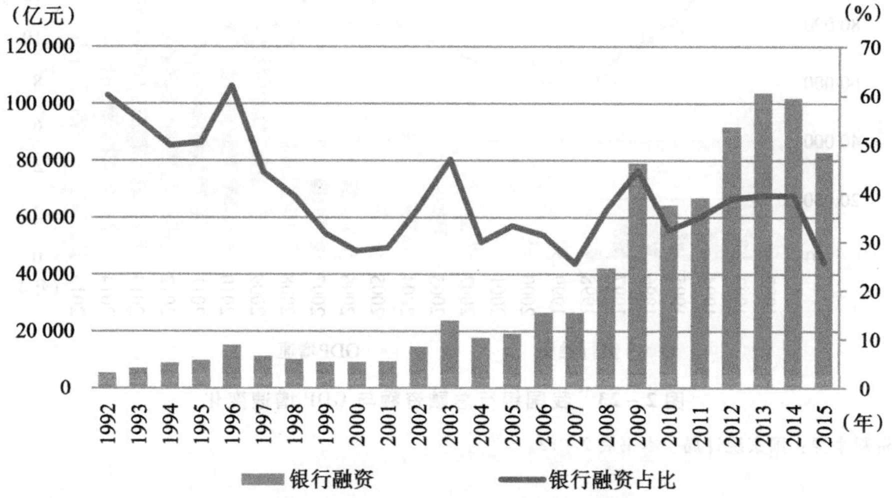


**图 2 - 22　我国企业部门银行总融资及其占比变化**

资料来源：国家统计局、本书表 2 - 12。

我国银行总融资的第三个特点是其波动性没有净融资明显。从总融资额来看，我国银行融资大体上只能区分出两个阶段：1992—1999 年为一个小幅波动期，2000 年后则是逐步上升期。这与净融资可以区分出三个显著的波动期相当不同。1992—1996 年，银行总融资不断上升，由 1992 年的 5 364 亿元上升到了 1996 年的 15 041 亿元，增长了近 2 倍。其后开始下降，1999 年，回落到一个相对低点，为 9 140 亿元。2000 年以后，除了在 2003 年和 2009 年出现过跳跃外，我国银行总融资基本上呈快速增长之势。2000 年，银行总融资额为 9 318 亿元，2005 年则增加到了 19 166 亿元，2010 年进一步增加到了 64 264 亿元，2013 年创下了历史峰值，为 103 757 亿元。

2000 年后，我国银行总融资快速增长的特征似乎与实体投资稳步增长的情况有了一致性，也使得它与经济增长的波动性更加没有关联性（见图

2－23)。不过，如果考察银行总融资占比，情况就不一样了。除了2003—2008年我国银行总融资占比和GDP增速的变动趋势相反外，在其他期间的变动趋势似乎相当一致，即GDP增速向下波动，银行总融资占比也是如此，反之亦然（见图2－24)。这与净融资情形也很不同。

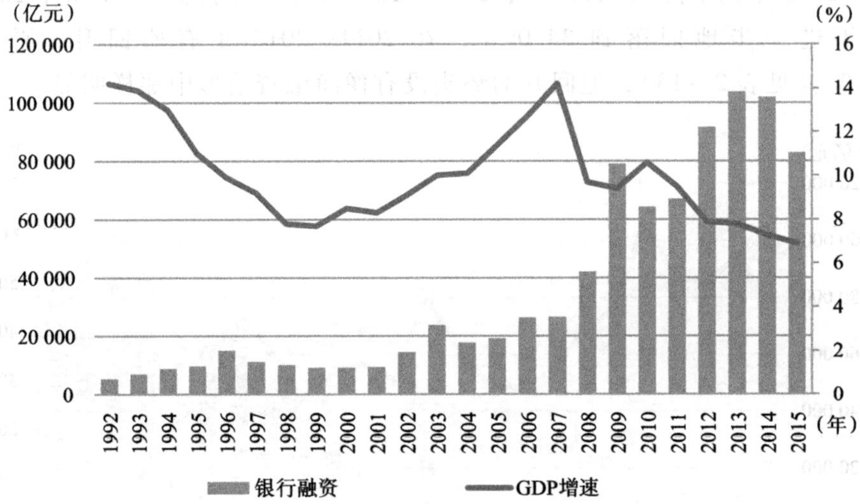


图2－23　我国银行总融资额与GDP增速变化

资料来源：国家统计局、本书表2－12。

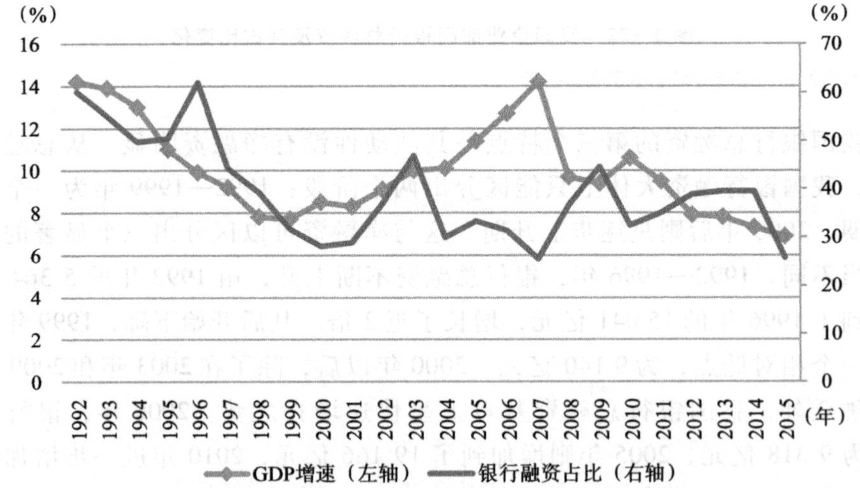


图2－24　我国银行总融资占比与GDP增速的变化

资料来源：国家统计局、本书表2－12。

我国银行总融资的第四个特点是其占比和内源融资占比依然存在着较明显的反向关系。与净融资情形类似，在2003年之前，银行总融资占比和内源融资占比的高低点具有较好的反向对应关系。1992年，银行总融资占比处于很高的起始水平，当年内源融资占比恰好处于一个很低的位置。1996年的情况也类似，当年银行总融资占比创下了历史的峰值，而内源融资占比则处于一个低点。2000— 2001年，内源融资占比跃升到较高的位置，银行总融资占比则下滑到较低的位置。2003年，银行总融资占比则回升到相对高位，内源融资占比则回落到相对低位。2003年后，这种高低点对应关系同样不再像以前那样严格，但是两者在趋势上相反的特征依然明显（见图2－25）。

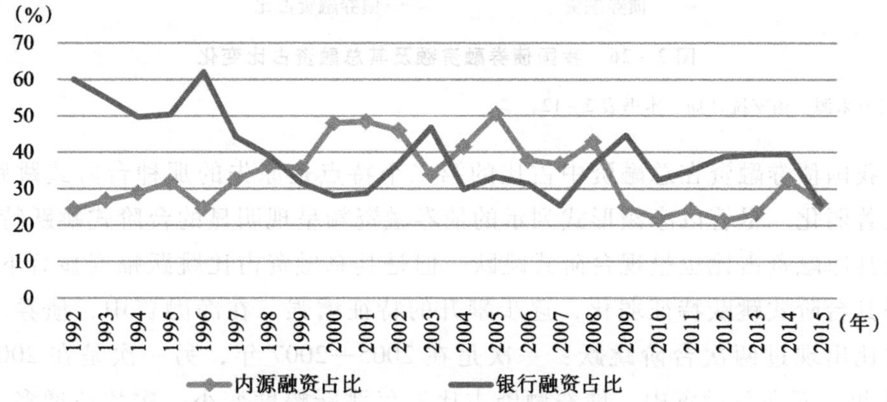


**图2－25　我国内源总融资占比与银行总融资占比的对比**

资料来源：本书表2－1。

## （三）债券总融资占比

在资金流量表中，债券融资是以净额形式列示的，也就是说，并没有区分发行融资额和到期偿付额。这样，在测度总融资结构时，债券融资因没有扣除项可减，自然地，其第一大特征是占比会下降。2005年之前，我国企业部门债券融资总体较小，这种下降似乎不醒目。2005年后，我国债券市场发展进入了加速期。到2009年，债券净融资占比已超过10%，并在此后多数年份保持在10%以上，但债券总融资占比却从未超过10%，下降特征已很明显（见图2－26）。

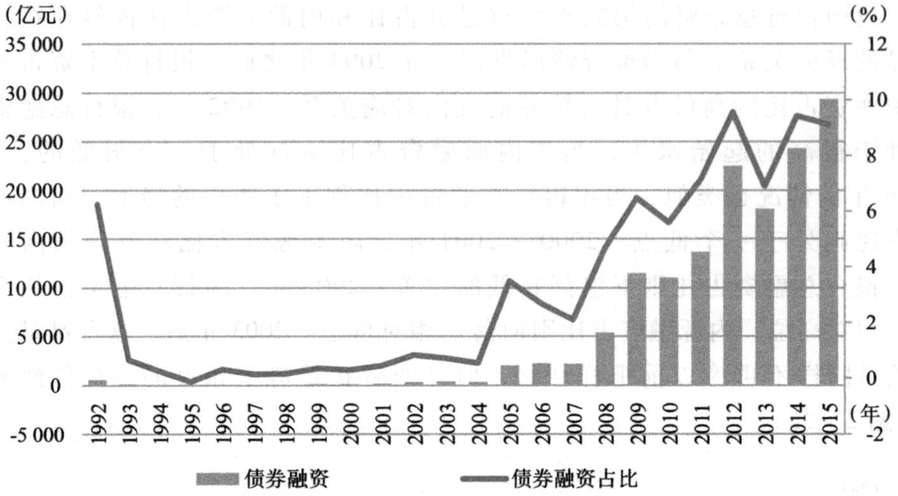


**图 2-26　我国债券融资额及其总融资占比变化**

资料来源：国家统计局、本书表 2-12。

我国债券融资在总融资中占比的第二个特点是原先的那种台阶式跳跃特征显著弱化。尽管以净额形式列示的债券融资额呈现明显的台阶式跳跃特征，导致其净融资占比也呈现台阶式跳跃，但是其总融资占比跳跃幅度显著下降，使得其台阶式跳跃特征弱化，逐步攀升的特征增强。在净融资中，债券净融资占比出现过两次台阶跳跃：一次是在 2005—2007 年，另一次是在 2009—2015 年。而在总融资中，债券融资占比不仅跳跃幅度变小，次数还增多，其中 2009—2010 年构成了一次显著跳跃，与 2011—2015 年的跳跃区分开来。

用净额来计算债券融资在总融资中的占比会低估其在总融资的作用。基于当前的资料可获得性，我们可以对企业部门历年债券发行额做一个计算。将金融企业剔除掉，对非金融企业发行的每一个债券品种（包括企业债、公司债、中期票据、定向工具、可转债、可分离交易转债、可交换债以及短期融资券）进行加总，就可以获得企业部门未扣除偿付的债券融资总额。鉴于中国铁路建设债券在 2013 年后由原先归属于企业债改为归属于政府支持机构债券，我们对政府支持机构债券进行了区分，将由汇金公司发行的债券予以剔除，将由中国铁路总公司发行的铁路建设债券依然归并到企业部门债券中。另外，对于资产支持证券，考虑到银行间交易商协会的 ABN 和证券会主管的 ABS 均面向非金融企业，因此，我们也将其归并到企业债券融资中。以此计算出的债券融资总额及其与总融资的比值，明显呈现出不同的特征（见表 2-14）。

表 2-14　　我国企业部门历年债券发行额（1992—2016 年）　　（单位：亿元）

| 年份 | 中长期债券 | 短期债券 | 债券合计 | 交易商协会主管 ABN | 中国证监会主管 ABS | 中长期债券* | 债券合计* |
|---|---|---|---|---|---|---|---|
| 1992 | 460.18 | 228.53 | 688.71 | | | 460.18 | 688.71 |
| 1993 | 20.06 | 215.78 | 235.84 | | | 20.06 | 235.84 |
| 1994 | 38.43 | 123.32 | 161.75 | | | 38.43 | 161.75 |
| 1995 | 130.00 | 170.80 | 300.80 | | | 130.00 | 300.80 |
| 1996 | 148.30 | 120.62 | 268.92 | | | 148.30 | 268.92 |
| 1997 | 185.81 | 69.42 | 255.23 | | | 185.81 | 255.23 |
| 1998 | 147.89 | 0.00 | 147.89 | | | 147.89 | 147.89 |
| 1999 | 180.38 | 0.00 | 180.38 | | | 180.38 | 180.38 |
| 2000 | 147.80 | 0.00 | 147.80 | | | 147.80 | 147.80 |
| 2001 | 149.00 | 0.00 | 149.00 | | | 149.00 | 149.00 |
| 2002 | 381.50 | 0.00 | 381.50 | | | 381.50 | 381.50 |
| 2003 | 513.50 | 0.00 | 513.50 | | | 513.50 | 513.50 |
| 2004 | 511.03 | 0.00 | 511.03 | | | 511.03 | 511.03 |
| 2005 | 654.00 | 1 424.00 | 2 078.00 | | 58.80 | 712.80 | 2 136.80 |
| 2006 | 797.87 | 2 919.50 | 3 717.37 | | 206.21 | 1 004.08 | 3 923.58 |
| 2007 | 1 899.63 | 3 349.10 | 5 248.73 | | | 1 899.63 | 5 248.73 |
| 2008 | 4 901.95 | 4 338.50 | 9 240.45 | | | 4 901.95 | 9 240.45 |
| 2009 | 11 776.49 | 4 612.05 | 16 388.54 | | | 11 776.49 | 16 388.54 |
| 2010 | 8 936.40 | 6 892.35 | 15 828.75 | | | 8 936.40 | 15 828.75 |
| 2011 | 14 334.81 | 10 122.30 | 24 457.11 | | 12.79 | 14 347.60 | 24 469.90 |
| 2012 | 22 604.79 | 14 222.47 | 36 827.26 | 57.00 | 31.80 | 22 693.59 | 36 916.06 |
| 2013 | 21 135.58 | 16 134.80 | 37 270.38 | 48.00 | 73.98 | 21 257.56 | 37 392.36 |
| 2014 | 30 295.61 | 21 849.53 | 52 145.14 | 89.20 | 400.83 | 30 785.64 | 52 635.17 |
| 2015 | 36 877.03 | 32 806.30 | 69 683.33 | 35.00 | 2 043.75 | 38 955.78 | 71 762.08 |
| 2016 | 53 776.94 | 33 675.85 | 87 452.79 | 166.57 | 4 688.15 | 58 631.65 | 92 307.50 |

注：（1）中长期债券包含企业债、公司债、中期票据、定向工具、可转债、可分离交易转债、可交换债以及政府支持机构中国铁路总公司发行的债券；

（2）短期债券包含一般短期融资券和超短期融资券；

（3）带 * 的为包含交易商协会 ABN 和证券会主管的 ABS 的债券发行额。

资料来源：中国证监会、Wind。

首先，债券融资总额的变动特征发生了变化。2005 年之前，由于企业部门债券发行规模较小，因此，即使不考虑偿付的影响，这个阶段债券融资依然在低水平上波动。但是，2005 年以后，情况则完全不同了，债券发行额呈现稳步增长之势，其中，只在 2010 年有小幅回落，当年债券发行额为 15 829 亿元，略低于 2009 年的 16 389 亿元（见图 2－27）。在其他年份，企业部门债券发行额均较上年增加。这样，债券净融资额所呈现的台阶式跳跃特征基本消失了，债券发行额变化可以分成两个阶段：1992—2004 年低水平波动阶段和 2005—2015 年稳步快速增长阶段。

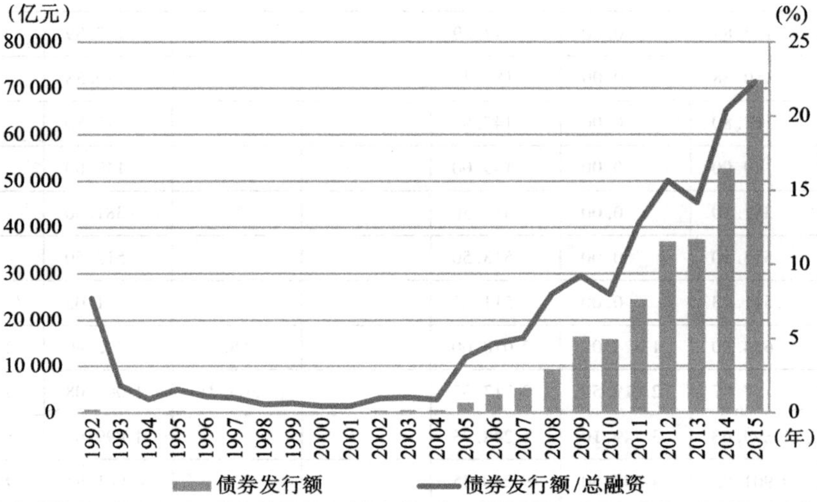


**图 2－27　我国企业部门债券发行额及其总融资占比**

资料来源：国家统计局、本书表 2－14。

其次，债券发行额在总融资中占比的变动特征也发生了变化。如前所述，债券融资在总融资中占比的台阶式跳跃特征已较净融资情形中弱化。而以债券发行额来衡量债券融资在总融资中占比，则台阶式跳跃基本消失，总体上看是逐步上升的，只在 2010 年和 2013 年略有回落。2010 年，债券发行额占总融资的比例为 7.99%，上年为 9.25%；2013 年，债券发行额占总融资的比例为 14.22%，上年为 15.65%。这样，与债券融资总额的变动相对应，债券发行额在总融资中占比的变动也可以分为两个阶段：一个低水平波动阶段，另一个是稳步上升阶段。

最后，债券融资水平出现大幅上升。由于债券的偿付具有期限，因此，随着债券市场规模越来越大，债券发行额与债券发行净额之间的差异就越大，从而以发行额来衡量的融资水平比以发行净额来衡量的融资水平提升的幅度也就越大。2005 年，我国企业债券发行开始加速，当年发行额为 2 137 亿元，当年债券净融资为 2010 亿元，两者差异不大。到 2011 年，我国企业部门债券发行额已增加到 24 470 亿元，当年债券净融资为 13 659 亿元，两者差异已很大。到 2015 年，我国企业部门债券发行额进一步增加到 71 762 亿元，达到了很高的水平，已逼近银行总融资和内源融资的规模，而当年债券净融资为 29 340 亿元，与债券发行额的差异非常大。以债券发行额在总融资中占比来衡量的融资水平也类似。2011 年，这一比例即超过了 10%，达到了 12.79%，2015 年则达到了 22.29% 的高位。可以说，按发行额及其在总融资中的占比，2015 年债券融资已成为接近银行总融资和内源融资的一种企业部门主要融资方式了。

### （四）股票总融资占比

股票融资无须偿付，因此，其融资总额与融资净额应一致。[①] 这样，在测度总融资结构时，股票融资同样没有扣除项可减，导致其占比会下降。这一点在股票融资水平相对较高期间比相对较低的期间表现得更直观。同时，由于股票融资额增速较企业部门总融资额增速慢，所以，较近的年份下降幅度会超过较早的年份。1996—2000 年和 2006—2010 年是我国股票融资水平较高的两个期间，股票净融资平均占比分别为 5.30%、5.58%，而股票总融资平均占比分别只有 3.96% 和 3.69%，分别下降了 1.34 和 1.89 个百分点。1992—1995 年和 2011—2015 年这两个阶段股票净融资平均占比相对较低，分别为 1.28% 和 2.56%，而股票总融资平均占比分别为 1.18% 和 2.28%，仅分别下降了 0.1 和 0.28 个百分点。可以看出，在不同的融资水平上，较近的阶段下降的幅度都比较早的阶段大。

除了上述变化外，股票融资在总融资中占比的波动特征几乎与在净融资中占比一致，即股票融资在总融资中占比也是呈现较频繁的横向波动（见图 2-28），只不过前后期的对比关系会有点变化。例如，1997 年和 2007 年均为我国股票融资波峰年份，其净融资占比分别为 7.67% 和 7.98%，后者要略高于前者，但总融资占比却相反，1997 年和 2007 年的股票融资占总融资的比例分别为 5.77% 和 5.37%，前者要高于后者。

---

① 实际股票发行总额还包含承销费用，不过，统计股票融资总额时通常会扣除掉承销费用。

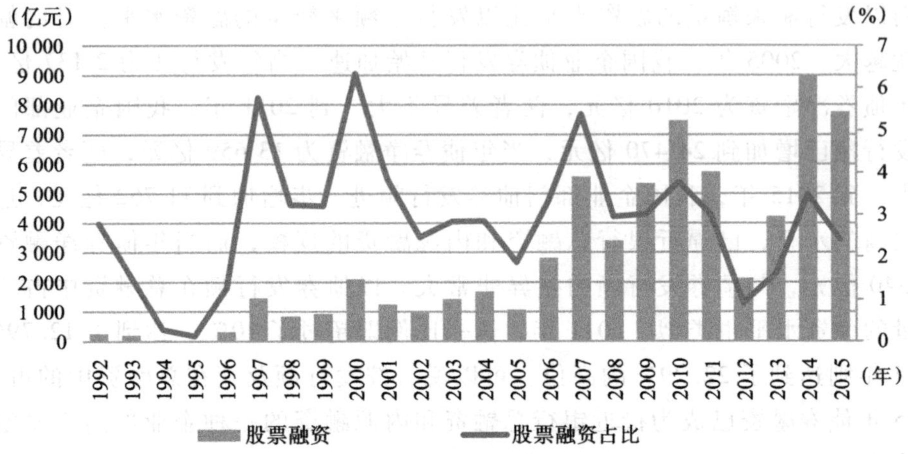


**图 2-28　我国股票融资额及其总融资占比变化**

资料来源：国家统计局、本书表 2-12。

当然，由于我国股票融资的具体形式较多，我们还有必要考察一下股票发行融资额，以确定资金流量表中股票融资的口径。资金流量表中的股票融资是以净额形式列示的，理论上甚至会扣除掉企业回购股票的资金流出。如果股票发行融资额与资金流量表中股票融资差异较大，那么，以股票发行融资额在总融资中所占的比例来衡量股票融资的水平就是有意义的。为此，我们对股票发行融资的分项数据进行逐一检视。

我国股票类型按不同标准有不同的分类。在内地上市的主要是 A 股和 B 股，在香港上市的是 H 股，在境外上市的有 N 股等。除了普通股外，还有优先股。融资方式分为首次公开发行（IPO）和再融资，再融资又分为增发和配股。其中，增发又可以分为公开增发和定向增发，而定向增发有很大一部分是资产交易，不产生融资，只有现金交易的部分会带来融资。这样，在计算股票融资时，其口径应限于 IPO、配股、公开增发以及现金交易的定向增发。国家统计局发布的股票融资额包含了金融企业部分，需要将其剔除，才能获得非金融企业股票融资额。为此，我们依据 Wind 的分行业数据，将银行业、保险业和多元金融业历年的股票融资进行剔除，由此获得非金融企业股票融资额（见表 2-15）。① 这一计算包含我国企业部门境内外所有股票融资额。

① 多元金融业的主体是证券公司和信托公司，也包含一些涉足金融业的实体企业，所以，将多元金融企业的股票融资全部列入金融企业筹资范畴略显宽泛，会稍微降低非金融企业股票融资额，不过，实际影响很小。

表 2－15 我国企业历年股票融资额（1992—2016 年） （单位：亿元）

| 年份 | 股票筹资额 | A 股筹资额 | H 股 N 股筹资额 | B 股筹资额 | 金融企业筹资额 | 非金融企业股票筹资额 |
|---|---|---|---|---|---|---|
| 1992 | 94.09 | 50.00 | | 44.09 | 0.74 | 93.35 |
| 1993 | 375.47 | 276.41 | 60.93 | 38.13 | 3.23 | 372.24 |
| 1994 | 326.78 | 99.78 | 188.73 | 38.27 | 2.00 | 324.78 |
| 1995 | 150.32 | 85.51 | 31.46 | 33.35 | 0.47 | 149.85 |
| 1996 | 425.08 | 294.34 | 83.56 | 47.18 | 5.58 | 419.50 |
| 1997 | 1 293.82 | 825.92 | 360 | 107.9 | 40.20 | 1 253.62 |
| 1998 | 841.52 | 778.02 | 37.95 | 25.55 | 7.54 | 833.98 |
| 1999 | 944.56 | 893.6 | 47.17 | 3.79 | 56.15 | 888.41 |
| 2000 | 2 103.24 | 1 527.03 | 562.21 | 13.99 | 104.72 | 1 998.52 |
| 2001 | 1 252.34 | 1 182.13 | 70.21 | | 12.72 | 1 239.62 |
| 2002 | 961.75 | 779.75 | 181.99 | | 127.50 | 834.25 |
| 2003 | 1 357.75 | 819.56 | 534.65 | 3.54 | 81.35 | 1 276.40 |
| 2004 | 1 510.94 | 835.71 | 648.08 | 27.16 | 0.00 | 1 510.94 |
| 2005 | 1 882.51 | 338.13 | 1 544.38 | 0 | 0.00 | 1 882.51 |
| 2006 | 5 594.29 | 2 463.70 | 3 130.59 | | 1 056.09 | 4 538.20 |
| 2007 | 8 680.17 | 7 722.99 | 957.18 | | 3 175.13 | 5 505.04 |
| 2008 | 3 852.21 | 3 457.75 | 317.26 | | 183.23 | 3 668.98 |
| 2009 | 6 124.69 | 5 004.90 | 1 073.18 | | 502.03 | 5 622.66 |
| 2010 | 11 971.93 | 9 606.31 | 2 365.62 | | 3 168.54 | 8 803.39 |
| 2011 | 5 814.19 | 5 073.07 | 741.12 | | 1 023.01 | 4 791.18 |
| 2012 | 4 134.38 | 3 127.54 | 1 006.84 | | 875.36 | 3 259.02 |
| 2013 | 3 868.88 | 2 802.76 | 1 066.12 | | 508.79 | 3 360.09 |
| 2014 | 7 087.44 | 4 834.04 | 2 253.4 | | 1 561.22 | 6 556.22 |
| 2015 | 10 974.85 | 8 295.14 | 2 679.71 | | 3 360.49 | 9 719.86 |
| 2016 | 16 257.42 | 15 020.79 | 1 236.63 | | 3 854.51 | 13 927.91 |

注：（1）股票筹资额包括 IPO 和再融资（含配股、公开增发、现金定向增发、优先股）；

（2）金融企业包括银行、保险和多元金融企业。

资料来源：国家统计局、Wind。

将上述计算出的我国企业部门股票发行融资额与资金流量表中的数据加

以比对，我们发现，彼此差异不大。这表明，两者的口径很接近。因此，无须再以股票发行融资额，来考察股票融资在总融资中的占比。

### （五）资本转移总融资占比

在资金流量表中，资本转移项是在资本账户中列示的。尽管有时候对于其来源项与运用项分别加以统计，但按照融资结构的计算方法，对其在企业融资中的占比总是以净额形式来计算。这样，由于没有扣除项可减，因此，其总融资占比会较净融资占比下降。

如前所述，我国资本转移项统计口径在2004年第一次全国经济普查后发生了变化。在未调整口径之前，即1992—2003年这一阶段，资本转移在企业净融资中占比始终保持在较高水平，个别年份甚至超过了银行净融资占比，成为居第二位的融资来源，例如2001年。还有一些年份则超过或接近银行净融资占比，略低于外商直接投资占比，成为主要的融资来源之一，例如1999年、2000年和2002年。不过，在总融资结构中，资本转移的相对重要性明显下降。即使按未调整的口径，在1992—2003年的任何一年，资本转移占总融资的比例都与银行总融资占比有很大的差距。而在2004年后，资本转移在总融资中的作用相对净融资中情形，变得更加不重要，所占的比例基本上处于2%以下（见图2-29）。

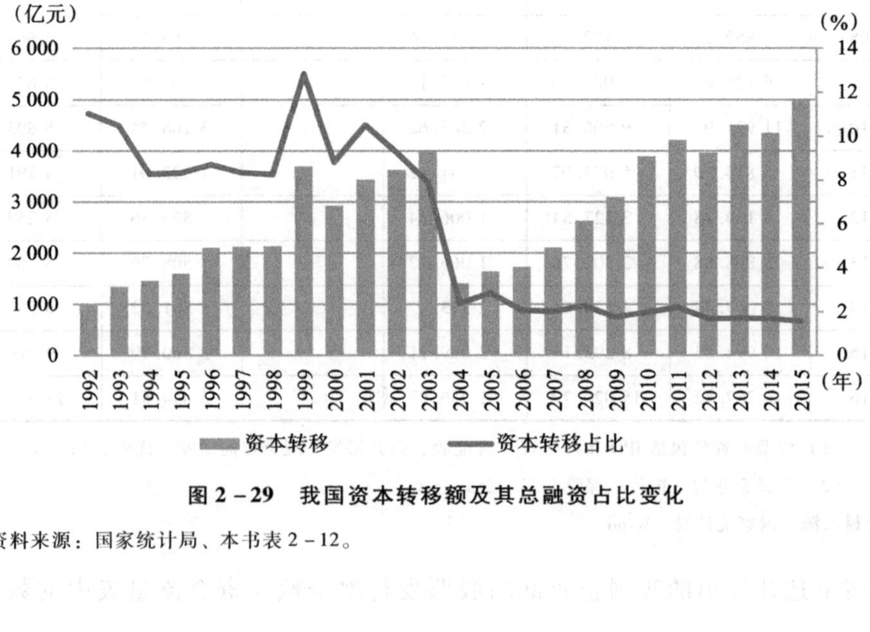


**图2-29　我国资本转移额及其总融资占比变化**

资料来源：国家统计局、本书表2-12。

如果按修正后数值来计算，则资本转移在总融资中表现出的特征与其在净融资中的情形基本上一致，即整体水平不高，且有逐步下降趋势。修正后，1992—2004 年资本转移在总融资中占比出现大幅下降，由 8% 以上下降到 3% 左右，不但与银行融资差距很大，与外商直接投资也拉开差距。分期间来看，1992—1995 年和 1996—2000 年，我国企业部门资本转移在总融资中平均占比分别为 2.76% 和 2.97%，在这两个期间之间同样略有上升。2001—2005 年，资本转移在总融资中平均占比略有降低，为 2.80%。此后，下降速度有所加快，2006—2010 年和 2011—2015 年，资本转移在总融资中平均占比分别下降到只有 2.02%、1.82%（见图 2-30）。总体上看，资本转移在企业部门的总融资中较在净融资中更加不重要。

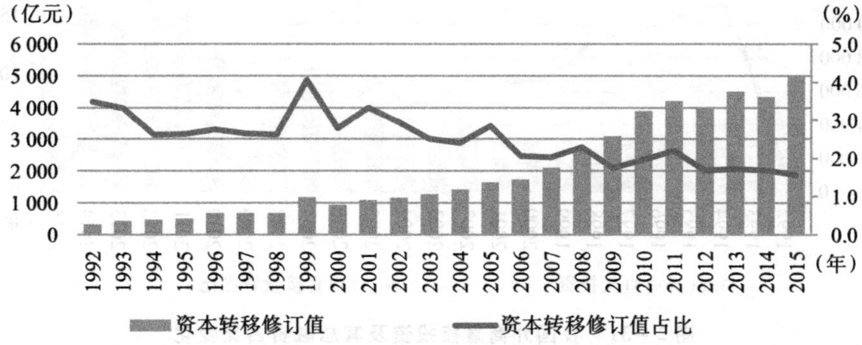


**图 2-30　我国资本转移额及其总融资占比变化（修正）**

资料来源：根据国家统计局相关数据计算。

## （六）外商直接投资总融资占比

外商直接投资是来源于非常住部门的一种融资。鉴于资金流量表中许多融资方式如内源融资、资本转移、债券融资、股票融资等都是以净额形式列示，为了便于比较，我们这里也先考察外商直接投资净额在总融资中占比情况。

如同其他以净额计算的融资方式一样，以净额计算的外商直接投资在总融资中占比会较在净融资中占比下降。不过，其特征并没有发生变化，即外商直接投资在企业部门总融资中占比总体上仍较高，且同样呈逐渐下降之势（见图 2-31）。即使不考虑资本转移项的统计口径问题，2008 年以前，外商直接投资在多数年份都是仅次于内源融资和银行融资的第三大融资来源，如果把资本转移项统计口径影响考虑在内，则除了1992年外，都是如此。2008年以后，外商直接投资的相对重要性显著下降。分期间来看，1992—1995年，外商直接投资在总融资中平均占比为10.59%；1996—2000年，上升到12.14%，创下历史峰值；2001—2005年，则下降到8.83%；2006—2010年，进一步地下降到4.95%；2011—2015年，继续下降为4.26%（见表2-13）。总体上看，外商直接投资在总融资中占比只在早期有所上升，然后就逐步下降。尽管如此，在前四个期间，外商直接投资均构成了企业部门总融资的第三大来源，只是在最后一个时期被债券融资超越。

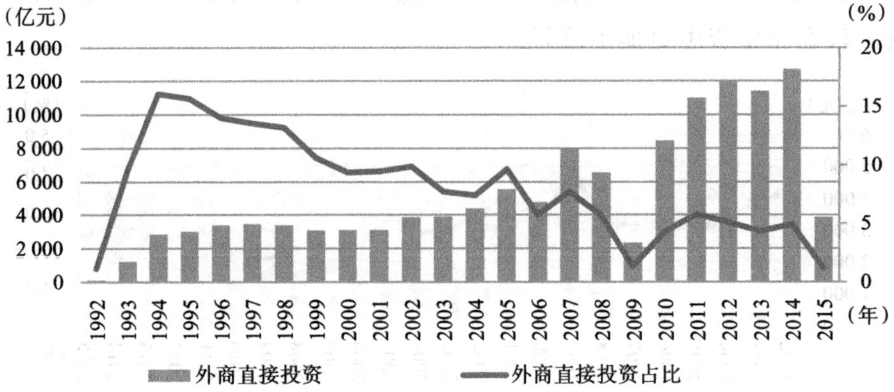


**图2-31 我国外商直接投资及其总融资占比变化**

资料来源：国家统计局、本书表2-12。

当然，以净额计算的占比会低估外商直接投资在总融资中的作用。为此，我们有必要考察按总额计算的情况。在前面我们已对我国外商直接投资的不同统计口径进行了考证，发现资金流量表中的统计比较全面。因此，我们这里直接采用资金流量表中的数据。由于资金流量表对外商直接投资的统计是从1997年开始的，因此，对1992—1996年的外商直接投资总额直接采用常规统计中实际利用外商直接投资额。如前面指出的那样，在2005年以前，常规统计与资金流量表中的统计差异不大。所以，这样处理是合适的。

按总额计算的外商直接投资在总融资中占比会较按净额计算的占比有所提升，特别是在2005年后，随着我国对外直接投资逐步增加，这种提升变得更加明显（见表2-16）。不过，总体特征并没有发生显著变化，与其在净融资中占比的特征基本上一致。

表 2-16 我国外商直接投资总额在总融资中占比及其对比关系 （单位:%）

| 年份 | 外商直接投资总额/总融资 | 外商直接投资净额/总融资 | 外商直接投资净额/净融资 | 年份 | 外商直接投资总额/总融资 | 外商直接投资净额/总融资 | 外商直接投资净额/净融资 |
|---|---|---|---|---|---|---|---|
| 1992 | 6.79 | 1.13 | 1.56 | 2004 | 7.68 | 7.43 | 10.87 |
| 1993 | 12.36 | 9.54 | 11.69 | 2005 | 11.25 | 9.65 | 12.55 |
| 1994 | 16.45 | 16.05 | 21.21 | 2006 | 7.40 | 5.71 | 8.35 |
| 1995 | 16.28 | 15.64 | 18.85 | 2007 | 8.89 | 7.74 | 11.50 |
| 1996 | 14.30 | 14.02 | 18.80 | 2008 | 8.93 | 5.70 | 7.43 |
| 1997 | 14.37 | 13.54 | 17.99 | 2009 | 3.02 | 1.32 | 2.23 |
| 1998 | 14.01 | 13.17 | 16.23 | 2010 | 6.33 | 4.27 | 6.90 |
| 1999 | 11.13 | 10.62 | 13.72 | 2011 | 7.44 | 5.76 | 7.98 |
| 2000 | 9.59 | 9.36 | 13.34 | 2012 | 6.76 | 5.09 | 7.73 |
| 2001 | 11.20 | 9.46 | 12.27 | 2013 | 6.05 | 4.34 | 6.93 |
| 2002 | 10.42 | 9.89 | 13.28 | 2014 | 6.83 | 4.93 | 6.96 |
| 2003 | 7.69 | 7.72 | 11.51 | 2015 | 4.71 | 1.20 | 2.01 |

资料来源：根据国家统计局相关数据计算。

首先，外商直接投资在企业部门总融资中占比会更高，但仍呈逐渐下降之势（见图 2-32）。按照可比的总额口径，2008 年以前，外商直接投资仅次于内源融资和银行融资，稳定地成为总融资的第三大来源。2008 年以后，外商直接投资在总融资中的占比被债券融资超越，相对重要性下降，但没有按净额计算的幅度大。分期间来看，1992—1995 年，外商直接投资总额在总融资中平均占比为 12.97%，创下了历史峰值；1996—2000 年，略降至 12.68%；2001—2005 年，则下降到 9.67%；2006—2010 年，进一步地下降到 6.91%；2011—2015 年，继续下降为 6.36%。在最后两个期间，按总额计算的外商直接投资在总融资中占比要比按净额计算的高出约 2 个百分点。总体上看，其逐步下降的特征更加明显。按照可比的总额口径，在前三个期间，外商直接投资均构成企业部门总融资的第三大来源，在第四个时期基本上和债券融资持平，只是最后一个时期被债券融资显著超越。

其次，外商直接投资总额的变化依然存在着明显的阶段性。从总额来看，我国外商直接投资仍可以分为三个阶段。1992—2001 年构成第一阶段，外商直接投资最初快速上升，并在 1997 年出现了第一个峰值，达到 3 667 亿元，然后开始小幅回落，2001 年，回落到 3179 亿元（见图 2-32）。2002—2009

年构成第二阶段，外商直接投资总额在此期间同样开始跃上新台阶，并在2008年出现了第二个峰值，达到了10 271亿元，然后显然是受到全球金融危机的影响，开始急速回落，2009年，竟回落到5 341亿元，下降了近50%。2010—2015年构成第三阶段，外商直接投资总额在此期间再上台阶，并在2014年创下了历史峰值，为17 626亿元。2015年，外商直接投资总额虽再次下滑，但仅小幅下降至15 169亿元，并未像净融资中那样出现急剧下滑。这是因为2015年我国对外直接投资出现了快速增长。总体上看，我国外商直接投资总额变化的阶段性特征与其净额变化的相关特征基本上一致，同样与我国对外开放的阶段性有着较强的对应关系。

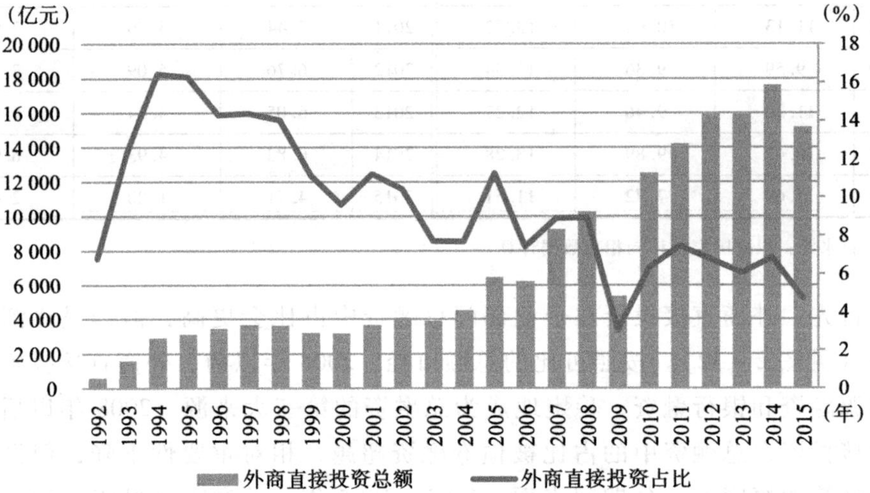


图2-32 我国外商直接投资总额及其总融资占比变化

资料来源：根据国家统计局相关数据计算。

## (七) 其他总融资占比

如前面已讨论过的那样，在我国的资金流量表中，归并于其他净融资的统计项有四大类：(1)“其他（净）”项；(2) 未列在主要金融工具和“其他（净）”项下的各类金融投资；(3) 其他对外债权债务；(4) 国际收支错误与遗漏。其中，前两项是以净额的形式列在运用项中，第三项是以总额形式分别列示的，第四项则是以净额形式列在来源项中。因此，其他净融资在总融资中的占比和在净融资中占比有非常大的不同。

首先，其他融资总额在我国企业部门总融资中占比始终较低，其绝对值很少超过5%（见图2-33）。这与净融资中情况形成了非常鲜明的对照。其他净融资在企业部门净融资中占比自2012年起就变得非常高，持续超过-20%。

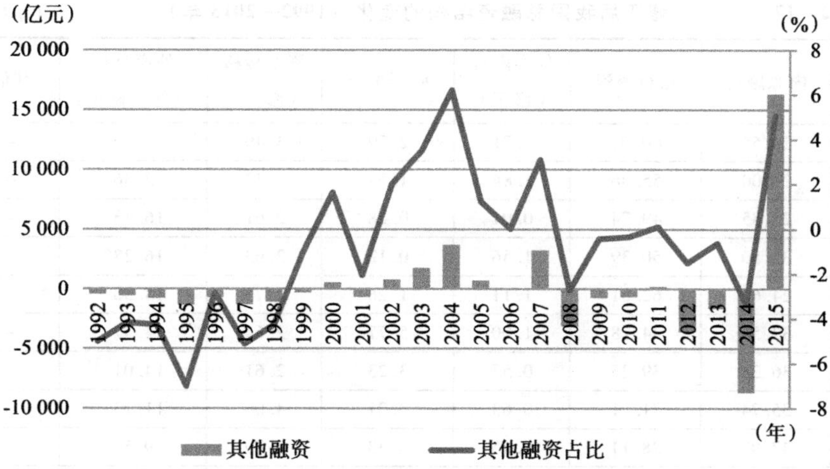


图2-33 我国其他融资额及其总融资占比

资料来源：国家统计局、本书表2-12。

其次，尽管由于统计口径上的原因，其他融资总额在总融资中占比还存在负值，但已不再像在净融资中那样构成主要的资金流出项。在总融资结构计算中，因为每项融资来源都是按总额而非净额计算，所以，对应的占比一般都应该是正值。不过，其他融资的主要统计项都是以净额形式列出，这样就产生了负值问题。其中，国际收支错误与遗漏是主要影响因素。该统计项通常是负值，代表着隐性的资本流出。如我们前面指出的那样，它包含了经常项目下的遗漏，因此，高估了资本项下的流出。只是其他对外债权债务项经常为正，与国际收支错误与遗漏项形成了抵销，导致加总后的其他融资总额变得较小，总体上看，其他融资在总融资中的重要性较低。

## (八) 综合分析

综合以上分析，可以看出，我国企业部门总融资结构呈现以下特征：

(1) 即使按总额计算，银行融资也不占据绝对的主导优势。在1992—2015年24个年份里，银行融资在总融资中占比居第一的有14个年份，在其他10个年份中则是内源融资占比居第一。也就是说，银行融资只是略超内源融资。2015 年，银行融资在总融资中占比不但低于内源融资占比，甚至和债券融资占比也很接近（见表 2-17）。这与人们通常的印象有很大不同，人们一般认为，在我国，银行融资是占主导地位的。

**表 2-17　修正后我国总融资结构的变化（1992—2015 年）**　（单位：%）

| 年份 | 内源融资 | 银行融资 | 债券融资（修正） | 股票融资 | 资本转移（修正） | 外商直接投资（修正） | 其他融资 |
|---|---|---|---|---|---|---|---|
| 1992 | 24.55 | 60.02 | 7.71 | 2.79 | 3.49 | 6.79 | -5.02 |
| 1993 | 27.00 | 55.06 | 1.84 | 1.54 | 3.32 | 12.36 | -4.19 |
| 1994 | 28.85 | 49.74 | 0.91 | 0.28 | 2.61 | 16.45 | -4.27 |
| 1995 | 31.80 | 50.39 | 1.56 | 0.12 | 2.63 | 16.28 | -7.02 |
| 1996 | 24.62 | 62.01 | 1.11 | 1.26 | 2.75 | 14.30 | -2.85 |
| 1997 | 32.51 | 44.28 | 1.00 | 5.77 | 2.64 | 14.37 | -5.14 |
| 1998 | 36.28 | 39.25 | 0.57 | 3.23 | 2.61 | 14.01 | -4.27 |
| 1999 | 35.74 | 31.71 | 0.63 | 3.21 | 4.06 | 11.13 | -1.01 |
| 2000 | 47.98 | 28.11 | 0.45 | 6.33 | 2.79 | 9.59 | 1.63 |
| 2001 | 48.37 | 28.79 | 0.46 | 3.83 | 3.32 | 11.20 | -2.06 |
| 2002 | 46.00 | 37.00 | 0.97 | 2.46 | 2.93 | 10.42 | 2.02 |
| 2003 | 33.84 | 46.85 | 1.01 | 2.84 | 2.5 | 7.69 | 3.51 |
| 2004 | 41.58 | 29.92 | 0.86 | 2.85 | 2.4 | 7.68 | 6.21 |
| 2005 | 50.54 | 33.28 | 3.71 | 1.87 | 2.85 | 11.25 | 1.23 |
| 2006 | 37.84 | 31.36 | 4.66 | 3.34 | 2.06 | 7.40 | 0.02 |
| 2007 | 36.82 | 25.45 | 5.05 | 5.37 | 2.02 | 8.89 | 3.09 |
| 2008 | 42.89 | 36.61 | 8.04 | 2.95 | 2.28 | 8.93 | -2.73 |
| 2009 | 25.10 | 44.59 | 9.25 | 3.01 | 1.75 | 3.02 | -0.44 |
| 2010 | 21.81 | 32.45 | 7.99 | 3.77 | 1.97 | 6.33 | -0.35 |
| 2011 | 24.18 | 35.01 | 12.79 | 3.00 | 2.20 | 7.44 | 0.11 |
| 2012 | 21.27 | 38.84 | 15.65 | 0.90 | 1.68 | 6.76 | -1.52 |
| 2013 | 23.32 | 39.45 | 14.22 | 1.61 | 1.71 | 6.05 | -0.63 |
| 2014 | 32.26 | 39.50 | 20.41 | 3.48 | 1.68 | 6.83 | -3.37 |
| 2015 | 25.99 | 25.74 | 22.29 | 2.41 | 1.56 | 4.71 | 5.08 |

资料来源：根据国家统计局、Wind 相关数据计算。

（2）内源融资的作用有很大的下降。在净融资结构中，内源融资是居第一位的融资方式，在一些时期居主导地位，在另外一些时期与银行融资并驾齐驱，总体作用是超过银行融资的。但在总融资结构中，内源融资是低于银行融资的。

（3）债券融资近年来在总融资中发挥着越来越大的作用。按照修正值，债券融资在总融资中占比在2014年已超过20%，2015年达到了22.29%，已逼近银行总融资占比和内源融资总占比。

（4）外商直接投资发挥了重要的积极作用。在2008年以前，外商直接投资一直是总融资的第三大来源，仅次于银行融资和内源融资。2009年后，虽然被债券融资超越，但外商直接融资在总融资中的占比仍保持在一定的水平上。

（5）其他融资在总融资中的重要性较低，这一点与其在净融资中的情形有很大不同。在净融资中，其他融资构成最大的资金流出项。

就总融资结构演化而言，仍然可以划分成三个阶段，但每个阶段的具体期间则和净融资结构中情形有所不同。

（1）1992—1998年为第一阶段，这个阶段的企业部门总融资以银行融资为主，内源融资次之。其中，银行总融资平均占比为51.54%，内源总融资平均占比为29.37%，前者显著高于后者。在其他融资方式中，外商直接投资平均占比最高，为13.51%，与银行总融资以及内源总融资的平均占比差距较大。这三项融资平均占比合计超过了94%。因此，可以说，在这个阶段，我国企业总融资是银行主导型的，且基本上依靠银行融资、内源融资和外商直接投资这三种融资方式（见图2－34）。

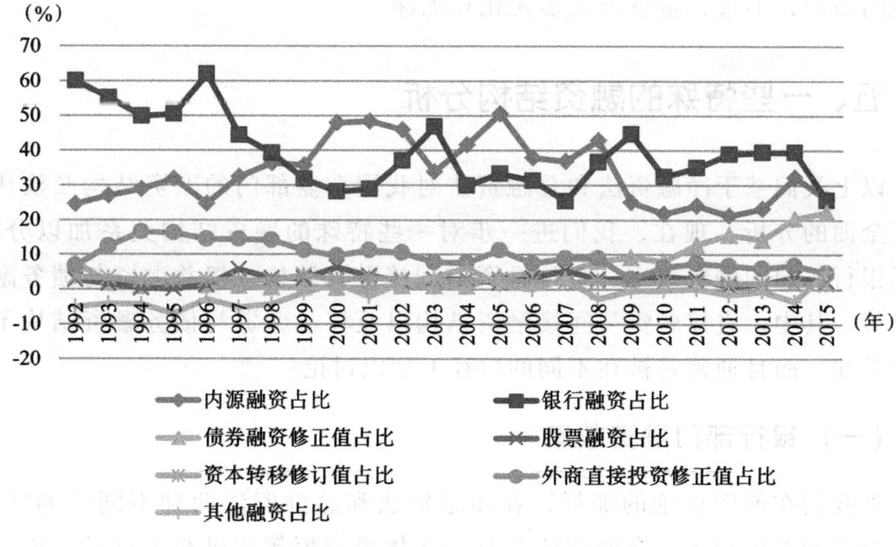


图2－34　我国总融资结构变化（修正）

资料来源：本书表2－17。

（2）1999—2008 年为第二阶段，这个阶段的企业部门总融资是以内源融资为主，这一点与其净融资情形相似。在这个阶段，内源总融资平均占比为 42.16%，而银行总融资平均占比为 32.91%，前者显著高于后者，但高出的幅度没有第一阶段中后者高于前者的那样大。在其他融资方式中，外商直接投资平均占比依然最高，为 9.42%。前三大融资方式平均占比合计为 84.49%，较上一个阶段明显下降，表明融资方式开始多样化。总体上看，在这个阶段，我国企业总融资是以内源融资为主，以银行融资为辅。

（3）2009—2015 年为第三阶段，这个阶段的企业部门总融资重新以银行融资为主。这期间，银行总融资平均占比为 36.51%，而内源总融资平均占比为 24.85%，前者显著高于后者。在其他融资方式中，债券融资开始跃升，一举超越外商直接投资，成为第三大融资来源，其平均占比为 14.66%，而外商直接投资平均占比仅为 5.88%。不过，前四大融资方式在总融资中平均占比合计只有 81.9%，表明融资方式进一步多元化。尤其是在期末，债券总融资占比已逼近银行和内源总融资占比，三者水平都很接近，显示融资方式多样化在加深。当然，还有一个因素需要考虑，在这个阶段，影子银行开始快速发展。如果考虑到影子银行的作用，银行融资在总融资中平均占比估计要提升 10 个百分点。综合起来看，在这个阶段，我国企业总融资回归以银行融资为主的格局，不过，融资方式多元化在加深。

## 五、一些特殊的融资结构分析

以上我们基于净融资法和总融资法对我国企业部门的融资结构及演化进行了全面的分析。现在，我们进一步对一些特殊的融资结构关系加以分析，包括银行部门的融资效率、直接融资与间接融资结构、权益融资与债务融资结构等，其中，直接融资与间接融资结构以及权益融资与债务融资结构不仅广受关注，而且通常是被在不同的口径上加以讨论。

### （一）银行部门融资效率

如我们在前面讨论的那样，在净融资法和总融资法两种不同的测度下，银行融资额差异很大。净融资法是基于实体投资恒等式进行测度的，而总融资法是基于包含金融投资在内的总资金运用恒等式进行测度的。从实体投资的角度来看，银行部门贡献的是其融资净额。银行部门的净融资与其总融资的差额就是企业部门的存款。这种差额越大，表明企业部门在银行部门的存款越大。如果一方面银行部门对企业发放了大量的贷款，另一方面企业又在银行部门有大量的存款，则表明银行部门的融资只是增加了企业的金融资产，并没有对应地转化为实体投资，可能存在着空转问题。为此，我们设计了一个银行部门融资效率指标，其表达式如下：

$$银行部门融资效率=\frac{企业部门的贷款额-企业部门的存款和现金}{企业部门的贷款额}$$

这一指标实质上是银行融资净额与总额的比值。该值越大，表明在同样的贷款活动水平上，银行部门对实体投资的贡献越大；反之，银行部门越有陷入资金空转的嫌疑。

计算结果显示，1992—2015 年，我国银行部门融资效率总体不高，指标值在多数年份都在 0.5 以下，总平均值为 0.35。这意味着平均而言银行部门每贷出 1 元贷款，只有 0.35 元用于实体投资。

从演化上看，银行部门融资效率指标值并没有出现明显的上行或下行趋势，反而呈现一定的波动性。大体而言，可以分成三个阶段：（1）1992—1999 年为第一个阶段。在这个阶段，银行部门融资效率指标值保持在较高水平，平均值为 0.51。（2）2000—2010 年为第二个阶段。在这个阶段，银行部门融资效率指标值在较低水平上波动，平均值只有 0.20。（3）2011—2015 年为第三个阶段。在这个阶段，银行部门融资效率指标值回升到较高水平，平均值为 0.41，但在期末出现了急剧下滑，下降到只有 0.19（见图 2－35）。

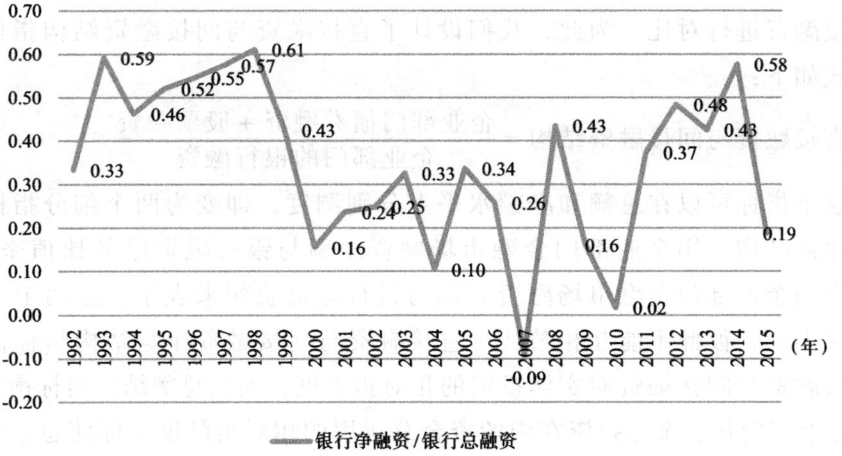


图 2－35 我国银行部门融资效率及演化

资料来源：根据历年我国资金流量表计算。

对比前述银行融资在企业部门净融资和总融资中占比的波动特性，可以看出，银行部门融资效率指标值与银行融资水平有较强的对应关系，即在银行融资水平处于较高的阶段，银行部门的融资效率也高；反之亦然。这表明，当银行总融资出现边际收缩时，实体投资所受到的融资冲击较大；而当银行总融资出现边际扩张时，实体投资所受到的融资改善也较大，企业的存款似乎在其中没有发生调节作用。

### （二）直接融资与间接融资对比

直接融资和间接融资的对比关系是一个广受关注的课题。但是，以往对这个问题的研究面临的一个很大挑战是对直接融资和间接融资的测度口径往往不一致。人们经常用银行贷款余额或者贷款余额增加额来代表间接融资规模。然而，贷款余额是个存量指标，用它去测度融资结构存在着概念上不匹配问题，而且属于直接融资的股票融资也不存在对应的余额指标，其实无法基于此进行直接融资和间接融资的比较。贷款余额增加额固然是个流量指标，但当前我国的统计并没有将非金融企业作为一个独立的单元列出，而是将其与机关团体合并在一起作为一个统计单元，所以，贷款余额增加额容易在扩大的口径上被使用。至于股票融资和债券融资，由于涉及的品种和市场较多，因此，更容易出现不同口径的数据。如果不是基于一致的口径，那么，比较直接融资和间接融资没有多大意义，甚至会产生严重的误导。

净融资法和总融资法的提出，使我们首次可以在一致口径上对直接融资和间接融资进行对比。为此，我们设计了直接融资与间接融资结构指标，其表达式如下：

$$\text{直接融资与间接融资结构}=\frac{\text{企业部门债券融资}+\text{股票融资}}{\text{企业部门的银行融资}}$$

这个指标可以在总额和净额水平上分别测度，即变为两个细分指标：一个是净额结构，用企业部门金融市场融资净额与银行融资净额比值来表示；另一个用企业部门金融市场融资总额与银行融资总额来表示。这两个细分指标含义不同，彼此不能互相替代。直接融资与间接融资净额结构指标衡量的是直接融资与间接融资对实体投资的相对贡献度，而其总额结构指标衡量的则是对企业部门包含金融投资在内的资金总运用的相对贡献度。即使总额结构指标显示出间接融资的相对贡献度大，也不表明其对实体投资的贡献同样大。

先看直接融资与间接融资净额结构。基于净融资法，我们对股票净融资、债券净融资和银行净融资进行了计算，前两者之和表示直接融资净额，银行融资净额代表间接融资净额，由此计算出直接融资与间接融资净额结构指标值。结果显示，该指标值呈现出阶段波动上升特征（见图 2-36）。具体地讲，也可以分成三个阶段：（1）1992—1998 年为第一个阶段。在这个阶段，直接融资与间接融资净额结构指标值较低，平均值为 0.13，也就是说间接融资对实体投资的贡献远远超过了直接投资。（2）1999—2013 年为第二个阶段。在这个阶段，直接融资与间接融资净额结构指标值波动很大，但总体上较高。其中，有两年较特殊：一个是 2007 年，当年的银行净融资是负值，所以，直接融资与间接融资净额结构指标值变得无意义，从而在图 2-36 中被剔除；另一个是 2010 年，直接融资与间接融资净额结构指标值高达 16.83，为了不让其对整体情况产生过大的扰动，也将其剔除。剔除这两个异常年份后，直接融资与间接融资净额结构指标在该阶段的平均值为 0.68，显示直接融资已经提升到非常高的水平。（3）2014—2015 年为第三个阶段。在这个阶段，直接融资与间接融资净额结构指标值急剧上升，平均值已超过了 1。这意味着对实体投资而言，直接融资的贡献已超过了间接融资。虽然这个阶段持续的时间还短，未来的趋势还有待进一步观察，但在我国债券市场大发展

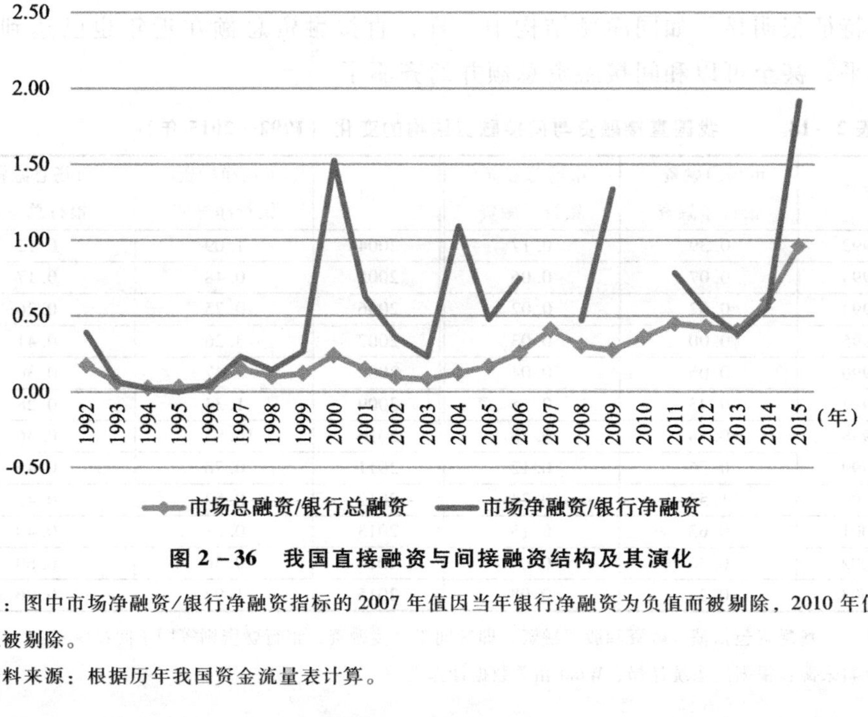


**图 2-36　我国直接融资与间接融资结构及其演化**

注：图中市场净融资/银行净融资指标的 2007 年值因当年银行净融资为负值而被剔除，2010 年值因异常高也被剔除。

资料来源：根据历年我国资金流量表计算。

的背景下，直接融资的水平已达到了很高程度则是不争的事实。即使考虑到影子银行的作用，直接融资水平依然和间接融资很接近。这一点和人们通常的观点也有很大的不同。

再看直接融资与间接融资总额结构。基于总融资法，我们前面对企业部门的股票融资额和债券融资总额进行了仔细考证，认定资金流量表中对股票融资的统计口径很全面，而对债券融资总额则做了全面修正。以这两者之和表示直接融资总额，以资金流量表中的银行贷款额代表间接融资总额，并由此计算出直接融资与间接融资总额结构指标值。结果显示，该指标值呈现非常明显的逐步上升特征（见图 2-36）。早期的这一指标值非常低，经常在 0.1 以下，最低点出现在 1994 年，只有 0.02，但之后则是不断向上攀升，1997 年创下了一个相对高点，为 0.15；2000 年、2007 年以及 2011 年都分别创下了相对高点，直接融资与间接融资总额结构指标值分别为 0.24、0.41、0.45，不断提升（见表 2-18）。2015 年，该指标值已达到了 0.96。这表明对企业部门的资金总运用来说，直接融资的贡献已与间接融资旗鼓相当了。分期间来看，1992—1995 年，直接融资与间接融资总额结构指标值平均只有 0.07；1996—2000 年则上升至 0.13；2001—2005 年略降到 0.12；2006—2010 年大幅上升至 0.32；2011—2015 年进一步上升到 0.57。总体上看，其逐步上升的特征很明显。如同净额结构中一样，直接融资总额在近年也已达到很高的水平，甚至可以和间接融资总额并驾齐驱了。

**表 2-18　我国直接融资与间接融资结构的变化（1992—2015 年）**

| 年份 | 市场净融资/银行净融资 | 市场总融资/银行总融资 | 年份 | 市场净融资/银行净融资 | 市场总融资/银行总融资 |
|---|---|---|---|---|---|
| 1992 | 0.39 | 0.17 | 2004 | 1.09 | 0.12 |
| 1993 | 0.07 | 0.06 | 2005 | 0.48 | 0.17 |
| 1994 | 0.02 | 0.02 | 2006 | 0.75 | 0.26 |
| 1995 | 0.00 | 0.03 | 2007 | -3.26 | 0.41 |
| 1996 | 0.05 | 0.04 | 2008 | 0.47 | 0.30 |
| 1997 | 0.23 | 0.15 | 2009 | 1.34 | 0.28 |
| 1998 | 0.14 | 0.10 | 2010 | 16.83 | 0.36 |
| 1999 | 0.26 | 0.12 | 2011 | 0.78 | 0.45 |
| 2000 | 1.52 | 0.24 | 2012 | 0.53 | 0.43 |
| 2001 | 0.63 | 0.15 | 2013 | 0.38 | 0.40 |
| 2002 | 0.36 | 0.09 | 2014 | 0.56 | 0.60 |
| 2003 | 0.23 | 0.08 | 2015 | 1.92 | 0.96 |

注：市场融资包括债券融资和股票融资，即等同于直接融资，银行融资则等同于间接融资。

资料来源：根据国家统计局、Wind 相关数据计算。

最后，我们来看一下直接融资与间接融资净额结构与总额结构对比。可以看出，在1992—1998年，这两个结构指标值比较接近，也就是说，无论在净额层次还是在总额层次上，直接融资与间接融资的关系都差不多。但是，此后，直接融资与间接融资净额结构指标值则稳定高于直接融资与间接融资总额结构指标值，且两者的差距还较大。1999—2013年，直接融资与间接融资净额结构指标平均值在剔除指标值异常高的年份后，仍达到0.68，同期的直接融资与间接融资总额结构指标平均值只有0.30，不到前者一半。这意味着按照净额来衡量的直接融资相对于间接融资的重要性要较按总额衡量的高出1倍。也就是说，直接融资相对于实体投资要比其相对于资金总运用的重要性大得多，而间接融资则相反。

### （三）债务融资与权益融资对比

企业的融资是应该优先选择债务工具还是权益工具？或者说企业的债务融资与权益融资是否存在最优结构？这些都不仅是重大的理论问题，而且也是非常重要的实践问题。传统上对此的研究主要是从资本结构入手的。不过，资本结构通常是基于企业资产负债表进行测度的，是存量结构指标，无法反映企业部门整体的情况。而基于净融资法和总融资法，我们可以实现在部门层次上用流量数据来测度债务融资与权益融资的结构。这是一个很有意义的突破，可以由此揭示企业部门总体的融资选择特征。为此，我们设计了债务融资与权益融资结构指标，其表达式如下：

$$债务融资与权益融资结构 = \frac{企业部门的贷款额 + 企业部门债券融资}{企业部门的股票融资}$$

与前面的讨论类似，我们可以在融资净额和融资总额两个层面进行考察。按照与此前的融资净额和融资总额一致的口径，我们计算了1992—2015年我国企业部门债务融资与权益融资净额结构和总额结构指标值（见表2－19）。

可以看出：

第一，债务融资处于绝对主导地位，在1992—2015年24个年份中，只有2000年和2007年的债务融资与权益融资净额结构指标值小于1，即只有在这两个年份里，权益融资净额超过了债务融资净额。2000年，债券市场还不发达，而股票市场处于牛市，融资额创下一个峰值，使当年的债务融资与权益融资净额结构指标值小于1。2007年，债券市场已处于快速发展中，但相对规模还小，当年同样是牛市，股票融资额再创峰值，而银行净融资则出现了唯一一次的负值，由此，当年的债务融资与权益融资净额结构指标值小于1。除此之外，所有的结构指标值都大于1，而且在绝大多数年份里都远远超过1，表明债务融资的规模远远超过了权益融资。

表2-19　我国债务融资与权益融资结构的变化（1992—2015年）

| 年份 | 债务净融资/权益净融资 | 债务总融资/权益总融资 | 年份 | 债务净融资/权益净融资 | 债务总融资/权益总融资 |
|---|---|---|---|---|---|
| 1992 | 13.24 | 24.25 | 2004 | 1.29 | 10.80 |
| 1993 | 21.56 | 36.86 | 2005 | 7.87 | 19.82 |
| 1994 | 83.08 | 180.63 | 2006 | 3.23 | 10.78 |
| 1995 | 224.93 | 440.79 | 2007 | -0.04 | 5.68 |
| 1996 | 27.07 | 50.01 | 2008 | 6.95 | 15.13 |
| 1997 | 4.43 | 7.84 | 2009 | 4.56 | 17.88 |
| 1998 | 7.48 | 12.33 | 2010 | 1.61 | 10.72 |
| 1999 | 4.31 | 10.06 | 2011 | 6.68 | 15.93 |
| 2000 | 0.74 | 4.51 | 2012 | 29.19 | 60.37 |
| 2001 | 1.90 | 7.64 | 2013 | 17.62 | 33.38 |
| 2002 | 4.08 | 15.46 | 2014 | 15.55 | 17.22 |
| 2003 | 5.63 | 16.86 | 2015 | 10.09 | 19.93 |

资料来源：根据国家统计局、Wind相关数据计算。

第二，债务融资与权益融资净额结构和总额结构指标值的波动基本上一致，大体上都可以分为三个阶段（见图2-37）。（1）1992—1996年为第一个阶段。在这个阶段，我国银行部门正从专业化向市场化迈进，债券市场也处于早期的快速发展期，而股票市场还处于起步期，所以无论是债务融资与权益融资净额结构还是其总额结构，指标值都非常高，平均值分别为73.95和146.51。也就是说，权益融资净额平均只有债务融资净额的1.35%，权益融资总额平均只有债务融资总额的0.68%，前者相对而言几乎微不足道。其中，1995年，债务融资与权益融资净额结构和总额结构指标值分别高达224.93、440.79，均创下了历史峰值。（2）1997—2010年为第二个阶段。在这个阶段，银行部门经历了诸多变革，债券市场在大部分时间里发展缓慢，而股票市场规模总体上在不断扩大，因此，债务融资与权益融资净额结构和总额结构指标值的波动性大，平均值分别为3.86和11.82。应当说，权益融资在此期间具有一定的重要性，尤其是权益净融资，平均而言接近债务融资净额的1/3，在一些年份甚至超过了债务净融资。（3）2011—2015年为第三个阶段。债券市场发展出现了飞跃，银行部门也发展良好，而股票市场规模也进一步扩大，综合作用的结果，是债务融资重新回到绝对主导位置，债务融资与权益融资净额结构和总额结构指标值平均值分别为20.96和43.54。也就是说，权益融资净额和总额平均而言分别约占债务融资净额和总额的5%、2.5%。

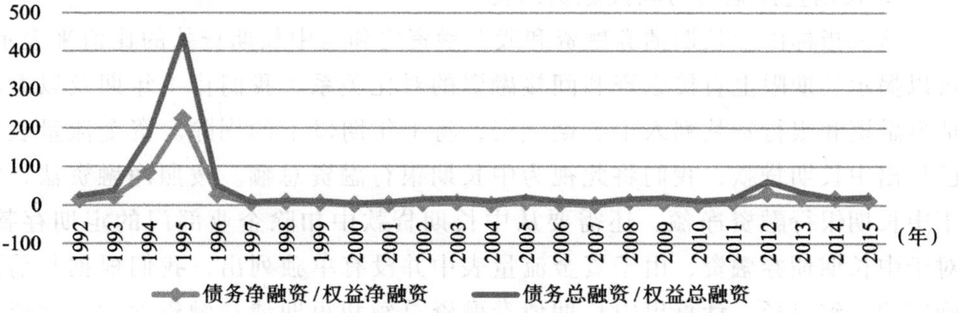


**图2-37 我国债务融资与权益融资结构及其演化**

资料来源：本书表2-19。

第三个阶段债务融资占据绝对主导地位非常有意义。在第一个阶段，股票市场还很不发达，债务融资占据绝对主导地位是企业融资决策受到约束情况的一个结果，未必能揭示企业的实际融资行为。第二阶段的情形也类似，在受到债券市场约束的情况下，企业融资相对更多一点依赖于权益融资，也未必能揭示企业的实际融资行为。而第三个阶段则不同，所有的市场约束相对都较小，此时，企业部门偏重债务融资在一定程度上说明了优序融资原则在起作用。

## （四）长期融资结构

在各种融资来源中，一些融资可视为永久性的，即不存在偿付或退还问题，如内源融资、股票融资、资本转移、外商直接投资①等，另外一些融资则需要偿付，如银行贷款、债券融资、商业信用融资等。其中，银行贷款和债券融资均包含中长期和短期两个部分，而商业信用融资则以短期融资为主。

在实践中，实体投资通常会运用中长期融资，而不是短期融资。也就是

① 外商直接投资可能存在到期清算现象，但在经营期内也没有偿付或退还问题。

说，对于实体投资而言，中长期（含永久性）融资的实际意义更大。因此，考察中长期融资结构可以深化对不同融资来源作用的认识。为此，我们设计了长期融资结构指标，由中长期贷款、中长期债券融资和股票融资的比值关系以及前两者与固定资本形成总额的比值关系来表示，具体地又可以细分为长期直接融资与间接融资结构指标、长期债务融资与权益融资结构指标、中长期贷款占比、中长期债券融资占比。

1. 长期直接融资与间接融资结构

这一指标由中长期债券融资和股票融资之和与中长期贷款的比值来表示，可以揭示长期限上直接融资和间接融资的对比关系。我们将 1 年期及以上的债券融资和银行贷款列入中长期融资，将 1 年期以下的剔除。资金流量表中已列出中长期贷款，我们将此视为中长期银行融资总额。按照净融资法，对于中长期银行融资净额，还需要从中长期贷款中扣除企业部门的定期存款。对于中长期债券融资，由于资金流量表中并没有单独列出，我们根据与前面确定的一致口径，计算出中长期债券融资总额和短期债券融资净额，将资金流量表中的债券融资额扣除掉短期债券融资净额，即获得了中长期债券融资净额。基于这样的计算，就可以进一步地在净额和总额层次上得到长期直接融资与间接融资净额结构和总额结构指标值，前者由中长期债券融资总额、银行融资总额和股票融资额计算出，后者由中长期债券融资净额、银行融资净额和股票融资额计算出。

计算结果显示，长期直接融资与间接融资净额结构指标值也呈现出同直接融资与间接融资净额结构类似的阶段波动上升特征（见图 2－38），也可以分成三个阶段：（1）1992—1996 年为第一个阶段，比直接融资与间接融资净额结构的第一个阶段要缩短 2 年。在这个阶段，长期直接融资与间接融资净额结构指标值平均为 0.17，高于直接融资与间接融资净额结构指标的第一个阶段平均值，但同样较低。（2）1997—2007 年为第二个阶段，不但比直接融资与间接融资净额结构的第二个阶段短，而且截止年份要早 6 年。在这个阶段，长期直接融资与间接融资净额结构指标值整体上较第一个阶段迈上了一个台阶，但处于波动状态，其平均值为 0.45，没有直接融资与间接融资净额结构指标第二阶段平均值高，波动幅度也没有后者大。（3）2008—2015 年为第三个阶段。在这个阶段，长期直接融资与间接融资净额结构指标值同样急剧上升，平均值要显著高于第三个阶段直接融资与间接融资净额结构指标平均值。其中，2011 年，长期直接融资与间接融资净额结构指标值高达 22.59，也就是说间接融资净额只有直接融资净额的5%还不到。2012年和2103年，中长期银行融资净额甚至出现了负值（见表2-20）。剔除这些异常年份，长期直接融资与间接融资净额结构指标值在这个阶段平均为1.26。这意味着对实体投资而言，长期直接融资的贡献早从2008年就已相当稳定地超过了长期间接融资，比前述直接融资和间接融资结构分析中所揭示出的直接融资重要性更加突出。

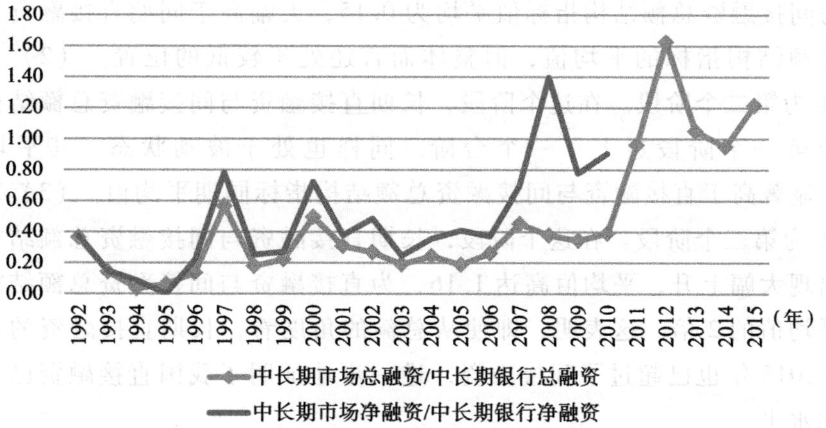


图2-38　我国长期直接融资与间接融资结构的变化

资料来源：本书表2-20。

表2-20　我国长期直接融资与间接融资结构变化（1992—2015年）

| 年份 | 中长期市场总融资/中长期银行总融资 | 中长期市场净融资/中长期银行净融资 | 年份 | 中长期市场总融资/中长期银行总融资 | 中长期市场净融资/中长期银行净融资 |
|---|---|---|---|---|---|
| 1992 | 0.36 | 0.38 | 2004 | 0.24 | 0.36 |
| 1993 | 0.14 | 0.15 | 2005 | 0.19 | 0.41 |
| 1994 | 0.04 | 0.09 | 2006 | 0.26 | 0.37 |
| 1995 | 0.06 | 0.00 | 2007 | 0.45 | 0.69 |
| 1996 | 0.14 | 0.22 | 2008 | 0.38 | 1.39 |
| 1997 | 0.57 | 0.78 | 2009 | 0.34 | 0.78 |
| 1998 | 0.18 | 0.25 | 2010 | 0.39 | 0.91 |
| 1999 | 0.22 | 0.27 | 2011 | 0.96 | 22.59 |
| 2000 | 0.50 | 0.72 | 2012 | 1.62 | -3.33 |
| 2001 | 0.31 | 0.38 | 2013 | 1.05 | -3.28 |
| 2002 | 0.27 | 0.49 | 2014 | 0.95 | 1.55 |
| 2003 | 0.19 | 0.25 | 2015 | 1.22 | 1.68 |

资料来源：根据国家统计局、中国证监会、Wind相关数据计算。

从长期直接融资与间接融资总额结构来看，它与直接融资与间接融资总额结构变化特征并不相同，倒与直接融资与间接融资净额结构的变化类似。如前所述，直接融资与间接融资总额结构呈现非常明显的逐步上升特征。然而，长期直接融资与间接融资总额结构则呈现阶段波动上升特征，其每个阶段的具体期间与长期直接融资与间接融资净额结构有所不同，但大体上也可以分为三个阶段：（1）1992—1996 年为第一个阶段。在这个阶段，长期直接融资与间接融资总额结构指标值平均为 0.15，大幅高于同期直接融资与间接融资总额结构指标的平均值，但整体而言还处于较低的位置。（2）1997—2010 年为第二个阶段。在这个阶段，长期直接融资与间接融资总额结构指标值也较第一个阶段迈上了一个台阶，同样也处于波动状态。其平均值为 0.32，显著高于直接融资与间接融资总额结构指标同期平均值。（3）2011—2015 年为第三个阶段。在这个阶段，长期直接融资与间接融资总额结构指标值也出现大幅上升，平均值高达 1.16，为直接融资与间接融资总额结构指标同期平均值的 2 倍。这表明，即使从总额的角度看，长期直接融资的规模在 2011—2015 年也已超过了间接融资，进一步地证明了我国直接融资已达到相当高的水平。

从长期直接融资与间接融资净额结构及总额结构对比来看，两者变动趋势大体一致。在 1992—1996 年，这两个结构指标值同样比较接近。此后，长期直接融资与间接融资净额结构指标值也稳定高于直接融资与间接融资总额结构指标值。不过，两者的差距不像直接融资与间接融资净额结构和总额结构指标之间的那样大，其原因可能在于，相对于定期存款，企业更偏好短期存款。当然，长期直接融资与间接融资净额结构和总额结构也有差异，其中最引人注目的是，长期直接融资与间接融资净额结构指标值出现大幅攀升的时间比其总额结构指标值要早 3 年，其原因主要在于企业定期存款相对于银行中长期贷款出现了更快的增长。2008 年，银行中长期贷款较上年增长了 32.74%，而企业定期存款增加额则增加了 162.91%。

综合来看，尽管长期直接融资与间接融资结构指标值未必总是比直接融资与间接融资结构指标值高。也就是说，在中长期融资上，直接融资的重要性并非总是相对提升了，但是长期直接融资与间接融资结构还是揭示出与直接融资与间接融资结构不同的重要特征：无论是净额结构指标还是总额结构指标，均显示长期直接融资已稳定地超越了长期间接融资一段时间，而就直接融资与间接融资结构而言，只有净额结构指标值显示直接融资超越过间接融资，且尚未形成稳定的格局，至于总额结构指标值，则从未显示直接融资超越过间接融资。这显示长期直接融资与间接融资结构有着和直接融资与间接融资结构不同的格局。在中长期融资上，直接融资已稳定地超越了间接融资。

2. 长期债务融资与权益融资结构

该指标由中长期贷款和中长期债券融资之和与股票融资的比值来表示。基于前述一致的口径，我们分别在净额和总额层次上计算了1992—2015年我国企业部门长期债务融资与权益融资净额结构和总额结构指标值（见表2-21）。结果显示：

（1）长期债务融资同样处于主导地位，但程度较债务融资与权益融资结构指标所显示的要轻一些。在所有年份里，长期债务融资与权益融资结构指标值均大于1，最低的两个值出现在1997年和2000年，长期债务融资与权益融资净额结构指标值分别为1.45、1.50。也就是说，在这两个年份里，权益融资净额达到了债务融资净额的2/3。由于长期债务融资额通常小于债务融资额，而权益融资的总额和净额是相同的，因此，长期债务融资与权益融资结构指标值通常会低于债务融资与权益融资结构指标值，即在中长期融资上，权益融资的重要性会相对提高。

（2）长期债务融资与权益融资总额结构指标值除早期较短的时间外，波动中上升特征很明显。具体地讲，也可以分为三个阶段：①1992—1996年为第一个阶段。在这个阶段，长期债务融资与权益融资总额结构指标平均值为39.48，处于非常高的水平，权益融资规模很小，其原因是股票市场发展还处于起步阶段。②1997—2011年为第二个阶段。在这个阶段，长期债务融资与权益融资总额结构指标值先从上一个阶段异常高的位置，回落到很低的位置，然后开始在波动中逐步上升（见图2-39），平均值为6。1997年，股市处于牛市，权益融资达到了一个峰值，长期债务融资与权益融资总额结构指标值则创下了历史最低值，为2.11。到2011年，长期债务融资与权益融资总额结构指标值也处于相对低点，但仍达到了6.08，为历史最低值近3倍。整体上，波动中上升特征很明显。③2012—2015年为第三个阶段。在这个阶段，长期债务融资与权益融资总额结构指标值进一步地跃升，并在高位延续波动上升的特征，平均值达到了15.28。如前所述，债券市场、股票市场和银行部门在这个阶段同时处于较快发展状态。在此情况下，在中长期融资总额上，债务融资同样占据绝对的主导地位。

表 2－21　我国长期债务融资与权益融资结构变化（1992—2015 年）

| 年份 | 中长期债务总融资/中长期权益总融资 | 中长期债务净融资/中长期权益净融资 | 年份 | 中长期债务总融资/中长期权益总融资 | 中长期债务净融资/中长期权益净融资 |
|---|---|---|---|---|---|
| 1992 | 12.61 | 11.2 | 2004 | 5.65 | 3.53 |
| 1993 | 7.84 | 8.50 | 2005 | 9.55 | 4.47 |
| 1994 | 50.86 | 40.28 | 2006 | 5.57 | 4.09 |
| 1995 | 114.65 | 63.61 | 2007 | 3.30 | 2.12 |
| 1996 | 11.44 | 6.34 | 2008 | 7.92 | 2.87 |
| 1997 | 2.11 | 1.45 | 2009 | 11.56 | 6.16 |
| 1998 | 6.72 | 4.60 | 2010 | 6.84 | 3.56 |
| 1999 | 5.57 | 4.21 | 2011 | 6.08 | 2.22 |
| 2000 | 2.23 | 1.50 | 2012 | 16.87 | 5.25 |
| 2001 | 3.77 | 3.06 | 2013 | 13.61 | 2.29 |
| 2002 | 5.60 | 3.09 | 2014 | 12.49 | 7.45 |
| 2003 | 7.49 | 5.32 | 2015 | 18.16 | 8.05 |

资料来源：根据国家统计局、中国证监会、Wind 相关数据计算。

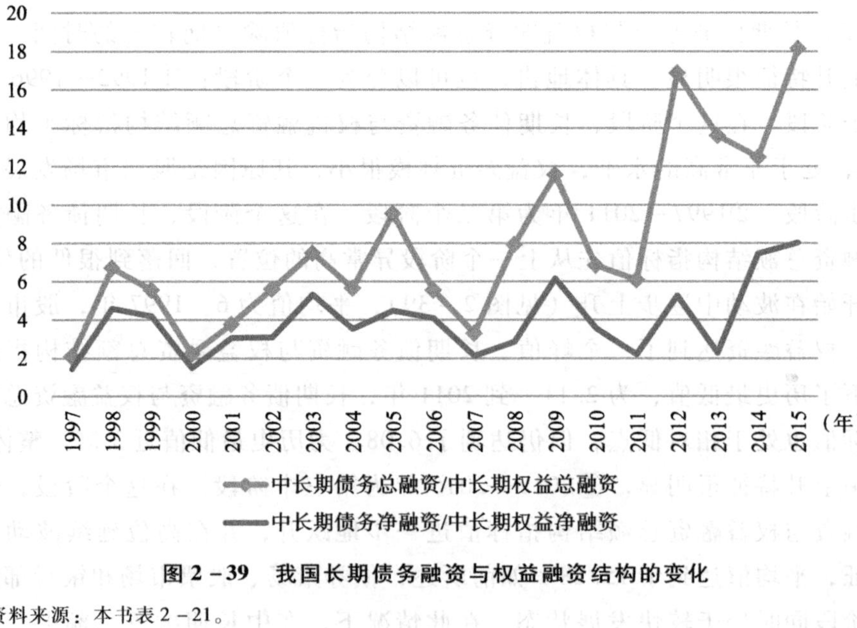


图 2－39　我国长期债务融资与权益融资结构的变化

资料来源：本书表 2－21。

（3）长期债务融资与权益融资净额结构指标值的波动性也很明显，但上升特征不明显。与总额结构指标类似，净额结构指标值的变化也可以分为三个阶段，只是期限有所不同：①1992—1996 年为第一个阶段。在这个阶段，长期债务融资与权益融资净额结构指标平均值为 25.99，也处于相当高的水平。②1997— 2013 年为第二个阶段。在这个阶段，长期债务融资与权益融资净额结构指标值总体上处于波动中，并没有显著的上升趋势（见图 2 -39）。除了前述 1997 年、2000 年外，在 2007 年、2011 年和 2013 年，长期债务融资与权益融资净额结构指标值也处于相对低位，分别为 2.11、2.22、2.29。可以看出，这几个低值都很接近，没有明显的上升。另外，在 1998 年、2003 年、2009 年和 2012 年，长期债务融资与权益融资净额结构指标值则处于相对高位，分别为 4.60、5.32、6.16、5.25，同样没有明显的上升特征。长期债务融资与权益融资净额结构指标在此期间的平均值为 3.53。这显示权益净融资处于比权益总融资高得多的相对水平上，大体上在债务净融资规模的 1/5 至 1/2 之间波动，平均接近 1/3。③2014— 2015 年为第三个阶段。在这个阶段，长期债务融资与权益融资净额结构指标值也出现了上升。2014 年和 2015 年，长期债务融资与权益融资净额结构指标分别为 7.45、8.05，明显高于上一个阶段指标值。只是这个阶段太短，这种上升是否有持续性还有待观察。

综合来看，在中长期融资上，债务融资依然处于主导地位。所不同的是，中长期总融资对债务融资有越来越偏重的趋势，这一点在中长期净融资中并不很明显。无论是在企业部门总融资还是净融资中，债务融资在近年已重归绝对主导地位。在中长期总融资中，情况也是如此。但在中长期净融资中，这一点还有待观察。在相当长的一段时间里，权益融资无论是在净融资还是中长期净融资中，均发挥了相当重要的作用。

3. 中长期贷款占比

该指标由中长期贷款/固定资本形成总额来表示，揭示的是中长期贷款对实体投资的贡献，可在净额和总额两个层面上考察。基于与前述讨论一致的口径，我们计算了 1992—2015 年该指标值（见表 2 -22）。

**表 2-22　我国中长期贷款在实体投资中占比变化（1992—2015 年）**　（单位：%）

| 年份 | 中长期银行净融资/固定资本形成总额 | 中长期银行总融资/固定资本形成总额 | 年份 | 中长期银行净融资/固定资本形成总额 | 中长期银行总融资/固定资本形成总额 |
|---|---|---|---|---|---|
| 1992 | 24.02 | 27.02 | 2004 | 13.91 | 22.30 |
| 1993 | 15.64 | 14.63 | 2005 | 9.45 | 21.59 |
| 1994 | 14.08 | 18.55 | 2006 | 18.14 | 25.48 |
| 1995 | 9.17 | 15.47 | 2007 | 14.69 | 23.64 |
| 1996 | 10.18 | 18.55 | 2008 | 6.21 | 24.88 |
| 1997 | 10.54 | 15.24 | 2009 | 20.46 | 47.46 |
| 1998 | 17.78 | 26.04 | 2010 | 14.58 | 34.39 |
| 1999 | 17.01 | 22.31 | 2011 | 0.57 | 15.22 |
| 2000 | 13.08 | 19.48 | 2012 | -3.89 | 9.89 |
| 2001 | 14.64 | 18.14 | 2013 | -2.87 | 14.20 |
| 2002 | 9.07 | 17.16 | 2014 | 10.02 | 20.96 |
| 2003 | 21.47 | 30.21 | 2015 | 7.17 | 18.39 |

资料来源：根据国家统计局相关数据计算。

结果显示：

第一，我国中长期贷款净额占比在相当长的时间里处于稳定的波动状态，只是在早期和近期出现下跌（见图 2-40），这与银行净融资占比的变化特征很不相同。如前所述，我国银行净融资占比在 20 世纪 90 年代前期总体上在向上爬升，从 1992 年的 27.76% 提高 1996 年 45.36%；而中长期银行贷款净额占比则正好相反，在早期阶段总体上向下，从 1992 年的 24.02% 一直下降到 1995 年的 9.17%。1997 年后，我国银行净融资占比开始快速下滑，这种趋势一直持续到 2010 年。2011— 2014 年，银行净融资占比出现回升，2015 年则再次下滑到较低水平。然而，中长期银行贷款净额占比则与此不同，1996—2010 年基本上在 10%~20% 区间波动，2011—2013 年则快速下跌到非常低的水平，分别为 0.57%、-3.86%、-2.87%，2014—2015 年则出现回升，但处于前期波动区间下限及以下水平。分期间来看，1992—1995 年，中长期贷款净额占比平均为 15.73%；1996—2000 年，则下降到 13.72%；2001—2005 年，这一占比平均为 13.71%，与上一个期间基本持平；2006—2010 年，这一占比平均为 14.82%，较上一期间略有上升；2011—2015 年，则急剧下降到只有2.20%。中长期银行贷款净额占比分期变化情况基本上印证了前述特征。总体上看，中长期银行贷款净额占比要比银行净融资占比稳定，在有些阶段甚至出现反向波动特征，即当银行净融资占比上升时，中长期贷款净额占比则下降，反之亦然。

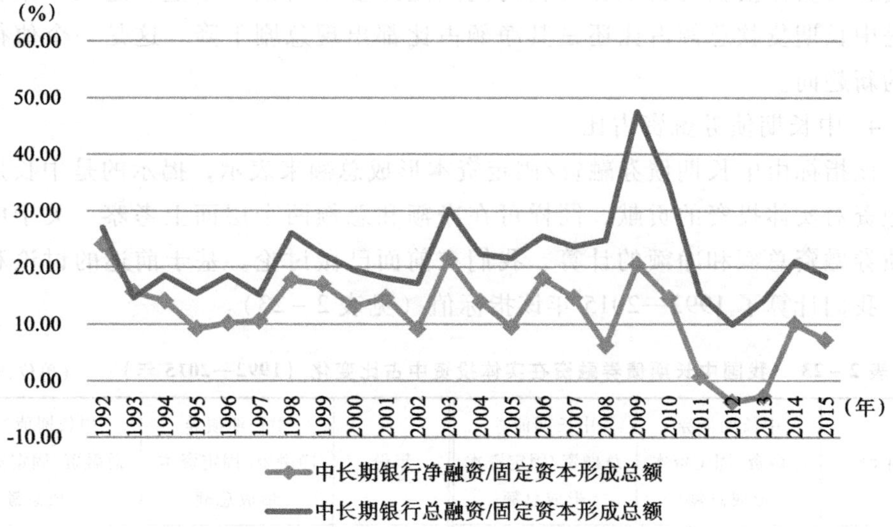


**图2-40　我国中长期银行融资在企业部门融资净额中占比变化**

资料来源：本书表2-22。

第二，我国中长期贷款总额占比在较长时间里处于缓慢上升状态，但在近年出现了快速下跌，这与银行融资在总融资结构中占比的变化特征也很不相同。如前所述，我国银行融资在企业部门总融资结构中占比总体上是逐步下降的，其特征比净融资中的情形更加显著。不过，我国中长期贷款总额占比的变化却不是这样的。1992—2010年，除在最初的两个年份呈显著下降外，在其他年份则是逐步上升的。其中，1998年、2003年和2009年是相对高点，分别为26.04%、30.21%、47.46%；1997年、2002年和2008年是相对低点，分别为15.24%、17.16%、24.88%。可见，无论是相对高点还是相对低点，指标值都是逐步提高的。2011—2015年，我国中长期贷款总额占比同样出现了快速下跌，整体上处于历史最低水平区间。分期间来看，1992—1995年，中长期贷款总额占比平均为18.92%，1996—2000年则上升到20.32%，2001—2005年继续上升到21.88%，2006—2010年进一步地上升到31.17%，然而，2011—2015年则大幅下滑到15.73%，已低于早期的平均水平。总体上看，中长期贷款总额占比在长时期里与银行融资在总融资中占比的变动趋势是相反的，但是近年来则较一致地趋向下跌。

综合而言，中长期贷款占比要比银行净融资占比和银行总融资占比稳定得多，中长期贷款总额占比又比其净额占比出色得多。在总额层次上，中长期贷款对实体投资的贡献在较长时间里是逐步上升的。不过，近几年来，无论是中长期贷款总额占比还是其净额占比都出现急剧下降。这是一个值得关注的新趋向。

4. 中长期债券融资占比

该指标由中长期债券融资/固定资本形成总额来表示，揭示的是中长期债券融资对实体投资的贡献，同样可在净额和总额两个层面上考察。关于中长期债券融资总额和净额的计算，我们在前面已做讨论。基于前述的讨论和口径，我们计算了 1992—2015 年该指标值（见表 2 - 23）。

**表 2 - 23　我国中长期债券融资在实体投资中占比变化（1992—2015 年）**　（单位:%）

| 年份 | 中长期债券净融资/固定资本形成总额 | 中长期债券总融资/固定资本形成总额 | 年份 | 中长期债券净融资/固定资本形成总额 | 中长期债券总融资/固定资本形成总额 |
|---|---|---|---|---|---|
| 1992 | 6.31 | 7.13 | 2004 | 0.81 | 1.26 |
| 1993 | 0.43 | 0.19 | 2005 | 1.42 | 1.61 |
| 1994 | 0.84 | 0.29 | 2006 | 1.86 | 1.75 |
| 1995 | -0.13 | 0.81 | 2007 | 2.22 | 2.71 |
| 1996 | 0.55 | 0.82 | 2008 | 4.82 | 5.55 |
| 1997 | 0.58 | 0.97 | 2009 | 10.8 | 11.2 |
| 1998 | 0.53 | 0.71 | 2010 | 7.12 | 7.29 |
| 1999 | 0.46 | 0.81 | 2011 | 8.77 | 10.4 |
| 2000 | 0.43 | 0.64 | 2012 | 11.52 | 14.6 |
| 2001 | 0.58 | 0.59 | 2013 | 7.43 | 12.91 |
| 2002 | 1.11 | 1.31 | 2014 | 12.54 | 16.85 |
| 2003 | 1.05 | 1.51 | 2015 | 9.94 | 20.23 |

资料来源：根据国家统计局、中国证监会、Wind 相关数据计算。

结果显示：

第一，2005 年前，无论是中长期债券融资总额占比还是净额占比，依然都很小，多数年份都在 1% 以下，无须做过多的讨论。

第二，2005 年以后，债券市场的发展开始加速，中长期债券融资占比的变化明显地可分成两个阶段：2005—2009 年为第一个阶段，2010—2015 年为第二个阶段。在第一个阶段，无论是中长期债券融资总额占比还是净额占比，都呈稳步加速上升之势（见图 2－41）。这个特征与债券总融资占比同期的变化情况比较接近，但与债券净融资占比变化情况明显不同，后者在此期间呈台阶式跳跃。2005 年，中长期债券融资总额占比和净额占比分别为 1.42%、1.61%，2009 年则大幅提高到 10.8%、11.2%。在第二阶段，中长期债券融资总额占比和净额占比的变动出现了分化，前者在波动中继续上升，平均值为 13.71%，显著高于 2009 年值，后者则处于高位波动状态，平均值为 9.55%，甚至低于 2009 年值，没有明显的上升特征。

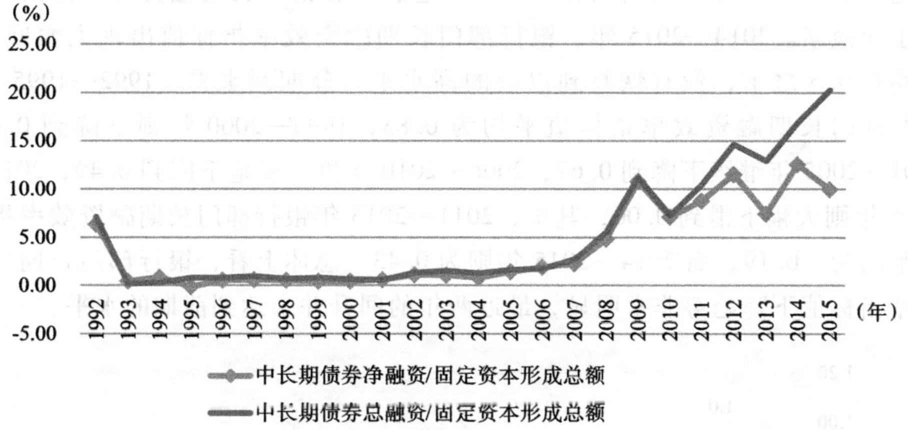


**图 2－41 我国中长期债券融资在企业部门融资净额中占比变化**

资料来源：本书表 2－23。

综合来看，中长期债券融资净额占比上升的势头没有中长期债券融资总额占比以及债券净融资占比、债券总融资占比那样强劲，似乎表明，中长期债券净融资已达到了一个阶段性瓶颈水平。

5. 银行部门长期融资效率指标

银行部门长期融资效率指标的表达式如下：

$$\text{银行部门长期融资效率} = \frac{\text{企业部门的中长期贷款额} - \text{企业部门的定期存款}}{\text{企业部门的中长期贷款额}}$$

该指标实质上是银行长期融资净额与总额的比值。其值越大，表明在同样的中长期贷款活动水平上，银行部门对实体投资的净贡献越大；反之，则银行部门越有陷入中长期资金空转的嫌疑。计算结果显示：

第一，1992—2015 年，我国银行部门长期融资效率相对较高，指标值在多数年份都在 0.5 以上，总平均值为 0.52，显著高于银行部门融资效率指标同期平均值。

第二，从演化上看，银行部门长期融资效率指标值呈现明显的逐步下降趋势（见图 2－42），这一点也与银行部门融资效率指标值变化很不相同。具体地来说，银行部门长期融资效率指标值在 2007 年之前总体上处于较高水平。1993 年，指标值甚至超过了 1，即中长期融资的净额甚至超过了总额。1992—2007 年，指标值平均为 0.69，相当于每 1 元中长期融资，有近 0.7 元净投入实体投资，处于很高水平。2007 年后，银行部门长期融资效率指标值加速下滑，2012 年，跌到只有－0.39，这意味着银行长期融资对实体投资形成了净拖累。2014—2015 年，银行部门长期融资效率指标值出现大幅回升，但均在 0.5 之下，没有恢复到以前的高水平。分期间来看，1992—1995 年，银行部门长期融资效率指标值平均为 0.83，1996—2000 年则下降到 0.67，2001—2005 年继续下降到 0.62，2006—2010 年进一步地下降到 0.49，2011—2015 年则大幅下滑到 0.06，其中，2011—2013 年银行部门长期融资效率指标值平均为－0.19，而 2014—2015 年则为 0.43。总体上看，银行部门长期融资效率指标值下降趋势非常明显，最近两年的回升并未达到前期的水平。

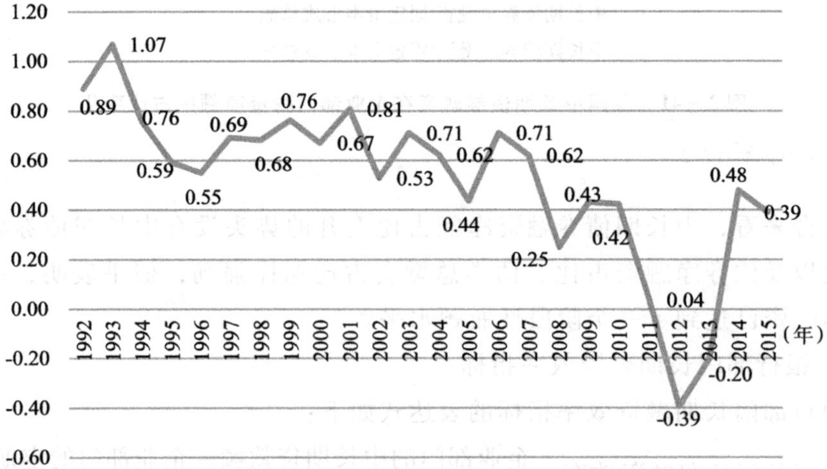


**图 2－42　我国银行部门长期融资效率变化**

资料来源：根据历年我国资金流量表计算。

对比银行长期融资在企业部门净融资中占比的波动特性，可以看出，银行部门长期融资效率指标值与银行长期融资水平关联性不强，总体上处于逐步下降状态，并在2007年后下降到了很低的水平。近年来情况有所变化，银行部门长期融资效率指标值与银行长期融资水平的变动趋势变得一致起来。不过，这种趋势的持续性还有待观察。

# 第三章 我国融资结构的国际比较研究

如 Mayer（1988）所指出的那样，对于金融体系为实体投资提供融资的绩效，只有通过一系列的国际比较，才能加以评判。对单个国家融资结构的孤立分析，很难推断出什么。换句话说，在国家层次研究融资结构，只有通过国际比较，才可能洞察其形成与演化的机理。然而，国际比较需要可靠的基础。在净融资法解决了方法论上的障碍后，最大的问题就在于数据的可获得性。尽管早在20世纪50年代，SNA统计体系就已形成，但实践中只有少数发达国家较早地就开始全面实施。从认识我国融资结构的特征和机理的角度来说，国际比较研究可以在两个层面上展开：一个是与主要发达国家的比较，另一个是发展中大国的比较。在主要发达国家中，美国和英国通常被认为是市场主导型金融体系的代表，而日本和德国则是银行主导型金融体系的代表。通过长时间的搜集和甄别，我们最终获得了这几个国家较完整的企业部门资金流量表数据。因此，确定将这四个国家作为国际比较对象。在发展中大国中，印度是一个较好的比较对象。不过，尽管印度自称很早就实施SNA体系，但我们通过长时间的追踪研究，发现印度只是在近年才将企业部门单独区分出来，构建了较完整的资金流量表，之前的统计与SNA还是有一定的差异。好在通过甄别和校正，相关数据还是有一定的参考价值，因此，我们将印度确定为比较对象。

## 一、研究回顾

自 Mayer（1988，1990）发出倡导以来，已有一系列研究围绕着融资结构的国际比较展开。与我们确定的比较对象相关的代表性研究有：Mayer（1988）对英国、美国、德国、日本、法国等5国1970—1985年融资结构进行了比较研究；Mayer（1990）则分析了英国、美国、德国、日本、法国以及加拿大、意大利、芬兰等8国1970—1985年的融资结构；Corbett 和 Jenkinson

（1996）比较了英国、美国、德国、日本等4国1970—1989年的融资结构；Corbett和Jenkinson（1997）则将这种研究延伸到了1994年；Suzuki和Cobham（2005）对日本1990—2001年的融资结构做了拓展研究；Green et al.（2002）则研究了印度793家上市公司1990—1999年净融资结构。

Mayer（1988）对融资方式的分类相对粗略一些，主要区分了内源融资、贷款与短期债券、商业信用、债券、股票等5种类型。通过创立净融资法来测度融资结构，他发现：（1）内源融资是英国、美国、德国、日本、法国5国最主要的融资方式，其中，英国、美国两国的内源融资占比最高①；（2）银行贷款在日本、法国和美国所起的作用较大；（3）债券市场只在美国有显著的作用；（4）股权融资在英国、美国的贡献为负，在德国、法国以及日本反而起一定的作用，这是由于德国、法国企业的并购支出微乎其微，净回购相对较小。

Mayer（1990）将比较对象由英国、美国、德国、日本、法国5国扩大到包括加拿大、意大利、芬兰等8国。其中，除了芬兰外，其他7国构成了七国集团。对于融资方式，他也做了进一步细化。首先是将短期债券与贷款区分开来，分别单独列示；其次是增加了资本转移项。通过更细致的分析，他发现：（1）留存收益依然是所有国家主导的融资方式，但主导程度在各国之间是有差异的，英国、美国等国家主导程度高，德国、法国、日本等国主导程度则低；（2）没有国家从证券市场获得较多的融资，英国的证券市场融资对实体投资的贡献度在不断下降，金融创新和管制放松也没有改变这种状况；（3）银行贷款是所有国家最主要的外部融资方式，不过，德国的银行融资水平出人意料地较低，更接近于英国，而不是日本和法国；（4）留存收益与银行贷款都有较强的反向关系，与商业信用的关系也是如此，这说明当有短期融资需求时，企业既可能利用银行贷款，也可能减少自己的现金存量。

从总融资结构来看，情况有所不同，各国的情况分化开始加大。大体上讲，美国、英国两国比较接近，构成一种类型，主要特征是：内源融资仍然构成两国最主要的融资方式，银行融资居第二位。但这两国也有不同：英国的债券融资比重较低，股票融资的比重则相对较高；而美国的股票融资比重较低，债券融资的比重则相对较高。

日本和意大利比较接近，构成另外一种类型，主要特征是：银行融资构

---

① 英国甚至被称为自我融资型（self-financed）。

成两国最主要的融资方式，内源融资在融资总额所占比重相对其他国家而言比较低。这两国的不同之处在于，意大利的股票融资比重较高，而日本的股票融资比重较低。

法国、德国、加拿大三国大体上居于上述两大类型之间。其中，法国和日本、意大利的情形接近，前者内源融资所占的比重相对而言也较低，而银行贷款所占的比重则超过了后两者，是七国中最高的。德国、加拿大两国的情形稍微偏向美国、英国，它们的不同之处在于：德国的债券融资和股票融资所占的比重都较低；而加拿大的债券融资和股票融资所占的比重都较高。

总体上看，在总融资中，内源融资的重要性下降，不再是各国一致的主导融资方式；银行融资在日本和法国作用依然很大，但在美国的重要性下降，德国的银行融资水平还是接近英国、美国，而不是日本、法国；除德国外，其他国家都从证券市场获得了一定规模的融资。其中，加拿大、法国和意大利得益于股票融资水平高，市场融资的水平甚至高于美国，而美国的债券融资水平则最高。

Corbett 和 Jenkinson（1996）对净融资法进行了完善，并在此基础上对英国、美国、德国、日本 4 国的融资结构演化进行了分别探讨。结果发现：（1）英国、美国、德国皆为内源融资主导型；（2）日本为平衡型；（3）实物投资的变动与外部融资的关系难以判定；（4）从融资角度看，盎格鲁模式即市场主导型模式似乎不明显，因为股票净融资在英国、美国两国都很小，甚至是负值，但如从控制权理论角度看，可以说这一体系是存在的，股票融资为负值显示了高度发达的股票市场正演化成并购为主的场所，融资似乎已成为副产品。

分国家来看，英国的融资结构主要特征是：（1）市场融资逐步下降；（2）内源融资具有逆周期特性；（3）银行融资与内源融资具有反向关系；（4）银行融资的波动性较大。

美国的融资结构主要特征有：（1）内源融资逐步增加，到 20 世纪 80 年代后期已超越 100%；（2）内源融资的逆周期特性不明显；（3）银行融资与内源融资有反向关系，但程度较英国轻；（4）债券融资水平较高，尤其是在 20 世纪 80 年代后期；（5）股票融资水平逐步下降。

德国的融资结构主要特征为：（1）内源融资有弱的逆周期特点；（2）银行融资水平并不高，且在下降；（3）证券市场融资作用不大；（4）整体上也是内源融资为主，银行融资水平甚至不如英国和美国。

日本融资结构的主要特征是：（1）银行融资占比较突出，但波动较大；（2）银行融资和内源融资有反向关系，但后期程度轻；（3）日本的商业信用融资负值较大；（4）和德国类似，实体投资一直在增长，不像英国、美国两国波动那样明显；（5）内源融资同样是主导的融资方式；（6）与英国、美国、德国不同，市场融资发挥了一定作用。

就盎格鲁模式而言，主要特征有：（1）内源融资逐步提高；（2）市场融资逐步下降；（3）银行融资共同性不高，英国与景气波动关系大，美国则不太受影响。

可以看出，Corbett 和 Jenkinson（1996）的研究印证并细化了 Mayer（1988，1990）的相关发现。

Corbett 和 Jenkinson（1997）对 Corbett 和 Jenkinson（1996）的样本期间进行了拓展，并进一步强化了他们前期研究的相关发现。Corbett 和 Jenkinson 认为，美英两国的金融体系是不折不扣的“内源融资主导型”，而不是“市场主导型”，德国的金融体系也不是“银行主导型”，而是和美英两国属于同类，也是“内源融资主导型”。只有日本，银行融资所占的比重还保持较高的水平。

Suzuki and Cobham（2005）拓展了对日本融资结构的研究，发现日本的融资结构在 20 世纪 90 年代后发生显著变化，其中最引人注目的一点是，内源融资占净融资额的比重在 90 年代中期后急升到几乎与美国相同的水平。与此同时，银行融资、债券融资和股票融资的水平都呈下降趋势。从表面看，日本非金融企业的融资结构与美国、英国两国的殊途同归了，变成高度内源融资依赖型。但 Suzuki 和 Cobham（2005）的研究却指出，两者之间其实有很大不同：一是在总融资中，日本的内源融资比例过高，在 1990—2001 年有 5 年超过了 100%；而美国、英国在 1970—1985 年，内源总融资占比则为 60%~70%。二是在总融资中，商业信用、银行和债券融资常为负值，尤其是银行融资所占的比重显著低于美英。他们认为，日本 20 世纪 90 年代内源融资上升和银行融资下降是以下因素共同作用的结果：（1）与 90 年代资产价格泡沫破灭和 1997—1998 年银行危机相关的银行贷款意愿的波动；（2）为应对泡沫期资本过度积累以及此后持续的萧条和银行还款压力，企业投资计划的削减；（3）在外部融资困难的情况下企业内源融资的提升。换句话讲，日本非金融企业融资结构在 20 世纪 90 年代后的这种变化只是反映了日本经历的经济状况的特殊性，即资本市场在泡沫过后陷入萧条和不景气，银行不良贷款大幅上升，并不表明金融体系发生了根本性和不可逆转的变化。美英内源融资高被认为是企业对市场控制力的一种反应。与美英相比，日本的市场控制力还很弱。

Green et al.（2002）基于793家上市公司研究了印度1990—1999年的融资结构。他们发现，印度内源融资水平较低，显著低于发达国家，在1992—1993年曾出现显著下降，但总体上讲，在20世纪90年代呈逐步上升的趋势。股票融资在20世纪90年代初期印度资本市场管制放开后出现了急升，并形成了一个高峰期。银行融资的水平较低，且和内源融资呈负相关波动。

应当说，基于公司报表和基于国民账户所计算出的结果是有差异的，而且仅包含上市公司的样本与企业部门整体的情况也会有一定的差异，后者由于部分公司没有股票融资，因而其外部融资的水平会比前者低，相应地，内源融资水平则会比前者高。因此，Green et al.（2002）的研究仅有一定的参照价值。

综上所述，对于我们确定的国际比较对象——美国、英国、德国、日本和印度，以上研究对其融资结构的某些阶段历史演化进行了分析，并得出了不少有价值的结论，可以为我们的分析提供借鉴。不过，这些分析所针对的年份都较早，与我们对我国融资结构的分析期间（1992—2015年）的对应性很小。因此，需要对所有的比较对象进行扩展研究，将研究期间向后至少延伸至2015年。为了更全面地考察这些国家融资结构的面貌及其演化，我们还基于资料的可获得性，尽可能地向前对其历史情况进行追溯。在分析层次上，我们将先对比较对象进行国别分析，然后将它们综合在一起，与我国进行比较分析。

对于比较对象融资结构的测度和分析，我们将基于数据的可获得性，最大化采用与上一章对我国融资结构测度与分析相同的指标和口径，以保证国际比较的一致性基础。此外，这种分析也将在净融资和总融资两个层面加以探讨。在统计数据许可的情况下，如果融资方式可以细分，那么，我们还将在保证可比的前提下，尽可能地进行细分。

## 二、美国融资结构及演化

美国对国民账户有完整的统计，美联储每年都会发布资金流量表，其中包含对往年数据的更新。遵从上一章的原则，对于出现数据更新的情况，我们原则上采用更新后的数据。美国资金流量表将非金融的公司部门（Nonfinancial Corporate Business）和非公司部门（Nonfinancial Noncorporate Business）区分开来，我们采用前一个口径，即分析非金融公司部门的融资结构。① 这个部门的资金流量表数据可以追溯到1952年，是我们在国际比较对象中可获得的最长的时间序列数据。

在具体的统计项目上，美国的资金流量表不仅可以区分出内源融资、资本转移、银行融资、债券融资、股票融资和外商直接投资，而且还可以区分出商业信用融资和商业票据融资。后两种融资在我国的资金流量表中无法区分出，因此，在上一章的指标设计中，我们并没有提出相关指标，这里需要对此加以说明。按照净融资法，针对这两种融资方式，可以将相关指标设计如下：

（1）商业信用净融资占比，由“（企业部门应付账款额－企业部门应收账款额－企业部门消费贷款额）/固定资本形成总额”来表示；

（2）商业票据净融资占比，由“（企业部门商业票据融资额－企业部门商业票据投资额）/固定资本形成总额”来表示；

（3）商业信用总融资占比，由“企业部门应付账款额/总融资额”来表示；

（4）商业票据总融资占比，由“企业部门商业票据融资额/总融资额”来表示。

### （一）内源净融资占比②

美联储的资金流量表中企业部门的内源融资统计除包括留存收益和折旧外，还包含资本净转移和存货价值调整，Corbett 和 Jenkinson（1996，1997）即采用此种口径。不过，这个口径较粗略，并不能真正反映内源融资，与我们讨论的指标设计也不符，因此，需要对此作出调整。我们将把资本转移单列出来，另外将存货变动以及存货价值调整从内源融资中剔除出去。此外，企业部门一般难以使用外源融资对非生产性的非金融资产进行投资，这种投资应该消耗企业的内源融资，所以也将其从内源融资中剔除。

按照调整后的口径，我们运用净融资法对1952—2016年美国内源融资在

---

① 即使用 F.103 表。

② 与上一章相同，内源净融资只是为了表述方便，它和内源总融资或者内源融资在统计口径上并没有差异，因为按照净融资法，内源融资没有扣减项。

实体投资①中所占的比重进行了测度（见表3-1）。

**表3-1　　美国净融资结构变化（1952—2016年）**　　（单位：%）

| 年份 | 内源融资 | 资本转移 | 银行融资 | 债券融资 | 股票融资 | 商业信用 | 商业票据 | 外商直接投资 | 其他融资 | 统计误差 |
|---|---|---|---|---|---|---|---|---|---|---|
| 1952 | 96.36 | 0.00 | 2.84 | 19.32 | 9.53 | -12.21 | -0.18 | -2.92 | -9.46 | -3.28 |
| 1953 | 92.45 | 0.00 | 1.18 | 13.08 | 6.57 | 1.13 | 0.23 | -2.13 | -7.79 | -4.73 |
| 1954 | 114.35 | 0.00 | -7.89 | 13.28 | 5.95 | -6.36 | 0.16 | -1.98 | -5.92 | -11.58 |
| 1955 | 99.63 | 0.03 | 16.35 | 10.28 | 5.86 | -4.21 | -0.32 | -2.07 | -3.86 | -21.69 |
| 1956 | 86.71 | 0.05 | 18.33 | 9.76 | 6.32 | -5.58 | -0.20 | -4.71 | 2.88 | -13.57 |
| 1957 | 96.36 | 0.06 | 9.24 | 15.66 | 6.34 | -0.13 | -0.22 | -5.72 | -5.69 | -15.89 |
| 1958 | 116.53 | 0.09 | -1.61 | 16.76 | 5.84 | -6.84 | 1.37 | -2.97 | -12.03 | -17.15 |
| 1959 | 103.39 | 0.13 | 19.24 | 8.28 | 5.59 | -4.11 | -2.35 | -2.86 | -14.43 | -12.88 |
| 1960 | 101.46 | 0.23 | 11.14 | 8.46 | 3.37 | -3.91 | 1.01 | -6.38 | 8.64 | -24.03 |
| 1961 | 106.32 | 0.30 | -3.98 | 10.86 | 5.24 | -6.51 | 0.06 | -5.58 | 6.80 | -13.52 |
| 1962 | 107.86 | 0.29 | 4.55 | 9.24 | 0.85 | -5.34 | -0.25 | -5.49 | 5.19 | -16.89 |
| 1963 | 113.11 | 0.19 | 16.59 | 8.12 | -0.73 | 0.28 | 0.23 | -6.64 | -7.12 | -24.02 |
| 1964 | 110.64 | 0.16 | 17.51 | 7.70 | 2.21 | -4.82 | -1.10 | -6.31 | 2.38 | -28.36 |
| 1965 | 102.59 | 0.13 | 21.65 | 7.86 | -0.05 | -3.99 | -0.01 | -7.02 | -5.49 | -15.68 |
| 1966 | 90.06 | 0.12 | 20.47 | 14.19 | 1.75 | -4.73 | -0.91 | -6.68 | 5.19 | -19.46 |
| 1967 | 95.15 | 0.12 | 3.42 | 19.85 | 3.25 | -3.64 | 0.42 | -5.24 | -1.00 | -12.32 |
| 1968 | 91.90 | 0.14 | 18.51 | 16.06 | -0.20 | -2.73 | 0.08 | -5.26 | -5.80 | -12.70 |
| 1969 | 83.41 | 0.09 | 22.52 | 13.42 | 3.82 | -3.98 | -1.59 | -4.92 | -2.54 | -10.22 |
| 1970 | 84.65 | 0.14 | 18.81 | 21.40 | 6.17 | -1.31 | 0.02 | -6.21 | -11.20 | -12.46 |
| 1971 | 93.25 | 0.15 | 8.58 | 19.72 | 11.99 | -1.47 | -2.91 | -7.09 | -12.17 | -10.05 |
| 1972 | 94.01 | 0.18 | 18.60 | 11.28 | 10.11 | -3.62 | -2.07 | -5.70 | -21.74 | -1.05 |
| 1973 | 84.70 | 0.12 | 44.57 | 7.27 | 6.26 | -1.72 | 0.61 | -6.27 | -11.73 | -23.83 |
| 1974 | 71.88 | 0.16 | 18.23 | 13.89 | 2.89 | -4.53 | 0.00 | -2.37 | 7.45 | -7.60 |
| 1975 | 111.89 | 0.17 | -15.71 | 18.85 | 6.87 | -5.87 | -4.63 | -7.36 | 31.70 | -35.90 |
| 1976 | 98.27 | 0.12 | 4.78 | 14.09 | 6.49 | -8.87 | -0.44 | -4.06 | 10.35 | -20.73 |
| 1977 | 96.32 | 0.08 | 15.63 | 11.81 | 1.41 | -6.60 | 1.43 | -3.34 | -3.38 | -13.37 |
| 1978 | 90.30 | 0.07 | 15.66 | 9.02 | -0.04 | -9.43 | 1.10 | -2.84 | 15.35 | -19.19 |

① 即固定资本形成总额。

续表 1

| 年份 | 内源融资 | 资本转移 | 银行融资 | 债券融资 | 股票融资 | 商业信用 | 商业票据 | 外商直接投资 | 其他融资 | 统计误差 |
|---|---|---|---|---|---|---|---|---|---|---|
| 1979 | 87.20 | 0.09 | 14.53 | 6.28 | -2.85 | -6.69 | 3.25 | -5.53 | 27.19 | -23.47 |
| 1980 | 85.24 | 0.09 | 8.55 | 9.19 | 3.45 | -7.17 | 1.47 | -2.34 | 18.75 | -17.24 |
| 1981 | 84.00 | 0.06 | 23.38 | 7.20 | -3.91 | -5.43 | 4.54 | 2.53 | -7.09 | -5.28 |
| 1982 | 101.22 | 0.06 | 14.50 | 8.73 | 0.54 | 4.37 | -1.67 | -2.23 | -3.50 | -22.02 |
| 1983 | 102.69 | 0.01 | 7.90 | 7.44 | 5.72 | -15.51 | -1.45 | -2.08 | 2.08 | -6.80 |
| 1984 | 89.99 | 0.00 | 25.95 | 11.81 | -19.41 | -8.85 | 5.94 | 0.19 | -5.50 | -0.14 |
| 1985 | 100.49 | 0.00 | 8.74 | 19.23 | -19.53 | -1.59 | 3.20 | 0.74 | 27.21 | -38.49 |
| 1986 | 95.58 | 0.00 | 23.12 | 29.71 | -19.86 | -2.02 | -2.11 | 2.99 | -18.47 | -8.94 |
| 1987 | 99.49 | 0.00 | 18.31 | 18.60 | -17.83 | -6.26 | -0.75 | 5.40 | -7.00 | -9.96 |
| 1988 | 101.91 | 0.00 | 20.80 | 22.77 | -28.60 | -9.53 | 2.92 | 12.81 | -0.63 | -22.45 |
| 1989 | 92.05 | 0.24 | 14.24 | 15.00 | -25.22 | -4.79 | 4.22 | 7.37 | 22.89 | -26.01 |
| 1990 | 91.26 | 0.00 | 14.24 | 8.91 | -11.93 | -0.79 | 1.93 | 4.44 | -5.57 | -2.49 |
| 1991 | 99.59 | 0.00 | -23.78 | 14.96 | 3.47 | 6.27 | -3.65 | -7.49 | 7.25 | 3.38 |
| 1992 | 96.51 | 1.28 | -10.83 | 12.41 | 4.96 | 0.56 | 1.15 | -6.10 | 0.74 | -0.67 |
| 1993 | 97.05 | 0.10 | -17.52 | 31.53 | 3.66 | -3.62 | 1.31 | -6.46 | -28.54 | 22.48 |
| 1994 | 96.26 | 0.51 | 8.47 | 14.30 | -7.09 | -0.62 | 3.47 | -5.12 | -18.31 | 8.13 |
| 1995 | 95.82 | 0.06 | 13.11 | 9.12 | -8.10 | 0.66 | 2.33 | -4.92 | -16.74 | 8.65 |
| 1996 | 99.73 | 0.00 | 6.29 | 11.33 | -6.07 | -3.99 | -1.58 | -0.68 | -11.67 | 6.64 |
| 1997 | 93.54 | 0.00 | 13.45 | 15.13 | -9.10 | -3.46 | 1.07 | 1.73 | -16.46 | 4.09 |
| 1998 | 86.85 | 0.00 | 13.35 | 22.98 | -23.81 | -2.72 | 2.33 | 1.73 | -8.40 | 7.68 |
| 1999 | 85.39 | 0.09 | 4.85 | 20.91 | -11.14 | -2.76 | 2.95 | -1.78 | -10.66 | 12.15 |
| 2000 | 78.03 | 0.00 | 8.62 | 13.83 | -10.82 | 2.34 | 3.47 | 10.20 | -24.50 | 18.82 |
| 2001 | 90.94 | 1.19 | -0.95 | 27.80 | -4.57 | 2.48 | -8.11 | 1.67 | -25.69 | 15.24 |
| 2002 | 106.51 | 0.00 | -2.01 | 8.81 | -2.57 | 12.39 | -6.66 | -6.04 | -9.29 | -1.16 |
| 2003 | 111.51 | 0.01 | -18.33 | 7.64 | -2.65 | -2.20 | -5.00 | -8.85 | 21.85 | -3.98 |
| 2004 | 109.92 | 0.66 | 8.86 | -1.16 | -9.24 | -3.10 | -0.40 | -17.45 | 6.17 | 5.74 |
| 2005 | 111.26 | 1.36 | 12.73 | -3.62 | -26.38 | -6.94 | -2.08 | 6.50 | 21.62 | -14.46 |
| 2006 | 102.04 | 0.00 | 24.96 | 5.82 | -39.37 | 10.25 | 0.85 | -2.15 | 10.66 | -13.06 |
| 2007 | 96.93 | 0.00 | 37.70 | 8.80 | -51.83 | -5.80 | 4.73 | -6.97 | 28.63 | -12.20 |
| 2008 | 102.15 | 0.27 | 21.04 | 8.44 | -23.00 | -3.97 | 1.45 | -5.32 | 70.43 | -71.48 |
| 2009 | 139.40 | -3.34 | -66.70 | 18.47 | -4.47 | -4.31 | -6.27 | -14.41 | 29.80 | 11.84 |

续表 2

| 年份 | 内源融资 | 资本转移 | 银行融资 | 债券融资 | 股票融资 | 商业信用 | 商业票据 | 外商直接投资 | 其他融资 | 统计误差 |
|---|---|---|---|---|---|---|---|---|---|---|
| 2010 | 139.21 | -1.77 | -36.84 | 15.13 | -21.27 | 5.26 | 1.06 | -12.41 | 36.75 | -25.12 |
| 2011 | 130.08 | 0.50 | 6.36 | 12.51 | -35.04 | -4.67 | 2.58 | -16.28 | 65.16 | -61.21 |
| 2012 | 116.61 | 1.18 | -3.19 | 22.68 | -24.04 | 0.84 | 1.56 | -9.55 | 45.09 | -51.19 |
| 2013 | 120.31 | 0.38 | -2.92 | 18.58 | -23.69 | -10.45 | 1.40 | -8.24 | 21.08 | -16.45 |
| 2014 | 114.57 | 0.41 | 3.65 | 16.85 | -24.39 | 2.78 | 2.09 | -8.71 | 36.06 | -43.32 |
| 2015 | 106.88 | 0.20 | 9.97 | 24.11 | -33.90 | -1.14 | -0.22 | 1.41 | -2.16 | -5.15 |
| 2016 | 110.90 | -0.16 | 1.20 | 16.58 | -34.52 | -1.21 | -0.28 | 4.75 | 5.07 | -2.33 |

资料来源：根据美联储相关数据计算。

结果显示，美国内源净融资占比始终处于很高的水平。分区间统计来看，高于 100% 的年份共有 28 个，占全部年份的 43%；在 90%～100% 的年份共 25 个，占全部年份的 38.5%；在 80%～90% 的年份共 10 个，占全部年份的 15.4%；70%～80% 的年份仅 2 个，占全部年份的 3.1%。可见，在长达 65 年的统计期间内，美国企业部门内源净融资占比从未低于 70%，也很少低于 90%，超四成的年份占比超过 100%，属于 Mayer（1990）所说的自我融资型。

分期间来看，在 Corbett 和 Jenkinson（1996，1997）所分析的期间，美国内源净融资占比确实存在逐步提高的趋势，从 1971—1975 年的平均占比为 91.15% 上升到 1991—1995 年的 97.05%。① 如果往前追溯，则可以发现，这种上升趋势实际上从 1966—1970 年就开始。不过，如果再往前追溯，则情况就发生了变化。在 1952—1955 年、1956—1960 年以及 1961—1965 年三个期间，美国企业部门内源融资平均占比均超过了 100%，处于更高的水平。在 1961—1965 年和 1966—1970 年这两个期间，美国内源净融资平均占比出现了较大幅度的下降，从 108.10% 下降到了 89.03%。这种下降在 1991—1995 年和 1996—2000 年两个期间再次出现。1996—2000 年，美国内源融资平均占比为 88.71%，比上个期间下降了超 8 个百分点。在此后的 2001—2005 年、2006—2010 年以及 2011—2016 年三个期间，美国内源融资平均占比不断创造历史最高水平，分别为 106.03%、115.95%、116.56%（见表 3-2）。

① Corbett 和 Jenkinson（1996，1997）分析的期间是 1970—1994 年，基本上和本书的分期期间 1971—1995 重合。

表 3－2　美国主要融资方式净融资平均占比分期间变化情况　（单位：%）

| 期间 | 内源融资 | 银行融资 | 债券融资 | 股票融资 | 商业票据 | 商业信用 |
|---|---|---|---|---|---|---|
| 1952—1955 年 | 100.70 | 3.12 | 13.99 | 6.98 | -0.03 | -5.41 |
| 1956—1960 年 | 100.89 | 11.27 | 11.78 | 5.49 | -0.08 | -4.11 |
| 1961—1965 年 | 108.10 | 11.26 | 8.76 | 1.50 | -0.21 | -4.08 |
| 1966—1970 年 | 89.03 | 16.75 | 16.98 | 2.96 | -0.40 | -3.28 |
| 1971—1975 年 | 91.15 | 14.85 | 14.20 | 7.62 | -1.80 | -3.44 |
| 1976—1980 年 | 91.47 | 11.83 | 10.08 | 1.69 | 1.36 | -7.75 |
| 1981—1985 年 | 95.68 | 16.09 | 10.88 | -7.32 | 2.11 | -5.40 |
| 1986—1990 年 | 96.06 | 18.14 | 19.00 | -20.69 | 1.24 | -4.68 |
| 1991—1995 年 | 97.05 | -6.11 | 16.46 | -0.62 | 0.92 | 0.65 |
| 1996—2000 年 | 88.71 | 9.31 | 16.84 | -12.19 | 1.65 | -2.12 |
| 2001—2005 年 | 106.03 | 0.06 | 7.89 | -9.08 | -4.45 | 0.53 |
| 2006—2010 年 | 115.95 | -3.97 | 11.33 | -27.99 | 0.36 | 0.29 |
| 2011—2016 年 | 116.56 | 2.51 | 18.55 | -29.26 | 1.19 | -2.31 |

注：本表数值为非加权平均值。

资料来源：根据美联储相关数据计算。

如果做一个更粗略的区分的话，那么，美国内源净融资占比的演化大致可以分成两个阶段。(1) 1952—2008 年为第一个阶段。在这个阶段，美国内源净融资占比处于一个高水平的波动状态，主要区间为 90%～115%。(2) 2009—2016 年则构成第二个阶段。在这个阶段，美国内源融资占比上升到更高的水平，并始终保持在 100% 以上，即 Mayer（1990）所说的自我融资状态，主要区间为 110%～140%（见图 3－1）。

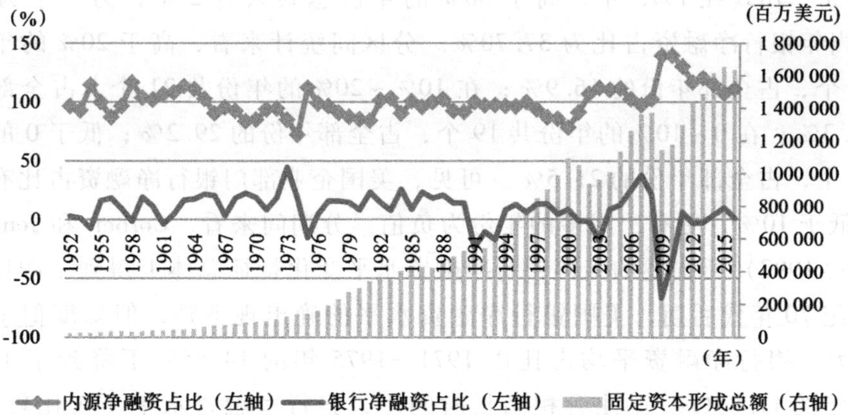


图 3－1　美国内源净融资和银行净融资占比（1952—2016 年）

资料来源：美联储、本书表 3－1。

从内源净融资占比与固定资产形成总额的变动关系来看，尽管 Corbett 和 Jenkinson（1997）认为美国的内源融资的逆周期特征不明显，但当把考察周期延伸至 21 世纪以后时，情况发生了变化，美国内源净融资的逆周期特征也变得相当明显。2000 年、2007 年和 2015 年，美国企业部门固定资本形成总额均达到了相对峰值，分别为 10 929 亿美元、13 627 亿美元、16 546 亿美元，对应地，内源净融资占比则形成了相对低谷，分别为 78.03%、96.93%、106.88%。相反地，2003 年和 2009 年，美国企业部门固定资本形成总额均达到了相对低谷，分别为 9 637 亿美元、11 453 亿美元，而内源净融资占比则形成了相对峰值，分别为 111.51%、139.40%（见图 3－1）。

总体上看，美国内源净融资占比的上升趋势似乎是阶段性特征，始终保持在很高水平则是整体性特征，在 2008 年金融危机后企业部门全面依赖内源融资则是新特征，且内源融资原先不太明显的逆周期特征变得非常清晰。

## （二）银行净融资占比

银行部门对企业的贷款在美联储资金流量表中有单独的统计，其口径包括存款机构贷款、其他贷款以及按揭贷款。企业部门的存款统计项则有外币存款、活期存款和现金、定期与储蓄存款。按照净融资法，银行净融资就是银行部门对企业的贷款额与上述各个存款统计项的差值。这个口径与 Corbett 和 Jenkinson（1996，1997）的研究一致。由此计算出的结果如表 3－1 所示。从表 3－1 中可见，美国银行净融资占比的水平总体较低，最高值仅为 44.57%，出现在 1973 年，高于 30% 的年份总共只有 2 个，另一个为 2007 年，当年银行净融资占比为 37.70%。分区间统计来看，高于 20% 的年份共有 11 个，占全部年份的 16.9%；在 10%～20% 的年份共 21 个，占全部年份的 32.3%；在 0～10% 的年份共 19 个，占全部年份的 29.2%；低于 0 的年份有 14 个，占全部年份的 21.5%。可见，美国企业部门银行净融资占比有半数年份低于 10%，更有二成多的年份为负值。分期间来看，Corbett 和 Jenkinson（1996，1997）所描述的美国银行净融资水平变化特征总体上得到了印证。在 20 世纪 70 年代后期，美国银行净融资水平的确出现下跌，但幅度似乎没有那么大。银行净融资平均占比由 1971—1975 年的 14.85% 下降到了 1976—1980 年的 11.83%。在此后相当长时间里，银行净融资水平不仅比较稳定，且有逐步攀升的趋势。1981—1985 年和 1986—1990 年，银行净融资平均占比分别上升到 16.09%、18.14%。实际上，在 20 世纪 70 年代以前的 4 个期间里，美国银行净融资水平大体上也相当稳定，只是在20世纪50年代初期水平较低。1956—1960年、1961—1965年以及1966—1970年三个期间，银行净融资平均占比分别为11.27%、11.26%、16.75%，而1952—1955年，银行净融资平均占比只有3.12%。在20世纪90年代初期，美国银行净融资水平出现了急跌。1991—1995年，银行净融资平均占比下降到历史最低水平，只有-6.11%。尽管在1996—2000年，银行净融资占比大幅回升至9.31%，但此后再次下跌到很低的水平。2001—2005年、2006—2010年以及2011—2016年三个期间，美国银行净融资平均占比分别只有0.06%、-3.97%、2.51%。

与内源净融资类似，美国银行净融资占比的演化大致可以分成两个阶段。(1) 1952—1990年为第一个阶段。在这个阶段，美国银行净融资占比基本上在0值以上波动，主要区间为0~20%，出现负值的年份只有4个，分别是1954年、1958年、1961年和1975年，对应值分别是-7.89%、-1.61%、-3.98%和-15.71%。(2) 1991—2016年则构成了第二个阶段。在这个阶段，美国银行净融资占比下降到更低的水平，且波动加大，主要区间为-20%~15%，银行净融资占比为负值的年份有10个，接近全部年份的四成(见图3-1)。其中，2008年金融危机对银行融资带来的冲击巨大，2009年和2010年，银行净融资占比分别达到了-66.70%、-36.84%，创新了历史最低值和次低值，可以说银行融资近乎枯竭。

从银行净融资与内源净融资占比的变动来看，两者反向对应关系得到进一步的证实，相对峰值与相对波谷有着较好的对应关系。以代表性经济或金融危机年份为例，1973年，美国银行净融资占比达到了44.57%的历史峰值，当年内源净融资占比则处于相对较低水平，并在次年达到相对低谷；1975年，受石油危机持续冲击的影响，美国银行净融资占比下跌到了前所未有的低谷-15.71%，当年内源融资净融资占比则处于相对峰值；2009年，受金融危机的冲击，美国银行净融资占比创下了历史最低值，当年内源净融资占比则创下了历史最高值。1952—2016年，银行净融资占比和内源净融资占比的相关系数达到了-0.61，负相关性相当显著。

从与固定资本形成总额的变动关系来看，与内源净融资类似，银行净融资在21世纪之前的顺周期特征不明显，但在21世纪以后，其顺周期特征也开始变得明显起来。2007年和2015年为美国企业部门固定资本形成总额相对峰值年份，对应地，银行净融资占比也形成了相对峰值，分别为37.70%、9.97%。相反地，2003年和2009年为美国企业部门固定资本形成总额相对低谷年份，而银行净融资占比也形成了相对低谷，分别为 -18.33%、-66.70%（见图 3-1）。

总体上看，美国银行净融资水平较低，且处于波动状态，自 20 世纪 90 年代后则下降到一个更低的水平上波动；银行净融资占比与内源净融资占比的反向关系得到进一步的证实。21 世纪后，银行净融资占比的顺周期特征开始变得清晰起来。

### （三）债券净融资占比

美联储资金流量表对企业部门的债务证券融资的统计包括三项：商业票据、公司债券和市政债券①，对其债务证券投资的统计包括四项：商业票据、国债、机构和 GSE② 支持证券、市政债券。商业票据作为短期债务证券，可以单独列出。Corbett 和 Jenkinson（1996，1997）将美国债券净融资的口径确定为公司债券和市政债券融资扣减企业部门对国债、机构和 GSE 支持证券、市政债券等投资后的差值。不过，尽管这里统计的市政债券只是融资流向产业投资的部分，但市政债券的属性毕竟不同于公司债券，因此，将其列入企业债券融资的范畴有点勉强。另外，美联储对公司债券融资的统计是基于净额基础的，即已扣除了兑付、赎回和投资。所以，再从中扣除对政府债券和政府支持机构债券的投资，实际上是双重扣除，会低估企业部门债券融资的作用，而且企业部门的债券和政府以及政府支持机构的债券是完全不同的品种，分属不同的统计单元，这种扣除本质上是交叉扣除，与净融资法的含义也不符。基于此，我们对 Corbett 和 Jenkinson（1996，1997）的口径进行优化，直接将企业部门的债券净融资限定为公司债券融资，且不再做任何扣除。由此计算出的结果如表 3-1 所示。

从表 3-1 中可见，美国企业部门的债券净融资占比水平相对较高的特征得到进一步证实，最高值达到了 31.53%，出现在 1993 年。分区间统计来看，高于 20% 的年份共有 9 个，占全部年份的 13.8%；在 10%~20% 的年份共 33 个，占全部年份的 50.8%；在 0~10% 的年份共 21 个，占全部年份的 32.3%；低于 0 的年份仅 2 个，占全部年份的 3.1%。可见，美国企业部门债券净融资占比超过 10% 的年份接近了全部年份的 2/3，显著多于银行净融资，

① 在口径上相当于州和地方政府发行的所谓收益债券，其融资主要用于产业项目。

② GSE 为政府支持企业（Government Sponsored Enterprise），主要指房地美（Freddie Mac）和房利美（Fannie Mae）。

而债券净融资占比为负值的年份则大大低于银行净融资。分期间来看，美国债券净融资平均占比只在1961—1965年和2001—2005年两个期间低于10%，分别为8.76%、7.89%，在其他各期限均稳定地保持在10%～20%。其中，1986—1990年，由于高收益债券[①]的发展，债券净融资平均占比创下了历史峰值，为19%；2011—2016年，债券融资再次活跃，债券净融资平均占比达到了18.55%，仅略低于历史最高水平。

从变动特征来看，美国债券净融资占比的演化大致可以分成三个阶段。（1）1952—1983年为第一个阶段。在这个阶段。美国债券净融资占比基本上在7%～20%区间波动。其中，高于20%的年份只有1个，为1970年，当年债券净融资占比为21.40%；低于7%的年份也只有1个，为1969年，当年债券净融资占比为6.28%。（2）1984—2003年则构成了第二个阶段。在这个阶段，美国债券净融资占比上升到更高水平上波动，主要区间为10%～30%。其中，高于30%的年份只有1个，即1993年；低于10%的年份有4个，分别是1990年、1995年、2002年和2003年，对应值分别是8.91%、9.12%、8.81%和7.64%。（3）2004—2016年构成了第三个阶段。在这个阶段，债券净融资水平从低谷逐步攀升，并在2009年后保持在历史高水平上（见图3-2）。

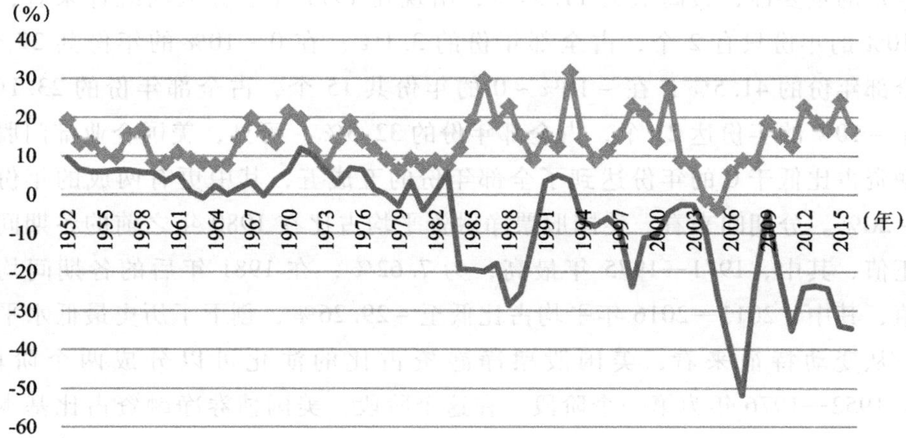


**图3-2　美国债券净融资和股票净融资占比及变化（1952—2016年）**

资料来源：本书表3-1。

① 即垃圾债券。

总体上看，美国债券净融资水平相对较高，且相当稳定，构成企业融资非常可靠的外部来源，债券净融资占比波动区间在长期上有抬高的迹象，即使出现短期扰动，也很快出现强劲的恢复态势。

### （四）股票净融资占比

美联储资金流量表对企业部门股票融资的统计只有一项——公司股权，且基于净额基础，即已扣除了股份回购以及并购、投资。Corbett 和 Jenkinson（1996，1997）将美国股票净融资的口径确定为企业部门股票融资扣减其对共同基金、货币市场基金和证券回购协议投资后的差值。这样做同样存在着双重扣除从而低估企业部门股票融资作用的问题，而且共同基金、货币市场基金和证券回购协议与股票是完全不同的品种，分属不同的统计单元，这种交叉扣除与净融资法的本质含义也不符。基于此，我们同样对 Corbett 和 Jenkinson（1996，1997）的口径进行优化，直接将企业部门的股票净融资限定为公司股权融资，且不再做任何扣除。由此计算出的结果如表 3 - 1 所示。

从表 3 - 1 中可见，美国企业部门的股票净融资占比在 20 世纪 70 年代中期后确实处于极低水平，且不断下降，但在 20 世纪 70 年代中期之前还是具有一定的重要性，最高值为 11.99%，出现在 1971 年。分区间统计来看，高于 10% 的年份只有 2 个，占全部年份的 3.1%；在 0 ~ 10% 的年份共 27 个，占全部年份的 41.5%；在 -10% ~ 0 的年份共 15 个，占全部年份的 23.1%；低于 -10% 的年份达 21 个，占全部年份的 32.3%。可见，美国企业部门股票净融资占比低于 0 的年份达到了全部年份的五成五，其中更有两成的年份低于 -20%。分期间来看，美国股票净融资平均占比在 1980 年之前的各期间均为正值，其中，1971—1975 年最高，为 7.62%，在 1981 年后的各期间均为负值，其中，2011—2016 年平均占比低至 -29.26%，创下了历史最低水平。

从变动特征来看，美国股票净融资占比的演化可以分成两个阶段。（1）1952—1976 年为第一个阶段。在这个阶段，美国债券净融资占比基本上在 0 ~ 10% 区间波动。其中，高于 10% 的年份只有 2 个，除 1971 年外，还有 1972 年，当年股票净融资占比为 10.11%；低于 0 的年份有 3 个，分别是 1963 年、1965 年和 1968 年，对应值分别是 -0.73%、-0.05% 和 -0.20%。（2）1977—2016 年则构成第二个阶段。在这个阶段，美国股票净融资占比逐步下降到很低的水平，最低点出现在 2007 年，达到了 -51.83%。2010 年后，股票净融资占比已稳定低于 -20%。

从股票净融资与债券净融资占比的变动来看，两者在1983年之前有着较明显的同向关系，相关系数为0.55。但此后这种同向关系发生变化，两者变动出现了一定的反向关系，尤其是在1984—2003年债券净融资占比的第二个阶段，这种反向关系表现得较明显（见图3－2）。

总体上看，美国股票净融资在1976年之前还发挥一定的积极作用，但在1976年后其占比开始不断下降，并在20世纪80年代后进入负值区，且负值越来越大。尽管美国一向被视为市场主导型金融体系的代表，但其股票在过去的40年中已不再构成企业部门的净融资来源。从融资的角度来说，高水平的债券融资成为美国市场主导性金融体系的主要特征。

### （五）商业票据净融资占比

商业票据净融资占比的设计前面我们已讨论过，由此计算出的结果如表3－1所示。从表3－1中可见，美国企业部门的商业票据净融资水平极为有限，最高值为5.84%，出现在1984年，最低值为－8.11%，出现在2001年。分区间统计来看，高于3%的年份有8个，占全部年份的12.3%；在0～3%的年份共29个，占全部年份的44.6%；在－3%～0的年份共22个，占全部年份的33.8%；低于－3%的年份达6个，占全部年份的9.2%。可见，美国企业部门商业票据净融资占比一直在围绕0轴的一个很小的区间波动，在0值之上的年份数为五成七，显示商业票据只是构成一个很微小的净融资来源。分期间来看，美国商业票据净融资平均占比在各期间都较小，其中，在20世纪70年代中期以前各期间均为微小的负值，只有1971—1975年低于－1%，为－1.80%；在20世纪70年代中期以后多数期间为1%上下的正值，只有2001—2005年为－4.45%，创下了历史最低水平。概略来看，美国商业票据净融资占比的演化可以分成两个阶段：（1）1952—1976年为第一个阶段，美国商业票据净融资为微小的流出；（2）1977—2016年则构成第二个阶段，美国商业票据净融资波动加大，但大体上为较小的流入（见图3－3）。

总体上看，美国企业部门的商业票据净融资作用极为有限，在1976年之前为微小的流出，在此后为较小的净流入，但波动加大。

### （六）商业信用净融资占比

商业信用净融资占比的设计与商业票据净融资占比类似。依据净融资法计算出的结果如表3－1所示。从表3－1中可见，美国企业部门的商业信用

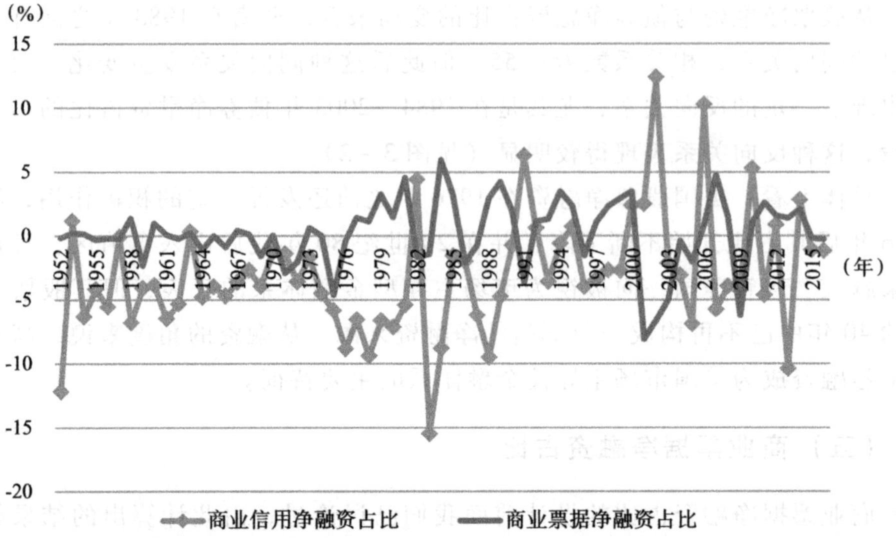


**图 3－3　美国商业信用净融资和商业票据净融资占比及变化（1952—2016 年）**

资料来源：本书表 3－1。

净融资整体上构成较小的流出，最低值为－15.51%%，出现在 1983 年，最高值为 12.39%，出现在 2002 年。分区间统计来看，高于 5% 的年份只有 4 个，占全部年份的 6.2%；在 0～5% 的年份共 9 个，占全部年份的 13.8%；在－5%～0 的年份共 32 个，占全部年份的 49.2%；低于－5% 的年份达 20 个，占全部年份的 30.8%。可见，美国企业部门商业信用净融资占比在 0 值之下的年份数高达八成，显示商业信用构成了净流出。分期间来看，美国商业信用净融资平均占比在 20 世纪 90 年代之前的各期间均为负值，大体在－5%左右；在 20 世纪 90 年代之后，商业信用净融资占比有所提升，其中 1991—1995 年、2001—2005 年和 2006—2010 年三个期间均为不到 1% 的正值，另外两个期间则为略低于－2% 的负值（见表 3－2）。

具体地，美国商业信用净融资占比的演化可以分成两个阶段：（1）1952—1990 年为第一个阶段，美国商业信用净融资为一定的流出；（2）1991—2016 年则构成第二个阶段，美国商业信用净融资的波动加大，但流出程度减轻（见图 3－3）。

总体上看，美国企业部门的商业信用净融资构成较小的流出，但在 1991 年之后，其占比水平有所上升，流出程度减轻，只是其波动性加大。

## （七）外商直接投资净融资占比

作为全球最大的发达经济体，美国总体上是资本净流出国。在1952—2016年共65年中，其外商直接投资净融资占比为负值的年份达到了50个，占全部年份的77%（见表3-1）。分区间来看，高于10%的年份只有2个，占全部年份的3.1%，最高的是1988年，当年外商直接投资净融资占比为12.81%；在0~10%的年份共13个，占全部年份的20%；在-10%~0的年份共46个，占全部年份的70.8%；低于-10%的年份只有4个，占全部年份的6.2%，最低的为2004年，当年外商直接投资净融资占比为-17.45%。从特征上来看，美国外商直接投资净融资占比的演化可以分成两个阶段：(1) 1952—1980年为第一个阶段。在这个阶段，其外商直接投资净融资占比皆为负值，且大体上在-2%~-7%这样一个较窄的区间波动，只有1个年份（1954年）略高于-2%，3个年份（1965年、1971年、1975年）略低于-7%；(2) 1981—2016年则构成第二个阶段。在这个阶段，美国外商直接投资不再是单向净流出，而是双向流动，且波动性急剧加大，在一些年份（如1998年、2000年）达到了很高的净流入，在另外一些年份（如2004年、2011年）则达到了很高的净流出（见图3-4），净流入的年份数占到了41.7%。

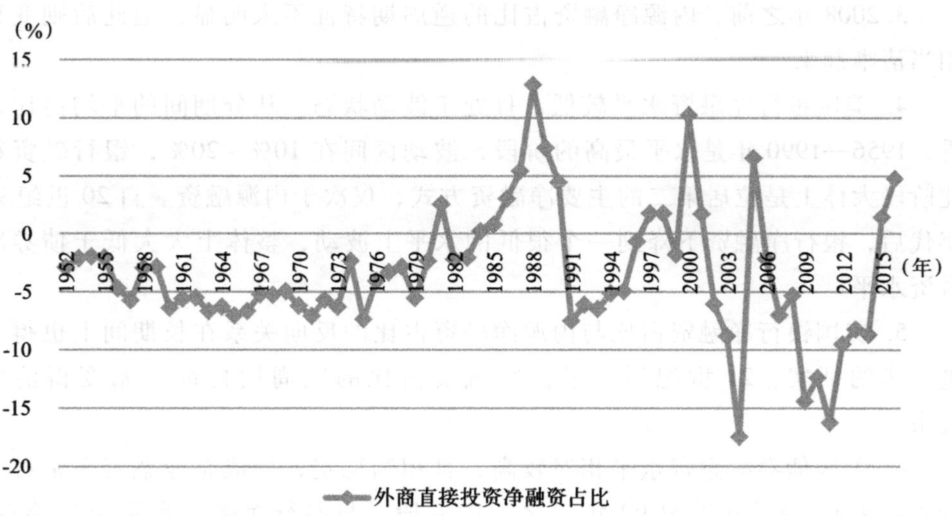


**图3-4　美国外商直接投资净融资占比变化（1952—2016年）**

资料来源：本书表3-1。

总体上看，美国企业部门的外商直接投资以净流出为主，其占比有限，但在1981年之后则形成了波动性较大的双向流动格局，美国不再单纯是对外直接投资国，也是接受相当规模外商直接投资的国家。

### （八）净融资结构综合分析

根据各项净融资占比的演化及对比，我们来对美国企业净融资结构的演化进行一个综合分析。总体上看，其主要特征如下：

1. 美国内源净融资占比的阶段性上升趋势表现得较明显，从分期间的平均占比来看，在1952—1965年、1966—1995年和1996—2016年这三个阶段中，均存在着上升趋势，在三个阶段之间则存在着显著的下跌。其中，第一个阶段的整体水平要高于第二个阶段，第三个阶段的整体水平要高于前两个阶段。因此，内源净融资占比在长期上是上升的，只是其表现没有在三个阶段中那样明显。

2. 美国内源净融资占比始终保持在很高水平则是一个突出的整体性特征。也就是说，美国企业在净融资上是高度内源主导型的，内源净融资占比从未低于70%，高于90%的年份占81.5%，更有四成三的年份超过100%。在2008年金融危机后，内源融资占比上升到前所未有的高水平，并始终保持在100%以上，企业部门完全进入自我融资状态成为新特征。

3. 2008年之前，内源净融资占比的逆周期特征不太明显，但此后则变得相当清晰起来。

4. 美国银行净融资水平较低，且处于波动状态。从分期间的平均占比来看，1956—1990年是水平最高的阶段，波动区间在10%~20%，银行融资在此阶段大体上是位居第二的主要净融资方式，仅次于内源融资。自20世纪90年代后，银行净融资下降到一个很低的水平上波动，整体上大大低于债券净融资水平。

5. 美国银行净融资占比与内源净融资占比的反向关系在长期间上也得到进一步的证实，21世纪后，银行净融资占比的顺周期特征开始变得清晰起来。

6. 美国债券净融资水平相对较高，且相当稳定，构成企业融资非常可靠的外部来源，在20世纪90年代之前的阶段，与银行净融资水平相当接近，此后则取代银行净融资，成为居第二的主要净融资方式。而且，债券净融资占比波动区间在长期上有抬高的迹象，即使出现短期扰动，也很快出现强力的恢复态势（见图 3－5）。

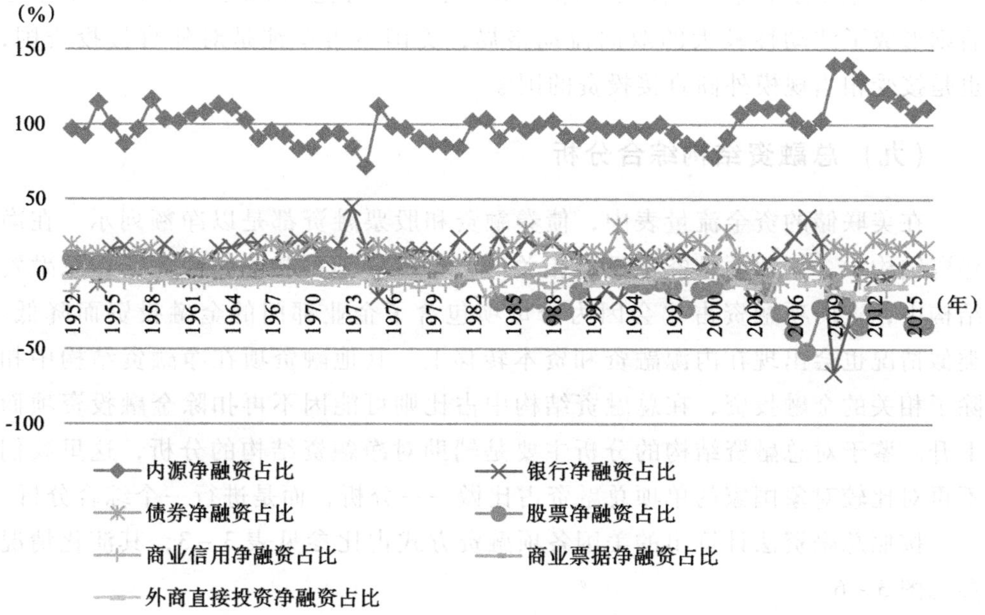


**图 3－5　美国企业净融资结构变化（1952—2016 年）**

资料来源：本书表 3－1。

7. 美国股票净融资在 1976 年之前还发挥一定的积极作用，但在 1976 年后其占比开始不断下降，并在 20 世纪 80 年代后进入负值区，且负值越来越大。尽管美国一向被视为市场主导型金融体系的代表，但其股票在过去的 40 年中已不再构成企业部门的净融资来源。

8. 从融资的角度来说，高水平的债券融资成为美国市场主导性金融体系的主要特征。如果将债券融资与股票融资合并成市场融资，则在 20 世纪 80 年代之前，市场净融资要显著超过银行净融资，但此后则不及银行融资。

9. 从股票净融资与债券净融资占比的变动来看，两者在 1983 年之前有着较明显的同向关系，相关系数为 0.55。但此后这种同向关系发生变化，两者的变动出现了一定的反向关系。

10. 美国的商业票据净融资作用极为有限，在 1976 年之前为微小的流出，在此后为较小的净流入，但波动加大。

11. 美国的商业信用净融资构成较小的流出，与内源净融资并不存在显著的反向关系，在 1991 年之后，其占比水平有所上升，流出程度减轻，只是其波动性也加大。

12. 美国的外商直接投资以净流出为主，其占比也有限，但在1981年之后则形成了波动性较大的双向流动格局，美国不再单纯是对外直接投资国，也是接受相当规模外商直接投资的国家。

### （九）总融资结构综合分析

在美联储的资金流量表中，债券融资和股票融资都是以净额列示。在净融资结构中，这两项融资都没有相关的金融投资项可扣除。因此，在总融资结构中，这两项融资占比会因为分母项包含了企业部门的金融投资而降低。类似情况也会出现在内源融资和资本转移上。其他融资项在净融资结构中扣除了相关的金融投资，在总融资结构中占比则可能因不再扣除金融投资项而上升。鉴于对总融资结构的分析主要是辅助对净融资结构的分析，这里我们不再对比较对象国家的单项总融资占比做一一分析，而是进行一个综合分析。

按照总融资法计算出的美国各项融资方式占比参见表3-3，其演化情况参见图3-6。

表3-3　美国总融资结构变化（1952—2016年）　（单位：%）

| 年份 | 内源融资 | 资本转移 | 银行融资 | 债券融资 | 股票融资 | 商业信用 | 商业票据 | 外商直接投资 | 其他融资 | 统计误差 |
|---|---|---|---|---|---|---|---|---|---|---|
| 1952 | 78.81 | 0.00 | 4.91 | 15.80 | 7.79 | 2.57 | 0.21 | 0.33 | -7.73 | -2.68 |
| 1953 | 83.05 | 0.00 | 0.89 | 11.75 | 5.90 | -0.94 | 0.24 | 0.35 | 3.00 | -4.25 |
| 1954 | 94.74 | 0.00 | -0.22 | 11.00 | 4.93 | 6.34 | 0.40 | 0.22 | -7.82 | -9.59 |
| 1955 | 62.54 | 0.02 | 12.04 | 6.46 | 3.68 | 19.37 | -0.36 | 0.29 | 9.58 | -13.62 |
| 1956 | 75.96 | 0.04 | 15.38 | 8.55 | 5.53 | 10.14 | 0.04 | 0.45 | -4.21 | -11.89 |
| 1957 | 86.14 | 0.06 | 8.34 | 14.00 | 5.67 | 3.71 | 0.10 | 0.31 | -4.11 | -14.20 |
| 1958 | 86.76 | 0.06 | 3.22 | 12.48 | 4.35 | 9.40 | 0.52 | 0.19 | -4.22 | -12.76 |
| 1959 | 73.54 | 0.09 | 11.18 | 5.89 | 3.97 | 10.17 | -0.66 | 0.38 | 4.60 | -9.16 |
| 1960 | 94.78 | 0.21 | 11.71 | 7.90 | 3.15 | 6.58 | 1.05 | 0.55 | -3.51 | -22.45 |
| 1961 | 79.92 | 0.23 | 4.97 | 8.16 | 3.94 | 9.75 | 0.60 | 0.49 | 2.10 | -10.16 |
| 1962 | 84.63 | 0.23 | 11.41 | 7.25 | 0.66 | 5.33 | 0.19 | 0.55 | 3.01 | -13.26 |
| 1963 | 85.01 | 0.14 | 11.66 | 6.10 | -0.55 | 11.96 | -0.37 | 0.37 | 3.74 | -18.05 |
| 1964 | 86.41 | 0.12 | 14.69 | 6.01 | 1.72 | 10.51 | 0.24 | 0.44 | 2.01 | -22.15 |
| 1965 | 71.04 | 0.09 | 17.61 | 5.45 | -0.03 | 13.19 | -0.37 | 0.52 | 3.36 | -10.86 |
| 1966 | 75.07 | 0.10 | 15.95 | 11.83 | 1.46 | 10.59 | 0.96 | 0.42 | -0.16 | -16.22 |
| 1967 | 76.69 | 0.09 | 6.81 | 16.00 | 2.62 | 6.47 | 1.54 | 0.73 | -1.02 | -9.93 |

续表 1

| 年份 | 内源融资 | 资本转移 | 银行融资 | 债券融资 | 股票融资 | 商业信用 | 商业票据 | 外商直接投资 | 其他融资 | 统计误差 |
|---|---|---|---|---|---|---|---|---|---|---|
| 1968 | 65.07 | 0.10 | 15.43 | 11.37 | -0.14 | 14.51 | 1.07 | 0.67 | 0.91 | -8.99 |
| 1969 | 60.28 | 0.06 | 16.10 | 9.70 | 2.76 | 15.79 | 0.90 | 0.96 | 0.83 | -7.38 |
| 1970 | 68.69 | 0.11 | 17.26 | 17.37 | 5.01 | 6.92 | 1.56 | 1.22 | -8.03 | -10.11 |
| 1971 | 64.95 | 0.10 | 8.27 | 13.74 | 8.35 | 9.98 | -0.65 | 0.20 | 2.06 | -7.00 |
| 1972 | 57.54 | 0.11 | 14.61 | 6.91 | 6.19 | 13.13 | 0.41 | 0.49 | 1.24 | -0.64 |
| 1973 | 52.27 | 0.08 | 31.07 | 4.49 | 3.86 | 18.67 | 0.69 | 1.25 | 2.32 | -14.70 |
| 1974 | 52.96 | 0.12 | 15.92 | 10.23 | 2.13 | 13.76 | 2.15 | 2.38 | 5.95 | -5.60 |
| 1975 | 94.52 | 0.14 | -4.68 | 15.92 | 5.80 | 5.66 | -1.70 | 1.29 | 13.38 | -30.33 |
| 1976 | 69.48 | 0.09 | 7.82 | 9.96 | 4.59 | 8.26 | 0.63 | 1.55 | 12.28 | -14.66 |
| 1977 | 60.55 | 0.05 | 13.95 | 7.42 | 0.89 | 10.40 | 0.53 | 1.00 | 13.62 | -8.40 |
| 1978 | 57.90 | 0.04 | 13.24 | 5.79 | -0.03 | 11.22 | 0.74 | 1.93 | 21.47 | -12.30 |
| 1979 | 55.22 | 0.06 | 11.52 | 3.98 | -1.80 | 12.82 | 2.07 | 2.11 | 28.89 | -14.86 |
| 1980 | 59.89 | 0.06 | 6.90 | 6.46 | 2.42 | 6.83 | 0.93 | 3.03 | 25.59 | -12.11 |
| 1981 | 52.08 | 0.04 | 13.00 | 4.46 | -2.42 | 4.87 | 2.65 | 3.72 | 24.89 | -3.27 |
| 1982 | 80.92 | 0.05 | 15.38 | 6.98 | 0.43 | 2.46 | -1.39 | 1.85 | 10.92 | -17.60 |
| 1983 | 73.04 | 0.01 | 12.20 | 5.29 | 4.07 | 1.59 | -0.17 | 1.58 | 7.24 | -4.84 |
| 1984 | 53.51 | 0.00 | 17.06 | 7.02 | -11.54 | 5.06 | 3.17 | 2.70 | 23.09 | -0.08 |
| 1985 | 67.34 | 0.00 | 9.91 | 12.88 | -13.09 | 6.58 | 2.26 | 2.72 | 37.20 | -25.79 |
| 1986 | 73.12 | 0.00 | 21.43 | 22.73 | -15.19 | -0.35 | -1.67 | 5.70 | 1.08 | -6.84 |
| 1987 | 64.58 | 0.00 | 12.97 | 12.08 | -11.58 | 6.80 | 0.25 | 8.05 | 13.31 | -6.46 |
| 1988 | 57.46 | 0.00 | 13.67 | 12.84 | -16.12 | 6.74 | 1.48 | 8.69 | 27.90 | -12.65 |
| 1989 | 67.28 | 0.18 | 10.49 | 10.96 | -18.43 | 3.20 | 3.18 | 9.26 | 32.89 | -19.01 |
| 1990 | 73.86 | 0.00 | 11.54 | 7.21 | -9.65 | 4.34 | 1.49 | 9.05 | 4.18 | -2.02 |
| 1991 | 86.02 | 0.00 | -18.63 | 12.93 | 2.99 | 3.78 | -3.02 | -0.22 | 13.21 | 2.92 |
| 1992 | 76.13 | 1.01 | -9.48 | 9.79 | 3.91 | 4.83 | 1.25 | 0.98 | 12.11 | -0.53 |
| 1993 | 61.73 | 0.07 | -7.28 | 20.06 | 2.33 | 4.00 | 1.10 | 2.23 | 1.48 | 14.30 |
| 1994 | 67.22 | 0.36 | 7.83 | 9.99 | -4.95 | 8.53 | 2.36 | 5.08 | -2.10 | 5.67 |
| 1995 | 60.28 | 0.04 | 9.09 | 5.74 | -5.09 | 7.09 | 1.58 | 4.79 | 11.04 | 5.44 |
| 1996 | 63.24 | 0.00 | 5.87 | 7.19 | -3.85 | 4.05 | -0.08 | 5.82 | 13.55 | 4.21 |
| 1997 | 71.33 | 0.00 | 11.89 | 11.54 | -6.94 | 5.85 | 1.23 | 8.87 | -6.90 | 3.12 |
| 1998 | 53.35 | 0.00 | 9.53 | 14.12 | -14.62 | 3.91 | 1.65 | 9.83 | 17.50 | 4.72 |
| 1999 | 43.25 | 0.04 | 6.28 | 10.59 | -5.64 | 9.13 | 1.91 | 9.36 | 18.93 | 6.15 |
| 2000 | 37.13 | 0.00 | 6.85 | 6.58 | -5.15 | 13.61 | 2.09 | 10.86 | 19.07 | 8.95 |
| 2001 | 77.95 | 1.02 | -5.17 | 23.83 | -3.91 | -8.42 | -6.76 | 11.49 | -3.09 | 13.06 |
| 2002 | 92.82 | 0.00 | -1.48 | 7.68 | -2.24 | 1.83 | -5.37 | 6.90 | 0.87 | -1.01 |

续表 2

| 年份 | 内源融资 | 资本转移 | 银行融资 | 债券融资 | 股票融资 | 商业信用 | 商业票据 | 外商直接投资 | 其他融资 | 统计误差 |
|---|---|---|---|---|---|---|---|---|---|---|
| 2003 | 102.37 | 0.01 | -4.15 | 7.02 | -2.43 | -5.21 | -3.56 | 3.81 | 5.81 | -3.65 |
| 2004 | 62.08 | 0.37 | 8.14 | -0.66 | -5.22 | 5.46 | 0.85 | 5.36 | 20.36 | 3.24 |
| 2005 | 60.80 | 0.75 | 12.74 | -1.98 | -14.42 | 9.55 | -0.37 | 4.74 | 36.08 | -7.90 |
| 2006 | 65.63 | 0.00 | 11.73 | 3.74 | -25.32 | 5.56 | 1.14 | 9.79 | 36.13 | -8.40 |
| 2007 | 54.23 | 0.00 | 18.53 | 4.93 | -29.00 | 3.49 | 0.46 | 8.71 | 45.47 | -6.83 |
| 2008 | 183.62 | 0.48 | 9.79 | 15.18 | -41.34 | -29.51 | 1.00 | 24.84 | 64.44 | -128.50 |
| 2009 | 110.48 | -2.65 | -35.26 | 14.64 | -3.54 | -5.72 | -5.06 | 7.24 | 10.48 | 9.38 |
| 2010 | 90.58 | -1.15 | -15.77 | 9.85 | -13.84 | 8.63 | 1.35 | 8.67 | 28.03 | -16.35 |
| 2011 | 94.06 | 0.36 | 6.74 | 9.05 | -25.34 | 1.40 | 1.86 | 10.74 | 45.39 | -44.26 |
| 2012 | 86.19 | 0.88 | -2.96 | 16.77 | -17.77 | 3.38 | 0.72 | 9.37 | 41.26 | -37.84 |
| 2013 | 72.29 | 0.23 | 3.95 | 11.16 | -14.23 | 4.08 | 0.57 | 7.10 | 24.73 | -9.89 |
| 2014 | 72.93 | 0.26 | 3.83 | 10.72 | -15.52 | 5.90 | 1.47 | 5.99 | 41.99 | -27.57 |
| 2015 | 68.92 | 0.13 | 3.90 | 15.55 | -21.86 | -1.59 | -0.21 | 12.48 | 26.00 | -3.32 |
| 2016 | 69.97 | -0.10 | 4.78 | 10.46 | -21.78 | 3.78 | 0.24 | 13.04 | 21.08 | -1.47 |

资料来源：根据美联储相关数据计算。

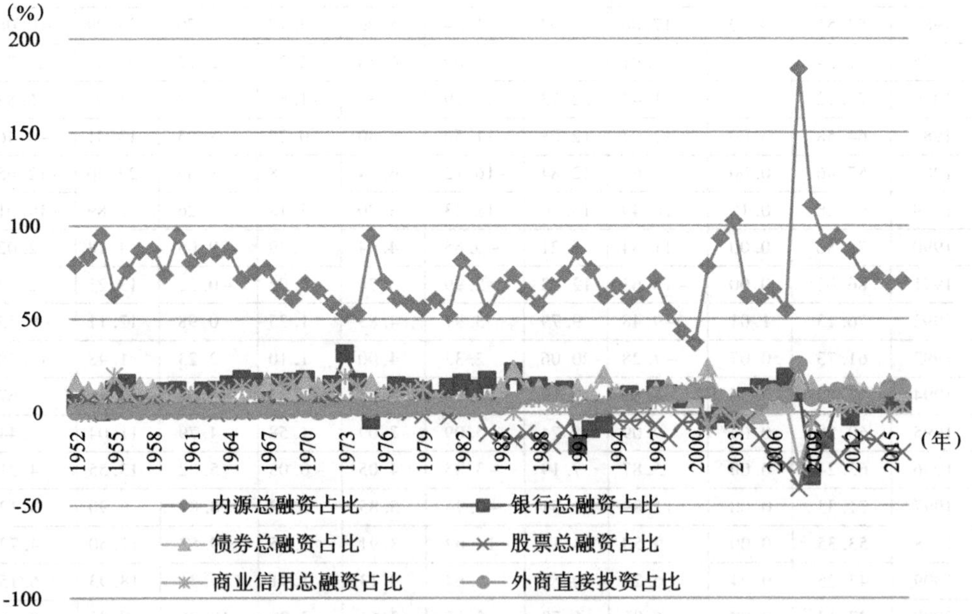


**图 3-6　美国企业总融资结构变化（1952—2016 年）**

资料来源：本书表 3-3。

从表 3 - 3 和图 3 - 6 中可见：

1. 尽管内源总融资占比与内源净融资占比相比较，有着显著的下降，两者的平均比值约为 0.73，但是内源融资依然是美国主导的融资方式。1952—2016 年平均占比为 73%，远远超过其他融资方式。分区间统计来看，内源总融资占比低于 50% 的年份只有 2 个，分别是 1999 年和 2000 年，占全部年份的 3.1%；在 50%～60% 的年份共 11 个，占全部年份的 16.9%；在 60%～70% 的年份共 19 个，占全部年份的 29.2%；在 70%～80% 和 80%～100% 的年份均为 15 个，均占全部年份的 23.1%；高于 100% 的年份有 3 个，分别是 2003 年、2008 年、2009 年，均为与金融市场危机或动荡有关的年份，占全部年份的 4.6%。

2. 即使按总额计算，美国的银行融资水平依然较低。其中，在 1966—1990 年，银行总融资占比与银行净融资占比相比较，不但没有上升，反而还下降（见表 3 - 4），印证了 Mayer（1990）的研究。在 1990 年后，银行总融资占比整体上远远低于债券总融资占比，这一点较净融资结构中情况没有变化。分区间统计来看，银行总融资占比高于 20% 的年份仅 2 个，占全部年份的 3.1%，远远低于净融资结构占比的对应值；在 10%～20% 的年份共 29 个，占全部年份的 44.6%，高于净融资结构占比的对应值；在 0～10% 的年份共 23 个，占全部年份的 35.4%，也高于净融资结构占比的对应值；低于 0 的年份有 11 个，占全部年份的 16.9%，低于净融资结构占比的对应值。可见，美国银行总融资占比主要是在高值区域显著减少。

**表 3 - 4　美国主要融资方式总融资平均占比分期间变化情况**　（单位：%）

| 年份期间 | 内源融资 | 银行融资 | 债券融资 | 股票融资 | 商业信用 | 商业票据 | 外商直接投资 |
|---|---|---|---|---|---|---|---|
| 1952—1955 年 | 79.79 | 4.41 | 11.25 | 5.58 | 6.84 | 0.12 | 0.30 |
| 1956—1960 年 | 83.44 | 9.97 | 9.76 | 4.53 | 8.00 | 0.21 | 0.38 |
| 1961—1965 年 | 81.40 | 12.07 | 6.59 | 1.15 | 10.15 | 0.06 | 0.47 |
| 1966—1970 年 | 69.16 | 14.31 | 13.25 | 2.34 | 10.86 | 1.21 | 0.80 |
| 1971—1975 年 | 64.45 | 13.04 | 10.26 | 5.27 | 12.24 | 0.18 | 1.12 |
| 1976—1980 年 | 60.61 | 10.69 | 6.72 | 1.21 | 9.91 | 0.98 | 1.92 |
| 1981—1985 年 | 65.38 | 13.51 | 7.33 | -4.51 | 4.11 | 1.30 | 2.51 |
| 1986—1990 年 | 67.26 | 14.02 | 13.16 | -14.19 | 4.15 | 0.95 | 8.15 |
| 1991—1995 年 | 70.28 | -3.69 | 11.70 | -0.16 | 5.65 | 0.65 | 2.57 |
| 1996—2000 年 | 53.66 | 8.08 | 10.00 | -7.24 | 7.31 | 1.36 | 8.95 |
| 2001—2005 年 | 79.20 | 2.02 | 7.18 | -5.64 | 0.64 | -3.04 | 6.46 |
| 2006—2010 年 | 100.91 | -2.20 | 9.67 | -22.61 | -3.51 | -0.22 | 11.85 |
| 2011—2016 年 | 77.39 | 3.37 | 12.29 | -19.42 | 2.83 | 0.78 | 9.79 |

注：本表数值为非加权平均值。

资料来源：根据美联储相关数据计算。

3. 债券融资和股票融资在总融资中占比均除出现整体性下降外，其他特征没有多大变化，债券融资水平依然较高，在1990年后成为居第二位的主要融资方式（见表3－4）。

4. 商业信用融资的作用大幅上升，尤其是在2000年之前，该项融资成为总融资中一个重要的形式，在一些期间里，其占比接近甚至超过银行总融资占比和债券总融资占比（见表3－4）。分区间统计来看，商业信用总融资占比高于10%的年份有16个，占全部年份的24.6%；在5%~10%的年份共24个，占全部年份的36.9%；在0~5%的年份有18个，占全部年份的27.7%；低于0的年份只有7个，占全部年份的10.8%。可见，商业信用总融资占比在5%及以上区间年份远远超过净融资结构对应值，在5%以下区间的年份则远远低于净融资结构的对应值。

5. 外商直接投资的作用不断上升，尤其是在1985年之后，该项融资开始发挥重要作用。其中，在2006—2010年，外商直接投资平均占比高达11.85%，仅次于内源总融资占比，高于债券总融资占比和银行总融资占比，特别是在金融危机爆发的2008年，外商直接投资成为非常重要的融资来源，其占比高达24.84%。

6. 商业票据融资和资本转移的作用依然很小。

### （十）一些特殊的融资结构分析

在第二章中，我们分析了我国的一些特殊的融资结构，包括银行部门融资效率、直接融资与间接融资对比、债务融资与权益融资对比、长期融资结构等。在国际比较中，我们将基于资料的可获得性，尽可能地对比较对象的相关指标加以分析。从美联储的资金流量表来看，对企业部门的贷款期限并没有加以区分，因此，我们舍弃对其长期融资结构的分析，重点考察前三个指标。

1. 银行部门融资效率

如上一章所述，银行部门融资效率指标由“（对企业部门的贷款额－企业部门的存款和现金）/对企业部门的贷款额”来表示，实质上是银行融资净额与总额的比值，揭示的是银行部门对企业部门的贷款流向实体投资的程度。由此计算出的美国银行部门融资效率指标值参见表3－5。

表 3－5 美国银行部门融资效率指标值变化（1952—2016 年）

| 银行总融资为正值 | | | | | | | | 银行总融资为负值 | |
|---|---|---|---|---|---|---|---|---|---|
| 年份 | 指标值 | 年份 | 指标值 | 年份 | 指标值 | 年份 | 指标值 | 年份 | 指标值 |
| 1952 | 0.47 | 1967 | 0.41 | 1982 | 0.75 | 1999 | 0.39 | 1954 | 29.59 |
| 1953 | 1.18 | 1968 | 0.85 | 1983 | 0.46 | 2000 | 0.60 | 1975 | 2.83 |
| 1955 | 0.85 | 1969 | 1.01 | 1984 | 0.90 | 2004 | 0.61 | 1991 | 1.10 |
| 1956 | 1.04 | 1970 | 0.88 | 1985 | 0.59 | 2005 | 0.55 | 1992 | 0.90 |
| 1957 | 0.99 | 1971 | 0.72 | 1986 | 0.83 | 2006 | 1.37 | 1993 | 1.53 |
| 1958 | －0.37 | 1972 | 0.78 | 1987 | 0.92 | 2007 | 1.14 | 2001 | 0.16 |
| 1959 | 1.22 | 1973 | 0.89 | 1988 | 0.86 | 2008 | 3.86 | 2002 | 1.18 |
| 1960 | 0.89 | 1974 | 0.84 | 1989 | 0.99 | 2011 | 0.68 | 2003 | 4.05 |
| 1961 | －0.60 | 1976 | 0.43 | 1990 | 1.00 | 2013 | －0.44 | 2009 | 1.50 |
| 1962 | 0.31 | 1977 | 0.70 | 1994 | 0.76 | 2014 | 0.61 | 2010 | 1.52 |
| 1963 | 1.07 | 1978 | 0.76 | 1995 | 0.91 | 2015 | 1.65 | 2012 | 0.80 |
| 1964 | 0.93 | 1979 | 0.80 | 1996 | 0.68 | 2016 | 0.16 | | |
| 1965 | 0.85 | 1980 | 0.87 | 1997 | 0.86 | 1999 | 0.39 | | |
| 1966 | 1.07 | 1981 | 1.12 | 1998 | 0.86 | 2000 | 0.60 | | |

资料来源：根据美联储相关数据计算。

由于美国企业部门资金流量表中的银行部门贷款额①在一些年份是负值，而在负值基础上计算出的银行部门融资效率指标值，与在正值情况下的含义是完全不同的，因此，我们要将这两种情况分开讨论。

1952—2016 年共 65 年，美国银行部门贷款额为正值的年份有 54 个。其中，银行部门融资效率指标值超过 1 的年份达 12 个，指标值在 0.8～1 的年份有 19 个，指标值在 0.6～0.8 的年份有 11 个，指标值在 0.4～0.6 的年份有 6 个，指标值在 0.2～0.4 以及低于 0.2 的年份均只有 3 个（见图 3－7）。也就是说，指标值在 0.6 以上的年份数占银行部门贷款额为正值的年份数的比例达 78%，银行部门融资效率是相当高的。

在银行部门贷款额为负值的情况下，假定企业部门的存款没有变化，则实体投资的银行净融资将等额减少，银行部门融资效率指标值为 1。如果企业部门的存款增加了，那么，实体投资的银行净融资减少额将超过银行部门

① 贷款额的流量值实际上是贷款余额的增加额。

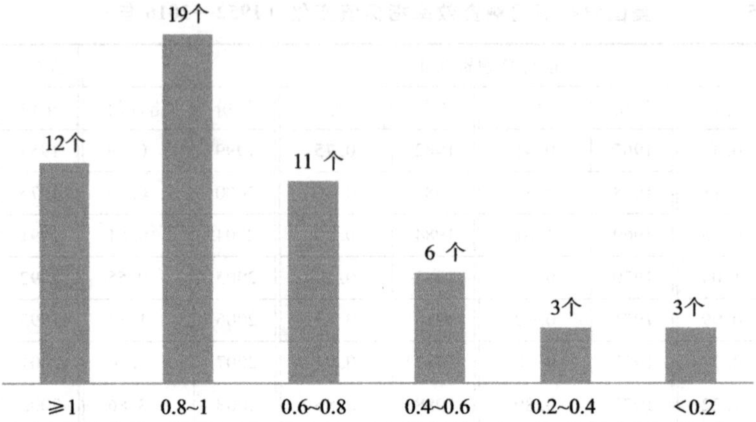


**图 3－7　美国银行部门融资效率值分布（1952—2016 年）**

资料来源：本书表 3－5。

的贷款额减少额，银行部门融资效率指标值将大于 1。因此，用实际指标值减去 1，就是实体投资的银行净融资减少额超出幅度。在 11 个银行部门贷款额为负值的年份里，有 3 个年份的银行部门融资效率指标值小于 1，说明这 3 年中实体投资受到的冲击要小得多；有 5 个年份的指标值大于 1，但超出幅度较小；仅有 3 个年份指标值较大，说明这 3 年中，实体投资受到的冲击远大于银行总融资受到的冲击。其中，1954 年较特殊，当年银行部门贷款额虽为负值，不过，仅为 －7 100 万美元，当年银行净融资额为 －21.01 亿美元，所以，银行部门融资效率指标值高达 29.59，实际上，实体投资受到的冲击程度相对自身规模而言是很有限的。在企业部门受到总融资冲击的情况下，实体投资受到的冲击总体较轻，这也可以视为美国银行部门融资效率的一种体现。

2. 直接融资与间接融资对比

由于美联储的资金流量表对债券融资与股票融资均以净额的形式列示，因此，这里对美国直接融资与间接融资对比的讨论只能在净额层次上进行。如上一章所述，直接融资与间接融资的净额结构由企业部门的金融市场融资净额与银行融资净额比值来表示。美国的市场融资的主要形式是债券融资和股票融资，次要形式是商业票据融资。债券融资和股票融资都是长期融资，而商业票据融资则是短期融资，我们将前者确定为窄口径的市场融资，将包含后者在内的三种融资额之和确定为宽口径的市场融资。由此计算出的两种口径的直接融资与间接融资的净额结构指标值参见表 3－6。与上一小节类似，我们需要将银行净融资为正值和负值这两种情况分开讨论。

表 3-6 美国直接融资与间接融资净额结构指标值变化（1952—2016 年）

| 银行净融资为正值 | | | | | | | | |
|---|---|---|---|---|---|---|---|---|
| 年份 | 净额结构 I | 净额结构 II | 年份 | 净额结构 I | 净额结构 II | 年份 | 净额结构 I | 净额结构 II |
| 1952 | 10.16 | 10.10 | 1972 | 1.15 | 1.04 | 1990 | -0.21 | -0.08 |
| 1953 | 16.65 | 16.85 | 1973 | 0.30 | 0.32 | 1994 | 0.85 | 1.26 |
| 1955 | 0.99 | 0.97 | 1974 | 0.92 | 0.92 | 1995 | 0.08 | 0.26 |
| 1956 | 0.88 | 0.87 | 1976 | 4.31 | 4.21 | 1996 | 0.84 | 0.59 |
| 1957 | 2.38 | 2.36 | 1977 | 0.85 | 0.94 | 1997 | 0.45 | 0.53 |
| 1959 | 0.72 | 0.60 | 1978 | 0.57 | 0.64 | 1998 | -0.06 | 0.11 |
| 1960 | 1.06 | 1.15 | 1979 | 0.24 | 0.46 | 1999 | 2.01 | 2.62 |
| 1962 | 2.22 | 2.16 | 1980 | 1.48 | 1.65 | 2000 | 0.35 | 0.75 |
| 1963 | 0.45 | 0.46 | 1981 | 0.14 | 0.33 | 2004 | -1.17 | -1.22 |
| 1964 | 0.57 | 0.50 | 1982 | 0.64 | 0.52 | 2005 | -2.36 | -2.52 |
| 1965 | 0.36 | 0.36 | 1983 | 1.67 | 1.48 | 2006 | -1.34 | -1.31 |
| 1966 | 0.78 | 0.73 | 1984 | -0.29 | -0.06 | 2007 | -1.14 | -1.02 |
| 1967 | 6.75 | 6.88 | 1985 | -0.03 | 0.33 | 2008 | -0.69 | -0.62 |
| 1968 | 0.86 | 0.86 | 1986 | 0.43 | 0.33 | 2011 | -3.54 | -3.14 |
| 1969 | 0.77 | 0.69 | 1987 | 0.04 | 0.00 | 2014 | -2.07 | -1.49 |
| 1970 | 1.47 | 1.47 | 1988 | -0.28 | -0.14 | 2015 | -0.98 | -1.00 |
| 1971 | 3.70 | 3.36 | 1989 | -0.72 | -0.42 | 2016 | -14.95 | -15.18 |
| 银行净融资为负值 | | | | | | | | |
| 年份 | 净额结构 I | 净额结构 II | 年份 | 净额结构 I | 净额结构 II | 年份 | 净额结构 I | 净额结构 II |
| 1954 | -2.44 | -2.46 | 1992 | -1.60 | -1.71 | 2009 | -0.21 | -0.12 |
| 1958 | -14.04 | -14.89 | 1993 | -2.01 | -2.08 | 2010 | 0.17 | 0.14 |
| 1961 | -4.05 | -4.06 | 2001 | -24.45 | -15.92 | 2012 | 0.43 | -0.06 |
| 1975 | -1.64 | -1.34 | 2002 | -3.10 | 0.21 | 2013 | 1.75 | 1.27 |
| 1991 | -0.78 | -0.62 | 2003 | -0.27 | 0.00 | | | |

注：净额结构 I =（债券净融资 + 股票净融资）/银行净融资

净额结构 II =（债券净融资 + 股票净融资 + 商业票据净融资）/银行净融资

资料来源：根据美联储相关数据计算。

1952—2016 年共 65 年，美国银行净融资为正值的年份有 51 个。其中，直接融资与间接融资净额结构 I 指标值超过 3 的年份有 5 个，指标值在 1~3 的年份有 8 个，指标值在 0.5~1 的年份有 13 个，指标值在 0~0.5 的年份有

10个，指标值在 -1~0 的年份均有8个，低于 -1 的年份有7个（见图3-8）。可见，在企业部门的银行净融资为正值的年份中，市场净融资超过其值的年份数仅占25.5%。

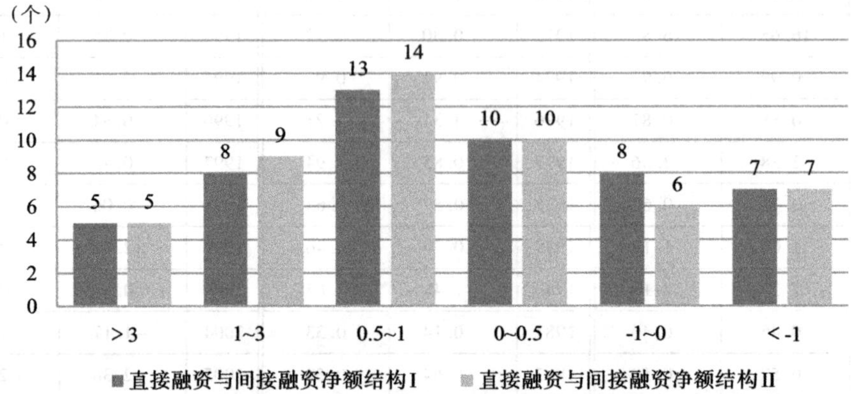


**图3-8 美国直接融资与间接融资净额结构指标值分布**

资料来源：本书表3-6。

在银行净融资为负值的年份中，直接融资与间接融资净额结构Ⅰ指标值为负，代表着市场净融资为正值，并且其绝对值越大，代表着市场净融资的规模越大。如果指标值为小于1的正值，则代表市场净融资的下滑程度要小于银行净融资。1952—2016年，美国银行净融资为负值的年份有14个。其中，直接融资与间接融资净额结构Ⅰ指标值为负值的年份达11个，占78.6%，更有8个年份的指标值小于 -1，在其他3个年份中，只有1个年份的指标值超过1。可见，在银行净融资为负值的年份中，市场净融资几乎总是表现得更突出。

综合以上两种情况，1952—2016年，美国市场净融资超过银行净融资的年份共24个，占全部年份的36.9%。加上市场净融资下滑程度小于银行净融资的2个年份，市场净融资表现胜于银行净融资的年份恰好占四成。从演化上看，20世纪80年代中期是一个分水岭，市场净融资的表现此前要稍胜于银行净融资，此后则显著逊于银行净融资。可见，即使是在市场主导型金融体系代表性国家，市场净融资也只是在一些阶段超越了银行净融资，总体上甚至逊于银行净融资，其中的主要原因就在于股票净融资在20世纪80年代中期后开始急剧下滑，在融资方面体现市场主导型金融体系特征主要是债券融资。

直接融资与间接融资净额结构 II 指标值的情况基本上和指标 I 类似，因此，不再单独讨论。

3. 债务融资与权益融资对比

与上一小节类似，对美国债务融资与权益融资对比的讨论也只能在净额层次上进行。而且，我们同样确定两种口径的债务净融资，窄口径的包括银行净融资和债券净融资，宽口径的则在此基础上将商业票据净融资包括在内，由此计算出的两种口径的债务融资与权益融资的净额结构指标值参见表 3-7。我们仍按股票净融资是否为正来分两种情况进行讨论。

**表 3-7　美国债务融资与权益融资净额结构指标值变化（1952—2016 年）**

| 权益净融资为正值 | | | | | | | | |
|---|---|---|---|---|---|---|---|---|
| 年份 | 净额结构 I | 净额结构 II | 年份 | 净额结构 I | 净额结构 II | 年份 | 净额结构 I | 净额结构 II |
| 1952 | 2.33 | 2.31 | 1962 | 16.22 | 15.93 | 1975 | 0.46 | -0.22 |
| 1953 | 2.17 | 2.21 | 1964 | 11.41 | 10.91 | 1976 | 2.91 | 2.84 |
| 1954 | 0.91 | 0.93 | 1966 | 19.81 | 19.29 | 1977 | 19.46 | 20.48 |
| 1955 | 4.54 | 4.49 | 1967 | 7.16 | 7.29 | 1980 | 5.14 | 5.57 |
| 1956 | 4.44 | 4.41 | 1969 | 9.41 | 8.99 | 1982 | 43.02 | 39.93 |
| 1957 | 3.93 | 3.89 | 1970 | 6.52 | 6.52 | 1983 | 2.68 | 2.43 |
| 1958 | 2.59 | 2.83 | 1971 | 2.36 | 2.12 | 1991 | -2.54 | -3.59 |
| 1959 | 4.92 | 4.50 | 1972 | 2.96 | 2.75 | 1992 | 0.32 | 0.55 |
| 1960 | 5.82 | 6.12 | 1973 | 8.28 | 8.38 | 1993 | 3.83 | 4.19 |
| 1961 | 1.31 | 1.32 | 1974 | 11.11 | 11.11 | | | |
| 权益净融资为负值 | | | | | | | | |
| 年份 | 净额结构 I | 净额结构 II | 年份 | 净额结构 I | 净额结构 II | 年份 | 净额结构 I | 净额结构 II |
| 1963 | -33.85 | -34.16 | 1990 | -1.94 | -2.10 | 2005 | -0.35 | -0.27 |
| 1965 | -590.20 | -590.00 | 1994 | -3.21 | -3.70 | 2006 | -0.78 | -0.80 |
| 1968 | -172.85 | -173.25 | 1995 | -2.74 | -3.03 | 2007 | -0.90 | -0.99 |
| 1978 | -617.00 | -644.50 | 1996 | -2.90 | -2.64 | 2008 | -1.28 | -1.34 |
| 1979 | -7.30 | -8.44 | 1997 | -3.14 | -3.26 | 2009 | 10.79 | 12.19 |
| 1981 | -7.82 | -8.98 | 1998 | -1.53 | -1.62 | 2010 | 1.02 | 0.97 |
| 1984 | -1.95 | -2.25 | 1999 | -2.31 | -2.58 | 2011 | -0.54 | -0.61 |
| 1985 | -1.43 | -1.60 | 2000 | -2.07 | -2.40 | 2012 | -0.81 | -0.88 |
| 1986 | -2.66 | -2.55 | 2001 | -5.88 | -4.10 | 2013 | -0.66 | -0.72 |
| 1987 | -2.07 | -2.03 | 2002 | -2.65 | -0.05 | 2014 | -0.84 | -0.93 |
| 1988 | -1.52 | -1.63 | 2003 | 4.03 | 5.92 | 2015 | -1.01 | -1.00 |
| 1989 | -1.16 | -1.33 | 2004 | -0.83 | -0.79 | 2016 | -0.52 | -0.51 |

注：净额结构 I =（银行净融资 + 债券净融资）/股票净融资

净额结构 II =（银行净融资 + 债券净融资 + 商业票据净融资）/股票净融资

资料来源：根据美联储相关数据计算。

1952—2016 年共 65 年，美国股票净融资为正值的年份只有 29 个，单纯从这一数值来看，权益融资就不构成稳定的融资来源。在这些股票净融资为正值的年份里，债务融资与权益融资净额结构 I 指标值低于 1 的年份只有 4 个，指标值在 1 ~ 3 的年份有 8 个，指标值在 3 ~ 5 的年份有 5 个，指标值在 5 ~ 10和超过 10 的年份均有 6 个（见图 3 – 9）。可见，债务净融资低于权益净融资在后者为正值的年份里仅占 13.8%。

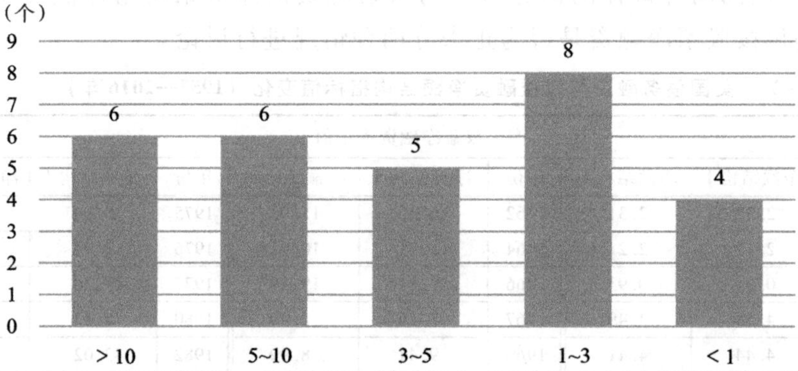


**图 3 – 9　美国债务融资与权益融资净额结构指标值 I 分布**

资料来源：本书表 3 – 7。

在 1952—2016 年美国股票净融资为负值的 36 个年份中，债务融资与权益融资净额结构 I 指标值大于 1 的年份只有 3 个，指标值在 – 1 ~ 0 的年份有 9 个，指标值在 – 3 ~ – 1 的年份达 15 个，指标值在 – 10 ~ – 3 的年份有 5 个，低于 – 10 的年份有 4 个。可见，在股票净融资为负值的年份中，债务净融资绝大多数为正值，且规模较大，出现下降的年份仅占 8.3%。

综合以上两种情况，1952—2016 年，美国债务净融资低于权益净融资的年份只有 4 个，占全部年份的 6.2%。加上债务净融资下滑程度高于权益净融资的 3 个年份，债务净融资表现逊于权益净融资的年份也仅占 10.8%。可见，美国企业部门的债务净融资总体上远远超越了权益净融资。

债务融资与权益融资净额结构 II 指标值的情况基本上和指标 I 类似（参见图 3 – 10），不再单独讨论。

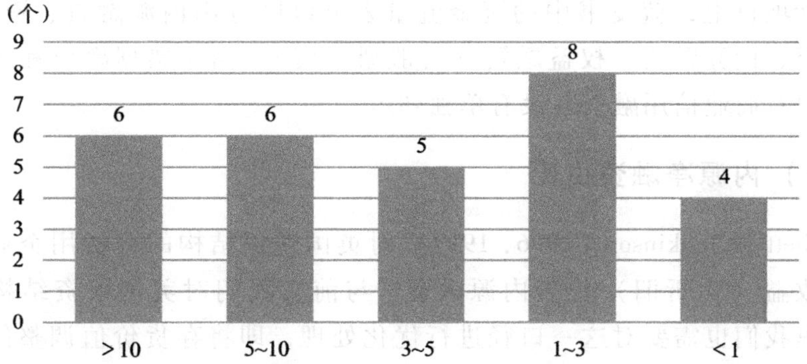


**图 3－10 美国债务融资与权益融资净额结构指标值 II 分布**

资料来源：本书表 3－7。

## 三、英国融资结构及演化

原英国中央统计局（Central Statistical Office）发布的金融统计数据（Financial Statistics）包含有资金流量表。Corbett 和 Jenkinson（1996，1997）的研究即基于此数据来源。不过，这方面的统计在 2011 年 8 月后终止了。如今的英国国家统计局（Office for National Statistics）每年会发布《英国国民账户蓝皮书》（UK National Accounts，The Blue Book），其中包含非金融企业部门（含非金融公共企业和私人企业）完整的资金流量表。自 2014 年起，英国国民账户统计实现了与欧盟统计局（the Statistical Office of the European Union）发布的欧盟国民账户体系 ESA 2010（the European System of Accounts，2010）规范完全接轨。ESA 2010 对标的是 SNA 2008。基于 ESA 2010 的英国资金流量表可以追溯到 1987 年。但是，早先的几年存在口径不匹配和数据缺失问题，具有完整数据的年份实际上只能追溯到 1990 年。我们这里即采用这一数据来源。

《英国国民账户蓝皮书》中的资金流量表有两个特点：一是对融资核算采用的是总额而非净额；二是报表本身是非合并而不是合并的。前一个特点的好处是有助于揭示股票和债券等一些重要融资方式的融资总额，不像美联储的资金流量表只列示了股票和债券融资净额。后一个特点的劣势是部门内部交易没有对冲掉，存在着高估融资总额的倾向。由此，对于英国融资结构的分析使用净融资法可靠度高，而使用总融资法的可靠度则相对较差。在具体的统计项目上，蓝皮书中的资金流量表可以区分出内源融资、资本转移、银行融资、债券融资、权益融资（含股票融资）、商业票据融资和外商直接投资，但对商业信用融资并没有单独列示。

### （一）内源净融资占比

Corbett 和 Jenkinson（1996，1997）对英国融资结构的分析用企业部门的总留存收益（含折旧）代表内源融资。与前文我们对美国融资结构讨论类似，这里我们也需要对这一口径进行优化处理，即将存货价值调整的影响和对贵重物品以及非生产性的非金融资产投资从内源融资中剔除。

按照调整后的口径，我们运用净融资法对英国1990—2016年内源融资在实体投资中所占的比重进行了测度（见表3-8）。

**表3-8　英国净融资结构变化（1990—2016年）**　（单位：%）

| 年份 | 内源融资 | 资本转移 | 银行融资 | 债券融资 | 权益融资 | | 商业票据 | 外商直接投资 | 其他融资 | 统计误差 |
|---|---|---|---|---|---|---|---|---|---|---|
| | | | | | 合计 | 股票 | | | | |
| 1990 | 82.63 | 7.10 | 13.63 | 5.24 | -5.8 | 0.46 | 2.72 | 9.85 | -2.13 | -13.25 |
| 1991 | 90.66 | 3.78 | -7.84 | 8.63 | -1.87 | 5.90 | 3.36 | 3.59 | -3.94 | 3.63 |
| 1992 | 92.05 | 3.64 | -1.63 | 3.28 | 1.34 | 6.72 | -0.58 | 2.38 | -0.21 | -0.27 |
| 1993 | 103.72 | 3.41 | -25.32 | 6.85 | 8.87 | 16.21 | 0.79 | -2.09 | -5.06 | 8.82 |
| 1994 | 115.55 | 3.62 | -14.55 | 4.02 | -6.16 | 11.17 | 2.60 | 0.99 | 9.85 | -15.92 |
| 1995 | 103.65 | 5.03 | 8.60 | 12.74 | -14.98 | -3.59 | 0.86 | -7.45 | -21.12 | 12.66 |
| 1996 | 103.44 | 3.22 | 2.47 | 4.75 | -11.47 | -1.35 | 1.81 | 0.91 | -15.64 | 10.53 |
| 1997 | 92.54 | 2.05 | -2.29 | 12.11 | -21.55 | -2.94 | 1.66 | 2.30 | 12.28 | 0.90 |
| 1998 | 85.10 | 1.67 | 14.88 | 14.15 | -21.59 | 19.63 | 3.53 | 2.57 | -8.08 | 7.76 |
| 1999 | 82.91 | 2.16 | 5.86 | 31.27 | -27.95 | 52.50 | 0.60 | -0.89 | 16.19 | -10.15 |
| 2000 | 82.56 | 2.55 | 10.09 | 31.05 | -5.30 | 95.36 | 3.55 | 21.23 | -36.57 | -9.16 |
| 2001 | 74.37 | 3.53 | 6.91 | 12.27 | -24.16 | 2.06 | 0.23 | 7.12 | 24.83 | -5.12 |
| 2002 | 94.26 | 2.95 | 10.20 | 11.94 | -41.37 | 1.95 | 8.60 | 17.05 | -11.34 | 7.71 |
| 2003 | 101.92 | 4.91 | -4.75 | 14.4 | -20.39 | -4.45 | -2.09 | 0.38 | 14.87 | -9.25 |
| 2004 | 101.18 | 3.24 | 6.49 | 4.22 | -30.4 | -4.3 | -2.45 | -1.70 | 28.13 | -8.73 |
| 2005 | 93.98 | 10.43 | 17.43 | 11.36 | -37.24 | -11.13 | 1.72 | 18.77 | -11.92 | -4.52 |
| 2006 | 92.09 | 3.12 | 21.89 | 6.97 | -45.68 | -15.09 | -0.71 | 22.51 | 9.64 | -9.82 |
| 2007 | 83.49 | 2.66 | 43.8 | 5.98 | -42.4 | -4.13 | 1.64 | -34.31 | 45.64 | -6.50 |

续表

| 年份 | 内源融资 | 资本转移 | 银行融资 | 债券融资 | 权益融资 | | 商业票据 | 外商直接投资 | 其他融资 | 统计误差 |
|---|---|---|---|---|---|---|---|---|---|---|
| | | | | | 合计 | 股票 | | | | |
| 2008 | 93.09 | 3.77 | 45.42 | 10.4 | -60.88 | -10.06 | -0.43 | -21.31 | 25.25 | 4.68 |
| 2009 | 106.65 | 8.42 | -50.68 | 23.36 | 19.36 | 20.61 | -3.21 | 9.97 | -2.38 | -11.49 |
| 2010 | 122.90 | 4.41 | -32.24 | 6.70 | -8.8 | 8.93 | 1.60 | 7.95 | 12.19 | -14.71 |
| 2011 | 124.17 | 3.03 | -7.04 | 14.22 | -44.36 | -4.58 | 5.40 | 3.60 | 10.33 | -9.36 |
| 2012 | 98.56 | 2.02 | -22.65 | 8.08 | -10.04 | 0.26 | -4.00 | 8.62 | 17.16 | 2.24 |
| 2013 | 81.87 | 2.08 | -18.61 | 14.58 | -4.51 | 5.67 | 1.36 | -9.10 | 30.78 | 1.57 |
| 2014 | 88.96 | 1.75 | -19.06 | 8.15 | 37.74 | -12.88 | -0.06 | -4.09 | -10.38 | -3.00 |
| 2015 | 74.71 | 1.66 | -18.3 | 14.28 | 15.99 | 6.47 | -1.72 | 14.27 | -13.68 | 12.79 |
| 2016 | 86.51 | 1.41 | -6.97 | 14.34 | -5.14 | -63.07 | 2.51 | -6.30 | 20.25 | -6.63 |

资料来源：根据英国国家统计局相关数据计算。

结果显示，英国内源净融资占比总体水平很高，平均达94.57%。分区间统计来看，高于100%的年份共有9个，占全部年份的1/3；在90%~100%和80%~90%的年份均为8个，均占全部年份的29.6%；70%~80%的年份仅2个，占全部年份的7.4%；低于70%的年份为0。分期间来看，Mayer（1990）、Corbett和Jenkinson（1996，1997）指出了英国的内源净融资占比在1970—1985年处于极高水平，属于自我融资型，但在20世纪80年代中期后出现显著回落。不过，我们的测度显示，英国的内源净融资占比在1990—2016年的各期间平均值则稳定得多，基本上保持在90%以上。其中，1990—1995年为98.04%，1996—2000年有所下滑，为89.31%，2001—2005年回升至93.14%，2006—2010年进一步上升至99.64%，2011—2016年回落至92.46%（见表3-9）。分年的演化也显示，英国内源净融资占比基本上稳定在80%~120%内波动（见图3-11）。

**表3-9　英国各项融资方式净融资平均占比分期间变化情况**　（单位：%）

| 融资方式 | 1990—1995年 | 1996—2000年 | 2001—2005年 | 2006—2010年 | 2011—2016年 |
|---|---|---|---|---|---|
| 内源净融资 | 98.04 | 89.31 | 93.14 | 99.64 | 92.46 |
| 银行净融资 | -4.52 | 6.20 | 7.26 | 5.64 | -15.44 |
| 债券净融资 | 6.79 | 18.67 | 10.84 | 10.68 | 12.28 |
| 商业票据净融资 | 1.63 | 2.23 | 1.20 | -0.22 | 0.58 |
| 权益净融资 | -3.10 | -17.57 | -30.71 | -27.68 | -1.72 |

续表

| 融资方式 | 1990—1995 年 | 1996—2000 年 | 2001—2005 年 | 2006—2010 年 | 2011—2016 年 |
|---|---|---|---|---|---|
| 股票净融资 | 6.15 | 32.64 | -3.17 | 0.05 | -11.36 |
| 其他权益净融资 | -9.25 | -50.22 | -27.54 | -27.73 | 9.63 |
| 资本转移 | 4.43 | 2.33 | 5.01 | 4.48 | 1.99 |
| 外商直接投资 | 1.21 | 5.22 | 8.32 | -3.04 | 1.17 |
| 其他净融资 | -3.77 | -6.36 | 8.91 | 18.07 | 9.08 |
| 统计误差 | -0.72 | -0.02 | -3.98 | -7.57 | -0.40 |

注：本表数值为非加权平均值。

资料来源：根据英国国家统计局相关数据计算。

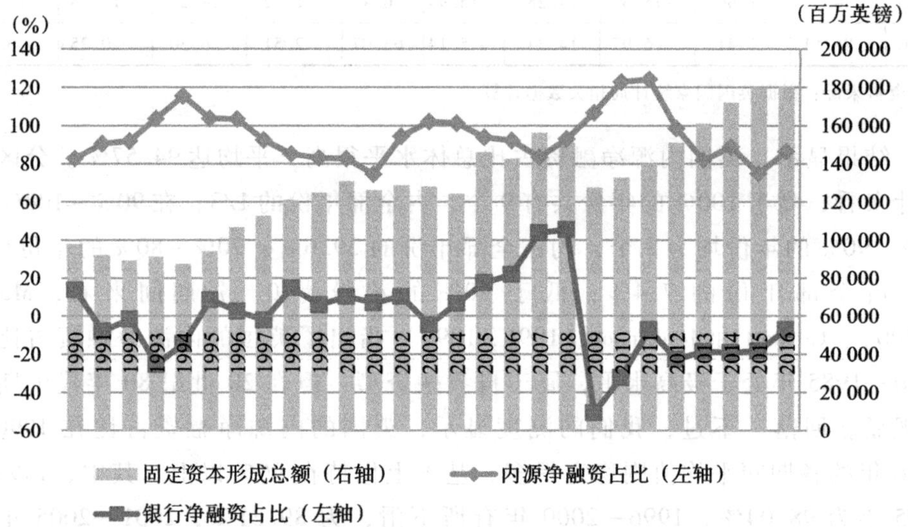


**图 3-11 英国内源净融资和银行净融资占比（1990—2016 年）**

资料来源：英国国家统计局、本书表 3-8。

从内源净融资占比与固定资产形成总额的变动关系来看，英国的内源净融资的逆周期特征基本上得到延续。1990 年和 2007 年，英国企业部门固定资本形成总额均达到了相对峰值，分别为 980 亿英镑、1 562 亿英镑，对应地，内源净融资占比则形成了相对低谷，分别为 82.63%、83.49%。相反地，1994 年，英国企业部门固定资本形成总额达到了相对低谷，为 876 亿英镑，而内源净融资占比则形成了相对峰值，为 115.55%（见图 3-11）。不过，这种对应关系并非总是完全吻合。2000 年和 2016 年，英国企业部门固定资本形成总额也达到了相对峰值，但内源净融资占比分别在 2001 年和 2015 年形成了相对低谷；2004 年和 2009 年，英国企业部门固定资本形成总额达到了相对低谷，但内源净融资占比分别在 2003 年和 2011 年形成了相对峰值。

总体上看，英国内源净融资水平很高，其占比稳定在 80%～120% 区间内波动，逆周期特征基本上得到延续，但吻合度反而不如以前。

### （二）银行净融资占比

SNA 2008 对贷款的范围做了拓展，包含的项目不仅限于银行部门。英国国家统计局将贷款分为短期贷款和长期贷款两个子项进行列示，其中，银行部门对企业的贷款主要包括货币金融机构的短期贷款和房屋担保贷款。非银行金融机构的贷款包括在“英国常住机构贷款”项下，这类贷款还包括非金融机构以及政府机构对企业部门的贷款，但没有列示各细分项，因此无法进行分离处理。企业部门的存款统计项包括在货币金融机构的存款、其他存款和现金。据此，我们将英国银行净融资确定为货币金融机构的短期贷款和房屋担保贷款与这几个存款统计项的差值。这个口径也对 Corbett 和 Jenkinson（1996，1997）的相关测度进行了优化处理。[①] 由此计算出的结果如表 3－8 所示。

表中可见，1990—2016 年，英国银行净融资占比的水平总体较低，只有不到一半的年份为正值，最高值仅为 45.42%，出现在 2008 年；超过一半的年份为负值，最低值为－50.68%，出现在 2009 年。分区间来看，高于 20% 的年份只有 3 个，占全部年份的 11.1%；在 10%～20% 和 0～10% 的年份均为 5 个，均占全部年份的 18.5%；在－10%～0 的年份共 7 个，占全部年份的 25.9%；在－20%～－10% 的年份共 4 个，占全部年份的 14.8%；低于－20% 的年份有 3 个，占全部年份的 11%。分期间来看，1990—1995 年，英国银行净融资平均占比只有－4.52%，处于很低水平。此后的 1996—2000 年和 2001—2005 年回升显著且较稳定，分别为 6.20%、7.26%；2006—2010 年，受金融危机影响，出现大起大落，平均占比为 5.64%，保持了一定水平；2011—2016 年则急剧下滑，平均占比为－15.44%，创下历史最低水平（见表 3－9）。分年演化的情况显示，2008 年全球金融危机爆发时，英国的银行净融资并没有受到冲击，反而创下了最高点，2009 年则受到严重冲击，银行净融资占比创下了历史最低点，并且在此后一直未得到恢复，运行在负值区

① Corbett 和 Jenkinson（1996，1997）的银行融资还包括了商业票据融资、零售合作社股份等。

（见图 3 – 11）。不难看出，Mayer（1990）、Corbett 和 Jenkinson（1996，1997）所描述说的英国银行净融资水平低、波动性大等特征得到了进一步的印证。

从英国银行净融资与内源净融资占比的变动来看，两者反向对应关系也基本上保持延续状态，相对峰值与相对波谷有着一定的对应关系。内源净融资占比的相对峰值年份有 1994 年、2003 年和 2011 年，相对低谷年份有 1990 年、2001 年、2007 年和 2015 年，而银行净融资占比则在 1993 年、2003 年和 2009 年达到了相对低谷，在 1990 年、2002 年、2008 年和 2016 年达到相对峰值。

从与固定资本形成总额的变动关系来看，英国银行净融资的顺周期特征也大体上延续。1990 年、2000 年、2007 年和 2016 年为英国企业部门固定资本形成总额相对峰值年份，银行净融资占比的相对峰值大致同步或接近。类似地，1994 年、2004 年和 2009 年为英国企业部门固定资本形成总额相对低谷年份，银行净融资占比的相对低谷也同步或接近（见图 3 – 11）。

总体上看，英国银行净融资水平较低，且波动性大，在 2008 年金融危机后则下降到负值区波动，其顺周期特征以及它与内源净融资占比的反向关系大体上都得到延续。

### （三）债券净融资占比

英国国家统计局对企业部门的债务证券融资分短期债务债券和长期债务证券两个子项列示，其中，短期债务证券列在“其他英国机构发行的货币市场工具”项下，实际上是商业票据；长期债务证券列在“英国货币金融机构和其他机构发行的长期债券”项下，其构成比较复杂，包括长期债券、中期票据、欧洲债券（Eurobond）、贷款债券（Loan Stock）[①] 以及优先股。对债务证券投资的统计同样分短期债务债券和长期债务证券两个子项列示。其中，短期债务证券包括国债、地方政府债、货币金融机构债、其他英国机构发行的货币市场工具、外国债券，长期债务债券细项几乎与短期的一致，只是不包含货币市场工具。另外则是将货币金融机构和其他机构发行的债券合并成一项。由于是非合并报表，所以，这个合并的债券统计细项可能包含企业部门自身发行的债券，按照净融资法，在计算债券净融资时需要将其扣除。在不能分离处理的情况下，这种扣除无法实现，好在这个细项的投资额较小，

① 一种无担保、无抵押的信用债券，具体形式又分为无保证的贷款债券（Unsecured Loan Stock）和可转换的贷款债券（Convertible Loan Stock），后者可以转换成普通股。

影响很有限。这样，我们将商业票据与长期债券分开处理，将英国企业部门的债券净融资确定为“英国货币金融机构和其他机构发行的长期债券”项下的统计额，且不再做任何扣除。这与 Corbett 和 Jenkinson（1996，1997）的口径基本上一致。由此计算出的结果如表 3－8 所示。

从表 3－8 中可见，1990—2016 年，英国企业部门的债券净融资占比水平相对较高，平均为 11.68%，最高值为 31.53%，出现在 1999 年。分区间统计来看，高于 20% 的年份有 3 个，占全部年份的 11.1%；在 10%～20% 和 0～10% 的年份均为 12 个，均占全部年份的 44.4%；没有低于 0 的年份。分期间来看，1990—1995 年，英国债券净融资平均占比为 6.79%，1996—2000 年则跃升至 18.67%，此后的 2001—2005 年、2006—2010 年和 2011—2016 年，则稳定在 10% 之上（见表 3－9）。Mayer（1990）、Corbett 和 Jenkinson（1996，1997）的研究显示，英国企业部门债券净融资水平在 20 世纪 80 年代中期之前很低，此后开始上升。我们的测度显示，这种上升势头在 20 世纪 90 年代后得到延续，并在 20 世纪 90 年代后期出现跳升（见图 3－12），其中的一个重要原因是欧洲债券的发展。伦敦交易所的统计显示，1995 年，英国企业在其旗下交易场所通过发行欧洲债券筹集资金为 248 亿英镑，到了 1999 年则增加到 855 亿英镑，2000 年进一步增加到 1 006 亿英镑。英国债券净融资水平的这种提升，使其与美国在这方面的特征变得很接近，从而使得两国的净融资结构更加趋同。

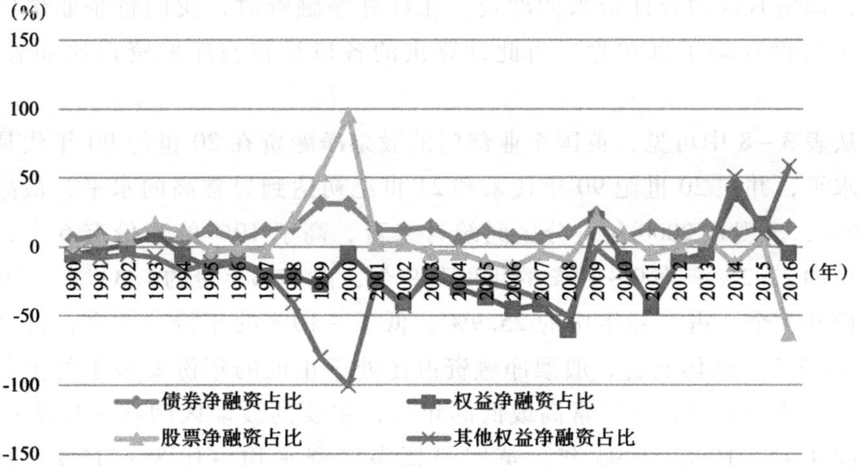


**图 3－12　英国债券净融资和权益净融资占比（1990—2016 年）**

资料来源：英国国家统计局、本书表 3－8。

总体上看，英国债券净融资水平在1990年后相对较高，且相当稳定，构成企业融资较可靠的外部来源，其占比水平开始变得与美国很接近，而欧洲债券的发展在其中发挥了重要作用。

### （四）权益净融资占比

SNA 2008对权益的含义做了拓展，区分了三种类型：（1）上市股份，即在交易所挂牌的权益性证券（Equity Securities）；（2）非上市股份，即未在交易所上市的权益性证券，通常也称为“私募股权”；（3）其他权益，指非证券形式的权益，包括在准法人公司、非法人基金等权益，甚至包括其他自然资源上的权益。ESA 2010明确权益证券在口径上还包括赎回股份（Redeemed Shares）、发起人股（Founders’ Shares）、参与优先股（Participating Preference Shares）等。英国国家统计局对权益融资的统计口径更宽，其中，上市股份包含员工持股计划和作为并购对价发行的股份，非上市股份则包含外商直接投资的股份。但在权益投资的统计中，英国又将“外国股份和其他权益”单独列在“其他权益”项下。这给我们的研究带来的困境是无法按照SNA 2008的口径区分三种形式权益，只能做到将上市股份和其他部分区分开来。当然，对于本书的研究来说，这已足够，因为我们的关注重点是股票融资。这样，我们区分了以下几种口径的权益融资：（1）股票融资，即上市股份带来的融资；（2）其他权益融资，即非上市股份以及其他权益带来的融资；（3）权益融资，即所有权益合计带来的融资。在计算净融资时，我们将企业部门在对应项下的投资均予以扣除。由此计算出的各口径权益净融资占比如表3－8所示。

从表3－8中可见，英国企业部门的股票净融资在20世纪90年代具有一定的水平，并在20世纪90年代末和21世纪初达到异常高的水平，最高值达95.36%，出现在2000年。分区间统计来看，高于10%的年份有6个，占全部年份的22.2%；在0～10%的年份共9个，占全部年份的1/3；在－10%～0的年份共7个，占全部年份的25.9%；低于－10%的年份达5个，占全部年份的18.5%。整体而言，股票净融资占比处于正值的年份要多于处于负值的年份，剔除少数指标值异常高或低的年份，主要的波动区间在－10%～10%。分期间来看，1990—1995年，英国股票净融资平均占比为6.15%；1996—2000年则跳升至32.64%，此后开始下滑，主要在负值区波动；2001—2005年、2006—2010年和2011—2016年，平均占比分别为－3.17%、0.05%和

-11.36%（见表3-9）。

英国股票净融资占比在1999—2000年出现的异常高指标值颇为引人关注。从伦敦交易所的统计来看，1999年和2000年，英国公司在其旗下交易所中股票类融资总额分别为153亿英镑、254亿英镑，而在资金流量表中这两年的股票融资总额高达856亿英镑、2094亿英镑，差距非常大。结合前面对英国统计口径的分析，我们推测，资金流量表中异常高的股票融资额可能与口径较宽有关。

从股票净融资与债券净融资占比的变动来看，两者有着较明显的同向关系，相关系数为0.6，只是股票净融资占比的波动远远大于债券净融资占比。

权益净融资和其他权益净融资水平在1990—2016年整体上均远远低于股票净融资，基本上在负值区运行。可见，即使拓展权益的范围，其净融资水平也不会有所提升。由于其他权益净融资中包含有外商直接股本投资，难以判定这种低水平究竟是英国对外直接股本投资，还是非上市股份净融资水平过低所致，因此，不再做进一步的讨论。

总体上看，英国股票净融资在20世纪90年代还发挥过一定的积极作用，但此后其占比开始下降，并主要在负值区波动，将考察范围从股票扩大到更广泛的权益，净融资水平并不会提升，反而会大幅下降。股票净融资水平和债券净融资水平同向关系显著。

### （五）商业票据净融资占比

如前所述，英国国家统计局在企业部门短期债务证券中列出的“其他英国机构发行的货币市场工具”实际上就是商业票据，将企业部门相应的投资扣除，即构成商业票据净融资。由此计算出的结果如表3-8所示。可见，1990—2016年，英国企业部门的商业票据净融资水平很低，平均占比只有1.08%；最高值为8.60%，出现在2002年；最低值为-4.00%，出现在2012年。分区间统计来看，高于3%的年份有5个，占全部年份的18.5%；在0～3%的年份共13个，占全部年份的48.1%；在-3%～0的年份共7个，占全部年份的25.9%；低于-3%的年份只有2个，占全部年份的7.4%。可见，与美国的情形类似，英国的企业部门商业票据净融资占比也一直在围绕0轴的一个很小的区间波动，在0值之上的年份数占2/3，说明商业票据构成一个较小的净融资来源。分期间来看，英国商业票据净融资平均占比在各期间同样都较小，其中，2006—2010年为-0.22%，在其他期间则都是正值。

1990—1995 年、1996—2000 年、2001—2005 年和 2011—2016 年，平均占比分别为 1.63%、2.23%、1.20% 和 0.58%（见表 3-9）。从演化上来看，英国商业票据净融资占比的可以分成两个阶段。（1）1990—2002 年为第一个阶段，英国商业票据净融资占比大体在 0 轴以上围绕 2% 的水平小幅波动，平均为 2.29%；（2）2003—2016 年则构成了第二个阶段，英国商业票据净融资占比大体围绕 0 轴波动，且波动加大，平均为 -0.03%（见图 3-13）。

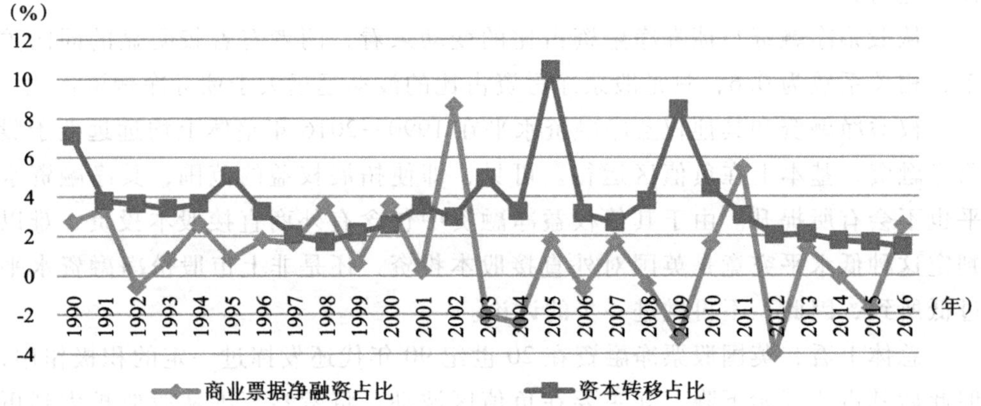


图 3-13　英国商业票据净融资和资本转移占比（1990—2016 年）

资料来源：本书表 3-8。

总体上看，英国企业部门的商业票据净融资作用较为有限，在 2002 年之前为较小的流入，在此后则围绕 0 轴波动，且波动性加大。

### （六）资本转移净融资占比

依据净融资法计算出的 1990—2016 年英国企业部门的资本转移净融资占比见表 3-8。表中可见，资本转移整体上构成较小的流入，且相当稳定，平均占比为 3.62%；最低值为 1.41%，出现在 2016 年；最高值为 10.43%，出现在 2005 年。分区间统计来看，高于 5% 的年份只有 4 个，占全部年份的 14.8%；在 3%~5% 的年份共 12 个，占全部年份的 44.4%；在 1%~3% 的年份共 11 个，占全部年份的 40.7%；低于 1% 的年份为 0。分期间来看，英国资本转移净融资平均占比呈现小幅波动，1990—1995 年为 4.43%，1995—2000 年下降到 2.33%，2001—2005 年则回升至 5.01%，2006—2010 年再小幅下降到 4.48%，2011—2016 年进一步下降到 1.99%（见表 3-9）。从演化上看，资本转移净融资占比除 2005 年和 2009 年较高外，并没有明显的阶段性特征（见图 3－13）。

总体上看，英国企业部门的资本转移构成较小的净融资流入，且相当稳定，其占比存在波动，但阶段性特征不明显。

### （七）外商直接投资净融资占比

英国国家统计局的资金流量表对外商直接投资的统计分两个部分：一个部分是权益投资，这部分我们在权益净融资分析中已加以讨论，并指出其中的外商直接股本投资无法分离出；另一部分是贷款，在长期贷款下单独列示。因此，本节对英国外商直接投资的讨论仅基于其长期贷款部分，不包含股本投资部分。这个口径是基于资料可获得性的选择，不反映英国外商直接投资的整体面貌。

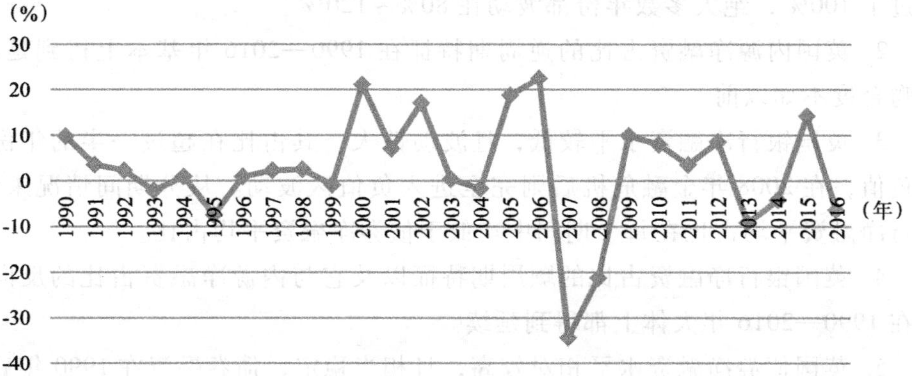


**图 3－14　英国外商直接投资占比（1990—2016 年）**

资料来源：本书表 3－8。

将外商对英国企业部门的长期贷款扣除掉英国企业部门对外商的长期贷款就构成外商直接投资净融资额，由此计算出的 1990—2016 年其占比的变化（见表 3－8）。从表 3－8 中可见，英国的外商直接投资以流入为主，但波动性较大，其占比为正值的年份达到了 18 个，占全部年份的 2/3；最高值为 22.51%，出现在 2006 年；最低值达－34.31%，出现在 2007 年。分区间来看，占比高于 10% 的年份有 5 个，占全部年份的 18.5%；在 0～10% 的年份共 13 个，占全部年份的 48.1%；在－10%～0 的年份有 7 个，占全部年份的 25.9%；低于－10% 的年份只有 2 个，占全部年份的 7.4%。从演化上来看，英国外商直接投资净融资占比可以分成两个阶段：（1）1990—1999 年为第一个阶段，其波动较小，基本上在－10% 到 10% 这区间内；（2）2000—2016 年则构成了第二个阶段，英国外商直接投资净融资占比的波动性加大，在一些年份（如2000年、2006年）达到了很高的净流入水平，在另外一些年份（如2007年、2008年）则达到了很高的净流出水平（见图3－14）。

总体上看，英国企业部门的外商直接投资以净流入为主，其占比的波动性在2000年后变得较大。

### （八）净融资结构综合分析

根据各项净融资占比的演化及对比，我们来对英国企业净融资结构的演化进行一个综合分析。总体上看，其主要特征如下：

1. 英国内源净融资总体水平很高，且较稳定，属于高度内源主导型的国家，内源净融资占比从未低于70%，高于90%的年份占63%，有1/3的年份超过了100%，绝大多数年份都波动在80%～120%。

2. 英国内源净融资占比的逆周期特征在1990—2016年基本上得到延续，但吻合度不如以前。

3. 英国银行净融资水平较低，且波动性大，其占比在超过一半的年份中为负值，在2008年金融危机后则完全进入负值区波动。从分期间情况来看，银行净融资平均占比在每个期间中均低于债券净融资平均占比。

4. 英国银行净融资占比的顺周期特征以及它与内源净融资占比的反向关系在1990—2016年大体上都得到延续。

5. 英国债券净融资水平相对较高，且相当稳定，债券融资在1990年后成为居第二位的净融资方式，构成企业较可靠的外部融资来源，其占比水平开始变得与美国很接近。

6. 英国股票净融资在20世纪90年代发挥过一定的积极作用，但此后其占比开始下降，并主要在负值区波动，股票已不再构成企业部门的净融资来源。

7. 从融资的角度来说，高水平的债券融资同样成为英国市场主导性金融体系的主要特征。如果将债券融资与股票融资合并成市场融资，则市场净融资在各个期间都要显著超过银行净融资。

8. 从英国股票净融资与债券净融资占比的变动来看，两者在1990—2016年有着较明显的同向关系。

9. 英国商业票据净融资作用较为有限，在2002年之前为较小的流入，在此后则围绕0轴波动，且波动性加大。

10. 英国资本转移构成较小的净融资流入，且相当稳定，其占比存在波动，但阶段性特征不明显。

11. 按长期贷款口径计算的英国外商直接投资以净流入为主，平均水平很低，其占比的波动性在2000年后变得较大。

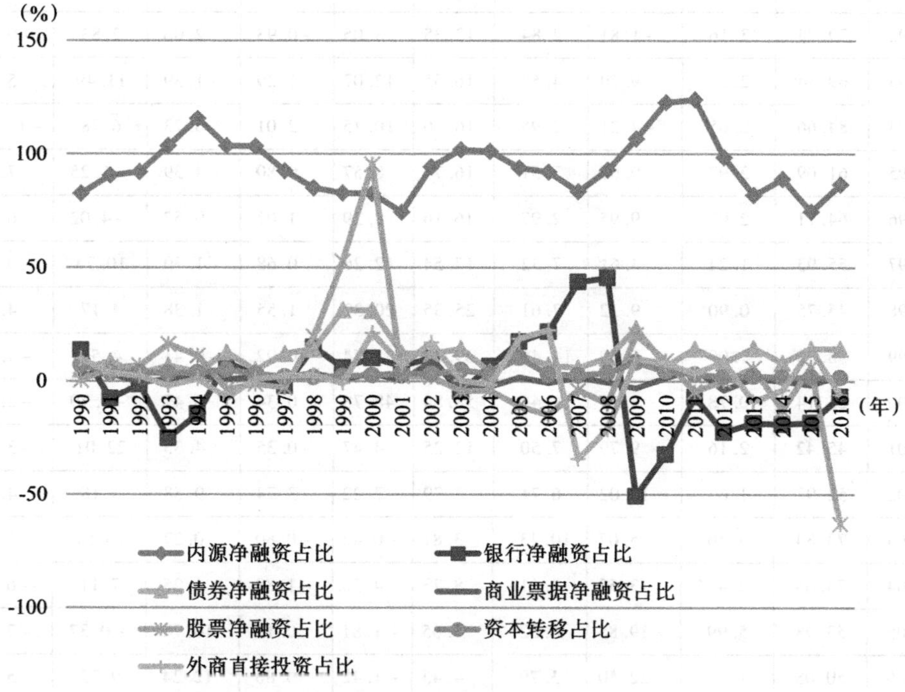


图3－15　英国净融资结构变化（1990—2016年）

资料来源：本书表3－8。

## （九）总融资结构综合分析

英国国家统计局的金融账户均以总额为基础，这样，其总融资结构能够较准确地呈现出。由于其金融账户是非合并的，因此，债券、商业票据、权益（含股票）等融资和总的金融方式融资都可能有高估倾向。在分析净融资时我们指出，债券净融资因数据上的困难而没有扣除项，这导致债券总融资和其净融资相同，由此其占比会较净融资占比下降。另外，内源融资和资本转移来自资本账户，没有扣除项，它们的总融资占比也会比净融资占比下降。

按照总融资法计算出的英国各项融资方式占比参见表3－10，其演化情况参见图3－16。

表 3-10　　英国总融资结构变化（1990—2016 年）　　（单位：%）

| 年份 | 内源融资 | 资本转移 | 银行融资 | 债券融资 | 权益融资 | | 商业票据 | 外商直接投资 | 其他融资 | 统计误差 |
|---|---|---|---|---|---|---|---|---|---|---|
| | | | | | 合计 | 股票 | | | | |
| 1990 | 60.01 | 5.16 | 16.15 | 3.81 | 9.40 | 3.47 | 1.92 | 7.15 | 6.03 | -9.62 |
| 1991 | 65.73 | 2.74 | -0.44 | 6.26 | 13.02 | 10.28 | 2.48 | 2.60 | 4.98 | 2.63 |
| 1992 | 79.74 | 3.16 | -1.81 | 2.84 | 12.35 | 8.05 | -0.93 | 2.06 | 2.83 | -0.23 |
| 1993 | 69.14 | 2.27 | -9.79 | 4.57 | 16.55 | 12.07 | 1.29 | -1.39 | 11.49 | 5.88 |
| 1994 | 84.66 | 2.65 | -4.21 | 2.95 | 16.10 | 10.75 | 2.01 | 0.73 | 6.78 | -11.66 |
| 1995 | 61.09 | 2.97 | 9.07 | 7.51 | 16.74 | 8.57 | 0.80 | -4.39 | -1.25 | 7.46 |
| 1996 | 64.71 | 2.02 | 9.95 | 2.97 | 16.16 | 8.29 | 1.07 | 0.57 | -4.02 | 6.58 |
| 1997 | 55.93 | 1.24 | 4.61 | 7.32 | 17.54 | 12.26 | 0.68 | 1.39 | 10.74 | 0.54 |
| 1998 | 45.75 | 0.90 | 9.12 | 7.61 | 25.35 | 20.32 | 1.55 | 1.38 | 4.17 | 4.17 |
| 1999 | 38.33 | 1.00 | 6.49 | 14.46 | 39.36 | 31.74 | 0.92 | -0.41 | 4.55 | -4.69 |
| 2000 | 25.14 | 0.78 | 6.55 | 9.46 | 58.84 | 48.78 | 0.34 | 6.47 | -4.79 | -2.79 |
| 2001 | 45.42 | 2.16 | 9.79 | 7.50 | 12.25 | 4.47 | -0.35 | 4.35 | 22.01 | -3.13 |
| 2002 | 52.97 | 1.66 | 10.02 | 6.71 | 7.79 | 7.22 | 3.74 | 9.58 | 3.18 | 4.33 |
| 2003 | 73.84 | 3.56 | 5.07 | 10.43 | 3.81 | -0.42 | -0.80 | 0.27 | 10.51 | -6.70 |
| 2004 | 74.68 | 2.40 | 13.55 | 3.11 | 8.73 | 4.33 | -1.89 | -1.25 | 7.11 | -6.44 |
| 2005 | 53.98 | 5.99 | 19.85 | 6.52 | 5.65 | -1.81 | 0.19 | 10.78 | -0.37 | -2.59 |
| 2006 | 50.08 | 1.70 | 22.50 | 3.79 | 4.45 | -1.42 | 0.86 | 12.24 | 9.72 | -5.34 |
| 2007 | 53.11 | 1.69 | 35.37 | 3.80 | 12.61 | 2.18 | 0.85 | -21.83 | 18.53 | -4.14 |
| 2008 | 56.34 | 2.28 | 18.59 | 6.30 | 11.66 | 1.73 | 0.67 | -12.90 | 14.22 | 2.83 |
| 2009 | 83.58 | 6.60 | -28.22 | 18.31 | 24.01 | 20.19 | -3.57 | 7.81 | 0.49 | -9.01 |
| 2010 | 88.43 | 3.17 | -14.90 | 4.82 | 13.41 | 6.30 | 2.13 | 5.72 | 7.81 | -10.58 |
| 2011 | 88.63 | 2.16 | -5.57 | 10.15 | 0.90 | 1.67 | 4.12 | 2.57 | 3.71 | -6.68 |
| 2012 | 71.03 | 1.46 | -8.34 | 5.82 | 7.64 | 0.49 | -2.94 | 6.21 | 17.52 | 1.61 |
| 2013 | 62.97 | 1.60 | -4.42 | 11.21 | 8.24 | 2.79 | 1.14 | -7.00 | 25.05 | 1.20 |
| 2014 | 92.52 | 1.82 | -2.89 | 8.47 | -12.94 | -18.32 | -1.02 | -4.25 | 21.40 | -3.12 |
| 2015 | 52.88 | 1.17 | 1.79 | 10.11 | 10.04 | 4.58 | -1.08 | 10.10 | 5.92 | 9.05 |
| 2016 | 61.07 | 1.00 | 6.01 | 10.12 | 10.01 | -38.07 | 0.76 | -4.45 | 20.14 | -4.68 |

资料来源：根据英国国家统计局相关数据计算。

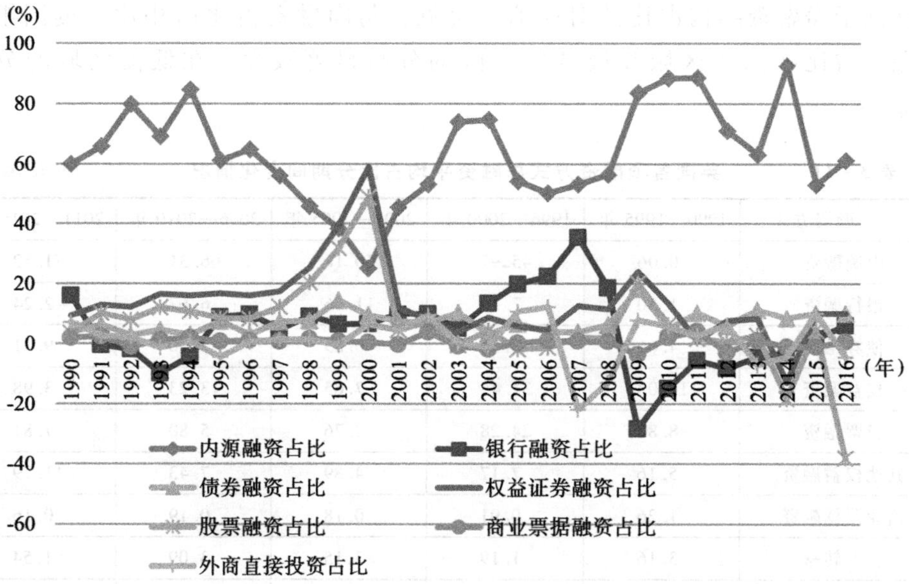


**图 3-16　英国总融资结构变化（1990—2016 年）**

资料来源：本书表 3-10。

从表 3-10 和图 3-16 中可见：

1. 1990—2016 年，内源总融资平均占比为 63.4%，较其净融资占比下降了约 1/3。尽管如此，内源融资依然是英国主导的总融资方式，远远超过其他融资方式。分区间统计来看，内源总融资占比低于 50% 的年份有 4 个，占全部年份的 14.8%；在 50%～60% 和 60%～70% 的年份均为 7 个，均占全部年份的 25.9%；在 70%～80% 和 80%～90% 的年份均为 4 个，均占全部年份的 14.8%；高于 90% 的年份有 1 个，为 2014 年。

2. 银行总融资占比相对其净融资占比有所提升，但总体水平依然不高，在多数时期的平均占比都低于债券总融资和权益总融资平均占比，甚至逊色于股票总融资占比，表现最突出的期间是 2001—2005 年，其平均占比为 11.66%，居第二位（见表 3-11）。分区间统计来看，银行总融资占比高于 20% 的年份仅 2 个，占全部年份的 7.4%，低于净融资结构占比的对应值；在 10%～20% 的年份共 5 个，占全部年份的 18.5%，与净融资结构占比的对应值相同；在 0～10% 的年份共 10 个，占全部年份的 37.0%，是净融资结构占比对应值的 1 倍；在 -10%～0 的年份共 8 个，占全部年份的 29.6%，也高于净融资结构占比的对应值；低于 -10% 的年份有 2 个，占全部年份的 7.4%，远远低于净融资结构占比的对应值。可见，与净融资占比值相比，英国银行总融资占比在高值区域和极端负值区的分布显著减少，在低值区域的分布增加。

表 3 – 11　　英国各项融资方式总融资平均占比分期间变化情况　　（单位：%）

| 融资方式 | 1990—1995 年 | 1996—2000 年 | 2001—2005 年 | 2006—2010 年 | 2011—2016 年 |
|---|---|---|---|---|---|
| 内源融资 | 70.06 | 45.97 | 60.18 | 66.31 | 71.52 |
| 银行融资 | 1.50 | 7.34 | 11.66 | 6.67 | -2.24 |
| 债券融资 | 4.66 | 8.36 | 6.85 | 7.40 | 9.31 |
| 权益融资 | 14.03 | 31.45 | 7.65 | 13.23 | 3.98 |
| 股票融资 | 8.87 | 24.28 | 2.76 | 5.80 | -7.81 |
| 其他权益融资 | 5.16 | 7.17 | 4.89 | 7.43 | 11.79 |
| 商业票据融资 | 1.26 | 0.91 | 0.18 | 0.19 | 0.16 |
| 资本转移 | 3.16 | 1.19 | 3.15 | 3.09 | 1.54 |
| 外商直接投资 | 1.13 | 1.88 | 4.75 | -1.79 | 0.53 |
| 其他融资 | 5.14 | 2.13 | 8.49 | 10.15 | 15.62 |
| 统计误差 | -0.92 | 0.76 | -2.91 | -5.25 | -0.44 |

注：本表数值为非加权平均值。

资料来源：根据英国国家统计局相关数据计算。

3. 债券融资尽管因技术性原因在总融资中占比出现了整体性下降，但总体水平依然较高。除 2001—2005 年外，其总融资平均占比在其他各期间的平均值均超过银行总融资平均占比。

4. 股票融资的作用总体上进一步地上升，在 1990—1995 年和 1996—2000 年，其总融资平均占比超过了债券总融资平均占比，仅次于内源融资，在主要融资方式中居第二。

5. 权益融资的作用出现了大幅翻转，从原先的总体上较大规模的流出转为总体上较大规模的流入，成为非常重要的融资方式，合计的权益总融资平均占比在 1990—1995 年、1996—2000 年和 2006—2010 年均大幅超过了银行总融资平均占比和债券总融资平均占比，仅次于内源融资。尽管其中存在着权益融资口径偏宽的问题，但如此大幅的提升还是在一定程度说明了非上市股份和其他权益融资在英国企业部门总融资中发挥了相当积极的作用。

6. 商业票据融资的作用总体上不升反降，资本转移依然发挥着一定的积极作用。

## （十）一些特殊的融资结构分析

从英国国家统计局的资金流量表来看，我们对特殊的融资结构的分析仍集中在银行部门融资效率、直接融资与间接融资对比以及债务融资与权益融资对比上。

1. 银行部门融资效率

对英国银行部门融资效率指标值的计算结果如表 3－12 所示。我们仍需要将银行总融资为正值和为负值两种情况分开讨论。

**表 3－12　英国银行部门融资效率指标值变化（1990—2016 年）**

| 银行总融资为正值 | | | | | | | | 银行总融资为负值 | |
|---|---|---|---|---|---|---|---|---|---|
| 年份 | 指标值 | 年份 | 指标值 | 年份 | 指标值 | 年份 | 指标值 | 年份 | 指标值 |
| 1990 | 0.61 | 2000 | 0.47 | 2006 | 0.53 | 1991 | 12.83 | 2011 | 0.90 |
| 1995 | 0.56 | 2001 | 0.43 | 2007 | 0.79 | 1992 | 0.78 | 2012 | 1.96 |
| 1996 | 0.15 | 2002 | 0.57 | 2008 | 1.48 | 1993 | 1.72 | 2013 | 3.24 |
| 1997 | -0.30 | 2003 | -0.68 | 2015 | -7.22 | 1994 | 2.53 | 2014 | 6.87 |
| 1998 | 0.88 | 2004 | 0.35 | 2016 | -0.82 | 2009 | 1.41 | | |
| 1999 | 0.42 | 2005 | 0.50 | | | 2010 | 1.56 | | |

资料来源：根据英国国家统计局相关数据计算。

1990—2016 年共 27 年，英国银行部门贷款额为正值的年份有 17 个。其中，银行部门融资效率指标值超过 1 的年份仅 1 个，指标值在 0.5～1 的年份有 7 个，指标值在 0.3～0.5 的年份有 4 个，指标值在 0～0.3 的年份有 1 个，低于 0 的年份均有 4 个。也就是说，指标值在 0.5 以上的年份数合计占银行部门贷款额为正值的年份数的比例不到一半，银行部门融资效率不太高。

在 10 个银行部门贷款额为负值的年份里，仅有 2 个年份的银行部门融资效率指标值小于 1，有 4 个年份的指标值在 1～2，还有 4 个年份指标值超过了 2，总平均值达 3.38，说明在银行总融资受到冲击时，实体投资受到的冲击要大得多，银行体系的表现更逊色于正常年份。

2. 直接融资与间接融资对比

我们仍将窄口径的直接融资确定为债券融资和股票融资之和，将宽口径的直接融资确定为债券融资、股票融资和商业票据融资之和。由此计算出的两种口径的直接融资与间接融资的净额结构和总额结构指标值参见表 3－13、

表 3 - 14。

**表 3 - 13 英国直接融资与间接融资净额结构指标值变化（1990—2016 年）**

| 年份 | 净额结构 I | 净额结构 II | 年份 | 净额结构 I | 净额结构 II | 年份 | 净额结构 I | 净额结构 II |
|---|---|---|---|---|---|---|---|---|
| 银行净融资为正值 | | | | | | | | |
| 1990 | 0.42 | 0.62 | 2000 | 12.53 | 12.88 | 2006 | -0.37 | -0.40 |
| 1995 | 1.06 | 1.16 | 2001 | 2.07 | 2.11 | 2007 | 0.04 | 0.08 |
| 1996 | 1.38 | 2.11 | 2002 | 1.36 | 2.20 | 2008 | 0.01 | 0.00 |
| 1998 | 2.27 | 2.51 | 2004 | -0.01 | -0.39 | | | |
| 1999 | 14.30 | 14.40 | 2005 | 0.01 | 0.11 | | | |
| 银行净融资为负值 | | | | | | | | |
| 1991 | -1.85 | -2.28 | 2003 | -2.09 | -1.65 | 2013 | -1.09 | -1.16 |
| 1992 | -6.13 | -5.78 | 2009 | -0.87 | -0.80 | 2014 | 0.25 | 0.25 |
| 1993 | -0.91 | -0.94 | 2010 | -0.48 | -0.53 | 2015 | -1.13 | -1.04 |
| 1994 | -1.04 | -1.22 | 2011 | -1.37 | -2.14 | 2016 | 6.99 | 6.63 |
| 1997 | -4.00 | -4.73 | 2012 | -0.37 | -0.19 | | | |

注：净额结构 I =（债券净融资 + 股票净融资）/银行净融资

净额结构 II =（债券净融资 + 股票净融资 + 商业票据净融资）/银行净融资

资料来源：根据英国国家统计局相关数据计算。

**表 3 - 14 英国直接融资与间接融资总额结构指标值变化（1990—2016 年）**

| 年份 | 总额结构 I | 总额结构 II | 年份 | 总额结构 I | 总额结构 II | 年份 | 总额结构 I | 总额结构 II |
|---|---|---|---|---|---|---|---|---|
| 银行总融资为正值 | | | | | | | | |
| 1990 | 0.45 | 0.57 | 2000 | 8.89 | 8.94 | 2006 | 0.11 | 0.14 |
| 1995 | 1.77 | 1.86 | 2001 | 1.22 | 1.19 | 2007 | 0.17 | 0.19 |
| 1996 | 1.13 | 1.24 | 2002 | 1.39 | 1.76 | 2008 | 0.43 | 0.47 |
| 1997 | 4.25 | 4.39 | 2003 | 1.97 | 1.82 | 2015 | 8.21 | 7.60 |
| 1998 | 3.06 | 3.23 | 2004 | 0.55 | 0.41 | 2016 | -4.65 | -4.52 |
| 1999 | 7.12 | 7.26 | 2005 | 0.24 | 0.25 | | | |
| 银行总融资为负值 | | | | | | | | |
| 1991 | -37.59 | -43.23 | 2009 | -1.36 | -1.24 | 2013 | -3.17 | -3.43 |
| 1992 | -6.02 | -5.50 | 2010 | -0.75 | -0.89 | 2014 | 3.41 | 3.76 |
| 1993 | -1.70 | -1.83 | 2011 | -2.12 | -2.86 | | | |
| 1994 | -3.25 | -3.73 | 2012 | -0.76 | -0.40 | | | |

注：总额结构 I =（债券总融资 + 股票总融资）/银行总融资

总额结构 II =（债券总融资 + 股票总融资 + 商业票据总融资）/银行总融资

资料来源：根据英国国家统计局相关数据计算。

先看净额结构。1990—2016 年共 27 年，英国银行净融资为正值的年份有 13 个。其中，直接融资与间接融资净额结构 I 指标值超过 3 的年份有 2 个，指标值在 1 ~ 3 的年份有 5 个，指标值在 0 ~ 1 的年份有 4 个，低于 0 的年份有 2 个。可见，在银行净融资为正值的年份中，英国的直接净融资高于其值的年份数超过了一半。

在 14 个银行净融资为负值的年份中，直接融资与间接融资净额结构 I 指标值为负值的年份达 12 个，占 85.7%，其中有 8 个年份的指标值小于 -1，在其他 2 个年份中，只有 1 个年份的指标值超过 1。可见，与美国的情形类似，在银行净融资为负值的年份中，英国的直接净融资总体表现得要突出得多。

再看总额结构。在 1990—2016 年 17 个英国银行总融资为正值的年份中，直接融资与间接融资总额结构 I 指标值超过 3 和在 1 ~ 3 的年份均为 5 个，指标值在 0 ~ 1 的年份有 6 个，低于 0 的年份只有 1 个。也就是说，在银行总融资为正值的年份中，英国的直接总融资超过其值的年份数为 58.8%。

在 10 个银行总融资为负值的年份中，直接融资与间接融资净额结构 I 指标值为负值的年份达 9 个，其中有 7 个年份的指标值小于 -1。可见，与净融资的情形类似，在银行总融资为负值的年份中，英国的直接总融资表现得要突出得多。

综合以上情况，1990—2016 年，无论在净额层次还是在总额层次上，英国的直接融资都要胜于间接融资。其中，在银行融资为正值的情况下，直接融资有过半的年份超过了间接融资，而在银行融资为负值的情况下，直接融资基本上都是流入，表现远胜于间接融资。

商业票据融资占比很小，所以，直接融资与间接融资净额结构 II 指标值的情况基本上和指标 I 类似，不影响上述分析的结论。

3. 债务融资与权益融资对比

与上一小节类似，我们同样确定两种口径的债务融资，窄口径包括银行融资和债券融资，宽口径则在此基础上将商业票据融资包括在内。由此计算出的两种口径的债务融资与权益融资的净额结构和总额结构指标值参见表 3 - 15 和表 3 - 16。

先看净额结构。在 1990—2016 年共 27 年，英国股票净融资为正值的年份有 15 个，其中，债务融资与权益融资净额结构 I 指标值高于 1 和在 0 ~ 1 的年份均为 4 个，低于 0 的年份有 7 个。可见，债务净融资高于权益净融资在

**表 3－15　英国债务融资与权益融资净额结构指标值变化（1990—2016 年）**

| 年份 | 净额结构 I | 净额结构 II | 年份 | 净额结构 I | 净额结构 II | 年份 | 净额结构 I | 净额结构 II |
|---|---|---|---|---|---|---|---|---|
| 股票净融资为正值 | | | | | | | | |
| 1990 | 41.02 | 46.93 | 1998 | 1.48 | 1.66 | 2009 | －1.33 | －1.48 |
| 1991 | 0.13 | 0.70 | 1999 | 0.71 | 0.72 | 2010 | －2.86 | －2.68 |
| 1992 | 0.25 | 0.16 | 2000 | 0.43 | 0.47 | 2012 | －56.04 | －71.42 |
| 1993 | －1.14 | －1.09 | 2001 | 9.31 | 9.42 | 2013 | －0.71 | －0.47 |
| 1994 | －0.94 | －0.71 | 2002 | 11.35 | 15.76 | 2015 | －0.62 | －0.89 |
| 股票净融资为负值 | | | | | | | | |
| 1995 | －5.94 | －6.18 | 2004 | －2.49 | －1.92 | 2008 | －5.55 | －5.51 |
| 1996 | －5.35 | －6.69 | 2005 | －2.59 | －2.74 | 2011 | －1.57 | －2.75 |
| 1997 | －3.34 | －3.90 | 2006 | －1.91 | －1.87 | 2014 | 0.85 | 0.85 |
| 2003 | －2.17 | －1.70 | 2007 | －12.05 | －12.45 | 2016 | －0.12 | －0.16 |

注：净额结构 I＝（银行净融资＋债券净融资）／股票净融资

净额结构 II＝（银行净融资＋债券净融资＋商业票据净融资）／股票净融资

资料来源：根据英国国家统计局相关数据计算。

**表 3－16　英国债务融资与权益融资总额结构指标值变化（1990—2016 年）**

| 年份 | 总额结构 I | 总额结构 II | 年份 | 总额结构 I | 总额结构 II | 年份 | 总额结构 I | 总额结构 II |
|---|---|---|---|---|---|---|---|---|
| 股票总融资为正值 | | | | | | | | |
| 1990 | 5.75 | 6.31 | 1998 | 0.82 | 0.90 | 2009 | －0.49 | －0.67 |
| 1991 | 0.57 | 0.81 | 1999 | 0.66 | 0.69 | 2010 | －1.60 | －1.26 |
| 1992 | 0.13 | 0.01 | 2000 | 0.33 | 0.34 | 2011 | 2.74 | 5.21 |
| 1993 | －0.43 | －0.33 | 2001 | 3.87 | 3.79 | 2012 | －5.14 | －11.14 |
| 1994 | －0.12 | 0.07 | 2002 | 2.32 | 2.84 | 2013 | 2.43 | 2.84 |
| 1995 | 1.93 | 2.03 | 2004 | 3.85 | 3.41 | 2015 | 2.60 | 2.36 |
| 1996 | 1.56 | 1.69 | 2007 | 17.97 | 18.36 | | | |
| 1997 | 0.97 | 1.03 | 2008 | 14.39 | 14.77 | | | |
| 股票总融资为负值 | | | | | | | | |
| 年份 | 总额结构 I | 总额结构 II | 年份 | 总额结构 I | 总额结构 II | 年份 | 总额结构 I | 总额结构 II |
| 2003 | －36.90 | －35.00 | 2006 | －18.51 | －19.12 | 2016 | －0.42 | －0.44 |
| 2005 | －14.57 | －14.67 | 2014 | －0.30 | －0.25 | | | |

注：总额结构 I＝（银行总融资＋债券总融资）／股票总融资

总额结构 II＝（银行总融资＋债券总融资＋商业票据总融资）／股票总融资

资料来源：根据英国国家统计局相关数据计算。

后者为正值的年份里仅占约1/4。

在12个英国股票净融资为负值的年份中，债务融资与权益融资净额结构I指标值大于1的年份为0，指标值在0～1和－1～0的年份各有1个，指标值低于－1的年份达8个。可见，在股票净融资为负值的年份中，债务净融资绝大多数为正值，且规模较大。

再看总额结构。在1990—2016年，英国股票总融资为正值的年份共有22个。其中，债务融资与权益融资总额结构I指标值超过3的年份有5个，在1～3和0～1的年份均为6个，指标值在－1～0的年份有3个，低于－1的年份只有2个。也就是说，在股票总融资为正值的年份中，英国的债务总融资超过其值的年份数占一半。

在5个英国股票总融资为负值的年份中，债务融资与权益融资总额结构I指标值皆为负值，其中有3个年份的指标值小于－10。可见，在股票总融资为负值的年份中，英国的债务总融资总是为正值，且多数规模很大。

综合以上情况，1990—2016年，虽然英国债务净融资在股票净融资为正值时超过后者的年份只有4个，但在股票净融资为负值的12个年份中，债务净融资全面超过前者，合并来看，债务净融资还是显著强于股票净融资。总融资的情况也类似。在股票总融资为正值时，债务总融资超过股票总融资的年份占到了一半，在股票总融资为负值的5个年份中，债务总融资全面超过前者。因此，可以说英国企业部门的债务融资总体上超越了权益融资，在股票融资为负值时，则形成了完全超越。

英国债务融资与权益融资净额结构II和总额结构II指标值的情况基本上和相应的指标I类似，所以，也不再单独讨论。

## 四、德国融资结构及演化

德意志联邦银行（Deutsche Bundesbank）[①] 发布的“德国金融账户”（Financial Accounts for Germany）包含完整的非金融企业部门（Non－financial Corporations）资金流量表。由于SNA体系的变化，德国这些报表编制规范也不一样，主要有ESA 1995[②] 和ESA 2010体系。前者的数据可追溯到1991年，

---

① 德国的中央银行。

② ESA 1995对标的是SNA 1993。

终止于2013年；后者可追溯到1999年。具体的金融账户既有非合并报表，也有合并报表，既有年度数据，也有季度数据。对此，我们首先选择合并报表，以消除企业部门内部交易的影响。其次，对不同规范编制的或不同时间发布的同一年份数据进行了仔细的比对，选择在各种比较中吻合度高的数据。最终，我们采用了基于ESA 1995编制的1991—2012年合并报表数据和基于ESA 2010编制的2013—2016年合并报表数据。在比对数据过程中，我们也对报表中存在的个别数据明显错误进行了校订。

在具体的统计项目上，德国的资金流量表可以区分出内源融资、资本转移、银行融资、债券融资、股票融资、其他权益融资、商业票据融资，但对商业信用融资、外商直接投资都没有单独列示。

### （一）内源净融资占比

德国的资金流量表只列示了资本形成总额，未进一步区分固定资本形成总额和存货价值调整，因此，我们这里直接用资本形成总额代表实体投资额。Corbett和Jenkinson（1996，1997）对德国融资结构的分析用企业部门的留存收益、折旧和养老金之和代表内源融资。德国的这种养老金属于企业的应付款，从概念上不应属于内源融资的范畴，在统计上也不连续。鉴于此，我们不将其纳入内源融资，即内源融资只包括留存收益和折旧。另外，与以往一致，对于非生产性的非金融资产投资，我们将其从内源融资中剔除。

按照调整后的口径，我们运用净融资法对德国1991—2016年内源融资在实体投资中所占的比重进行了测度。结果显示，德国内源净融资占比在期初的水平不算很高，但总体上不断上升，到期末已逼近美国内源净融资水平，进入完全自我融资状态（见表3-17），1991—2016年的平均值达92.39%，与英国同期的平均值很接近。分区间统计来看，高于100%的年份共有12个，占全部年份的46.2%，全部出现在2003年之后；在80%~100%的年份为5个，占全部年份的19.2%；60%~80%的年份有7个，占全部年份的26.9%；低于70%的年份为2个，占全部年份的7.7%。分期间来看，1991—1995年，德国内源净融资平均占比为65.68%，1996—2000年小幅上升至70.27%，2001—2005年再大幅上升至93.62%，2006—2010年进一步上升至108.82%，2011—2016年继续攀升至118.36%（见表3-18）。无论是分年还是分期间的演化，均显示德国的内源净融资占比在不断上升（见图3-17）。Mayer（1990）、Corbett和Jenkinson（1996，1997）的研究表明，尽管德国原先也属于内源融资主导型国家，但这种主导程度相对较低。然而，我们的测度显示，原先的格局在21世纪后被打破，德国内源净融资水平已超越英国，与美国趋同。

表3-17　　德国净融资结构变化（1991—2016年）　　（单位:%）

| 年份 | 内源融资 | 银行融资 | 债券融资 | 股票融资 | 其他权益 | 商业票据 | 资本转移 | 其他融资 | 统计误差 |
|---|---|---|---|---|---|---|---|---|---|
| 1991 | 57.01 | 47.94 | -5.26 | -4.75 | 3.35 | 0.52 | 9.31 | -13.54 | 5.42 |
| 1992 | 60.25 | 25.48 | 8.72 | -1.24 | 1.53 | -1.29 | 7.57 | -0.34 | -0.68 |
| 1993 | 65.58 | 14.58 | 27.46 | 2.55 | 3.64 | -2.80 | 8.44 | -14.49 | -4.97 |
| 1994 | 67.01 | 6.76 | 6.73 | 3.29 | 1.10 | -0.22 | 6.13 | 10.36 | -1.13 |
| 1995 | 78.54 | 15.58 | -37.3 | -1.74 | 0.69 | -0.81 | 66.79 | -19.88 | -1.87 |
| 1996 | 86.85 | 19.27 | 4.63 | 1.32 | 1.91 | 1.80 | 5.37 | -22.12 | 0.98 |
| 1997 | 81.58 | 34.21 | 2.71 | -5.48 | 2.57 | 0.68 | 5.03 | -21.37 | 0.05 |
| 1998 | 78.84 | 41.13 | -1.15 | -0.89 | 3.30 | -0.08 | 5.52 | -29.44 | 2.76 |
| 1999 | 64.20 | 59.95 | -20.43 | -8.85 | -6.94 | 4.05 | 4.47 | -5.95 | 9.48 |
| 2000 | 39.90 | 76.62 | -13.48 | -28.96 | 32.55 | -2.82 | 4.54 | -5.65 | -2.71 |
| 2001 | 74.29 | 19.71 | -7.51 | 0.74 | 14.37 | -0.79 | 7.50 | -10.08 | 1.77 |
| 2002 | 93.65 | 11.38 | 25.65 | -47.42 | 26.43 | -0.16 | 8.11 | -7.57 | -10.06 |
| 2003 | 87.04 | -26.36 | 31.14 | -5.17 | 17.50 | 6.00 | 7.93 | -21.50 | 3.41 |
| 2004 | 109.13 | -51.57 | 32.77 | -18.26 | 20.69 | -6.49 | 6.54 | 2.38 | 4.80 |
| 2005 | 103.97 | -20.93 | 14.11 | -2.41 | 2.45 | -4.41 | 6.38 | -3.73 | 4.59 |
| 2006 | 100.83 | 0.72 | 3.95 | -22.3 | -10.05 | -0.28 | 4.85 | -74.65 | 96.91 |
| 2007 | 104.23 | 5.64 | -2.25 | -11.95 | 7.95 | 6.54 | 4.36 | -57.37 | 42.83 |
| 2008 | 90.97 | 5.63 | 1.18 | 10.81 | 7.32 | 1.46 | 4.62 | -2.85 | -19.17 |
| 2009 | 121.88 | -18.61 | 10.78 | -8.43 | -7.86 | -15.20 | 8.19 | 1.37 | 7.88 |
| 2010 | 126.2 | -9.54 | 0.70 | -7.92 | -14.78 | 1.15 | 6.47 | -9.08 | 6.80 |
| 2011 | 105.15 | 4.99 | -0.01 | -4.69 | -9.44 | 1.06 | 5.40 | -1.08 | -1.39 |
| 2012 | 108.82 | -4.48 | 8.34 | -7.38 | -6.52 | 0.42 | 5.94 | -11.46 | 6.29 |
| 2013 | 121.08 | 6.99 | 3.54 | 0.36 | -7.99 | -0.89 | 5.80 | -55.43 | 26.55 |
| 2014 | 119.05 | 1.21 | 6.17 | 4.47 | 2.53 | -4.11 | 7.23 | 23.66 | -60.21 |
| 2015 | 127.39 | 3.96 | 1.86 | 3.86 | -8.09 | 0.85 | 5.29 | -21.20 | -13.94 |
| 2016 | 128.65 | 6.58 | 8.13 | -8.53 | -5.61 | 0.13 | 5.68 | 7.23 | -42.27 |

资料来源：根据德意志联邦银行相关数据计算。

表 3-18　德国各项融资方式净融资平均占比分期间变化情况　（单位：%）

| 融资方式 | 1991—1995 年 | 1996—2000 年 | 2001—2005 年 | 2006—2010 年 | 2011—2016 年 |
|---|---|---|---|---|---|
| 内源净融资 | 65.68 | 70.27 | 93.62 | 108.82 | 118.36 |
| 银行净融资 | 22.07 | 46.24 | -13.55 | -3.23 | 3.21 |
| 债券净融资 | 0.07 | -5.54 | 19.23 | 2.87 | 4.67 |
| 股票净融资 | -0.38 | -8.57 | -14.50 | -7.96 | -1.99 |
| 其他权益净融资 | 2.06 | 6.68 | 16.29 | -3.48 | -5.85 |
| 商业票据净融资 | -0.92 | 0.73 | -1.17 | -1.27 | -0.42 |
| 资本转移 | 19.65 | 4.99 | 7.29 | 5.70 | 5.89 |
| 其他净融资 | -7.58 | -16.91 | -8.10 | -28.52 | -9.71 |
| 统计误差 | -0.65 | 2.11 | 0.90 | 27.05 | -14.16 |

注：本表数值为非加权平均值。

资料来源：根据德意志联邦银行相关数据计算。

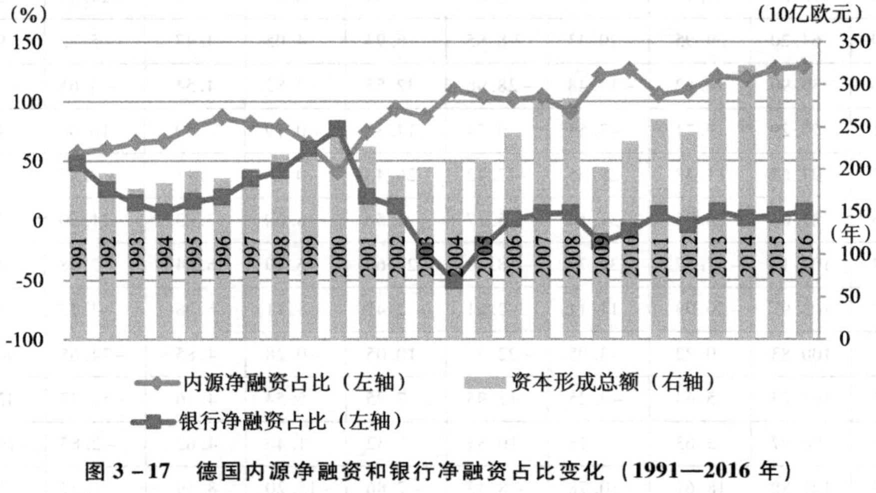


图 3-17　德国内源净融资和银行净融资占比变化（1991—2016 年）

资料来源：德意志联邦银行、本书表 3-17。

从与资本形成总额的变动关系来看，Corbett 和 Jenkinson（1996）所说的德国内源净融资弱逆周期特征仍然延续。2000 年和 2008 年，德国企业部门资本形成总额均达到了相对峰值，分别为 2 468 亿欧元、2 838 亿欧元，对应地，内源净融资占比则形成了相对低谷，分别为 39.90%、90.97%。相反地，1996 年和 2002 年，德国企业部门资本形成总额达到了相对低谷，分别为 1 897 亿欧元、1 925 亿欧元，而内源净融资占比则形成了相对峰值，分别为 86.85%、93.65%（见图 3-17）。不过，在其他一些实体投资低谷（如 2009

年）和峰值（2016年），这种对应关系稍差，并非完全吻合。

总体上看，德国的内源净融资水平在不断上升，从期初不太高的水平攀升至期末超高的水平，进入了完全自我融资的状态，其弱的逆周期特征仍然延续。

### （二）银行净融资占比

德国以前对企业部门贷款的统计主要有三项——短期银行贷款、长期银行贷款、保险贷款，银行融资很容易计算。不过，基于ESA 1995体系的合并报表对贷款的统计只列示了短期贷款和长期贷款，在非合并的报表中则分项列示了贷款来源，包括货币金融机构、其他非货币金融机构、政府机构、非金融企业以及国外机构。

两者对照，可以推断，合并报表中企业部门的贷款应主要来自货币金融机构和非货币金融机构、国外机构。由于无法将国外机构的贷款分离出，所以合并报表中的贷款口径要比通常的含义宽泛。另外，德国基于ESA 1995体系的合并报表在投资部分也列示了贷款统计项，这与其他国家的资金流量表很不一样。这种情况一般出现于基于SNA 2008或ESA 2010体系对贷款的范围做了拓展的报表中。

Corbett和Jenkinson（1996，1997）在计算德国银行净融资时将这种企业部门对外贷款也予以扣除。不过，从概念上讲，企业部门的贷款对象不应该包括银行类机构，非合并报表中列示的贷款对象也印证了这一点，其中不包含货币金融机构。因此，为了慎重起见，我们在计算德国银行净融资时对此不予扣除。德国企业部门的存款统计项有现金和活期存款、定期存款、储蓄存款、存单存款。在计算德国银行净融资时，这几项均一并扣除。由此计算出的德国银行净融资占比的结果如表3－17所示。

表中可见，按照我们确定的偏宽的口径，德国银行净融资在1991—2000年发挥了较重要的作用，但此后则整体处于很低的水平，其占比最高值为76.62%，出现在2000年，最低值为－51.54%，出现在2004年。分区间来看，高于20%的年份有6个，占全部年份的23.1%，全部出现在2000年及之前；在10%～20%的年份为5个，占全部年份的19.2%；在0～10%的年份共9个，占全部年份的34.6%；低于0的年份有6个，占全部年份的23.1%，全部出现在2000年之后。分期间来看，1991—1995年，德国银行净融资平均占比为22.07%，处于较高水平；1996—2000年进一步上升到46.24%，处于很高水平；此后则出现急剧下滑至很低的水平，2001—2005 年、2006—2010 年和 2011—2016 年，银行净融资平均占比分别只有 -13.55%、-3.23%、3.21%（见表 3-18）。分年演化的情况显示，2008 年全球金融危机爆发时，德国的银行净融资并没有受到冲击，反而形成了相对峰值，2009 年则受到显著冲击，形成了相对低谷（见图 3-17）。Mayer（1990）、Corbett 和 Jenkinson（1996，1997）指出，德国的银行净融资水平出人意料的低，只是在 20 世纪 90 年代初期处于相对较高水平。本书的测度则显示，德国银行净融资在 20 世纪 90 年代整体处于相对较高水平，此后则下降至比 20 世纪 90 年代之前更低的水平。

从德国银行净融资与内源净融资占比的变动来看，两者反向对应关系变得比以前更加明显，相关系数达到了 -0.69。1991 年、2000 年、2008 年和 2011 年均为内源净融资占比的相对低谷年份，而银行净融资占比则均为相对峰值年份。相比之下，在内源融资的相对峰值年份，只有在 2004 年两者对应关系较好，在其他年份，这种对应关系则要差一些。

从与资本形成总额的变动关系来看，德国银行净融资也存在弱的顺周期特征。1991 年、2000 年、2008 年和 2016 年为德国企业部门资本形成总额相对峰值年份，其银行净融资占比也形成相对峰值。不过，在企业部门资本形成总额低谷年份中，只有在 2009 年两者的一致性较好，在其他年份，则不完全吻合。

总体上看，按照偏宽的口径，德国银行净融资在 20 世纪 90 年代整体处于相对较高水平，此后则下降至很低水平，且比 20 世纪 90 年代之前的水平更低，其顺周期特征以及它与内源净融资占比的反向关系都变得更加明显。

### （三）债券净融资占比

德意志联邦银行对企业部门债务证券融资的统计分两项：一项是短期债务债券或货币市场票据（money market paper），实质上是商业票据；另一项是长期债务证券或债券。对债务证券投资的统计同样分短期债务债券和长期债券证券两大项。对照非合并报表数据可以看出，德国对证券融资的统计应该是以总额为基础的。对此，在计算证券净融资时需要做相应的扣除处理，尽管在没有细分项的情况下，这种扣除可能会有低估证券融资的倾向。这样，我们将长期债务证券项下融资额扣除对应的投资额后确定为债券净融资额，这与 Corbett 和 Jenkinson（1996，1997）的口径是一致的。由此计算出的德国债券净融资占比结果如表 3－17 所示。

从表 3－17 中可见，1990—2016 年，德国企业部门的债券净融资水平很低，平均占比为 4.28%。其中，1991—2005 年，其占比波动较大，最高值为 32.77%，出现在 2004 年，最低值达 －37.30%，出现在 1995 年。2005 年之后，债券净融资占比波动较小，基本上在 0～10% 区间内运行。分区间统计来看，债券净融资占比高于 10% 的年份有 6 个，占全部年份的 23.1%；在 0～10% 的年份共 12 个，占全部年份的 46.2%；低于 0 的年份有 8 个，占全部年份的 30.8%。分期间来看，1991—1995 年，德国债券净融资平均占比为 0.07%；1996—2000 年则下降至 －5.54%；2001—2005 年急剧上升至 19.23%；此后再回落低水平状态，2006—2010 年和 2011—2016 年分别为 2.87%、4.67%（见表 3－18）。Mayer（1990）、Corbett 和 Jenkinson（1996，1997）的研究显示，德国企业部门债券净融资水平很低，且没有明显的趋势。这里的测度显示，这种特征在 20 世纪 90 年代后仍然延续（见图 3－18）。

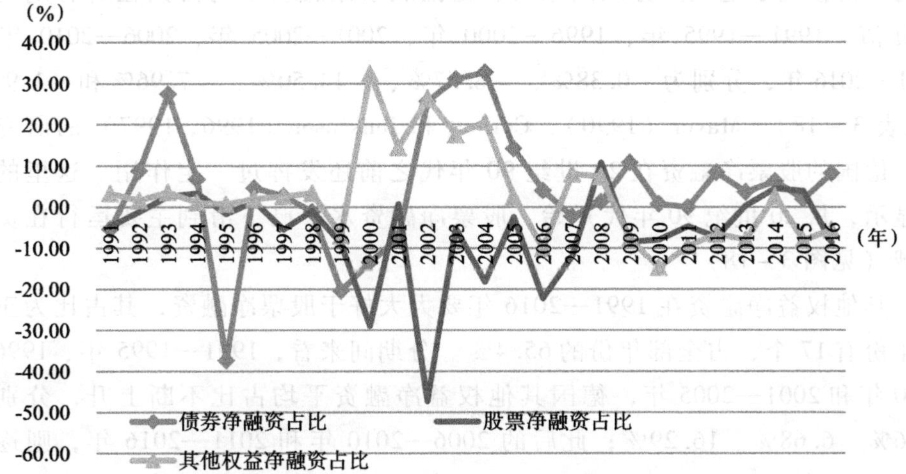


**图 3－18　德国债券净融资、股票和其他权益净融资占比（1991—2016 年）**

资料来源：本书表 3－17。

总体上看，除了 2001—2005 年外，德国企业部门的债券净融资水平很低，且在 2005 年以后波动很小，基本上在 0～10% 区间内运行。

## （四）股票净融资占比

德意志联邦银行在 2009 年之前对权益融资的统计分两项：一项是股份

(shares)，其范围包括上市股份和非上市股份；另一项是其他权益，包含外商直接融资。2009 年开始，相关统计将上市股份、非上市股份和其他权益这三项分开列示。这样，对于 2009 年之前的数据，我们无法将上市股份融资分离出来，因此，只能将上市股份融资和非上市股份融资归并在一起，将其作为股票融资，将其他权益融资单独列示。这使本书将在偏宽的口径上分析德国股票融资。与债券融资的情形类似，在计算权益类净融资时，本书将企业部门在对应项下的投资均予以扣除。由此计算出的股票和其他权益净融资占比如表 3-17 所示。

从表 3-17 中可见，1991—2016 年，德国的股票净融资以流出为主，总体水平极低，其占比最高值仅 10.81%，出现在 2008 年，最低值达 -47.42%，出现在 2002 年。分区间统计来看，高于 0 的年份有 8 个，占全部年份的 30.8%；在 -10%～0 的年份共 13 个，占全部年份的 1/2；低于 -10% 的年份有 5 个，占全部年份的 19.2%。可见，股票净融资占比处于负值的年份接近了七成。分期间来看，德国股票净融资平均占比在所有期间均为负值，1991—1995 年、1996—2000 年、2001—2005 年、2006—2010 年和 2011—2016 年，分别为 -0.38%、-8.57%、-14.50%、-7.96% 和 -1.99%（见表 3-18）。Mayer（1990）、Corbett 和 Jenkinson（1996，1997）的研究显示，德国的股票净融资在 20 世纪 90 年代之前还发挥过一定作用。这里的测度显示，从 20 世纪 90 年代开始，股票净融资水平已下滑到主要运行在负值区域（见图 3-18）。

其他权益净融资在 1991—2016 年要大大好于股票净融资，其占比为正值的年份有 17 个，占全部年份的 65.4%。分期间来看，1991—1995 年、1996—2000 年和 2001—2005 年，德国其他权益净融资平均占比不断上升，分别为 2.06%、6.68%、16.29%；此后的 2006—2010 年和 2011—2016 年，则逐步下降，分别为 -3.48%、-5.85%（见表 3-18）。如果将其他权益净融资和股票净融资合并，则权益净融资在前三个期间会形成小幅流入，在后两个期间形成较大的流出。

总体上看，即使基于偏宽的口径，德国股票净融资在 20 世纪 90 年代开始已以流出为主，基本上运行在负值区域。将其他权益净融资的作用考虑在内后，情况有所改善，较低的净流入持续到了 20 世纪末。但是，进入 21 世纪后，权益净融资大幅下降，其水平甚至低于股票净融资水平。

## （五）商业票据净融资占比

如前所述，德国资金流量表中的短期债务债券或货币市场票据实际上就是商业票据，将企业部门相应的投资扣除，即构成商业票据净融资。由此计算出的结果如表 3－17 所示。

从表 3－17 中可见，1991—2016 年，德国企业部门的商业票据净融资水平极低，平均占比为－0.60%，最高值为 6.52%，出现在 2007 年，最低值达－15.20%，出现在 2009 年（见图 3－19）。分区间统计来看，高于 3%的年份只有 3 个，占全部年份的 11.5%；在 0～3%的年份共 9 个，占全部年份的 34.6%；在－3%～0 的年份共 10 个，占全部年份的 38.5%；低于－3%的年份有 4 个，占全部年份的 15.4%。可见，德国的企业部门商业票据净融资占比主要是在－3%～3%这样狭小的区间波动。分期间来看，德国商业票据净融资也是以小额流出为主，其中，平均占比仅在 1995—2000 年为正值（0.73%），在其他期间皆为负值。1991—1995 年、2001—2005 年、2006—2010 年和 2011—2016 年，平均占比分别为－0.92%、－1.17%、－1.27%和－0.42%（见表 3－18）。

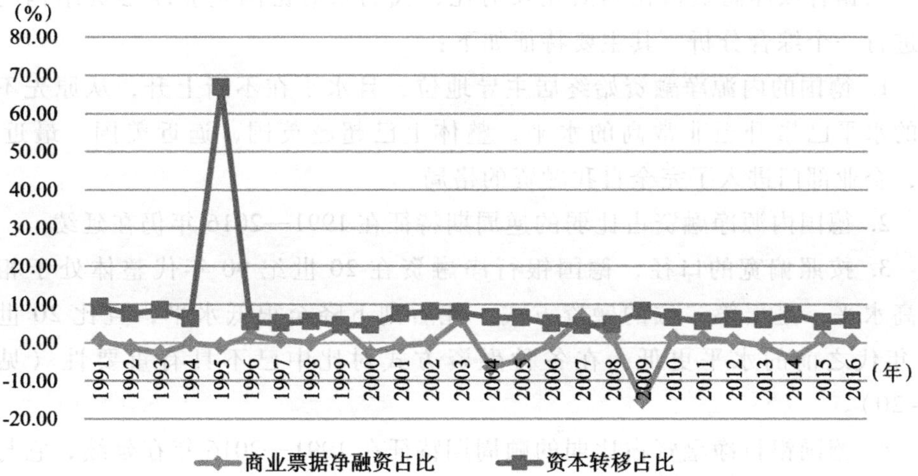


图 3－19　德国商业票据和资本转移净融资占比（1991—2016 年）

资料来源：本书表 3－17。

总体上看，德国企业部门的商业票据净融资为较小的流出，其占比主要在－3%～3%区间波动。

## （六）资本转移净融资占比

依据净融资法计算出的1991—2016年德国企业部门的资本转移净融资占比见表3-17。从表3-17中可见，资本转移构成德国企业部门一定规模的净融资流入，且非常稳定，除1995年异常外，其他各年份的占比均在4%~10%，平均占比为8.59%，显著高于英国和美国。分期间来看，因1995年指标值异常高，所以，1991—1995年，德国资本转移净融资平均占比达到了19.65%，其他各期间的平均占比都比较接近。1995—2000年、2001—2005年、2006—2010年和2011—2016年，平均占比分别为4.99%、7.29%、5.70%、5.89%（见表3-18）。Mayer（1990）、Corbett和Jenkinson（1996，1997）均指出了德国的资本转移规模较大。显然，这种格局在20世纪90年代后还在延续。

总体上看，资本转移继续构成德国企业部门非常稳定的一项融资来源，且具有一定的规模。

## （七）净融资结构综合分析

根据各项净融资占比的演化及对比，我们来对德国企业净融资结构的演化进行一个综合分析。其主要特征如下：

1. 德国的内源净融资始终居主导地位，且水平在不断上升，从原先不太高的水平已攀升至非常高的水平，整体上已超越英国，逼近美国。最近10年，企业部门进入了完全自我融资的格局。

2. 德国内源净融资占比弱的逆周期特征在1991—2016年仍在延续。

3. 按照偏宽的口径，德国银行净融资在20世纪90年代整体处于相对较高水平，是居第二位的融资方式，此后则下降至很低水平，且比20世纪90年代之前的水平更低，在各种融资方式对比中已不具有重要性（见图3-20）。

4. 德国银行净融资占比弱的顺周期特征在1991—2016年在延续，它与内源净融资占比的反向关系比以前更加显著。

5. 除了2001—2005年外，德国企业部门的债券净融资水平很低，不具有重要性，且在2005年以后波动很小，基本上在0~10%区间内运行。

6. 即使基于偏宽的口径，德国股票净融资也极低，自20世纪90年代开始已以流出为主，总体上运行在负值区域。合并的权益净融资在20世纪90

年代还维持较小的净流入，但进入 21 世纪后，其流出的程度甚至超过了股票净融资。

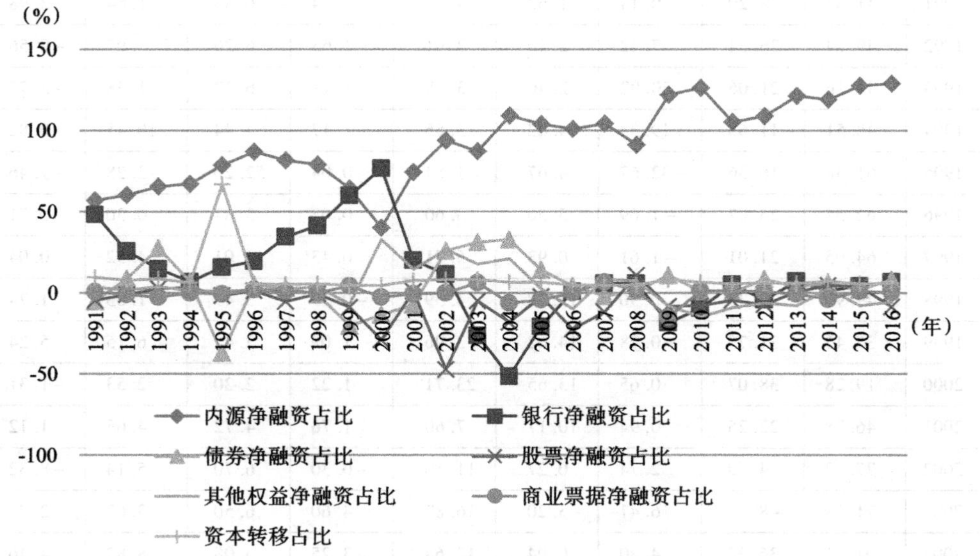


**图 3－20　德国净融资结构变化（1991—2016 年）**

资料来源：本书表 3－17。

7. 从融资的角度来说，德国作为银行主导性金融体系的一个代表，其银行净融资仅在 20 世纪 90 年代在一定程度上体现出了这种特征。最近 10 年，它与市场净融资一道成为无足轻重的融资方式。

8. 德国企业部门的商业票据净融资构成较小的流出，且波动小，其占比主要在－3%～3% 区间波动。

9. 资本转移延续了以往格局，继续构成德国企业部门非常稳定的且具有一定重要性的一项融资来源。

### （八）总融资结构综合分析

德国对证券融资的统计以总额为基础，这样，其总融资结构能够较准确地呈现。而且，我们采用的金融账户是合并报表，因此，金融方式融资不存在高估问题。只有内源融资和资本转移来自资本账户，没有扣除项，它们在总融资结构中占比会下降。

按照总融资法计算出的德国各项融资方式占比参见表 3－19，其演化情况参见图 3－21。

表 3-19　德国总融资结构变化（1990—2016 年）　（单位：%）

| 年份 | 内源融资 | 银行融资 | 债券融资 | 股票融资 | 其他权益 | 商业票据 | 资本转移 | 其他融资 | 统计误差 |
|---|---|---|---|---|---|---|---|---|---|
| 1991 | 41.83 | 38.20 | -0.14 | 1.62 | 4.48 | 1.54 | 6.84 | 1.64 | 3.98 |
| 1992 | 49.84 | 26.34 | 7.42 | 2.20 | 2.91 | 1.63 | 6.26 | 3.97 | -0.56 |
| 1993 | 49.16 | 21.06 | 20.92 | 2.40 | 3.58 | -1.11 | 6.33 | 1.38 | -3.72 |
| 1994 | 48.51 | 11.68 | 19.33 | 4.02 | 3.55 | -1.17 | 4.44 | 10.45 | -0.82 |
| 1995 | 61.38 | 16.36 | -32.67 | 4.67 | 1.84 | -0.04 | 52.20 | -2.28 | -1.46 |
| 1996 | 62.57 | 25.07 | -1.69 | 5.56 | 3.60 | 0.02 | 3.87 | 0.30 | 0.71 |
| 1997 | 64.95 | 21.01 | -1.61 | 0.93 | 5.71 | 0.43 | 4.01 | 4.52 | 0.04 |
| 1998 | 49.90 | 29.33 | -0.90 | 13.28 | 4.39 | -0.19 | 3.49 | -1.03 | 1.74 |
| 1999 | 35.45 | 31.79 | -0.78 | 14.62 | 3.96 | 1.09 | 2.47 | 6.15 | 5.24 |
| 2000 | 19.28 | 38.07 | 0.65 | 13.65 | 23.71 | 1.22 | 2.20 | 2.53 | -1.31 |
| 2001 | 46.78 | 22.25 | 0.94 | 10.17 | 7.60 | 1.76 | 4.72 | 4.65 | 1.12 |
| 2002 | 77.42 | 4.79 | 2.74 | 0.27 | 11.56 | -0.30 | 6.70 | 5.14 | -8.32 |
| 2003 | 71.28 | -8.93 | 6.41 | -3.20 | 16.87 | 4.60 | 6.50 | 3.67 | 2.79 |
| 2004 | 101.41 | -36.33 | 4.20 | 0.94 | 13.68 | -3.25 | 6.08 | 8.82 | 4.46 |
| 2005 | 84.04 | -2.99 | 3.86 | 2.31 | 1.73 | -2.66 | 5.15 | 4.85 | 3.71 |
| 2006 | 42.90 | 3.55 | 2.26 | 1.00 | 5.54 | 0.15 | 2.07 | 1.31 | 41.24 |
| 2007 | 53.45 | 10.00 | -1.05 | 1.23 | 6.31 | 3.39 | 2.24 | 2.48 | 21.96 |
| 2008 | 92.94 | 9.83 | 1.26 | 1.29 | 7.82 | 1.31 | 4.72 | 0.40 | -19.59 |
| 2009 | 83.91 | -4.35 | 7.71 | 1.87 | 4.08 | -9.10 | 5.64 | 4.82 | 5.42 |
| 2010 | 82.73 | -4.21 | 1.26 | 2.02 | 5.11 | -0.09 | 4.24 | 4.47 | 4.46 |
| 2011 | 75.06 | 7.43 | 0.74 | 2.05 | 5.32 | 1.35 | 3.86 | 5.20 | -0.99 |
| 2012 | 80.03 | -1.30 | 6.13 | 0.89 | 2.82 | -0.48 | 4.37 | 2.92 | 4.63 |
| 2013 | 69.80 | 6.00 | 2.65 | 0.29 | 1.65 | -0.21 | 3.34 | 1.19 | 15.30 |
| 2014 | 159.03 | -2.84 | 5.34 | 3.11 | 9.79 | -4.82 | 9.66 | 1.16 | -80.43 |
| 2015 | 91.48 | 10.46 | 1.30 | 1.32 | 2.40 | 0.44 | 3.80 | -1.19 | -10.01 |
| 2016 | 107.02 | 14.82 | 6.09 | 0.15 | 2.13 | -0.04 | 4.72 | 0.26 | -35.16 |

资料来源：根据德意志联邦银行相关数据计算。

从表 3-19 和图 3-21 中可见：

1. 1991—2016 年，德国内源总融资水平同样呈现不断上升的趋势，平均占比为 69.31%，虽然较其净融资占比下降了约 1/4，但整体上处于很高水平，远远超过其他融资方式。分区间统计来看，内源总融资占比低于 50% 的

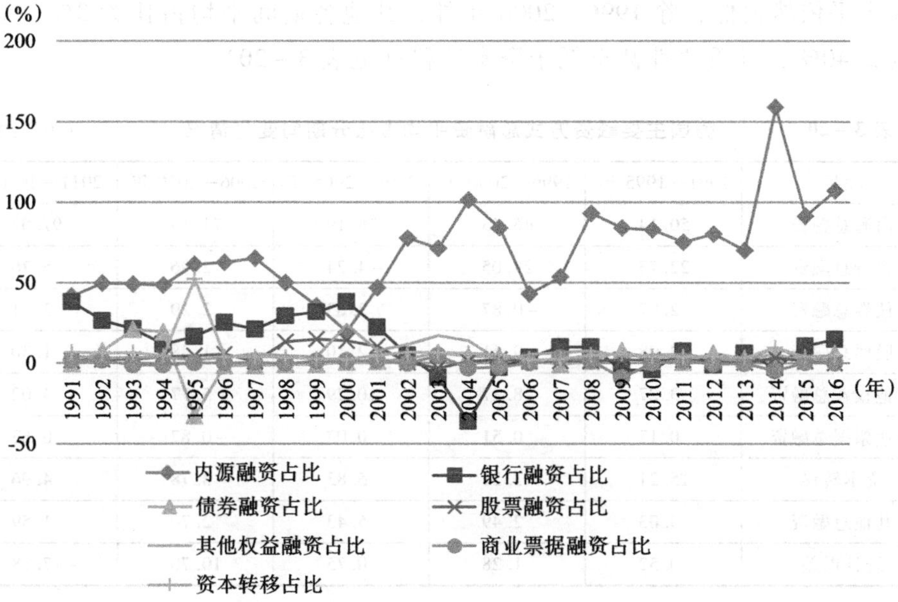


**图 3-21　德国总融资结构变化（1991—2016 年）**

资料来源：本书表 3-19。

年份有 9 个，占全部年份的 34.6%；在 50%~70% 的年份为 5 个，占全部年份的 19.2%；在 70%~90% 的年份均为 7 个，占全部年份的 26.9%；高于 90% 的年份也有 5 个，占全部年份的 19.2%。

2. 银行总融资占比相对其净融资占比有所提升，尤其是在 2000 年之后，但总体水平依然有限，平均占比为 11.04%。不过，由于其他融资方式也没有突出表现，银行总融资占比在 1991—1995 年、1996—2000 年和 2011—2016 年的平均占比，均居第二位（见表 3-20），总体上也是居第二位的总融资方式。分区间统计来看，银行总融资占比高于 20% 的年份有 9 个，占全部年份的 34.6%，高于净融资结构占比的对应值；在 10%~20% 的年份共 5 个，占全部年份的 19.2%，与净融资结构占比的对应值相同；在 0~10% 的年份也为 5 个，大大低于净融资结构占比对应值；在 -10%~0 的年份共 6 个，占全部年份的 23.1%，也低于净融资结构占比的对应值；低于 -10% 的年份只有 1 个，占全部年份的 3.8%，只有净融资结构占比对应值的 1/6。可见，与净融资占比值相比，德国银行总融资占比在高值区域的分布显著增加，在低值区域的分布则大幅减少。

3. 债券融资水平在 1995 年后变得比较平稳，其占比波动性较小。不过，总体水平依然很低，除1996—2000年外，其他各期间平均占比为3%，总平均为2.40%，其重要性甚至低于资本转移（见表3－20）。

表3－20　德国主要融资方式总融资平均占比分期间变化情况　（单位：%）

| 项目 | 1991—1995年 | 1996—2000年 | 2001—2005年 | 2006—2010年 | 2011—2016年 |
|---|---|---|---|---|---|
| 内源总融资 | 50.14 | 46.43 | 76.19 | 71.19 | 97.07 |
| 银行总融资 | 22.73 | 29.05 | －4.24 | 2.96 | 5.76 |
| 债券总融资 | 2.97 | －0.87 | 3.63 | 2.29 | 3.71 |
| 股票总融资 | 2.98 | 9.61 | 2.10 | 1.48 | 1.30 |
| 其他权益总融资 | 3.27 | 8.27 | 10.29 | 5.77 | 4.02 |
| 商业票据总融资 | 0.17 | 0.51 | 0.03 | －0.87 | －0.63 |
| 资本转移 | 15.21 | 3.21 | 5.83 | 3.78 | 4.96 |
| 其他总融资 | 3.03 | 2.49 | 5.43 | 2.70 | 1.59 |
| 统计误差 | －0.52 | 1.28 | 0.75 | 10.70 | －17.78 |

注：本表数值为非加权平均值。

资料来源：根据德意志联邦银行相关数据计算。

4. 股票融资的作用大幅上升，其总融资平均占比在各期间均由负值转为正值，不过，总体水平很有限，总平均占比为3.41%，似乎超过了债券总融资水平。然而，分期限的情况则显示，这主要是由于1996—2000年股票总融资平均占比高达9.61%影响所致，在其他期限中，股票总融资平均占比均显著低于债券总融资平均占比。

5. 权益融资的作用在2005年后出现了大幅提升，从原先的显著流出，转为显著的流入。合计的权益总融资平均占比在21世纪具有一定的重要性，总体上超过了银行总融资平均占比。

6. 商业票据融资的作用仍然极小，总体上变化不大，资本转移则依然发挥着积极的作用，其重要性总体上超过了债券总融资和股票总融资。

## （九）一些特殊的融资结构分析

对德国特殊的融资结构的分析，我们仍将关注点放在银行部门融资效率、直接融资与间接融资对比以及债务融资与权益融资对比上。

1. 银行部门融资效率

德国银行部门融资效率指标值的计算结果如表3－21所示。

表 3-21　德国银行部门融资效率指标值变化（1991—2016 年）

| 银行总融资为正值 | | | | | | 银行总融资为负值 | |
|---|---|---|---|---|---|---|---|
| 年份 | 指标值 | 年份 | 指标值 | 年份 | 指标值 | 年份 | 指标值 |
| 1991 | 0.92 | 1998 | 0.89 | 2008 | 0.59 | 2003 | 2.42 |
| 1992 | 0.80 | 1999 | 1.04 | 2011 | 0.48 | 2004 | 1.32 |
| 1993 | 0.52 | 2000 | 0.97 | 2013 | 0.67 | 2005 | 5.65 |
| 1994 | 0.42 | 2001 | 0.56 | 2015 | 0.27 | 2009 | 2.95 |
| 1995 | 0.74 | 2002 | 1.96 | 2016 | 0.37 | 2010 | 1.49 |
| 1996 | 0.55 | 2006 | 0.09 | | | 2012 | 2.53 |
| 1997 | 1.30 | 2007 | 0.29 | | | 2014 | -0.57 |

资料来源：根据德意志联邦银行相关数据计算。

先看银行总融资为正值的情况。1991—2016 年共 26 年，德国银行部门贷款额为正值的年份有 19 个，其融资效率指标值平均为 0.71。其中，指标值超过 1 的年份有 3 个，指标值在 0.5～1 的年份有 10 个，指标值在 0.3～0.5 的年份有 3 个，指标值在 0～0.3 的年份有 3 个。可见，指标值在 0.5 以上的年份数合计占银行部门贷款额为正值的年份数的比例超过了 2/3。平均指标值和指标值的分布均显示，德国银行部门融资效率比较高。

再看银行总融资为负值的情况。在 7 个银行部门贷款额为负值的年份里，仅有 1 个年份的银行部门融资效率指标值小于 1，有 2 个年份的指标值在 1～2，还有 4 个年份指标值超过了 2，总平均值达 2.26，说明在银行总融资受到冲击时，实体投资受到的冲击要更大，银行体系的表现逊色于正常年份。

2. 直接融资与间接融资对比

根据与前面一致的口径，我们计算出的德国直接融资与间接融资的净额结构和总额结构指标值参见表 3-22、表 3-23。

表 3-22　德国直接融资与间接融资净额结构指标值变化（1991—2016 年）

| 年份 | 净额结构 I | 净额结构 II | 年份 | 净额结构 I | 净额结构 II | 年份 | 净额结构 I | 净额结构 II |
|---|---|---|---|---|---|---|---|---|
| 银行净融资为正值 | | | | | | | | |
| 1991 | -0.21 | -0.20 | 1998 | -0.05 | -0.05 | 2008 | 2.13 | 2.39 |
| 1992 | 0.29 | 0.24 | 1999 | -0.49 | -0.42 | 2011 | -0.94 | -0.73 |
| 1993 | 2.06 | 1.87 | 2000 | -0.55 | -0.59 | 2013 | 0.56 | 0.43 |
| 1994 | 1.48 | 1.45 | 2001 | -0.34 | -0.38 | 2014 | 8.79 | 5.39 |
| 1995 | -2.51 | -2.56 | 2002 | -1.91 | -1.93 | 2015 | 1.44 | 1.66 |
| 1996 | 0.31 | 0.40 | 2006 | -25.63 | -26.01 | 2016 | -0.06 | -0.04 |
| 1997 | -0.08 | -0.06 | 2007 | -2.52 | -1.36 | | | |

续表

| 年份 | 净额结构Ⅰ | 净额结构Ⅱ | 年份 | 净额结构Ⅰ | 净额结构Ⅱ | 年份 | 净额结构Ⅰ | 净额结构Ⅱ |
|---|---|---|---|---|---|---|---|---|
| 银行净融资为负值 | | | | | | | | |
| 2003 | -0.99 | -1.21 | 2005 | -0.56 | -0.35 | 2010 | 0.76 | 0.64 |
| 2004 | -0.28 | -0.16 | 2009 | -0.13 | 0.69 | 2012 | -0.22 | -0.31 |

注：净额结构Ⅰ=（债券净融资+股票净融资）/银行净融资

净额结构Ⅱ=（债券净融资+股票净融资+商业票据净融资）/银行净融资

资料来源：根据德意志联邦银行相关数据计算。

**表3-23 德国直接融资与间接融资总额结构指标值变化（1991—2016年）**

| 年份 | 总额结构Ⅰ | 总额结构Ⅱ | 年份 | 总额结构Ⅰ | 总额结构Ⅱ | 年份 | 总额结构Ⅰ | 总额结构Ⅱ |
|---|---|---|---|---|---|---|---|---|
| 银行总融资为正值 | | | | | | | | |
| 1991 | 0.04 | 0.08 | 1998 | 0.42 | 0.42 | 2008 | 0.26 | 0.39 |
| 1992 | 0.37 | 0.43 | 1999 | 0.44 | 0.47 | 2011 | 0.38 | 0.56 |
| 1993 | 1.11 | 1.05 | 2000 | 0.38 | 0.41 | 2013 | 0.49 | 0.45 |
| 1994 | 2.00 | 1.90 | 2001 | 0.50 | 0.58 | 2015 | 0.25 | 0.29 |
| 1995 | -1.71 | -1.71 | 2002 | 0.63 | 0.57 | 2016 | 0.42 | 0.42 |
| 1996 | 0.15 | 0.16 | 2006 | 0.92 | 0.96 | | | |
| 1997 | -0.03 | -0.01 | 2007 | 0.02 | 0.36 | | | |
| 银行总融资为负值 | | | | | | | | |
| 2003 | -0.36 | -0.88 | 2009 | -2.2 | -0.11 | 2014 | -2.98 | -1.28 |
| 2004 | -0.14 | -0.05 | 2010 | -0.78 | -0.76 | | | |
| 2005 | -2.06 | -1.17 | 2012 | -5.39 | -5.03 | | | |

注：总额结构Ⅰ=（债券总融资+股票总融资）/银行总融资

总额结构Ⅱ=（债券总融资+股票总融资+商业票据总融资）/银行总融资

资料来源：根据德意志联邦银行相关数据计算。

先看净额结构。1991—2016年共26年，德国银行净融资为正值的年份有20个。其中，直接融资与间接融资净额结构Ⅰ指标值超过3的年份仅1个，指标值在1~3的年份有4个，指标值在0~1的年份有3个，低于0的年份达12个。可见，在银行净融资为正值的年份中，德国的直接净融资高于前者的年份数仅占1/4，低于0的年份达六成。

在6个银行净融资为负值的年份中，直接融资与间接融资净额结构Ⅰ指标值为负值的年份有5个，占83.3%，但没有一个年份的指标值小于-1。仅有的1个为正值年份，其指标值也小于1。可见，与美国和英国的情形类似，在银行净融资为负值的年份中，德国的直接净融资全面超过了前者。

再看总额结构。在1991—2016年19个德国银行总融资为正值的年份中，直接融资与间接融资总额结构 I 指标值超过 1 的年份均只有 2 个，指标值在 0.5～1 的年份有 3 个，指标值在 0～0.5 的年份有 12 个，低于 0 的年份有 2 个。也就是说，在银行总融资为正值的年份中，德国的直接总融资低于前者的年份数接近九成，其中，低于前者一半的年份达七成多。

在 7 个银行总融资为负值的年份中，直接融资与间接融资总额结构 I 指标值全部为负值，其中，有 4 个年份的指标值小于 -1。可见，与净融资的情形类似，在银行总融资为负值的年份中，德国的直接总融资表现很突出。

综合以上情况，1991—2016 年，在银行融资为正值的情况下，无论在净额层次还是在总额层次上，德国的直接融资均远远逊色于间接融资，但在银行融资为负值的情况下，直接融资则全面超越了间接融资。由于银行融资为负值的年份较少，合并两种情况，直接融资净额超过间接融资净额的年份有 11 个，直接融资总额超过间接融资总额的年份有 9 个，分别占全部年份的 42.3% 和 1/3。总体上看，直接融资不如间接融资重要。

德国的商业票据融资占比同样很小，所以，直接融资与间接融资净额结构 II 指标值的情况基本上和指标 I 类似，不再单独分析。

3. 债务融资与权益融资对比

按照与前面一致的口径，我们计算出的德国债务融资与权益融资的净额结构和总额结构指标值参见表 3-24 和表 3-25。

**表 3-24 德国债务融资与权益融资净额结构指标值变化（1991—2016 年）**

| 年份 | 净额结构 I | 净额结构 II | 年份 | 净额结构 I | 净额结构 II | 年份 | 净额结构 I | 净额结构 II |
|---|---|---|---|---|---|---|---|---|
| 股票净融资为正值 | | | | | | | | |
| 1993 | 16.48 | 15.38 | 2001 | 16.58 | 15.51 | 2014 | 1.65 | 0.73 |
| 1994 | 4.10 | 4.04 | 2008 | 0.63 | 0.77 | 2015 | 1.51 | 1.73 |
| 1996 | 18.13 | 19.49 | 2013 | 28.93 | 26.49 | | | |
| 股票净融资为负值 | | | | | | | | |
| 1991 | -8.98 | -9.09 | 2000 | -2.18 | -2.08 | 2007 | -0.28 | -0.83 |
| 1992 | -27.64 | -26.60 | 2002 | -0.78 | -0.78 | 2009 | 0.93 | 2.73 |
| 1995 | 12.49 | 12.95 | 2003 | -0.93 | -2.09 | 2010 | 1.12 | 0.97 |
| 1997 | -6.73 | -6.86 | 2004 | 1.03 | 1.39 | 2011 | -1.06 | -1.29 |
| 1998 | -45.04 | -44.95 | 2005 | 2.83 | 4.65 | 2012 | -0.52 | -0.58 |
| 1999 | -4.47 | -4.92 | 2006 | -0.21 | -0.20 | 2016 | -1.73 | -1.74 |

注：净额结构 I =（银行净融资 + 债券净融资）/股票净融资

净额结构 II =（银行净融资 + 债券净融资 + 商业票据净融资）/股票净融资

资料来源：根据德意志联邦银行相关数据计算。

先看净额结构。在1991—2016年共26年，德国股票净融资为正值的年份有8个，债务融资与权益融资净额结构I指标值平均达11。其中，指标值高于10的年份有4个，占全部年份的一半；低于1的年份只有1个。可见，债务净融资远远高于权益净融资。

在18个德国股票净融资为负值的年份中，债务融资与权益融资净额结构I指标值大于1的年份有4个，指标值在0~1的年份仅1个，在-1~0的年份有4个，指标值低于-1的年份达9个。可见，在股票净融资为负值的年份中，债务净融资为正值的占到了七成多，且有一半的年份债务净融资相对规模很大。

再看总额结构。在1991—2016年，德国股票总融资仅在2003年为负值，在其他年份均为正值。剔除2003年，债务融资与权益融资总额结构I指标值平均达11.9，与净额结构情形类似。其中，指标值超过10的年份有7个，在5~10的年份有6个，在1~5的年份有7个，在0~1的年份只有2个，低于0的年份有3个。平均指标值和指标值的分布均显示，在股票总融资为正值的年份中，德国债务总融资远远超过前者。

在股票总融资为负值的2003年，债务融资与权益融资总额结构I指标值为0.79，说明债务总融资收缩的程度小于股票总融资。

表3-25 德国债务融资与权益融资总额结构指标值变化（1991—2016年）

| 年份 | 总额结构Ⅰ | 总额结构Ⅱ | 年份 | 总额结构Ⅰ | 总额结构Ⅱ | 年份 | 总额结构Ⅰ | 总额结构Ⅱ |
|---|---|---|---|---|---|---|---|---|
| 1991 | 23.52 | 24.47 | 2000 | 2.84 | 2.93 | 2009 | 1.80 | -3.07 |
| 1992 | 15.35 | 16.09 | 2001 | 2.28 | 2.45 | 2010 | -1.46 | -1.50 |
| 1993 | 17.48 | 17.02 | 2002 | 28.27 | 27.16 | 2011 | 3.98 | 4.64 |
| 1994 | 7.71 | 7.42 | 2003 | 0.79 | -0.65 | 2012 | 5.44 | 4.90 |
| 1995 | -3.49 | -3.50 | 2004 | -34.08 | -37.53 | 2013 | 30.23 | 29.49 |
| 1996 | 4.20 | 4.21 | 2005 | 0.38 | -0.78 | 2014 | 0.81 | -0.74 |
| 1997 | 20.87 | 21.34 | 2006 | 5.83 | 5.98 | 2015 | 8.91 | 9.24 |
| 1998 | 2.14 | 2.13 | 2007 | 7.25 | 10.00 | 2016 | 136.50 | 136.25 |
| 1999 | 2.12 | 2.20 | 2008 | 8.63 | 9.65 | | | |

注：总额结构Ⅰ=（银行总融资+债券总融资）/股票总融资

总额结构Ⅱ=（银行总融资+债券总融资+商业票据总融资）/股票总融资

资料来源：根据德意志联邦银行相关数据计算。

综合以上情况，1991—2016年，无论是在股票净融资为正值还是为负值的情况下，无论是净额结构指标还是总额结构指标，均显示债务融资的规模远远超过股票融资。

德国债务融资与权益融资净额结构II和总额结构II指标值的情况基本上和相应的指标I类似，不再赘述。

## 五、日本融资结构及演化

日本的国民账户统计数据原先由日本经济企划厅（Economic Planning Agency）发布。Corbett和Jenkinson（1996，1997）的研究即基于此一数据来源。2001年1月，该机构被并入日本内阁府（Cabinet Office），所以，现在的相关数据由日本内阁府发布。由于日本很早就开始编制国民账户报表，SNA的体系又经过了几次调整，因此，日本内阁府发布的国民账户统计数据现在有三种规范：（1）基于SNA 1968体系的历史数据，期间为1955—1998年；（2）基于SNA 1993体系的历史数据，期间为1980—2009年；（3）基于SNA 2008体系的最新数据，期间为1994—2016年。不过，这些数据在具体统计项上分类比较粗略，用于测度融资结构存在一定的障碍。好在日本银行（Bank of Japan）[①] 发布了更细致的资金流量表，更适合于测度融资结构。其数据也有三种规范：（1）基于SNA 1968体系的历史数据，期间为1964—1998年；（2）基于SNA 1993体系的历史数据，期间为1998—2014年；（3）基于SNA 2008体系的最新数据，期间为1998—2016年。只是日本银行发布的资金流量表只有金融账户，没有资本账户，我们这里采取一个折中的办法，将其与日本内阁府发布的国民账户统计中资本账户数据结合起来使用。对于数据规范的取舍，鉴于日本银行的SNA 2008体系数据涵盖了SNA 1993体系数据的时长，为了尽可能减少不同统计规范带来的影响，我们确定采用SNA 1968体系的1964—1997年数据和SNA 2008体系的1998—2016年数据。

具体的统计项目上，上述选取的资金流量表可以区分出内源融资、资本转移、银行融资、债券融资、股票融资、商业信用融资、外商直接投资以及部分年度的商业票据融资。

① 日本的中央银行。

## （一）内源净融资占比

Corbett 和 Jenkinson（1996，1997）对日本融资结构的分析针对的是非金融私人企业部门，用折旧和留存收益之和代表内源融资。我们将分析对象扩展到整个非金融企业部门，即包含公营企业部门。另外，日本内阁府发布的资本账户列示了存货价值调整以及一个非常独特项目——土地净投资，基于本书的指标设计，这两项均需要从内源融资中予以剔除。

按照调整后的口径，我们运用净融资法对日本 1964—2016 年内源融资在实体投资（固定资本形成总额）中所占的比重进行了测度（见表 3－26）。

表 3－26　日本净融资结构变化（1964—2016 年）　（单位：%）

| 年份 | 内源融资 | 资本转移 | 银行融资 | 债券融资 | 股票融资 | 商业信用 | 商业票据 | 外商直接投资 | 其他融资 | 统计误差 |
|---|---|---|---|---|---|---|---|---|---|---|
| 1964 | 43.47 | 2.32 | 37.50 | 2.70 | 4.33 | －1.77 | — | 0.17 | 10.70 | 0.58 |
| 1965 | 49.77 | 2.94 | 38.37 | 4.20 | －0.87 | －12.66 | — | －0.20 | 18.85 | －0.40 |
| 1966 | 59.90 | 2.85 | 31.38 | 3.22 | 4.55 | －16.05 | — | －0.40 | 19.27 | －4.72 |
| 1967 | 60.40 | 2.60 | 38.98 | 3.19 | 2.92 | －9.27 | — | －0.32 | 14.10 | －12.60 |
| 1968 | 53.56 | 2.52 | 32.49 | 1.60 | 3.56 | －7.82 | — | －0.49 | 13.75 | 0.83 |
| 1969 | 56.03 | 2.50 | 34.83 | 2.57 | 3.96 | －13.48 | — | －0.36 | 14.15 | －0.20 |
| 1970 | 57.28 | 2.41 | 36.67 | 2.27 | 4.36 | －10.69 | — | －0.60 | 11.00 | －2.70 |
| 1971 | 50.15 | 2.85 | 32.71 | 4.01 | 2.64 | －1.29 | — | －0.32 | 10.50 | －1.25 |
| 1972 | 52.44 | 3.02 | 48.73 | 1.83 | 2.10 | －9.94 | — | －0.96 | 21.31 | －18.53 |
| 1973 | 35.10 | 3.20 | 46.24 | 3.24 | 1.33 | －9.55 | — | －2.28 | 17.24 | 5.48 |
| 1974 | 22.29 | 3.22 | 39.60 | 2.30 | 2.26 | 5.16 | — | －2.12 | 19.51 | 7.78 |
| 1975 | 34.97 | 3.72 | 35.79 | 6.69 | 3.57 | －16.91 | — | －1.89 | 21.62 | 12.44 |
| 1976 | 46.02 | 3.54 | 33.59 | 3.88 | 2.29 | －8.98 | — | －2.26 | 15.55 | 6.37 |
| 1977 | 55.90 | 3.43 | 26.13 | 3.00 | 2.11 | －10.17 | — | －1.65 | 14.73 | 6.52 |
| 1978 | 76.72 | 4.73 | 8.56 | 3.01 | 2.39 | －1.37 | — | －1.65 | 9.26 | －1.65 |
| 1979 | 63.26 | 4.55 | 16.80 | 3.86 | 2.35 | －2.06 | — | －1.73 | 21.33 | －8.36 |
| 1980 | 55.97 | 4.32 | 31.82 | 2.03 | 2.64 | －4.09 | — | －1.25 | 2.89 | 5.67 |
| 1981 | 57.77 | 4.30 | 24.55 | 3.38 | 3.03 | －6.99 | — | －2.61 | 8.46 | 8.11 |
| 1982 | 63.21 | 3.62 | 32.89 | 3.77 | 2.95 | －8.98 | — | －2.52 | 11.28 | －6.22 |
| 1983 | 70.19 | 3.41 | 26.56 | 3.83 | 4.16 | －7.96 | — | －1.69 | 7.02 | －5.52 |
| 1984 | 70.81 | 2.23 | 28.23 | 4.95 | 4.03 | －12.85 | — | －2.64 | 10.06 | －4.82 |
| 1985 | 65.51 | 2.98 | 22.68 | 6.10 | 3.59 | －4.86 | — | －2.15 | 1.07 | 5.08 |

续表

| 年份 | 内源融资 | 资本转移 | 银行融资 | 债券融资 | 股票融资 | 商业信用 | 商业票据 | 外商直接投资 | 其他融资 | 统计误差 |
|---|---|---|---|---|---|---|---|---|---|---|
| 1986 | 73.39 | 2.96 | 21.29 | 8.17 | 3.75 | -3.23 | — | -2.92 | -6.20 | 2.79 |
| 1987 | 73.75 | 2.70 | 20.87 | 11.40 | 0.16 | -0.94 | 2.99 | -3.03 | 12.45 | -20.35 |
| 1988 | 63.23 | 2.42 | 17.29 | 9.47 | 3.72 | -5.71 | 9.49 | -5.28 | 6.37 | -1.00 |
| 1989 | 53.78 | 2.24 | 38.38 | 15.60 | 9.59 | -13.08 | 3.98 | -6.87 | 6.13 | -9.75 |
| 1990 | 45.12 | 2.16 | 54.20 | 8.48 | 1.62 | -6.00 | 0.45 | -6.64 | 8.72 | -8.11 |
| 1991 | 52.46 | 2.42 | 42.10 | 12.09 | 2.89 | -5.60 | -2.89 | -4.07 | 6.18 | -5.58 |
| 1992 | 63.98 | 3.06 | 34.17 | 6.28 | 1.51 | 2.83 | 0.09 | -1.96 | -2.68 | -7.28 |
| 1993 | 81.43 | 4.18 | 24.41 | 1.63 | 5.11 | 5.76 | 0.68 | -1.80 | -10.65 | -10.75 |
| 1994 | 91.66 | 4.78 | 4.64 | 4.21 | 4.23 | -1.29 | -2.33 | -2.08 | -3.45 | -0.37 |
| 1995 | 85.65 | 5.14 | -3.07 | 2.26 | 2.66 | -3.86 | 2.15 | -2.50 | 13.53 | -1.96 |
| 1996 | 98.35 | 5.07 | -8.60 | 3.73 | 4.48 | -1.40 | 0.72 | -2.70 | -0.46 | 0.81 |
| 1997 | 91.15 | 4.28 | -15.10 | -1.76 | 3.71 | 1.14 | -0.35 | -2.87 | 14.46 | 5.34 |
| 1998 | 86.43 | 32.57 | -6.82 | -10.34 | 4.60 | 5.29 | -0.18 | -3.16 | -15.25 | 6.86 |
| 1999 | 102.38 | 3.55 | -31.38 | -4.41 | 8.87 | 2.49 | -1.02 | -3.93 | -3.17 | 26.62 |
| 2000 | 103.16 | 4.00 | -13.23 | -2.88 | 5.79 | 3.88 | -0.09 | -2.76 | 10.05 | -7.92 |
| 2001 | 99.63 | 4.75 | -20.57 | -10.59 | 3.33 | 2.39 | 1.85 | -2.67 | 5.33 | 16.55 |
| 2002 | 131.50 | 4.60 | -24.21 | -11.21 | -1.19 | 1.85 | 1.26 | -4.60 | -6.01 | 8.01 |
| 2003 | 123.17 | 5.87 | -38.55 | -9.07 | 3.90 | 4.16 | -2.00 | -3.61 | -6.50 | 22.63 |
| 2004 | 137.07 | 3.77 | -25.55 | -2.26 | 5.81 | 0.40 | -1.20 | -2.58 | -3.78 | -11.68 |
| 2005 | 134.52 | 3.26 | -24.06 | -28.80 | 8.01 | -6.82 | -3.02 | -4.85 | 26.73 | -4.97 |
| 2006 | 119.91 | 3.00 | 11.58 | 2.44 | 4.68 | 3.49 | 0.12 | -6.34 | -28.45 | -10.43 |
| 2007 | 116.56 | 2.65 | -8.30 | 1.51 | -0.32 | 1.69 | 0.33 | -7.07 | -5.25 | -1.80 |
| 2008 | 114.25 | 2.72 | 17.73 | 0.40 | -3.05 | -0.72 | 0.68 | -5.47 | -31.88 | 5.34 |
| 2009 | 130.96 | 4.04 | -26.72 | -1.90 | 0.13 | -4.14 | -0.73 | -6.64 | -7.72 | 12.72 |
| 2010 | 152.45 | 4.66 | -35.68 | 5.15 | 0.97 | 0.26 | -1.92 | -8.60 | -21.35 | 4.06 |
| 2011 | 127.89 | 6.51 | 0.87 | -1.52 | -3.64 | -1.72 | 2.82 | -10.35 | 0.33 | -21.19 |
| 2012 | 135.69 | 5.32 | -2.60 | -0.56 | 1.08 | -3.50 | 0.49 | -9.91 | -19.01 | -7.00 |
| 2013 | 139.57 | 4.72 | -11.08 | 0.00 | 4.70 | -2.24 | -1.66 | -15.50 | -6.21 | -12.30 |
| 2014 | 124.77 | 3.90 | -6.95 | -2.96 | 8.78 | -2.73 | -0.07 | -13.33 | 7.47 | -18.88 |
| 2015 | 127.48 | 3.57 | -13.13 | -3.40 | 1.13 | 1.27 | -0.91 | -12.79 | 0.05 | -3.27 |
| 2016 | 126.44 | 2.88 | -8.87 | -0.05 | -1.89 | 2.00 | -1.22 | -19.07 | -1.43 | 1.21 |

资料来源：根据日本内阁府和日本银行相关数据计算。

结果显示，日本内源净融资占比的演化大致可以分成两个阶段（见图3－22）。

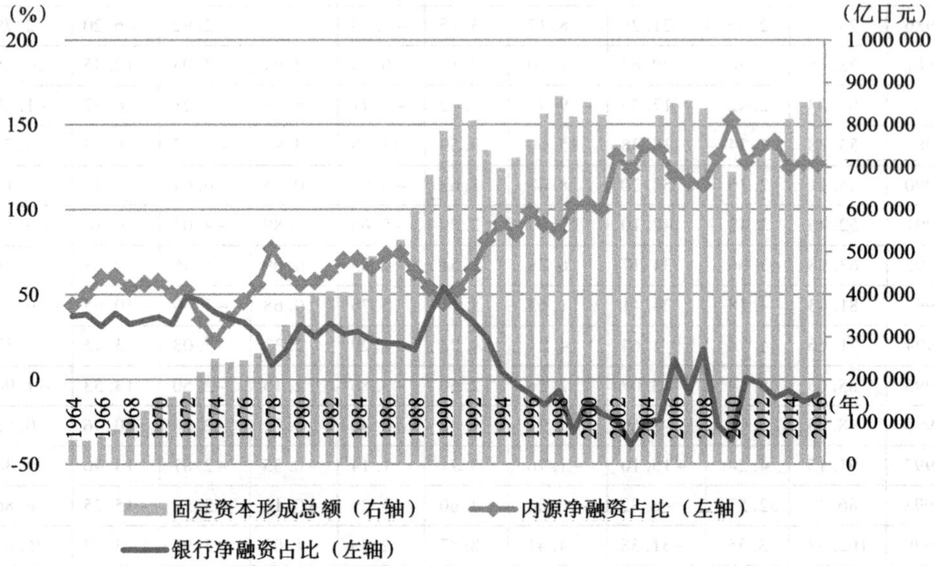


**图3－22　日本内源净融资和银行净融资占比变化（1964—2016年）**

资料来源：日本内阁府、日本银行、本书表3－26。

（1）1964—1990年为第一个阶段。在这个阶段，日本内源净融资占比水平整体上不算太高，且呈现波动状态，平均值为55.93%。分区间统计来看，高于70%的年份共有4个，占这一阶段年份的14.8%；在60%～70%的年份为5个，占这一阶段年份的18.5%；在50%～60%的年份有10个，占这一阶段年份的37%；在40%～50%的年份有4个，占这一阶段年份的14.8%；低于40%的年份有3个，占这一阶段年份的11.1%。可见，主要的波动区间为50%～70%。分期间来看，这一阶段的波动特征也很明显，1964—1970年，内源净融资平均占比为54.34%，1971—1975年下滑38.99%，1976—1980年回升至59.57%，1981—1985年进一步上升至65.50%，1986—1990年回落至61.85%（见表3－27）。

（2）1991—2016年则构成了第二个阶段。在这个阶段，日本内源融资占比开始不断上升，并在1999年后进入自我融资状态，其中，1993—2005年为急剧上升期。分区间统计来看，内源净融资占比高于100%的年份达17个，占这一阶段年份的65.4%；在80%～100%的年份为7个，占这一阶段年份的

26.9%；低于80%的年份仅2个，占7.7%。分期间来看，1991—1995年，内源净融资平均占比为75.04%，1996—2000年大幅上升至96.29%，2001—2005年再次大幅上升至125.18%，2006—2010年进一步上升至126.83%，2011—2016年再上升至130.31%（见表3-27）。

Mayer（1990）、Corbett和Jenkinson（1996，1997）的研究表明，日本与德国类似，在20世纪90年代之前虽然也属于内源融资主导型国家，但这种主导程度相对较低。Suzuki和Cobham（2005）的研究发现，日本的内部净融资占比在20世纪90年代中期后急剧上升，其融资结构已变成高度的内源融资依赖型。这里的测度印证了这些发现，并且显示出在21世纪后，日本的内源净融资水平进一步攀升至极高水平，甚至已高于美国的指标值。

**表3-27　日本各项融资方式净融资平均占比分期间变化情况**　（单位：%）

| 期间 | 内源融资 | 资本转移 | 银行融资 | 债券融资 | 股票融资 | 商业信用 | 外商投资 |
|---|---|---|---|---|---|---|---|
| 1964—1970年 | 54.34 | 2.59 | 35.75 | 2.82 | 3.26 | -10.25 | -0.31 |
| 1971—1975年 | 38.99 | 3.20 | 40.61 | 3.61 | 2.38 | -6.51 | -1.51 |
| 1976—1980年 | 59.57 | 4.11 | 23.38 | 3.16 | 2.36 | -5.33 | -1.71 |
| 1981—1985年 | 65.50 | 3.31 | 26.98 | 4.41 | 3.55 | -8.33 | -2.32 |
| 1986—1990年 | 61.85 | 2.50 | 30.41 | 10.62 | 3.77 | -5.79 | -4.95 |
| 1991—1995年 | 75.04 | 3.92 | 20.45 | 5.29 | 3.28 | -0.43 | -2.48 |
| 1996—2000年 | 96.29 | 9.89 | -15.03 | -3.13 | 5.49 | 2.28 | -3.08 |
| 2001—2005年 | 125.18 | 4.45 | -26.59 | -12.39 | 3.97 | 0.40 | -3.66 |
| 2006—2010年 | 126.83 | 3.41 | -8.28 | 1.52 | 0.48 | 0.12 | -6.82 |
| 2011—2016年 | 130.31 | 4.48 | -6.96 | -1.42 | 1.69 | -1.15 | -13.49 |

注：本表数值为非加权平均值。

资料来源：根据日本内阁府和日本银行相关数据计算。

日本的固定资本形成总额在20世纪90年代之前总体上在不断上升，波动较小，周期性特征不明显，此后进入了停滞期，波动非常明显，周期性特征显著。从内源净融资占比与固定资产形成总额的变动关系来看，20世纪90年代之后，日本的内源净融资也出现了弱的逆周期特征。1991年、1998年、2007年和2015年，日本企业部门固定资本形成总额均达到了相对峰值，分别为84.4万亿日元、86.8万亿日元、85.7万亿日元、85.39万亿日元，相应地，内源净融资占比则分别在1990年、1998年、2008年和2014年形成了相对低谷，分别为45.12%、86.43%、114.25%、124.77%。相反地，1994年、

2002 年和 2010 年，日本企业部门固定资本形成总额达到了相对低谷，分别为 69.6 万亿日元、75.2 万亿日元、68.8 万亿日元，而内源净融资占比则形成了相对峰值，分别为 91.66%、131.50%、152.45%（见图 3-22）。

总体上看，日本内源净融资水平在 20 世纪 90 年代之前不太高，此后开始急剧上升，并在 1999 年后进入自我融资状态，整体水平甚至已高于美国，且弱的逆周期特征开始出现。

## （二）银行净融资占比

日本内阁府发布的“资本与金融账户”只笼统地列示了贷款统计项，无法区分出银行融资。日本银行发布的“金融账户”列示了较细的贷款统计项，其中，SNA 1968 体系报表列示了“私人金融机构贷款”和“公营金融机构贷款”两个子项；SNA 2008 体系报表在融资部分除了列示了这两个子项外，还增加了“非金融部门贷款”、“分期还款贷款”、“回购协议和证券借贷交易（Repurchase agreements and Securites Leading transancfions）”等子项，在金融投资部分也列示了贷款统计项，其细项包括“通知贷款与票据（Call loahs and bills）”以及“非金融部门贷款”、“分期还款贷款”、“回购协议和证券借贷交易”。对于存款项统计，SNA 1968 体系报表区分了活期存款、定期存款、大额存单、非居民外汇存款和现金，SNA 2008 体系报表与此类似。基于以上情况，我们采用日本银行发布的“金融账户”数据来计算银行融资，将其确定为“私人金融机构贷款”和“公营金融机构贷款”之和，在计算银行净融资时均扣除企业部门相应的存款。这个口径比 Corbett 和 Jenkinson（1996，1997）的相关测度能更准确地反映银行融资水平。由此计算出的结果如表 3-26 所示。

从表 3-26 中可见，日本银行净融资占比的演化也明显地可以分成两个阶段。

（1）1964—1993 年为第一个阶段。在这个阶段，日本银行净融资占比尽管存在一定的波动，但整体水平较高（见图 3-22），平均值为 31.93%。分区间统计来看，高于 40% 的年份共有 4 个，占这一阶段年份的 13.3%；在 30%~40% 的年份为 15 个，占这一阶段年份的一半；在 20%~30% 的年份有 8 个，占这一阶段年份的 26.7%；低于 20% 的年份有 3 个，占这一阶段年份的 10%。可见，主要的波动区间为 30%~40%。分期间来看，1964—1970 年，银行净融资平均占比为 35.75%，1971—1975 年上升 40.61%，1976—

1980 年大幅下降至 23.38%，1981—1985 年回升至 26.98%，1986—1990 年进一步上升至 30.41%，1991—1993 年继续上升至 33.56%（见表 3-27）。

（2）1994—2016 年则构成第二个阶段。在这个阶段，日本银行净融资占比开始急剧下降，并基本上进入负值区运行。分区间统计来看，银行净融资占比高于 0 的年份仅 4 个，占这一阶段年份的 17.4%；在 -10%~0 的年份为 7 个，占这一阶段年份的 30.4%；在 -20%~-10% 的年份为 4 个，占这一阶段年份的 17.4%；在 -20%~-30% 的年份为 5 个，占这一阶段年份的 21.7%；低于 -30% 的年份有 3 个，占 13.0%。分期间来看，1994—2000 年，银行净融资平均占比为 -10.51%，较前一个时期出现了大幅下跌，1996—2000 年进一步下跌至 -15.03%，2001—2005 年再下跌至 -26.59%，2006—2010 年大幅回升至 -8.28%，2011—2016 年再回升至 -6.96%（见表 3-27）。

Mayer（1990）、Corbett 和 Jenkinson（1996，1997）的研究表明，在 20 世纪 90 年代之前，日本的银行净融资水平较高，但波动性较大。Suzuki 和 Cobham（2005）的研究发现，日本的银行净融资占比在 20 世纪 90 年代中期后出现了急剧下降。我们的测度基本上印证了这些发现，并且显示出日本银行净融资占比急剧下降主要发生在 1994—2005 年，此后则显著回升，并重新进入波动状态。

从日本银行净融资与内源净融资占比的变动来看，两者反向对应关系非常明显，相对峰值与相对波谷有着显著的对应关系，两者相关系数达到了 -0.88。从与固定资产形成总额的变动关系来看，由于日本实体投资在 20 世纪 90 年代之前的周期性不明显，银行净融资在 20 世纪 90 年代后持续下降了十年多，因此，两者的关联度不高，银行净融资的周期特性不显著。

总体上看，日本银行净融资水平在 1993 年之前总体较高，此后开始急剧下降，并基本上进入负值区运行，银行净融资与内源净融资占比的反向关系非常显著，且银行净融资的周期特性不明显。

### （三）债券净融资占比

日本内阁府发布的基于 SNA 2008 规范的“资本与金融账户”只笼统地列示了债务证券统计项，基于 SNA 1968 规范的“资本与金融账户”分类要细一些，区分了长期债券、短期债券和商业票据，但不能显示发行主体。相比之下，日本银行发布的“金融账户”则列示了较细的债券统计项，其中，SNA 1968 体系报表列示了“企业债券”和“对外债券”两个子项，“商业票据”则单独列示；SNA 2008 体系报表除了列示了这三个统计细项外，还增加了“公营公司债券”“地方政府债券”等子项；在金融投资部分，SNA 1968 体系报表只笼统地列示“证券”统计项，SNA 2008 体系报表则详细列示了“国债”、“中央政府债券和财政投资与贷款项目债券”（central government securities and FILP bonds）、“地方政府债券”、“公营公司债券”、“银行债券”、“企业债券”（industrial securities）、“对外债券”（external bonds）、“商业票据”、“信托受益权”和“结构性融资工具”，其中，“结构性融资工具”主要是 ABS 和 MBS。基于以上情况，我们采用日本银行发布的“金融账户”数据来计算债券融资，将其确定为企业债券、对外债券以及公营公司债券融资之和。在计算债券净融资时，对于 SNA 2008 体系报表均扣除相应的债券投资以及属于企业部门范畴的“结构性融资工具”投资。对于 SNA 1968 体系报表，因债券投资项统计过于笼统，无法进行扣除处理，由此可能存在高估债券净融资倾向。

根据以上口径计算出 1964—2016 年的日本债券净融资占比情况如表 3－26 所示。从表 3－26 中可见，日本债券净融资占比的演化同样可以分成两个阶段（见图 3－23）。

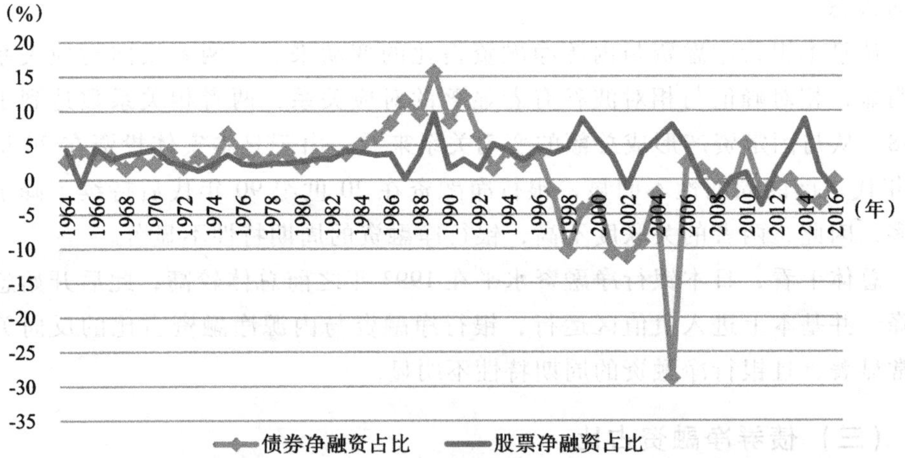


**图 3－23 日本债券净融资和股票净融资占比变化（1964—2016 年）**

资料来源：本书表 3－26。

（1）大体上以 1964—1990 年为第一个阶段。在这个阶段，日本债券净融资占比的整体水平不高，但在逐步上升，平均值为 4.77%。分区间统计来看，高于 10% 的年份只有 2 个，占这一阶段年份的 7.4%；在 5%～10%

的年份为5个，占这一阶段年份的18.5%；在3%~5%的年份有13个，占这一阶段年份的48.1%；在1%~3%的年份有7个，占这一阶段年份的25.9%；低于1%的年份为0。可见，债券净融资占比的波动区间很小，基本上在1%~10%，且均为正值。分期间来看，1964—1970年，债券净融资平均占比为2.82%，1971—1975年上升至3.61%，1976—1980年略降至3.16%，1981—1985年回升至4.41%，1986—1990年大幅上升至10.62%（见表3-27）。

（2）1991—2016年则构成第二个阶段。在这个阶段，日本债券净融资占比开始不断下降，并在1997年后基本上进入负值区运行。分区间统计来看，债券净融资占比高于10%的年份有1个，占这一阶段年份的3.8%；在0~10%的年份为10个，占这一阶段年份的38.5%；在-10%~0的年份为11个，占这一阶段年份的42.3%；低于-10%的年份有4个，占15.4%。分期间来看，1991—1995年，债券净融资平均占比为5.29%，较前一个时期出现了较大的下跌，1996—2000年则进一步地大幅下跌至-3.13%，2001—2005年再下跌至-12.39%，2006—2010年大幅回升至1.52%，2011—2016年再回落至-1.42%（见表3-27）。

总体上看，日本的债券净融资在20世纪90年代之前整体水平不高，但稳定地构成流入，且占比逐步上升。20世纪90年代后期，日本债券净融资水平不断下跌，并在20世纪90年代后期基本上进入负值区运行。

### （四）股票净融资占比

日本内阁府发布的“资本与金融账户”笼统地列示了“公司股份”或“股份”统计项。日本银行发布的基于SNA 2008规范的“金融账户”则列示了较细的股份统计项，包括“上市股份”“非上市股份”和“其他权益”，基于SNA 1968规范的报表只列示了“股票”统计项。对比之下，我们还是采用日本银行发布的“金融账户”数据来计算股票融资。日本银行对股票的统计包含上市股份和非上市股份，所以我们将“股票”统计项融资或“上市股份”和“非上市股份”之和确定为股票融资，在计算净融资时，均扣除相应的金融投资。由此计算出的日本股票净融资占比情况如表3-26所示。

从表3-26中可见，1964—2016年，日本股票净融资占比的整体水平不高，平均值为3.01%，其间波动也不大，尤其是在20世纪80年代中期之前（见图3-23）。分区间统计来看，股票净融资占比在5%~10%的年份为7

个，占全部年份的13.2%；在3%~5%和0~3%的年份均为20个，均占全部年份的37.7%；在-5%~0的年份有6个，占全部年份的11.3%；低于-5%和高于10%的年份均为0。整体而言，股票净融资占比在近九成的年份中均为正值，主要的波动区间在0~5%。分期间来看，日本股票净融资平均占比在多数期间在3%左右波动，只有在三个期间偏离稍大一点。其中，在1996—2000年偏高，为5.49%；在2006—2010年和2011—2016年偏低，分别为0.48%、1.69%（见表3-27）。

Corbett和Jenkinson（1996，1997）的研究发现，日本的债券净融资和股票净融资所占比重比较平衡，市场净融资发挥了一定作用。Suzuki和Cobham（2005）的研究则显示，由于债券净融资水平的下降，上述格局在20世纪90年代中期后被打破。这里的测度则进一步地显示，这种被打破的格局在21世纪后仍在延续，尽管股票净融资还形成一定的净流入，但由于债券净融资水平的下降，市场净融资则以流出为主。

总体上看，日本的股票净融资的整体水平不高，但在近九成的年份中构成流入，且占比的波动不大，主要运行区间为0~5%。

### （五）商业票据净融资占比

日本银行发布的“金融账户”单独列示了“商业票据”项，只是SNA 1968体系报表的此项统计是从1987年才开始的，更早的数据则缺失。按照净融资法，我们将商业票据融资扣除企业部门相应的投资再扣除，即构成商业票据净融资。由此计算出的结果如表3-26所示。

从表3-26中可见，1987—2016年，日本企业部门的商业票据净融资水平很低，且波动区间很小（见图3-24），平均占比只有0.28%，最高值为9.49%，出现在1988年，最低值为-3.02%，出现在2005年。分区间统计来看，高于3%的年份只有2个，占全部年份的6.7%；在0~3%的年份共13个，占全部年份的43.3%；在-3%~0的年份共14个，占全部年份的46.7%；低于-3%的年份只有1个，占全部年份的3.3%。可见，日本的企业部门商业票据净融资占比主要波动区间为-3%~3%，在0值之上的年份数恰好占一半。分期间来看，1987—1990年，日本商业票据净融资平均占比为4.23%，除此之外的其他期间则都是很小负值。

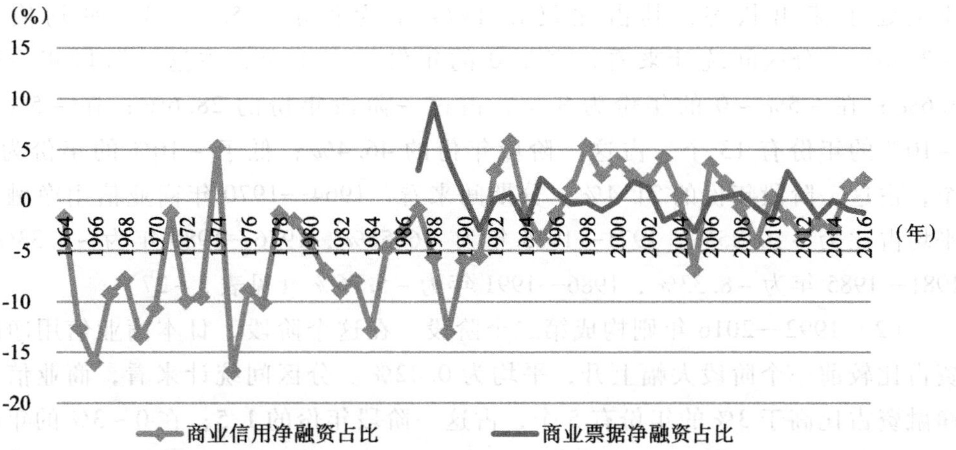


**图 3－24　日本商业信用和商业票据净融资占比变化（1964—2016 年）**

资料来源：本书表 3－26。

总体上看，日本企业部门的商业票据净融资作用非常有限，除在 1987—1990 年构成一定的流入外，在其他期间则构成微小的流出，其占比主要波动在－3%～3%。

## （六）商业信用净融资占比

日本内阁府发布的基于 SNA 2008 规范的“资本与金融账户”没有列示商业信用统计项，基于 SNA 1968 规范的“资本与金融账户”列示了“商业信用和借贷”（trade credit and advances）项。日本银行发布的“金融账户”对商业信用统计要细致一些，其中，SNA 1968 体系报表列示了“商业信用”（trade credits）和“外国商业信用”（foreign trade credits）两个子项，SNA 2008 体系报表除了列示了“商业信用和外国商业信用”（trade credits and foreign trade credits），还列示了“应收/应付账款”项（accounts receivable/payable）。我们仍采用日本银行发布的“金融账户”数据来计算商业信用融资，将“商业信用”“外国商业信用”以及“应收/应付账款”融资之和扣除相应的金融投资，确定为商业信用净融资。由此计算出的日本商业信用净融资占比情况如表 3－26 所示。

从表 3－26 中可见，日本商业信用净融资占比的演化可以分成两个阶段（见图 3－24）。

（1）1964—1991 年为第一个阶段。在这个阶段，日本商业信用净融资基本上处于流出状态，其占比仅在 1974 年为正值（5.16%），平均值为 -7.40%。分区间统计来看，高于 0 的年份只有 1 个，占这一阶段年份的 3.6%；在 -5%~0 的年份为 8 个，占这一阶段年份的 28.6%；在 -5%~-10% 的年份有 13 个，占这一阶段年份的 46.4%；低于 -10% 的年份为 6 个，占这一阶段年份的 21.4%。分期间来看，1964—1970 年商业信用净融资平均占比为 -10.25%，1971—1975 年为 -6.51%，1976—1980 年为 -5.33%，1981—1985 年为 -8.33%，1986—1991 年为 -5.76%（见表 3-27）。

（2）1992—2016 年则构成第二个阶段。在这个阶段，日本商业信用净融资占比较前一个阶段大幅上升，平均为 0.42%。分区间统计来看，商业信用净融资占比高于 3% 的年份有 5 个，占这一阶段年份的 1/5；在 0~3% 的年份为 10 个，占这一阶段年份的 40.0%；在 -3%~0 的年份为 6 个，占这一阶段年份的 24.0%；低于 -3% 的年份有 4 个，占 16.0%。分期间来看，1992—1995 年，商业票据净融资平均占比为 0.86%，较前一个时期出现了较大的上升，1996—2000 年则进一步地上升至 2.28%，2001—2005 年下跌至 0.40%，2006—2010 年进一步下跌至 0.12%，2011—2016 年再下跌至 -1.15%（见表 3-27）。

Corbett 和 Jenkinson（1996，1997）的研究发现，日本的商业信用净融资在 20 世纪 90 年代之前构成较大的流出。Suzuki 和 Cobham（2005）的研究则显示，这种净流出在 20 世纪 90 年代后已大幅改善。我们的测度则进一步地表明，这种改善比 Suzuki 和 Cobham（2005）测算的程度要高。实际上，日本商业信用净融资在 20 世纪 90 年代后总体上已以流入为主，尽管规模很小。

总体上看，日本企业部门的商业信用净融资在 20 世纪 90 年代之前构成一定规模的流出，但在 1991 年之后则以流入为主，只是规模很小。

### （七）资本转移净融资占比

依据净融资法计算出的 1964—2016 年日本企业部门的资本转移净融资占比见表 3-26。从表 3-26 中可见，除个别年份（1998 年）较异常外，在其他年份，资本转移净融资占比非常稳定（见图 3-25），最低值为 2.16%，出现在 1990 年，最高值为 6.51%，出现在 2011 年，平均值为 3.59%。分期间来看，日本资本转移净融资平均占比除 1995—2000 年受 1998 年异常值影响而较高（9.89%）外，其他期间波动很小，均在 2.50%~4.50%（见表 3-27）。

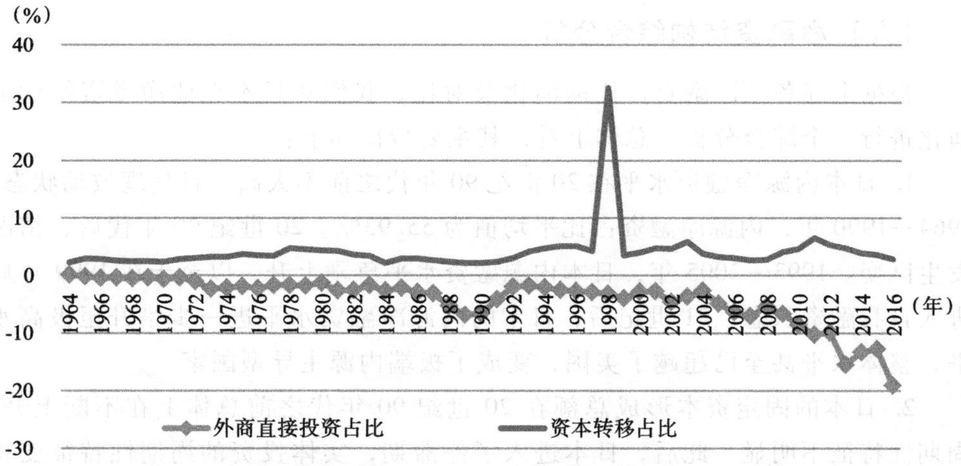


**图 3－25　日本资本转移与外商直接投资净融资占比（1964—2016 年）**

资料来源：本书表 3－26。

总体上看，日本企业部门的资本转移构成较小的但稳定的净融资流入，也不存在明显的阶段性特征。

## （八）外商直接投资净融资占比

日本内阁府发布的“资本与金融账户”没有列示对外直接投资项，日本银行发布的“金融账户”仅在投资部分列示了“对外直接投资“（outward direct investment）项，显示其统计是基于净额基础的。基于此计算出的 1964—2016 年日本外商直接投资净融资占比的情况见表 3－26。从表 3－26 中可见，日本的外商直接投资基本上处于净流出状态，且流出规模在不断加大。其中，净融资占比为正值的年份只有 1 年，出现在 1964 年，占比值为 0.17%，该值也是最高值；最低值出现在 2016 年为－19.07%，平均值为－4.07%。分期间来看，1964—1970 年，外商直接投资净融资平均占比为－0.31%；1971—1975 年、1976—1980 年、1981—1985 年和 1986—1990 年连续下降，分别为－1.51%、－1.71%、－2.32%、－4.95%；1991—1995 年有所回升，为－2.48%；此后再连续下跌，1996—2000 年、2001—2005 年、2006—2010 年和 2011—2016 年分别为－3.08%、－3.66%、－6.82%、－13.49%（见表3－27）。2010 年后，日本对外直接投资的净规模显著地迈上了一个台阶（见图 3－25）。

总体上看，日本企业部门的外商直接投资基本上处于净流出状态，且流出规模在不断加大，并在 2010 年后达到了相当大的规模。

## （九）净融资结构综合分析

根据上述各项净融资占比的演化及对比，我们对日本企业净融资结构的演化进行一个综合分析。总体上看，其主要特征如下：

1. 日本内源净融资水平在20世纪90年代之前不太高，且呈现波动状态，1964—1990年，内源净融资占比平均值为55.93%。20世纪90年代后，情况发生巨变。1993—2005年，日本内源融资水平急剧上升，以至于在1999年后进入自我融资状态。21世纪后，日本的内源净融资水平进一步攀升至极高水平，整体水平甚至已超越了美国，变成了极端内源主导型国家。

2. 日本的固定资本形成总额在20世纪90年代之前总体上在不断上升，周期性特征不明显。此后，日本进入了停滞期，实体投资的周期性特征变得很显著，内源净融资占比出现了弱的逆周期特征。

3. 日本银行净融资水平在1993年之前总体较高，1964—1993年平均占比达31.93%，1994后则出现急剧下降，基本上进入负值区运行，并一度达到了相当低的负值水平。从分期间情况来看，银行净融资平均占比在1971—1975年甚至超越了内源净融资占比，位居各种融资方式第一，在1994年之前的其他各期中则仅次于内源净融资占比，远远超过其他各种方式净融资占比，但在1994年后，银行净融资则失去了重要性。

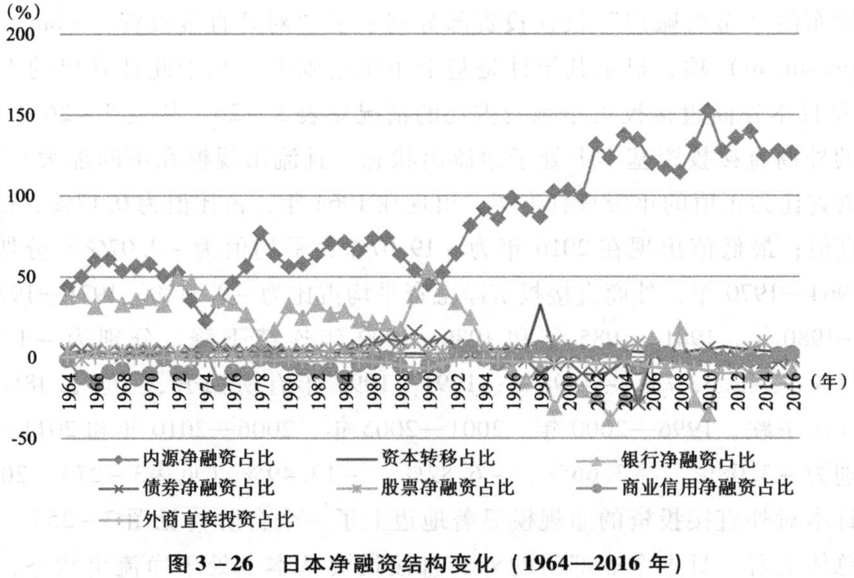


**图3-26 日本净融资结构变化（1964—2016年）**

资料来源：本书表3-26。

4. 日本银行净融资与内源净融资占比的反向关系非常明显，但即使在20世纪90年代后，其顺周期特性也不显著。

5. 日本的债券净融资在20世纪90年代之前整体水平不高，但稳定地构成流入，且占比逐步上升，其中，1981—1985年、1986—1990年和1991—1995年，债券净融资水平在各种融资方式中位居第三。20世纪90年代后，日本债券净融资水平不断下跌，并在20世纪90年代后期基本上进入负值区运行。

6. 日本股票净融资的整体水平不高，但相当稳定，在近九成的年份中构成流入，且占比的波动不大，主要运行区间为0—5%，1964—2016年的平均值为3.01%。

7. 20世纪90年代中期前，日本的市场净融资发挥了一定作用，但此后由于债券净融资水平的下降，这种格局被打破，市场净融资转而以流出为主，并一直延续到现在。

8. 日本企业部门的商业票据净融资作用非常有限，除在1987—1990年构成一定的流入外，在其他期间则构成了微小的流出，其占比主要波动在-3%—3%。

9. 日本企业部门的商业信用净融资在20世纪90年代之前构成一定规模的流出，但在1991年之后则以流入为主，只是规模很小。1964—1991年，日本商业信用净融资占比的平均值为-7.40%，1992—2016年的平均值为0.42%。

10. 日本企业部门的资本转移构成较小的净融资流入，且很稳定，也不存在明显的阶段性特征。

11. 日本的外商直接投资基本上处于净流出状态，且流出规模在不断加大，并在2010年后达到了相当大的规模，2011—2016年，其净融资平均占比达-13.49%。

### （十）总融资结构综合分析

日本对证券融资的统计基本上以总额为基础，只有外商直接投资是以净额形式列示的。因此，外商直接投资和来自资本账户的内源融资和资本转移因没有扣除项，在总融资结构中占比会下降。

按照总融资法计算出的日本各项融资方式占比参见表3-28，其演化情况参见图3-27。

表 3-28　　日本总融资结构变化（1964—2016 年）　　（单位:%）

| 年份 | 内源融资 | 资本转移 | 银行融资 | 债券融资 | 股票融资 | 商业信用 | 商业票据 | 外商直接投资 | 其他融资 | 统计误差 |
|---|---|---|---|---|---|---|---|---|---|---|
| 1964 | 25.98 | 1.39 | 36.29 | 1.64 | 7.81 | 17.30 | — | 0.10 | 9.14 | 0.35 |
| 1965 | 29.64 | 1.75 | 44.66 | 2.49 | 2.72 | 6.61 | — | -0.12 | 12.49 | -0.24 |
| 1966 | 32.70 | 1.55 | 33.04 | 1.87 | 2.98 | 16.11 | — | -0.23 | 14.55 | -2.57 |
| 1967 | 30.20 | 1.30 | 31.38 | 1.71 | 2.07 | 28.98 | — | -0.17 | 10.83 | -6.30 |
| 1968 | 33.48 | 1.58 | 33.27 | 1.04 | 3.03 | 15.37 | — | -0.32 | 12.04 | 0.52 |
| 1969 | 29.00 | 1.29 | 31.58 | 1.43 | 3.04 | 22.65 | — | -0.20 | 11.31 | -0.10 |
| 1970 | 30.07 | 1.26 | 32.12 | 1.22 | 3.34 | 25.62 | — | -0.32 | 8.11 | -1.42 |
| 1971 | 28.25 | 1.60 | 47.67 | 2.28 | 3.00 | 8.78 | — | -0.18 | 9.30 | -0.70 |
| 1972 | 24.69 | 1.42 | 44.18 | 0.90 | 3.32 | 20.87 | — | -0.47 | 13.81 | -8.73 |
| 1973 | 14.82 | 1.35 | 29.36 | 1.45 | 2.31 | 38.26 | — | -1.02 | 11.15 | 2.32 |
| 1974 | 15.42 | 2.22 | 36.25 | 1.59 | 2.31 | 22.66 | — | -1.46 | 15.62 | 5.38 |
| 1975 | 22.49 | 2.39 | 39.65 | 4.33 | 3.12 | 3.40 | — | -1.23 | 17.85 | 8.00 |
| 1976 | 24.45 | 1.88 | 32.37 | 2.09 | 2.03 | 22.89 | — | -1.21 | 12.11 | 3.39 |
| 1977 | 39.80 | 2.44 | 32.47 | 2.16 | 2.94 | 1.67 | — | -1.19 | 15.06 | 4.64 |
| 1978 | 45.64 | 2.81 | 21.21 | 1.87 | 2.42 | 16.27 | — | -1.03 | 11.79 | -0.98 |
| 1979 | 35.37 | 2.54 | 17.55 | 2.21 | 2.33 | 28.40 | — | -0.99 | 17.27 | -4.67 |
| 1980 | 38.39 | 2.96 | 28.27 | 1.44 | 2.66 | 14.84 | — | -0.89 | 8.45 | 3.89 |
| 1981 | 36.10 | 2.69 | 29.68 | 2.12 | 3.32 | 11.18 | — | -1.64 | 11.49 | 5.06 |
| 1982 | 45.74 | 2.62 | 34.78 | 2.71 | 3.64 | 1.82 | — | -1.81 | 14.99 | -4.50 |
| 1983 | 46.04 | 2.23 | 31.56 | 2.57 | 2.53 | 7.11 | — | -1.13 | 12.71 | -3.62 |
| 1984 | 41.92 | 1.32 | 27.98 | 2.99 | 2.93 | 11.03 | — | -1.60 | 16.28 | -2.85 |
| 1985 | 40.41 | 1.84 | 30.23 | 3.82 | 2.54 | 1.43 | — | -1.35 | 17.96 | 3.13 |
| 1986 | 50.42 | 2.03 | 36.51 | 5.67 | 3.00 | -16.64 | — | -2.02 | 19.12 | 1.92 |
| 1987 | 38.42 | 1.40 | 27.38 | 6.05 | 4.07 | 12.22 | 1.68 | -1.61 | 20.99 | -10.60 |
| 1988 | 31.35 | 1.20 | 28.22 | 4.89 | 4.34 | 12.88 | 6.30 | -2.73 | 14.04 | -0.50 |
| 1989 | 25.95 | 1.08 | 31.35 | 7.77 | 7.16 | 16.13 | 2.67 | -3.42 | 16.01 | -4.71 |
| 1990 | 29.86 | 1.43 | 38.63 | 5.82 | 3.75 | 8.54 | 2.28 | -4.56 | 19.62 | -5.37 |
| 1991 | 49.56 | 2.28 | 33.74 | 11.35 | 1.42 | -1.77 | -3.74 | -3.82 | 16.26 | -5.27 |
| 1992 | 78.28 | 3.75 | 33.68 | 7.51 | 0.70 | -18.50 | -0.30 | -2.35 | 6.14 | -8.91 |
| 1993 | 91.10 | 4.68 | 26.30 | 1.79 | 1.24 | -6.53 | -1.88 | -1.98 | -2.68 | -12.03 |
| 1994 | 78.84 | 4.11 | 6.71 | 3.61 | 1.09 | 2.86 | -1.56 | -1.78 | 6.44 | -0.32 |
| 1995 | 64.31 | 3.86 | -0.79 | 1.73 | 0.73 | 4.33 | 0.74 | -1.92 | 28.48 | -1.47 |
| 1996 | 78.11 | 4.03 | -7.83 | 3.06 | 1.98 | 7.89 | 0.26 | -2.21 | 14.06 | 0.65 |
| 1997 | 80.74 | 3.79 | -3.67 | -1.54 | 2.16 | -4.80 | 1.27 | -2.51 | 19.83 | 4.73 |
| 1998 | 150.50 | 56.71 | -9.06 | -16.79 | 6.09 | -36.55 | 7.88 | -5.51 | -65.20 | 11.94 |

续表

| 年份 | 内源融资 | 资本转移 | 银行融资 | 债券融资 | 股票融资 | 商业信用 | 商业票据 | 外商直接投资 | 其他融资 | 统计误差 |
|---|---|---|---|---|---|---|---|---|---|---|
| 1999 | 104.54 | 3.62 | -26.42 | -3.44 | 6.11 | -7.79 | -2.49 | -4.01 | 2.70 | 27.18 |
| 2000 | 112.04 | 4.35 | -11.30 | -5.50 | 4.02 | 12.33 | -3.81 | -3.00 | -0.52 | -8.60 |
| 2001 | 132.66 | 6.32 | -27.48 | -10.47 | 3.45 | -35.78 | 3.10 | -3.56 | 9.72 | 22.04 |
| 2002 | 145.98 | 5.11 | -27.93 | -8.59 | 2.14 | -7.33 | 1.04 | -5.11 | -14.20 | 8.89 |
| 2003 | 98.09 | 4.68 | -24.47 | -5.30 | 2.84 | -3.91 | -1.48 | -2.88 | 14.42 | 18.02 |
| 2004 | 112.66 | 3.10 | -19.29 | -0.05 | 4.08 | 8.05 | -2.22 | -2.12 | 5.39 | -9.60 |
| 2005 | 103.61 | 2.51 | -11.44 | -22.72 | 6.41 | -0.55 | 0.74 | -3.74 | 29.01 | -3.83 |
| 2006 | 105.43 | 2.64 | 9.31 | -0.69 | 3.87 | 8.48 | -1.41 | -5.58 | -12.87 | -9.17 |
| 2007 | 92.05 | 2.09 | -6.82 | -0.37 | 9.45 | 9.17 | 1.64 | -5.58 | -0.21 | -1.42 |
| 2008 | 129.57 | 3.09 | 17.22 | 0.20 | -3.56 | -31.41 | -0.01 | -6.21 | -14.94 | 6.05 |
| 2009 | 161.69 | 4.99 | -23.98 | 3.95 | 0.67 | -49.09 | -5.03 | -8.20 | -0.70 | 15.70 |
| 2010 | 112.24 | 3.43 | -19.30 | 2.78 | 0.99 | 11.73 | -1.16 | -6.33 | -7.37 | 2.99 |
| 2011 | 113.51 | 5.77 | 10.94 | -3.50 | -2.98 | 1.96 | 1.54 | -9.19 | 0.75 | -18.81 |
| 2012 | 115.16 | 4.51 | 5.10 | -2.21 | 1.75 | -6.01 | -0.46 | -8.41 | -3.49 | -5.94 |
| 2013 | 102.57 | 3.47 | 4.43 | -1.08 | 3.64 | 6.75 | -1.01 | -11.39 | 1.67 | -9.04 |
| 2014 | 94.13 | 2.94 | 5.21 | -2.40 | 6.18 | 7.71 | 0.22 | -10.06 | 10.31 | -14.25 |
| 2015 | 93.40 | 2.61 | 2.52 | -1.67 | 0.84 | 1.79 | -0.69 | -9.37 | 12.96 | -2.39 |
| 2016 | 97.99 | 2.23 | 8.00 | -0.51 | -1.74 | -1.58 | -0.13 | -14.78 | 9.58 | 0.93 |

资料来源：根据日本内阁府和日本银行相关数据计算。

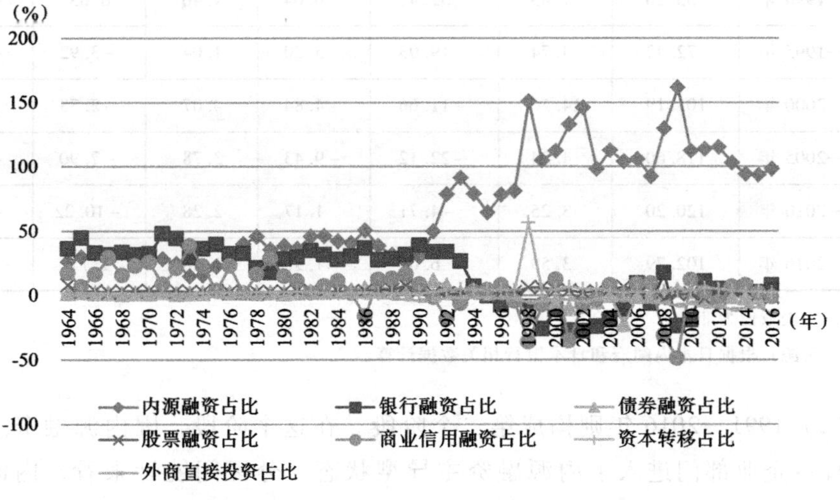


**图3-27　日本总融资结构变化（1964—2016年）**

资料来源：本书表3-28。

从表 3－28 和图 3－27 中可见：

1. 日本的总融资结构演化明显地可以分成两个阶段。

（1）1964—1990 年为第一个阶段。在这个阶段，日本的内源融资水平不高，其总融资平均占比为 32.84%，银行融资水平很高，其总融资平均占比为 32.88%，两者几乎处于并驾齐驱状态，即所谓内源融资和银行融资平衡状态。此外，商业信用融资发挥了较大作用，平均总融资占比为 13.94%，为位居第三融资方式。分期间来看，内源总融资平均占比逐渐上升，而银行总融资平均占比和商业信用总融资平均占比则逐步下降，其中，1964—1970 年和 1971—1975 年，银行总融资平均占比超过了内源总融资占比，而在 1976—1980 年、1981—1985 年和 1986—1990 年，内源总融资平均占比则超过了银行总融资占比（见表 3－29）。

**表 3－29　日本主要融资方式总融资平均占比分期间变化情况**　（单位：%）

| 期间 | 内源融资 | 资本转移 | 银行融资 | 债券融资 | 股票融资 | 商业信用 | 外商投资 |
|---|---|---|---|---|---|---|---|
| 1964—1970 年 | 30.15 | 1.45 | 34.62 | 1.63 | 3.57 | 18.95 | －0.18 |
| 1971—1975 年 | 21.13 | 1.80 | 39.42 | 2.11 | 2.81 | 18.79 | －0.87 |
| 1976—1980 年 | 36.73 | 2.53 | 26.37 | 1.95 | 2.48 | 16.81 | －1.06 |
| 1981—1985 年 | 42.04 | 2.14 | 30.85 | 2.84 | 2.99 | 6.51 | －1.51 |
| 1986—1990 年 | 35.20 | 1.43 | 32.42 | 6.04 | 4.46 | 6.63 | －2.87 |
| 1991—1995 年 | 72.42 | 3.74 | 19.93 | 5.20 | 1.04 | －3.92 | －2.37 |
| 1996—2000 年 | 105.19 | 14.50 | －11.66 | －4.84 | 4.07 | －5.78 | －3.45 |
| 2001—2005 年 | 118.60 | 4.34 | －22.12 | －9.43 | 3.78 | －7.90 | －3.48 |
| 2006—2010 年 | 120.20 | 3.25 | －4.71 | 1.17 | 2.28 | －10.22 | －6.38 |
| 2011—2016 年 | 102.79 | 3.59 | 6.03 | －1.90 | 1.28 | 1.77 | －10.53 |

注：本表数值为非加权平均值。

资料来源：根据日本内阁府和日本银行相关数据计算。

（2）1991—2016 年则构成第二个阶段。在这个阶段，因内源融资急剧上升，日本企业部门进入了内源融资主导型状态。分区间统计来看，内源总融资占比低于 70% 的年份只有 2 个，占这一阶段年份的 7.7%；在 70%～90% 的年份共 4 个，占这一阶段年份的 15.4%；在 90%～100% 的年份共 6 个，占这一阶段年份的23.1%；高于100%的年份达14个，占这一阶段年份的53.8%。分期间来看，1991—1995年，内源总融资平均占比为72.42%，较前一个时期翻了一番；1996—2000年则继续大幅上升至105.19%；2001—2005年进一步地上升至118.60%；2006—2010年再上升至120.20%；2011—2016年有所回落，为102.79%。

2. 即使按总额计算，日本的银行融资水平在1994年之后也没有多少提高，总体上依然处于较严重的紧缩状态。分期间来看，1996—2000年，银行总融资平均占比由前一个时期的19.93%急剧下降到-11.66%；2001—2005年进一步地下降至-22.12%；2006—2010年回升-4.71%；直至2011—2016年，才回升至正值，为6.03%。

3. 债券融资和股票融资在总融资中占比的特征均没有多大变化，相应地，市场融资在总融资中占比的特征也没有显著变化。

4. 商业信用融资的作用出现翻转。在1990年之前，该项融资成为总融资中一个重要的形式，此后则构成一定规模的净流出，这与净融资结构中的情形正好相反。分期间来看，1964—1970年、1971—1975年、1976—1980年和1981—1985年，商业信用总融资平均占比不断下降，分别为18.95%、18.79%、16.81%、6.51%；1986—1990年为6.63%，与前一个时期基本持平；1991—1995年、1996—2000年、2001—2005年和2006—2010年则再次连续下降，进入负值区运行，分别为-3.92%、-5.78%、-7.9%、-10.22%；2011—2016年回升至正值，为1.77%。

5. 外商直接投资由于以净额形式列示，其在总融资中的作用无法真实显示出。

6. 商业票据融资的作用变化不大，资本转移的作用依然很小。

### （十一）一些特殊的融资结构分析

对日本特殊的融资结构的分析，我们仍将继续考察银行部门融资效率、直接融资与间接融资对比以及债务融资与权益融资对比。

1. 银行部门融资效率

日本银行部门融资效率指标值的计算结果如表3-30所示。

表 3－30　　日本银行部门融资效率指标值变化（1964—2016 年）

| 银行总融资为正值 | | | | | | 银行总融资为负值 | |
|---|---|---|---|---|---|---|---|
| 年份 | 指标值 | 年份 | 指标值 | 年份 | 指标值 | 年份 | 指标值 |
| 1964 | 0.63 | 1977 | 0.58 | 1990 | 0.96 | 1995 | 2.97 |
| 1965 | 0.51 | 1978 | 0.25 | 1991 | 1.17 | 1996 | 0.90 |
| 1966 | 0.55 | 1979 | 0.55 | 1992 | 1.21 | 1997 | 3.61 |
| 1967 | 0.66 | 1980 | 0.80 | 1993 | 1.02 | 1998 | 1.31 |
| 1968 | 0.63 | 1981 | 0.52 | 1994 | 0.59 | 1999 | 1.21 |
| 1969 | 0.61 | 1982 | 0.68 | 2006 | 1.09 | 2000 | 1.27 |
| 1970 | 0.61 | 1983 | 0.56 | 2008 | 1.17 | 2001 | 1.00 |
| 1971 | 0.39 | 1984 | 0.61 | 2011 | 0.07 | 2002 | 0.96 |
| 1972 | 0.54 | 1985 | 0.47 | 2012 | －0.43 | 2003 | 1.25 |
| 1973 | 0.70 | 1986 | 0.40 | 2013 | －1.84 | 2004 | 1.09 |
| 1974 | 0.75 | 1987 | 0.40 | 2014 | －1.01 | 2005 | 1.62 |
| 1975 | 0.58 | 1988 | 0.32 | 2015 | －3.82 | 2007 | 0.96 |
| 1976 | 0.56 | 1989 | 0.61 | 2016 | －0.86 | 2009 | 1.38 |
| | | | | | | 2010 | 1.36 |

资料来源：根据日本内阁府和日本银行相关数据计算。

先看银行总融资为正值的情况。1964—2016 年共 53 年，日本银行部门贷款额为正值的年份有 39 个。其中，银行部门融资效率指标值超过 1 的年份为 5 个，指标值在 0.7～1 的年份有 4 个，指标值在 0.5～0.7 的年份有 18 个，指标值在 0～0.5 的年份有 7 个，低于 0 的年份有 5 个（见图 3－28）。也就是说，指标值在 0.5 以上的年份数占银行部门贷款额为正值的年份数的比例达 69.2%，银行部门融资效率是比较高的。

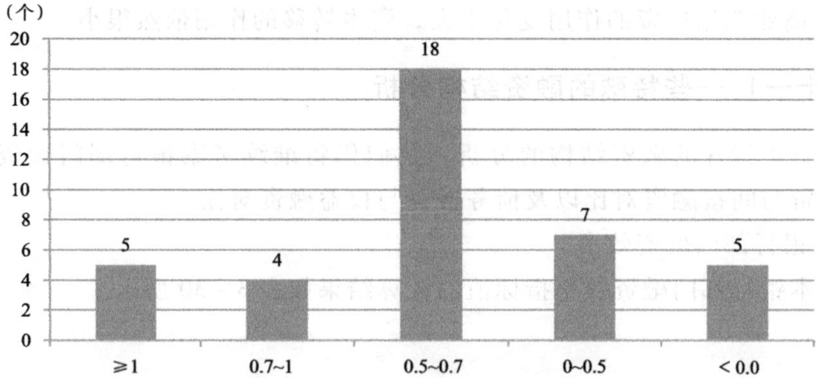


图 3－28　日本银行部门融资效率值分布

资料来源：本书表 3－30。

再看银行总融资为负值的情况。在14个银行部门贷款额为负值的年份里，有3个年份的银行部门融资效率指标值小于1，有9个年份的指标值在1~2，还有2个年份指标值超过了2，总平均值为1.49，说明在银行总融资受到冲击时，实体投资受到的冲击要更大一些。

总体上看，日本银行部门具有一定的融资效率。

2. 直接融资与间接融资对比

按照与前面一致的口径，我们计算出日本的直接融资与间接融资的净额结构和总额结构指标值（见表3-31、表3-32）。

先看净额结构。1964—2016年共53年，日本的银行净融资为正值的年份有34个。其中，直接融资与间接融资净额结构Ⅰ指标值超过0.7的年份只有2个，指标值在0.5~0.7和0.3~0.5的年份均为5个，指标值在0.1~0.3的年份有18个，低于0.1的年份有4个（见图3-29），平均指标值为0.15。可见，在银行净融资为正值的年份中，直接融资净额相对而言很小。

**表3-31　日本直接融资与间接融资净额结构指标值变化（1964—2016年）**

| 银行净融资为正值 | | | | | | | | |
|---|---|---|---|---|---|---|---|---|
| 年份 | 净额结构Ⅰ | 净额结构Ⅱ | 年份 | 净额结构Ⅰ | 净额结构Ⅱ | 年份 | 净额结构Ⅰ | 净额结构Ⅱ |
| 1964 | 0.19 | — | 1976 | 0.18 | — | 1988 | 0.76 | 1.31 |
| 1965 | 0.09 | — | 1977 | 0.20 | — | 1989 | 0.66 | 0.76 |
| 1966 | 0.25 | — | 1978 | 0.63 | — | 1990 | 0.19 | 0.19 |
| 1967 | 0.16 | — | 1979 | 0.37 | — | 1991 | 0.36 | 0.29 |
| 1968 | 0.16 | — | 1980 | 0.15 | — | 1992 | 0.23 | 0.23 |
| 1969 | 0.19 | — | 1981 | 0.26 | — | 1993 | 0.28 | 0.30 |
| 1970 | 0.18 | — | 1982 | 0.20 | — | 1994 | 1.82 | 1.32 |
| 1971 | 0.20 | — | 1983 | 0.30 | — | 2006 | 0.61 | 0.63 |
| 1972 | 0.08 | — | 1984 | 0.32 | — | 2008 | -0.15 | -0.11 |
| 1973 | 0.10 | — | 1985 | 0.43 | — | 2011 | -5.93 | -2.69 |
| 1974 | 0.12 | — | 1986 | 0.56 | — | | | |
| 1975 | 0.29 | — | 1987 | 0.55 | 0.70 | | | |

续表

| 银行净融资为负值 | | | | | | | | |
|---|---|---|---|---|---|---|---|---|
| 年份 | 净额结构 I | 净额结构 II | 年份 | 净额结构 I | 净额结构 II | 年份 | 净额结构 I | 净额结构 II |
| 1995 | -1.60 | -2.30 | 2002 | 0.51 | 0.46 | 2012 | -0.20 | -0.39 |
| 1996 | -0.95 | -1.04 | 2003 | 0.13 | 0.19 | 2013 | -0.42 | -0.27 |
| 1997 | -0.13 | -0.11 | 2004 | -0.14 | -0.09 | 2014 | -0.84 | -0.83 |
| 1998 | 0.84 | 0.87 | 2005 | 0.86 | 0.99 | 2015 | 0.17 | 0.24 |
| 1999 | -0.14 | -0.11 | 2007 | -0.14 | -0.18 | 2016 | 0.22 | 0.36 |
| 2000 | -0.22 | -0.21 | 2009 | 0.07 | 0.09 | | | |
| 2001 | 0.35 | 0.26 | 2010 | -0.17 | -0.12 | | | |

注：净额结构Ⅰ=（债券净融资+股票净融资）/银行净融资

净额结构Ⅱ=（债券净融资+股票净融资+商业票据净融资）/银行净融资

资料来源：根据日本内阁府和日本银行相关数据计算。

**表3-32 日本直接融资与间接融资总额结构指标值变化（1964—2016年）**

| 银行总融资为正值 | | | | | | | | |
|---|---|---|---|---|---|---|---|---|
| 年份 | 总额结构 I | 总额结构 II | 年份 | 总额结构 I | 总额结构 II | 年份 | 总额结构 I | 总额结构 II |
| 1964 | 0.26 | — | 1977 | 0.16 | — | 1990 | 0.25 | 0.31 |
| 1965 | 0.12 | — | 1978 | 0.20 | — | 1991 | 0.38 | 0.27 |
| 1966 | 0.15 | — | 1979 | 0.26 | — | 1992 | 0.24 | 0.23 |
| 1967 | 0.12 | — | 1980 | 0.15 | — | 1993 | 0.12 | 0.04 |
| 1968 | 0.12 | — | 1981 | 0.18 | — | 1994 | 0.70 | 0.47 |
| 1969 | 0.14 | — | 1982 | 0.18 | — | 2006 | 0.34 | 0.19 |
| 1970 | 0.14 | — | 1983 | 0.16 | — | 2008 | -0.20 | -0.20 |
| 1971 | 0.11 | — | 1984 | 0.21 | — | 2011 | -0.59 | -0.45 |
| 1972 | 0.10 | — | 1985 | 0.21 | — | 2012 | -0.09 | -0.18 |
| 1973 | 0.13 | — | 1986 | 0.24 | — | 2013 | 0.58 | 0.35 |
| 1974 | 0.11 | — | 1987 | 0.37 | 0.43 | 2014 | 0.73 | 0.77 |
| 1975 | 0.19 | — | 1988 | 0.33 | 0.55 | 2015 | -0.33 | -0.60 |
| 1976 | 0.13 | — | 1989 | 0.48 | 0.56 | 2016 | -0.28 | -0.30 |

续表

| 银行总融资为负值 | | | | | | | | |
|---|---|---|---|---|---|---|---|---|
| 年份 | 总额结构 I | 总额结构 II | 年份 | 总额结构 I | 总额结构 II | 年份 | 总额结构 I | 总额结构 II |
| 1995 | -3.11 | -4.05 | 2000 | 0.13 | 0.47 | 2005 | 1.43 | 1.36 |
| 1996 | -0.64 | -0.68 | 2001 | 0.26 | 0.14 | 2007 | -1.33 | -1.57 |
| 1997 | -0.17 | -0.51 | 2002 | 0.23 | 0.19 | 2009 | -0.19 | 0.02 |
| 1998 | 1.18 | 0.31 | 2003 | 0.10 | 0.16 | 2010 | -0.20 | -0.14 |
| 1999 | -0.10 | -0.01 | 2004 | -0.21 | -0.09 | | | |

注：总额结构 I =（债券总融资 + 股票总融资）/银行总融资

总额结构 II =（债券总融资 + 股票总融资 + 商业票据总融资）/银行总融资

资料来源：根据日本内阁府和日本银行相关数据计算。

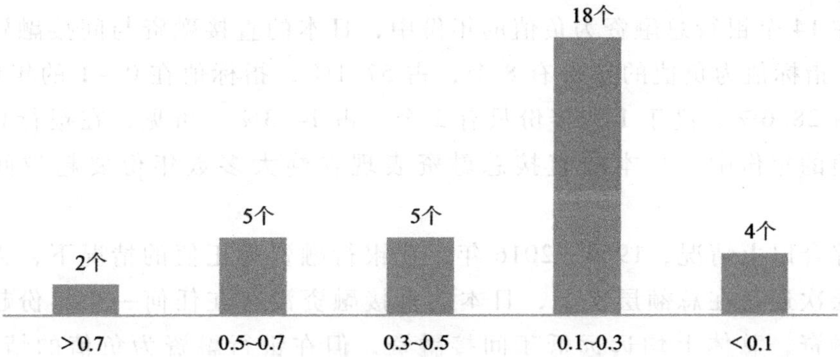


**图 3-29　日本直接融资与间接融资净额结构 I 指标值分布**

资料来源：本书表 3-31。

在 19 个银行净融资为负值的年份中，直接融资与间接融资净额结构 I 指标值为负值的年份达 11 个，占 57.9%。其余 8 个为正值的年份，其指标值也均小于 1。可见，在银行净融资为负值的年份中，日本的直接净融资全面超过了前者。

再看总额结构。在 1991—2016 年 39 个银行总融资为正值的年份中，日本直接融资与间接融资总额结构 I 指标值超过 1 的年份均只有 2 个，指标值在 0.3～0.7 的年份有 6 个，指标值在 0.2～0.3 的年份有 8 个，指标值在 0.1～0.2 的年份有 18 个，低于 0.1 的年份有 5 个（见图 3-30），平均指标值为 0.17。可见，在银行总融资为正值的年份中，日本的直接总融资远远低于间接总融资。

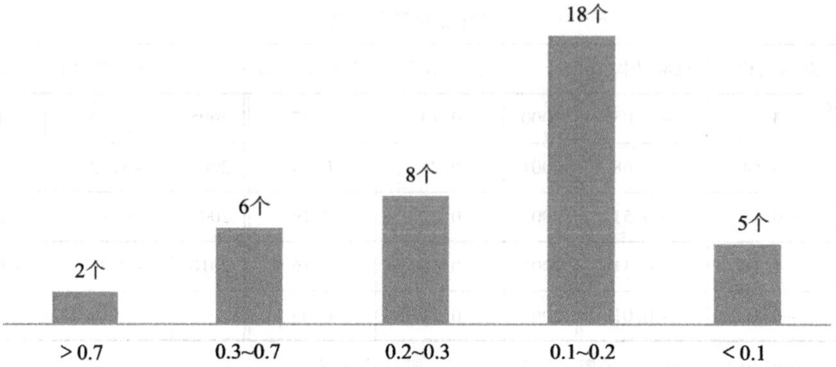


**图 3-30 日本直接融资与间接融资总额结构 I 指标值分布**

资料来源：本书表 3-32。

在 14 个银行总融资为负值的年份中，日本的直接融资与间接融资总额结构 I 指标值为负值的年份有 8 个，占 57.1%，指标值在 0~1 的年份有 4 个，占 28.6%，高于 1 的年份只有 2 个，占 14.3%。可见，在银行总融资为负值的年份中，日本的直接总融资表现在绝大多数年份要超越间接总融资。

综合以上情况，1964—2016 年，在银行融资为正值的情况下，无论在净额层次还是在总额层次上，日本的直接融资没有在任何一个年份超越过间接融资，总体上均远远低于间接融资，但在银行融资为负值的情况下，直接融资则全面超越了间接融资。合并两种情况，直接融资净额超过间接融资净额的年份有 19 个，直接融资总额超过间接融资总额的年份有 12 个，分别占全部年份的 35.8% 和 22.6%。总体上看，间接融资比直接融资重要得多。

直接融资与间接融资净额结构 II 指标值的情况基本上和指标 I 类似，不再单独讨论。

3. 债务融资与权益融资对比

根据与前面一致的口径，我们计算出的日本债务融资与权益融资的净额结构和总额结构指标值参见表 3-33 和表 3-34。

**表 3－33　日本债务融资与权益融资净额结构指标值变化（1964—2016 年）**

| 权益净融资为正值 | | | | | | | | |
|---|---|---|---|---|---|---|---|---|
| 年份 | 净额结构 I | 净额结构 II | 年份 | 净额结构 I | 净额结构 II | 年份 | 净额结构 I | 净额结构 II |
| 1964 | 9.28 | — | 1981 | 9.22 | — | 1997 | -4.54 | -4.64 |
| 1966 | 7.60 | — | 1982 | 12.43 | — | 1998 | -3.73 | -3.77 |
| 1967 | 14.44 | — | 1983 | 7.31 | — | 1999 | -4.03 | -4.15 |
| 1968 | 9.58 | — | 1984 | 8.23 | — | 2000 | -2.78 | -2.80 |
| 1969 | 9.44 | — | 1985 | 8.02 | — | 2001 | -9.36 | -8.80 |
| 1970 | 8.93 | — | 1986 | 7.86 | — | 2003 | -12.21 | -12.72 |
| 1971 | 13.91 | — | 1987 | 201.69 | 220.38 | 2004 | -4.79 | -4.99 |
| 1972 | 24.08 | — | 1988 | 7.19 | 9.74 | 2005 | -6.60 | -6.98 |
| 1973 | 37.20 | — | 1989 | 5.63 | 6.04 | 2006 | 3.00 | 3.02 |
| 1974 | 18.54 | — | 1990 | 38.69 | 38.97 | 2009 | -220.15 | -225.77 |
| 1975 | 11.90 | — | 1991 | 18.75 | 17.75 | 2010 | -31.47 | -33.45 |
| 1976 | 16.36 | — | 1992 | 26.79 | 26.85 | 2012 | -2.93 | -2.47 |
| 1977 | 13.81 | — | 1993 | 5.10 | 5.23 | 2013 | -2.36 | -2.71 |
| 1978 | 4.84 | — | 1994 | 2.09 | 1.54 | 2014 | -1.13 | -1.14 |
| 1979 | 8.79 | — | 1995 | -0.30 | 0.50 | 2015 | -14.63 | -15.43 |
| 1980 | 12.82 | — | 1996 | -1.09 | -0.93 | | | |
| 权益净融资为负值 | | | | | | | | |
| 年份 | 净额结构 I | 净额结构 II | 年份 | 净额结构 I | 净额结构 II | 年份 | 净额结构 I | 净额结构 II |
| 1965 | -48.93 | — | 2007 | 21.22 | 20.19 | 2011 | 0.18 | -0.60 |
| 2002 | 29.76 | 28.71 | 2008 | -5.94 | -6.17 | 2016 | 4.72 | 5.37 |

注：净额结构 I =（银行净融资 + 债券净融资）/股票净融资

净额结构 II =（银行净融资 + 债券净融资 + 商业票据净融资）/股票净融资

资料来源：根据日本内阁府和日本银行相关数据计算。

表 3-34 日本债务融资与权益融资总额结构指标值变化（1964—2016 年）

| 权益总融资为正值 | | | | | | | | |
|---|---|---|---|---|---|---|---|---|
| 年份 | 总额结构 I | 总额结构 II | 年份 | 总额结构 I | 总额结构 II | 年份 | 总额结构 I | 总额结构 II |
| 1964 | 4.86 | — | 1981 | 9.58 | — | 1998 | -4.24 | -2.95 |
| 1965 | 17.33 | — | 1982 | 10.30 | — | 1999 | -4.89 | -5.29 |
| 1966 | 11.71 | — | 1983 | 13.49 | — | 2000 | -4.18 | -5.13 |
| 1967 | 15.99 | — | 1984 | 10.57 | — | 2001 | -11.00 | -10.10 |
| 1968 | 11.32 | — | 1985 | 13.41 | — | 2002 | -17.07 | -16.58 |
| 1969 | 10.86 | — | 1986 | 14.06 | — | 2003 | -10.48 | -11.00 |
| 1970 | 9.98 | — | 1987 | 8.21 | 8.63 | 2004 | -4.74 | -5.28 |
| 1971 | 16.65 | — | 1988 | 7.63 | 9.08 | 2005 | -5.33 | -5.21 |
| 1972 | 13.58 | — | 1989 | 5.46 | 5.84 | 2006 | 2.23 | 1.86 |
| 1973 | 13.34 | — | 1990 | 11.85 | 12.46 | 2007 | -0.76 | -0.59 |
| 1974 | 16.38 | — | 1991 | 31.75 | 29.12 | 2009 | -29.90 | -37.40 |
| 1975 | 14.10 | — | 1992 | 58.84 | 58.41 | 2010 | -16.69 | -17.86 |
| 1976 | 16.98 | — | 1993 | 22.65 | 21.14 | 2012 | 1.65 | 1.39 |
| 1977 | 11.78 | — | 1994 | 9.47 | 8.04 | 2013 | 0.92 | 0.64 |
| 1978 | 9.54 | — | 1995 | 1.29 | 2.30 | 2014 | 0.45 | 0.49 |
| 1979 | 8.48 | — | 1996 | -2.41 | -2.28 | 2015 | 1.01 | 0.19 |
| 1980 | 11.17 | — | 1997 | -2.41 | -1.82 | | | |
| 权益总融资为负值 | | | | | | | | |
| 年份 | 总额结构 I | 总额结构 II | 年份 | 总额结构 I | 总额结构 II | 年份 | 总额结构 I | 总额结构 II |
| 2008 | -4.89 | -4.89 | 2011 | -2.50 | -3.01 | 2016 | -4.30 | -4.23 |

注：总额结构 I =（银行总融资 + 债券总融资）/股票总融资

总额结构 II =（银行总融资 + 债券总融资 + 商业票据总融资）/股票总融资

资料来源：根据日本内阁府和日本银行相关数据计算。

先看净额结构。在 1964—2016 年共 53 年，日本股票净融资为正值的年份有 47 个，债务融资与权益融资净额结构 I 指标值平均为 5.56。其中，指标值高于 20 的年份有 5 个，指标值在 10～20 的年份有 9 个，指标值在 5～10 的年份有 14 个，指标值在 1～5 的年份有 3 个，指标值在 -5～0 的年份有 10 个，超过 -5 的年份有 6 个（见图 3-31）。可见，债务净融资低于权益净融资在后者为正值的年份里约占 1/3。

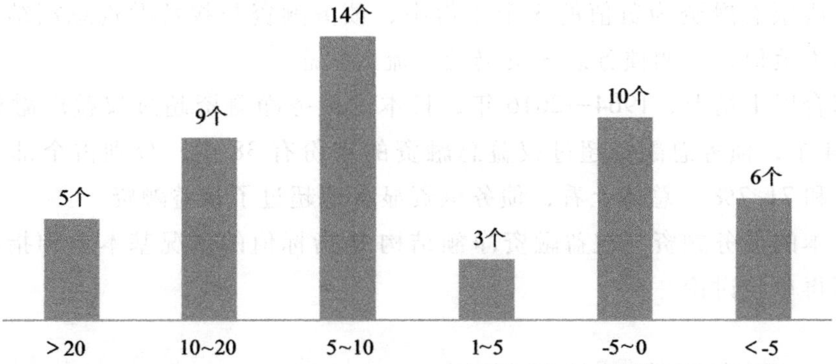


**图3-31　日本债务融资与权益融资净额结构Ⅰ指标值分布**

资料来源：本书表3-33。

在6个股票净融资为负值的年份中，日本的债务融资与权益融资净额结构Ⅰ指标值大于1的年份有3个，指标值在0~1的年份仅1个，指标值低于-1的年份有2个。可见，在股票净融资为负值的年份中，债务净融资低于权益净融资的年份占一半。

再看总额结构。在1964—2016年，日本股票总融资为正值的年份有50个，债务融资与权益融资总额结构Ⅰ指标值平均为6.70。其中，指标值超过20的年份有3个，在15~20的年份有5个，在10~15的年份有14个，在5~10的年份有8个，在1~5的年份有5个，在-1~1的年份有3个，在-5~-1和低于-5的年份均为6个（见图3-32）。可见，在股票总融资为正值的年份中，日本的债务总融资超过权益总融资的年份占70%。

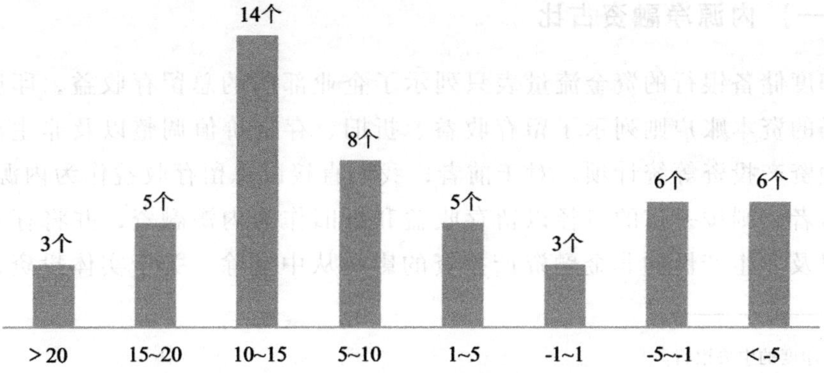


**图3-32　日本债务融资与权益融资总额结构Ⅰ指标值分布**

资料来源：本书表3-34。

在股票总融资为负值的 3 个年份中，债务融资与权益融资总额结构 I 指标值均为负值，说明债务总融资仍处于流入状态。

综合以上情况，1964—2016 年，日本的债务净融资超过权益净融资的年份有 34 个，债务总融资超过权益总融资的年份有 38 个，分别占全部年份的 64.2% 和 71.7%。总体上看，债务融资显著地超过了权益融资。

日本的债务融资与权益融资净额结构 II 指标值的情况基本上和指标 I 类似，不再单独讨论。

## 六、印度融资结构及演化

印度储备银行（Reserve Bank of India）[①]虽然较早就开始编制资金流量表，但其统计较粗略，数据不完整，目前我们可获得的相对较完整的数据为私人企业部门[②] 1995—2008 年[③]的相关统计。印度的中央统计局（Central Statistical Office）现在也发布相关的国民统计账户数据，包括资本账户和金融账户，但企业部门的数据只能追溯到 2012 年。尽管可获得的数据期间较短，且存在年份缺失，但在极少数发布资金流量表的发展中国家中，印度在数据完备性上算是较好者，也是其中对中国最有价值的可比对象。因此，我们将利用这一有限的数据，对印度的融资结构及演化展开分析。

在具体的统计项目上，印度储备银行的资金流量表可以区分出内源融资、资本转移、银行融资、债券融资、股票融资、商业信用融资和外商直接投资，印度中央统计局的国民统计账户则只能区分出前五项融资。

### （一）内源净融资占比

印度储备银行的资金流量表只列示了企业部门的总留存收益，印度中央统计局的资本账户则列示了留存收益、折旧、存货价值调整以及非生产性的非金融资产投资等统计项。对于前者，我们直接以总留存收益作为内源融资；对于后者，则按一贯的口径以留存收益和折旧作为内源融资，并将存货价值调整以及非生产性的非金融资产投资的影响从中剔除。关于实体投资，我们

---

① 印度的中央银行。

② 包含了实业合作社。

③ 印度的统计均按财年计算，为了简便起见，我们沿用自然年度代表财年，例如 2005 年表示的是 2004—2005 财年，2008 年则表示 2007—2008 财年，下同。

采用印度储备银行发布的资本投资项和印度中央统计局发布的固定资本形成总额项相关统计。由此计算出的印度1995—2016年内源融资占比情况参见表3-35。

表3-35 印度净融资结构变化（1995—2016年） （单位:%）

| 年份 | 内源融资 | 资本转移 | 银行融资 | 债券融资 | 权益融资 | 商业信用 | 外商直接投资 | 其他融资 | 统计误差 |
|---|---|---|---|---|---|---|---|---|---|
| 1995 | 28.20 | -1.66 | 57.17 | 27.98 | 39.17 | -2.95 | 7.70 | -13.71 | -41.89 |
| 1996 | 34.99 | -2.82 | 70.94 | 6.70 | 10.27 | -0.14 | 0.39 | 9.76 | -30.10 |
| 1997 | 34.84 | -4.93 | 41.79 | 7.72 | 17.22 | -0.15 | -7.55 | -1.60 | 12.66 |
| 1998 | 30.91 | -1.38 | 25.50 | 6.34 | 9.05 | -0.02 | 0.67 | 42.59 | -13.68 |
| 1999 | 34.15 | -2.52 | 65.06 | 7.58 | 33.80 | -6.51 | 12.78 | -3.40 | -40.95 |
| 2000 | 43.15 | -2.86 | 59.40 | -7.53 | 40.62 | 0.21 | -9.61 | 14.22 | -37.61 |
| 2001 | 55.75 | -3.70 | 46.41 | 16.91 | 113.96 | 0.00 | 13.60 | 15.30 | -158.22 |
| 2002 | 23.50 | 0.31 | 151.17 | 10.40 | 101.66 | 0.00 | 2.98 | 28.91 | -218.92 |
| 2003 | 39.59 | -3.22 | 79.88 | 7.76 | -13.32 | 0.09 | -16.84 | -3.44 | 9.50 |
| 2004 | 44.63 | 3.32 | 17.18 | 1.91 | -59.27 | 0.02 | 1.18 | 16.27 | 74.76 |
| 2005 | 48.45 | -0.17 | 2.02 | 3.50 | 3.81 | 0.01 | 4.02 | -8.27 | 46.62 |
| 2006 | 43.32 | -1.04 | -0.22 | -4.88 | 36.65 | 0.01 | 14.76 | -3.84 | 15.24 |
| 2007 | 43.47 | 0.00 | 37.90 | 3.69 | 7.56 | 1.35 | 16.02 | -5.15 | -4.85 |
| 2008 | 42.93 | -3.56 | 66.59 | 1.71 | 12.70 | 1.58 | 2.90 | -23.76 | -1.08 |
| 2012 | 51.95 | 3.82 | 41.23 | 2.50 | 5.96 | — | — | -5.46 | 0.00 |
| 2013 | 53.43 | 3.26 | 46.56 | 2.56 | 6.68 | — | — | -12.50 | 0.00 |
| 2014 | 63.91 | 3.49 | 33.92 | 5.65 | 30.79 | — | — | -37.76 | 0.00 |
| 2015 | 66.14 | -0.08 | 41.03 | 2.70 | 42.09 | — | — | -51.89 | 0.00 |
| 2016 | 70.95 | -0.62 | 7.21 | 1.46 | 8.82 | — | — | 12.19 | 0.00 |

注：（1）本表中的统计误差系推算值，印度的报表没有列示相关统计；

（2）因数据不完整，2009—2011年的净融资结构无法测度；

（3）1995—2008年的数据口径为非金融私人企业部门，2012—2016年的数据口径为非金融企业部门，包含非金融公营企业。

资料来源：根据印度中央统计局和印度储备银行相关数据计算。

从表3-35中可见，印度的内源净融资占比总体水平不高，但存在逐步走高的趋势，全部年份占比的平均值仅为44.96%。分区间统计来看，高于60%的年份有3个，占全部年份的15.8%；在40%~60%的年份为9个，占全部年份的47.4%；在20%~40%的年份为7个，占全部年份的36.8%。印度内源净融资占比的分布主要在低值区域，与发达国家差异很大。分期间来看，1995—2000年，印度内源净融资平均占比为34.37%，2001—2005年上升至42.38%，2006—2008年继续小幅上升至43.24%，2012—2016年再上升至61.28%（见表3-36）。

表3-36 印度各项融资方式净融资平均占比分期间变化情况 （单位：%）

| 项目 | 1995—2000年 | 2001—2005年 | 2006—2008年 | 2012—2016年 |
|---|---|---|---|---|
| 内源净融资占比 | 34.37 | 42.38 | 43.24 | 61.28 |
| 银行净融资占比 | 53.31 | 59.33 | 34.76 | 33.99 |
| 债券净融资占比 | 8.13 | 8.10 | 0.17 | 2.97 |
| 权益净融资占比 | 25.02 | 29.37 | 18.97 | 18.87 |
| 商业信用净融资占比 | -1.59 | 0.02 | 0.98 | — |
| 资本转移净融资占比 | -2.70 | -0.69 | -1.53 | 1.97 |
| 外商直接投资占比 | 0.73 | 0.99 | 11.23 | — |
| 其他净融资占比 | 7.98 | 9.75 | -10.92 | -19.08 |
| 统计误差占比 | -25.26 | -49.25 | 3.10 | 0.00 |

注：本表数值为非加权平均值。

资料来源：根据印度中央统计局和印度储备银行相关数据计算。

从内源净融资占比与实体投资的关系来看，由于年份缺失，样本期较短，印度的实体投资周期性不明显，只有一个波谷，整体上实体投资的规模在不断上升（见图3-33），而内源净融资占比也在不断上升，所以，后者不但没有表现出逆周期特征，反而与实体投资有着较强的正向相关关系。这一点是否构成发展中国家一种特征，还有待观察。

总体上看，印度的内源净融资水平不高，但存在逐步上升的趋势，其占比因实体投资周期性特征不明显从而没有表现出逆周期特征，反而与实体投资有着较强的同向关系。

## （二）银行净融资占比

印度储备银行的资金流量表在“借贷”（borrowings）统计项下列示了“银行”和“其他金融机构”两个细项，在金融投资部分列示了“现金”和“定期存款”项，其中，“定期存款”项下进一步列示了“银行”等细项。印度中央统计局的金融账户只笼统地列示了“贷款”项，并按照SNA 2008规

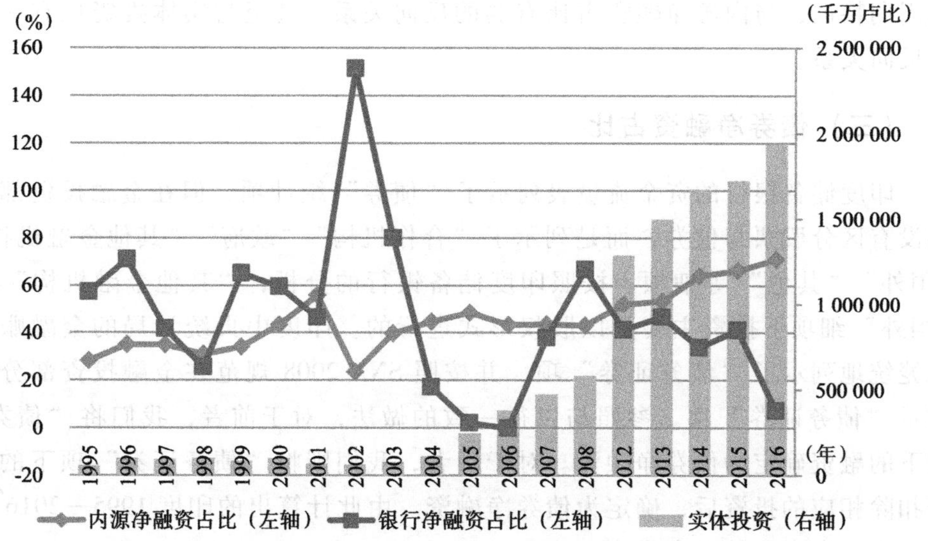


**图 3－33　印度内源净融资和银行净融资占比变化（1995—2016 年）**

资料来源：印度中央统计局、印度储备银行、本书表 3－35。

范在金融投资部分也列示“贷款”项，另外也列示“现金与存款”项。对于前者，我们将“银行”和“其他金融机构”两个细项的借贷扣除现金和“银行”项下的存款，确定为银行净融资。对于后者，我们则参照对德国金融账户的处理方法，将“贷款”项下的融资扣除现金与存款后，确定为银行净融资。由此计算出的印度 1995—2016 年银行净融资占比情况参见表 3－35。

从表 3－35 中可见，印度的银行净融资占比总体水平非常高，但存在下降的趋势，全部年份占比的平均值达 46.88%。分区间统计来看，高于 60% 的年份有 5 个，占全部年份的 26.3%；在 40%～60% 的年份为 7 个，占全部年份的 36.8%；在 20%～40% 的年份为 3 个，占全部年份的 15.8%；低于 20% 的年份为 4 个，占全部年份的 21.1%。分期间来看，1995—2000 年，印度银行净融资平均占比达 53.31%，2001—2005 年上升至 59.33%，2006—2008 年大幅下降至 34.76%，2012—2016 年再略降至 33.99%（见表 3－36）。

从印度的银行净融资与内源净融资占比的变动来看，两者也存在弱的反向关系，尽管内源融资水平波动性不强。至于与固定资本形成总额的变动关系，因印度的实体投资周期性特征不强，银行净融资占比也不存在顺周期特征，反而有一定的反向关系（见图 3－33）。

总体上看，印度的银行净融资水平很高，但存在下降趋势，其占比没有顺周期特征，与内源净融资占比有弱的反向关系，甚至与实体投资也有一定的反向关系。

## （三）债券净融资占比

印度储备银行的资金流量表列示了“债券”统计项，但在金融投资部分则没有区分股票与债券，而是列示了“合作机构”“政府”“其他金融机构”“国外”“其他”等细项。按照印度储备银行的分析，“其他金融机构”和“国外”细项下投资主要是以股权形式进行的。印度中央统计局的金融账户只笼统地列示了“债务证券”项，并按照 SNA 2008 规范在金融投资部分也列示“债务证券”项。参照与以往一致的做法，对于前者，我们将“债券”项下的融资确定为债券净融资。对于后者，我们则将“债务证券”项下的融资扣除相应的投资后，确定为债券净融资。由此计算出的印度 1995—2016 年债券净融资占比情况参见表 3－35。

从表 3－35 中可见，印度的债券净融资占比总体水平很低，且波动较大，全部年份占比的平均值仅为 5.51%。分区间统计来看，高于 10% 的年份有 3 个，占全部年份的 15.8%；在 5%～10% 的年份为 6 个，占全部年份的 31.6%；在 0～5% 的年份为 8 个，占全部年份的 42.1%；低于 0 的年份为 2 个，占全部年份的 10.5%。分期间来看，1995—2000 年，印度债券净融资平均占比为 8.13%，2001—2005 年基本持平，为 8.10%，2006—2008 年大幅下降至 0.17%，2012—2016 年回升至 2.97%（见表 3－36）。

总体上看，印度的债券净融资水平很低，且相当不稳定（见图 3－34）。

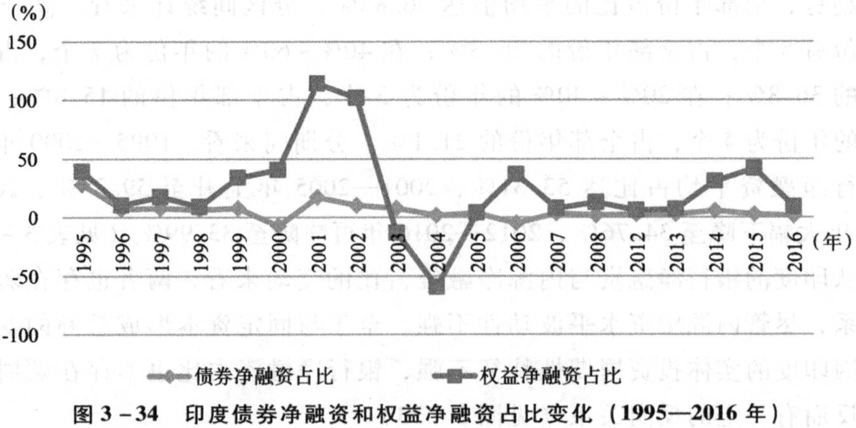


**图 3－34 印度债券净融资和权益净融资占比变化（1995—2016 年）**

资料来源：本书表 3－35。

### （四）权益净融资占比

印度储备银行的资金流量表列示了“实收资本”（paid - up capital）统计项，其含义较宽泛，包含普通股和优先股等。印度中央统计局的金融账户只笼统地列示了“权益与投资基金”项，并按照 SNA 2008 规范在金融投资部分也列示“权益与投资基金”项，未单独区分出股票项。如上一节所述，印度储备银行的“其他金融机构”和“国外”细项下投资主要是以股权形式进行的。这样，对于印度储备银行的资金流量表，我们将“实收资本”项下的融资扣除掉“其他金融机构”和“国外”细项下投资，确定为权益净融资。对于印度中央统计局的金融账户，我们只能将“权益与投资基金”项下的融资扣除相应的投资后，确定为股票净融资。由于企业部门不能通过投资基金来融资，对基金的投资通常也很小，这样做影响不会很大，不会高估权益融资水平，反而存在着一定的低估风险。由此计算出的印度 1995—2016 年权益净融资占比情况参见表 3 - 35。

从表 3 - 35 中可见，印度的权益净融资占比总体水平很高，但波动巨大，全部年份占比的平均值为 23.59%。分区间统计来看，高于 100% 的年份竟然有 2 个，占全部年份的 10.5%；在 30% ~ 50% 的年份为 6 个，占全部年份的 31.6%；在 10% ~ 30% 的年份为 3 个，占全部年份的 15.8%；在 0 ~ 10% 的年份为 6 个，占全部年份的 31.6%；低于 0 的年份为 2 个，占全部年份的 10.5%。分期间来看，1995—2000 年，印度权益净融资平均占比为 25.02%，2001—2005 年上升至 29.37%，2006—2008 年大幅下降至 18.97%，2012—2016 年略降至 18.87%（见表 3 - 36）。

印度权益净融资水平很高可能与其统计口径较宽泛有关，从交易所的相关统计来看，股票融资水平并不算很高。根据世界交易所联合会（WFE）的统计，印度的孟买交易所和国家交易所 2014 年和 2015 年各类股票融资额合计分布为 7 522 亿卢比、13 420 亿卢比，而印度中央统计局的金融账户中“权益与投资基金”项下的 2014—2015 财年和 2015—2016 财年融资额分别达到了 86 912 亿卢比、127 814 亿卢比，股票融资额只有权益融资额的约 1/10。如此估计，印度的股票净融资占比在 2% ~ 3%。

总体上看，印度的权益净融资水平很高，但这很可能是其较宽泛的统计口径所致，实际的股票净融资水平可能并不高。

### （五）商业信用净融资占比

印度储备银行的资金流量表以净额的形式列示了“商业信用”统计项，印度中央统计局的金融账户则没有单独区分出该项统计。因此，我们只能计算出印度 1995—2008 年的商业信用净融资占比，结果参见表 3－35。

从表 3－35 中可见，印度的商业信用净融资占比总体水平很低，构成微小的流出，最高值仅 1.58%，出现在 2008 年，最低值为－6.51%，出现在 1999 年，全部年份占比的平均值为－0.46%。不过，2000 年后，商业信用净融资占比一直处于微小的正值区域（见图 3－35）。

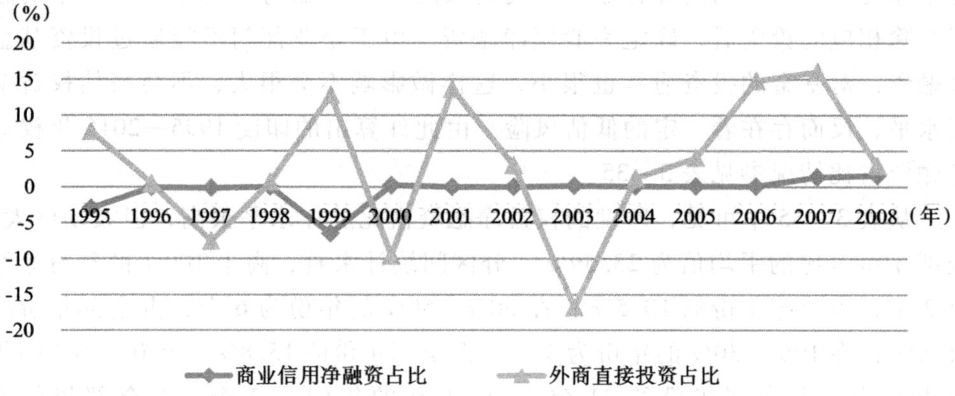


**图 3－35 印度商业信用和外商直接投资净融资占比变化（1995—2008 年）**

资料来源：本书表 3－35。

### （六）资本转移净融资占比

依据净融资法计算出的 1995—2016 年印度资本转移净融资占比见表 3－35。从表 3－35 中可见，在 2008 年之前，因数据口径为私人企业部门，资本转移整体上构成较小的流出，其净融资占比平均值为－1.73%。2012 年后，因数据口径包含了公营企业部门，资本转移整体上构成较小的流入。分期间来看，1995—2000 年印度资本转移净融资平均占比为－2.70%，2001—2005 年上升至－0.69%，2006—2008 年再下降至－1.53%，2012—2016 年上升至 1.97%（见表 3－36）。

总体上看，因统计口径的变化，印度的资本转移净融资占比在前后两个时期明显不同，2008 年前构成较小的净融资流出，2012 年后则构成较小的流出（见图 3－36）。

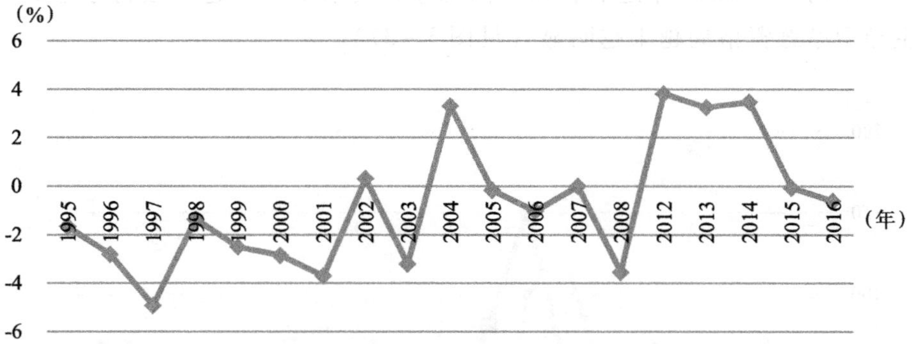


**图 3－36　印度资本转移净融资占比变化（1995—2016 年）**

资料来源：本书表 3－35。

## （七）外商直接投资净融资占比

印度储备银行的资金流量表列示了来自国外的“实收资本”以及“借贷”细项，在金融投资部分列示了“对外投资”细项。印度中央统计局的金融账户则没有单独区分出外商直接投资或对外直接投资。因此，基于前者的统计，将“实收资本”以及“借贷”细项下的融资，扣除“对外投资”细项下的投资，作为外商直接投资净额。由此计算出的印度 1995—2008 年的外商直接投资净融资占比情况参见表 3－35。

表中可见，印度的外商直接投资以流入为主，但波动性较大，其占比为正值的年份达到了 11 个，占整个年份的 78.6%，最高值为 16.02%，出现在 2008 年，最低值达－16.84%，出现在 2003 年。分区间来看，占比高于 10% 的年份有 4 个，占整个年份的 28.6%；在 0～10% 的年份共 7 个，占整个年份的一半；低于－10% 的年份有 3 个，占整个年份的 21.4%。分期间来看，1995—2000 年，印度外商直接投资净融资平均占比为 0.73%，2001—2005 年上升至 0.99%，2006—2008 年再上升至 11.23%（见表 3－36）。

## （八）净融资结构综合分析

根据各项净融资占比的演化及对比，我们来对印度的净融资结构演化进行综合分析。总体上看，其主要特征如下：

1. 印度的内源净融资占比总体水平不高，但存在逐步走高的趋势。在

2003 年之前，印度内源净融资水平显著低于银行净融资，呈现出银行主导型净融资格局。在 2003 年之后，印度内源净融资水平开始超越银行净融资，内源主导型净融资格局越来越明显（见图 3－37）。

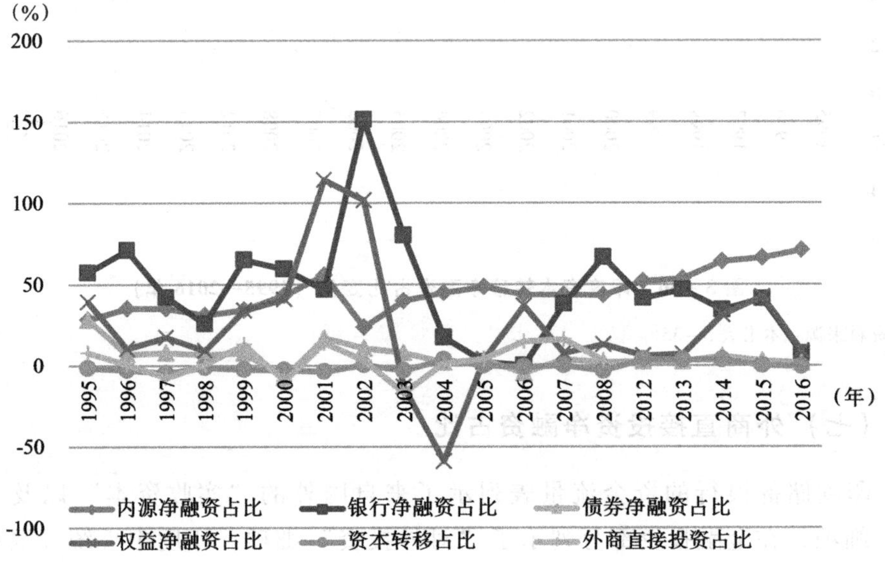


**图 3－37　印度净融资结构变化（1995—2016 年）**

资料来源：本书表 3－35。

2. 因实体投资周期性特征不明显，印度的内源净融资占比没有表现出逆周期特征，反而与实体投资有着较强的同向关系。

3. 印度的银行净融资总体水平很高，但存在下降趋势。尽管如此，银行净融资目前仍保持较高的水平，远远超出除内源净融资外的其他各种方式净融资。

4. 印度的银行净融资占比与内源净融资占比存在弱的反向关系，但前者没有顺周期特征，甚至与实体投资也有一定的反向关系。

5. 印度的债券净融资占比总体水平很低，且波动较大，总体上未形成可靠的净融资来源。

6. 印度的权益净融资水平很高，但这很可能是其较宽泛的统计口径所致，对比印度主要证券交易所的融资数据可以看出，其实际的股票净融资水平可能并不高。

7. 印度的商业信用净融资的作用很小，整体上构成微小的流出，但在

2000年后，持续形成微小的流入。

8. 因统计口径的变化，印度的资本转移净融资占比在2008年前构成较小的净融资流出，在2012年后则构成较小的流出。

9. 印度的外商直接投资以流入为主，但波动性较大。

### （九）总融资结构综合分析

在分析净融资时我们指出，1995—2008年，印度的债券净融资因数据上的困难而没有扣除项，商业信用净融资是以净额的形式列示的。另外，内源融资和资本转移来自资本账户，也没有扣除项。这几项融资在总融资结构中占比会比在净融资占比低。

按照总融资法计算出的1995—2016年印度各项融资方式占比参见表3-37，其演化情况参见图3-38。

表3-37 印度总融资结构变化（1995—2016年） （单位：%）

| 年份 | 内源融资 | 资本转移 | 银行融资 | 债券融资 | 权益融资 | 商业信用 | 外商直接投资 | 其他融资 | 统计误差 |
|---|---|---|---|---|---|---|---|---|---|
| 1995 | 15.57 | -0.92 | 36.53 | 15.44 | 30.20 | -1.63 | 4.39 | 23.54 | -23.12 |
| 1996 | 25.20 | -2.03 | 58.00 | 4.82 | 4.72 | -0.10 | 0.53 | 30.53 | -21.67 |
| 1997 | 24.60 | -3.48 | 31.67 | 5.45 | 8.62 | -0.11 | 1.29 | 23.01 | 8.94 |
| 1998 | 25.12 | -1.12 | 32.59 | 5.16 | 8.15 | -0.01 | 1.07 | 40.16 | -11.12 |
| 1999 | 22.95 | -1.69 | 57.65 | 5.09 | 23.00 | -4.37 | 4.22 | 20.67 | -27.51 |
| 2000 | 51.86 | -3.44 | 54.86 | -9.05 | 54.60 | 0.26 | -6.64 | 2.75 | -45.19 |
| 2001 | 33.85 | -2.25 | 38.19 | 10.27 | 79.65 | 0.00 | 4.57 | 31.79 | -96.08 |
| 2002 | 8.57 | 0.11 | 75.82 | 3.79 | 45.40 | 0.00 | 2.47 | 43.71 | -79.87 |
| 2003 | 19.96 | -1.62 | 57.17 | 3.91 | 9.52 | 0.05 | -6.93 | 13.16 | 4.79 |
| 2004 | 20.58 | 1.53 | 24.74 | 0.88 | -7.44 | 0.01 | 1.20 | 24.04 | 34.47 |
| 2005 | 32.40 | -0.12 | 17.06 | 2.34 | 6.45 | 0.01 | 1.52 | 9.16 | 31.18 |
| 2006 | 31.26 | -0.75 | 17.13 | -3.52 | 26.84 | 0.01 | 11.95 | 6.08 | 11.00 |
| 2007 | 23.99 | 0.00 | 35.37 | 2.04 | 10.55 | 0.74 | 10.45 | 19.53 | -2.68 |
| 2008 | 22.55 | -1.87 | 37.85 | 0.90 | 14.39 | 0.83 | 6.18 | 19.74 | -0.57 |
| 2012 | 27.59 | 2.03 | 28.77 | 1.18 | 10.62 | — | — | 29.81 | 0.00 |
| 2013 | 33.69 | 2.05 | 29.63 | 1.63 | 12.00 | — | — | 20.99 | 0.00 |
| 2014 | 35.06 | 1.91 | 16.58 | 2.96 | 23.10 | — | — | 20.38 | 0.00 |
| 2015 | 35.61 | -0.04 | 25.75 | 1.40 | 27.16 | — | — | 10.12 | 0.00 |
| 2016 | 42.48 | -0.37 | 9.38 | 0.93 | 39.49 | — | — | 8.10 | 0.00 |

资料来源：根据印度中央统计局和印度储备银行相关数据计算。

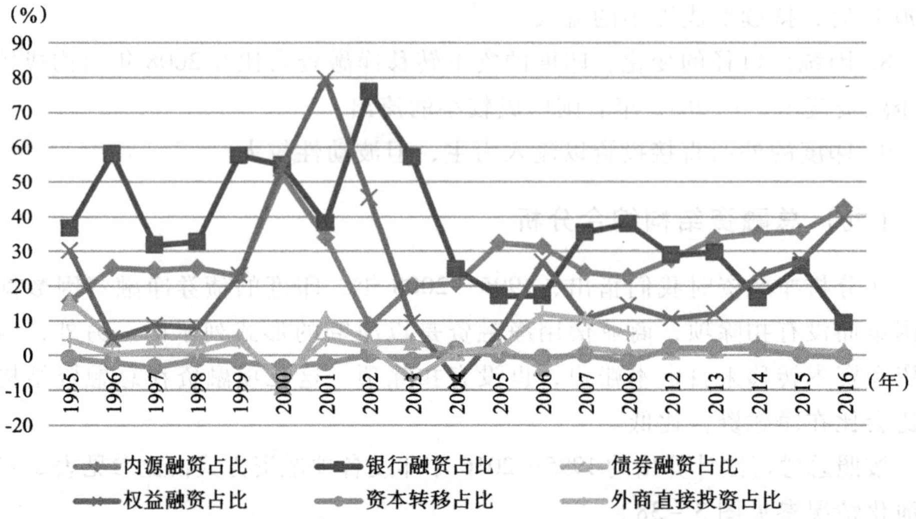


图 3-38 印度总融资结构变化（1995—2016 年）

资料来源：本书表 3-37。

从表 3-37 和图 3-38 中可见：

1. 内源总融资平均占比显著下降，全部年份的平均值为 28.05%，较其净融资平均占比的降幅超过了 1/3。在 2005 年之前，内源总融资占比显著低于银行总融资占比。1995—2004 年，银行总融资平均占比为 46.72%，内源总融资平均占比为 24.83%，权益总融资平均占比为 25.64%。可以说，在这个阶段，印度处于银行主导型状态，权益总融资甚至与内源总融资并驾齐驱。2005 年之后，内源总融资开始超越银行总融资，并大幅超越权益总融资，印度开始向内源主导型融资格局转化。尽管如此，内源总融资依然不高，在这个阶段的平均占比为 31.63%。分期间来看，内源总融资平均占比仅在 2012—2016 年超越了银行总融资平均占比，在其他期限均低于后者（见表 3-38）。

2. 银行总融资占比相对其净融资占比也有所下降，但总体水平依然很高，全部年份的平均值为 36.04%，显著超越内源总融资平均占比，在各种融资方式中位居第一。但是，银行总融资水平也存在着逐步下降的趋势，且表现得更加明显。分期间来看，1995—2000 年印度银行总融资平均占比为 45.22%，2001—2005 年下降至 42.60%，2006—2008 年大幅下降至 30.12%，2012—2016 年再降至 22.02%（见表 3-38）。

3. 债券总融资占比和商业信用总融资占比均进一步地下降。

4. 权益总融资占比仅轻微下降，总体水平依然很高，且比其净融资占比更加稳定，全部年份的平均值为22.47%。分期间来看，1995—2000年、2001—2005年、2006—2008年和2012—2016年，印度权益总融资平均占比分别为21.55%、26.72%、17.26%、22.47%，整体上比较平稳。其中，在2001—2005年略超内源总融资占比，2012—2016年略超银行总融资占比，均在相应期间各项融资方式中居第二位。

5. 外商直接投资的作用没有显著变化，依然很小，其总融资占比略有下降。

表3-38　印度各项融资方式总融资平均占比分期间变化情况　（单位:%）

| 项目 | 1995—2000年 | 2001—2005年 | 2006—2008年 | 2012—2016年 |
|---|---|---|---|---|
| 内源总融资占比 | 27.55 | 23.07 | 25.93 | 34.89 |
| 银行总融资占比 | 45.22 | 42.60 | 30.12 | 22.02 |
| 债券总融资占比 | 4.49 | 4.24 | -0.19 | 1.62 |
| 权益总融资占比 | 21.55 | 26.72 | 17.26 | 22.47 |
| 商业信用总融资占比 | -0.99 | 0.01 | 0.53 | — |
| 资本转移总融资占比 | -2.11 | -0.47 | -0.87 | 1.12 |
| 外商直接投资占比 | 0.81 | 0.57 | 9.53 | — |
| 其他总融资占比 | 23.44 | 24.37 | 15.12 | 17.88 |
| 统计误差占比 | -19.95 | -21.10 | 2.58 | 0.00 |

注：本表数值为非加权平均值。

资料来源：根据印度中央统计局和印度储备银行相关数据计算。

## （十）银行部门融资效率

印度对权益融资的统计口径较宽泛，股票融资无法分离出。这样，有关直接融资与间接融资对比以及债务融资与权益融资对比的分析无法较准确地进行。因此，本书对印度特殊的融资结构的分析只能限于银行部门融资效率。

对印度银行部门融资效率指标值的计算结果如表3-39所示。从表3-39中可见，印度银行部门融资效率指标值超过1的年份有2个，指标值在0.8~1和0.6~0.8的年份均为6个，指标值在0.3~0.6的年份有3个，低于0.3的年份只有2个，指标值在0.6以上的年份占全部年份的73.7%，全部年份银行部门融资效率指标值平均达0.72。应当说，从对实体投资的融资贡献角度看，印度银行部门的效率还是很高的。

表3-39 印度银行部门融资效率指标值变化（1995—2016年）

| 年份 | 指标值 | 年份 | 指标值 | 年份 | 指标值 | 年份 | 指标值 | 年份 | 指标值 |
|---|---|---|---|---|---|---|---|---|---|
| 1995 | 0.86 | 1999 | 0.76 | 2003 | 0.70 | 2007 | 0.59 | 2014 | 1.12 |
| 1996 | 0.88 | 2000 | 1.30 | 2004 | 0.32 | 2008 | 0.92 | 2015 | 0.86 |
| 1997 | 0.93 | 2001 | 0.74 | 2005 | 0.08 | 2012 | 0.76 | 2016 | 0.46 |
| 1998 | 0.64 | 2002 | 0.73 | 2006 | -0.01 | 2013 | 0.99 | | |

资料来源：根据印度中央统计局和印度储备银行相关数据计算。

## 七、我国融资结构的国际对比

在对美国、英国、德国、日本和印度的融资结构进行了全面的考察后，我们来对我国的融资结构进行国际对比分析。

### （一）内源融资占比

先看内源净融资占比情况。1992—2015年，我国内源净融资平均占比为46.51%，与发达国家差距巨大（见图3-39），美国、英国、德国、日本的同期平均内源净融资占比分别为105.31%、95.57%、92.35%、113.32%。我国内源净融资水平仅相当于美国的44%、英国的49%、德国的50%和日本的41%。只有与印度相比，我国的内源净融资水平略微超出。印度的内源净融资平均占比为43.52%，略低于我国。

分期间看，我国内源净融资水平在2001—2005年与发达国家的差距一度有所缩小，但此后又逐渐扩大，就现状而言，这一差距甚至扩大到超过早期的程度，连印度也显著高于我国水平。1992—1995年，我国内源净融资平均占比为35.88%，而美国、英国、德国、日本的同期平均内源净融资占比分别为97.05%、98.04%、65.68%、75.04%，我国内源净融资水平仅相当于美国的37%、英国的37%、德国的55%和日本的48%。2001—2005年，我国内源净融资平均占比达到了60.31%，而美国、英国、德国、日本的同期平均内源净融资占比分别为106.03%、93.14%、93.62%、125.18%（见表3-40），我国内源净融资水平上升到相当于美国的57%、英国的65%、德国的64%和

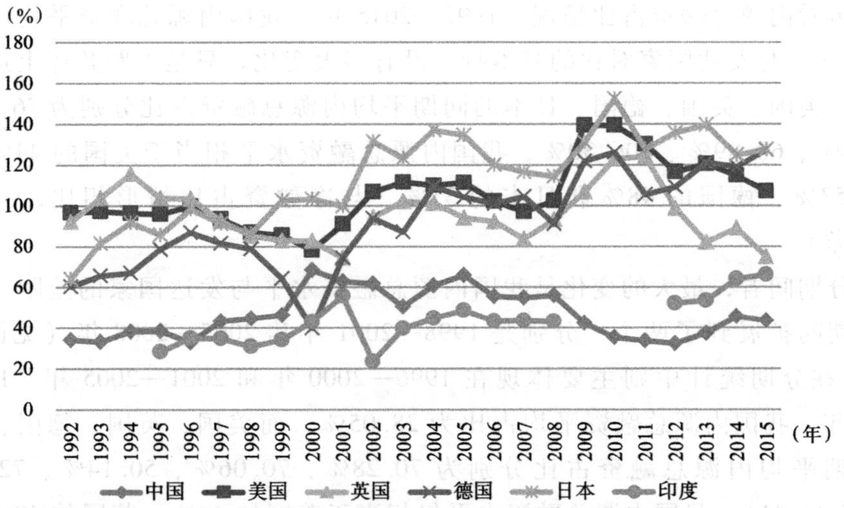


**图 3－39　我国内源净融资占比的国际对比**

资料来源：本书表 2－1、表 3－1、表 3－8、表 3－17、表 3－26、表 3－35。

日本的 48%。2011—2015 年，我国内源净融资平均占比为 38.41%，而美国、英国、德国、日本的同期平均内源净融资占比分别为 116.56%、92.46%、118.36%、130.31%，我国内源净融资水平下降到相当于美国的 33%、英国的 42%、德国的 32% 和日本的 29%。同期，印度的内源净融资平均占比为 61.28%，相当于我国的 1.6 倍。

**表 3－40　　我国内源净融资分期间平均占比的国际对比**　　（单位：%）

| 期间 | 中国 | 美国 | 英国 | 德国 | 日本 | 印度 |
|---|---|---|---|---|---|---|
| 1992—1995 年 | 35.88 | 97.05 | 98.04 | 65.68 | 75.04 | — |
| 1996—2000 年 | 47.10 | 88.71 | 89.31 | 70.27 | 96.29 | 34.37 |
| 2001—2005 年 | 60.31 | 106.03 | 93.14 | 93.62 | 125.18 | 42.38 |
| 2006—2010 年 | 48.70 | 115.95 | 99.64 | 108.82 | 126.83 | 43.24 |
| 2011—2015 年 | 38.41 | 116.56 | 92.46 | 118.36 | 130.31 | 61.28 |

注：（1）本表数值为非加权平均值；

（2）表中的期间按我国数据设置，各国的实际期限略有差异，其中，英国与 1992—1995 年对应的实际期间为 1990—1995 年，美国、德国和日本为 1991—1995 年，印度与 1996—2000 年对应的实际期间为 1994—1995 财年和 1999—2000 财年，印度与 2006—2010 年对应的实际期间为 2005—2006 财年和 2007—2008 财年，美国、英国、德国和日本与 2011—2015 年对应的实际期间为 2011—2016 年，印度为 2011—2012 财年和 2015—2016 财年。

（3）本章后续表格的期间和平均值含义，如无特别说明，均同此注。

资料来源：根据各国相关数据计算。

再看内源总融资占比情况。1992—2015 年，我国内源总融资平均占比为 33.38%，与发达国家对比的基本特征没有多大变化，只是差距整体上进一步加大，美国、英国、德国、日本的同期平均内源总融资占比分别为 76.19%、63.54%、68.89%、106.30%，我国内源总融资水平相当于美国的 44%、英国的 53%、德国的 48% 和日本的 31%。与净融资占比情形相比，一平一升两降。

分期间看，最大的变化是我国内源总融资水平与发达国家的差距一度缩小的期间扩展到了两个，分别是 1998—2001 年和 2005—2008 年（见图 3-40），在分期统计中则主要体现在 1996—2000 年和 2001—2005 年。1992—1995 年，我国内源总融资平均占比为 28.05%，而美国、英国、德国、日本的同期平均内源总融资占比分别为 70.28%、70.06%、50.14%、72.42%（见表 3-41），我国内源总融资水平仅相当于美国的 40%、英国的 40%、德国的 56% 和日本的 39%。1996—2000 年，我国内源总融资平均占比为 35.43%，而美国、英国、德国、日本的同期平均内源总融资占比分别为 53.66%、45.97%、46.43%、105.19%，我国内源总融资水平相当于美国的 66%、英国的 77%、德国的 76% 和日本的 34%，相对水平大幅上升。2001—2005 年，我国内源总融资平均占比为 44.07%，而美国、英国、德国、日本的同期平均内源总融资占比分别为 79.20%、60.18%、76.19%、118.60%，我国内源总融资水平相当于美国的 56%、英国的 73%、德国的 58% 和日本的 37%，相对水平仍相当高。2011—2015 年，我国内源总融资平均占比为 25.40%，而美国、英国、德国、日本的同期平均内源总融资占比分别为 77.39%、71.52%、97.07%、102.79%，我国内源总融资水平下降到相当于美国的 33%、英国的 36%、德国的 26% 和日本的 25%，相对水平已显著低于 1992—1995 年。同期，印度的内源净融资平均占比为 34.89%，相当于我国的 1.4 倍，同样显著高于我国水平。

从历史演化的角度来看，美国和日本的数据期限较长，可作为回溯对比的对象，但美国的内源融资水平一直很高，没有与我国相似的期间。只有日本，早期的内源融资水平相对较低。1971—1975 年，日本的内源净融资平均占比为 38.99%，总融资平均占比为 21.13%，我国当前内源融资水平与之非常接近。

总体上看，与美国、英国、德国、日本等发达国家相比，我国内源融资水平很低，差距巨大，这种差距曾一度缩小，但当前又扩大到超过早期的程度。就现状而言，印度的内源融资水平也已高于我国，我国的内源融资水平约与1971—1975年的日本水平相当。

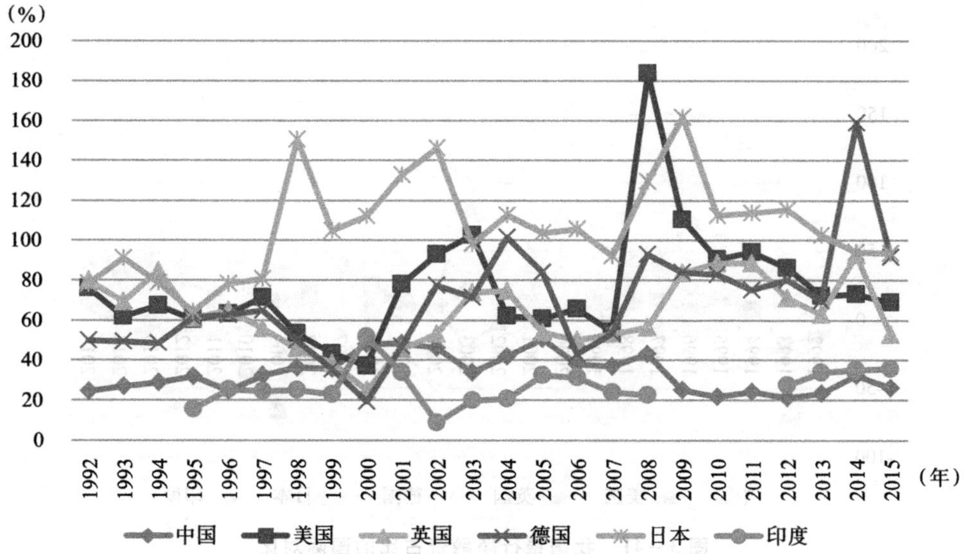


**图3－40　我国内源总融资占比的国际对比**

资料来源：本书表2－12、表3－3、表3－10、表3－19、表3－28、表3－37。

**表3－41　我国内源总融资分期间平均占比的国际对比**　（单位:%）

| 期间 | 中国 | 美国 | 英国 | 德国 | 日本 | 印度 |
|---|---|---|---|---|---|---|
| 1992—1995年 | 28.05 | 70.28 | 70.06 | 50.14 | 72.42 | — |
| 1996—2000年 | 35.43 | 53.66 | 45.97 | 46.43 | 105.19 | 27.55 |
| 2001—2005年 | 44.07 | 79.20 | 60.18 | 76.19 | 118.60 | 23.07 |
| 2006—2010年 | 32.89 | 100.91 | 66.31 | 71.19 | 120.20 | 25.93 |
| 2011—2015年 | 25.40 | 77.39 | 71.52 | 97.07 | 102.79 | 34.89 |

资料来源：根据各国相关数据计算。

## （二）银行融资占比

与发达国家相比，我国银行融资最突出的特点是水平很高，整体上大幅超过前者（见图3－41）。1992—2015年，我国银行净融资平均占比为20.05%，美国、英国、德国、日本的同期银行净融资平均占比分别为1.42%、－0.96%、9.26%、－9.26%。其中，德国的银行净融资水平最高，不到我国的1/2，美国的银行净融资水平甚至不到我国的1/10，英国和日本的银行净融资皆为负值。但是，印度银行净融资水平极高，平均占比达 49.09%，接近我国的 2.5 倍。

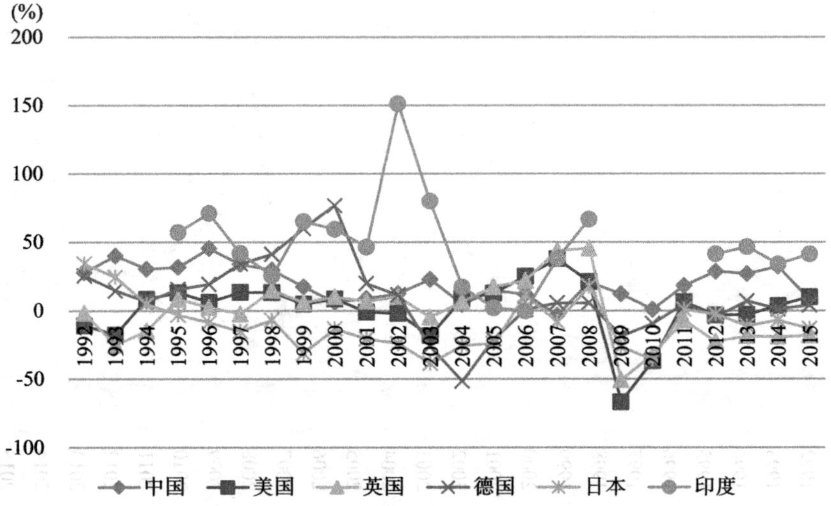


**图 3－41　我国银行净融资占比的国际对比**

资料来源：本书表 2－1、表 3－1、表 3－8、表 3－17、表 3－26、表 3－35。

分期间看，除了在 1996—2000 年德国的银行净融资占比超过了我国外，我国银行净融资水平在各期间均大幅超过发达国家。1992—1995 年，我国银行净融资平均占比为 32.43%，而美国、英国、德国、日本的同期平均银行净融资占比分别为－6.11%、－4.52%、22.07%、20.45%（见表 3－42），德国和日本的银行净融资水平在这一期间较高，但只相当于我国的 60% 左右。1996—2000 年，我国银行净融资平均占比为 26.47%，而美国、英国、德国、日本的同期平均银行净融资占比分别为 9.31%、6.20%、46.24%、－15.03%，美国和英国的银行净融资水平在这一期间上升显著，但也只分别相当于我国的 1/3 和 1/4 左右，德国的银行净融资水平在该期很高，甚至大幅超过了我国。2011—2015 年，我国银行净融资平均占比为 22.75%，而美国、英国、德国、日本的同期银行净融资平均占比分别只有 2.51%、－15.44%、3.21%、－6.96%，美国和德国的银行净融资水平只有我国的 1/8 和 1/7 左右，英国和日本的银行净融资则为负值。在这一期间，我国银行净融资水平与印度的差距也在缩小，印度的银行净融资平均占比在该期为 33.99%，约相当于我国的 1.5 倍。

表 3-42　我国银行净融资分期间平均占比的国际对比　(单位:%)

| 期间 | 中国 | 美国 | 英国 | 德国 | 日本 | 印度 |
|---|---|---|---|---|---|---|
| 1992—1995 年 | 32.43 | -6.11 | -4.52 | 22.07 | 20.45 | — |
| 1996—2000 年 | 26.47 | 9.31 | 6.20 | 46.24 | -15.03 | 53.31 |
| 2001—2005 年 | 12.62 | 0.06 | 7.26 | -13.55 | -26.59 | 59.33 |
| 2006—2010 年 | 8.43 | -3.97 | 5.64 | -3.23 | -8.28 | 34.76 |
| 2011—2015 年 | 22.75 | 2.51 | -15.44 | 3.21 | -6.96 | 33.99 |

资料来源：根据各国相关数据计算。

从总融资占比情况来看，我国银行融资水平高的特征就更加凸显（见图 3-42）。1992—2015 年，我国银行总融资平均占比为 39.39%，而美国、英国、德国、日本的同期平均银行总融资占比分别为 2.30%、4.26%、9.75%、-4.10%。德国的银行总融资水平依然最高，约为我国的 1/4，美国和英国的银行总融资水平约为我国的 1/17 和 1/9，日本的银行总融资仍为负值。甚至与印度相比，我国银行总融资水平也超出，印度同期的银行总融资平均占比为 37.52%，已低于我国。

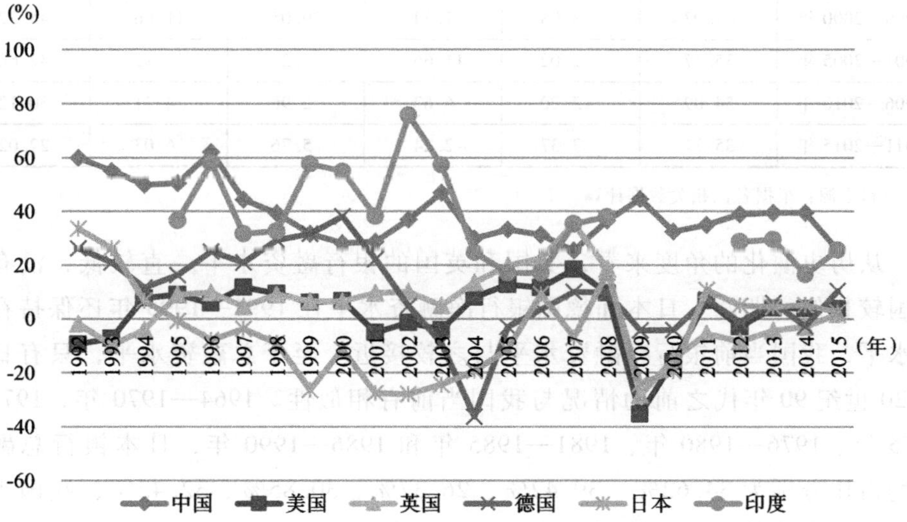


图 3-42　我国银行总融资占比的国际对比

资料来源：本书表 2-12、表 3-3、表 3-10、表 3-19、表 3-28、表 3-37。

分期间看，最大的变化是我国银行总融资水平在所有期间都大幅超过发达国家，在当前也显著超过了印度。1992—1995 年，我国银行总融资平均占比为53.80%，而美国、英国、德国、日本的同期平均银行总融资占比分别为-3.69%、1.50%、22.73%、19.93%。德国和日本的银行总融资水平在这一期间依然较高，但只相当于我国的40%左右。1996—2000年，我国银行总融资平均占比为41.07%，而美国、英国、德国、日本的同期平均银行总融资占比分别为8.08%、7.34%、29.05%、-11.66%，美国和英国的银行总融资水平分别相当于我国的1/5和1/6左右，德国的银行总融资水平也显著低于我国，日本的银行总融资依然为负值。2011—2015年，我国银行总融资平均占比为35.71%，而美国、英国、德国、日本的同期平均银行总融资占比分别只有3.37%、-2.24%、5.76%、6.03%，美国的银行总融资水平不到我国的1/10，德国和日本的银行总融资水平约为中国的1/6，英国的银行总融资则为负值。在这一期间，印度的银行总融资平均占比为22.02%，约相当于我国的60%，我国银行总融资水平已大幅超过了印度（见表3-43）。

表3-43　我国银行总融资分期间平均占比的国际对比　（单位：%）

| 期间 | 中国 | 美国 | 英国 | 德国 | 日本 | 印度 |
|---|---|---|---|---|---|---|
| 1992—1995年 | 53.80 | -3.69 | 1.50 | 22.73 | 19.93 | — |
| 1996—2000年 | 41.07 | 8.08 | 7.34 | 29.05 | -11.66 | 45.22 |
| 2001—2005年 | 35.17 | 2.02 | 11.66 | -4.24 | -22.12 | 42.60 |
| 2006—2010年 | 34.09 | -2.20 | 6.67 | 2.96 | -4.71 | 30.12 |
| 2011—2015年 | 35.71 | 3.37 | -2.24 | 5.76 | 6.03 | 22.02 |

资料来源：根据各国相关数据计算。

从历史演化的角度来看，美国和英国的银行融资水平一直较低，没有与我国较相似的期间。日本和德国银行净融资水平在1991—1995年还保持在较高水平，我国当前银行净融资水平与之较接近。至于总融资水平，只有日本在20世纪90年代之前的情况与我国当前有相似性。1964—1970年、1971—1975年、1976—1980年、1981—1985年和1986—1990年，日本银行总融资平均占比分别为34.62%、39.42%、26.37%、30.85%、32.42%，我国当前银行总融资水平与之比较接近。

总体上看，与美国、英国、德国、日本等发达国家相比，我国银行融资水平很高，整体上大幅超过发达国家，但在净融资方面要显著低于印度水平。就现状而言，我国的银行净融资水平与印度的差距在缩小，银行总融资水平已显著超过了印度。我国当前的银行净融资水平约与1991—1995年的日本和德国水平相当，银行总融资水平则和日本20世纪90年代之前的水平接近。

## （三）债券融资占比

从国际比较的角度来看，我国债券融资最突出的特点是在最近十年中水平上升很快，目前已逼近一向被认为是市场主导型金融体系代表性国家——美国和英国（见图3-43、图3-44），更大幅超越了其他对比国家。

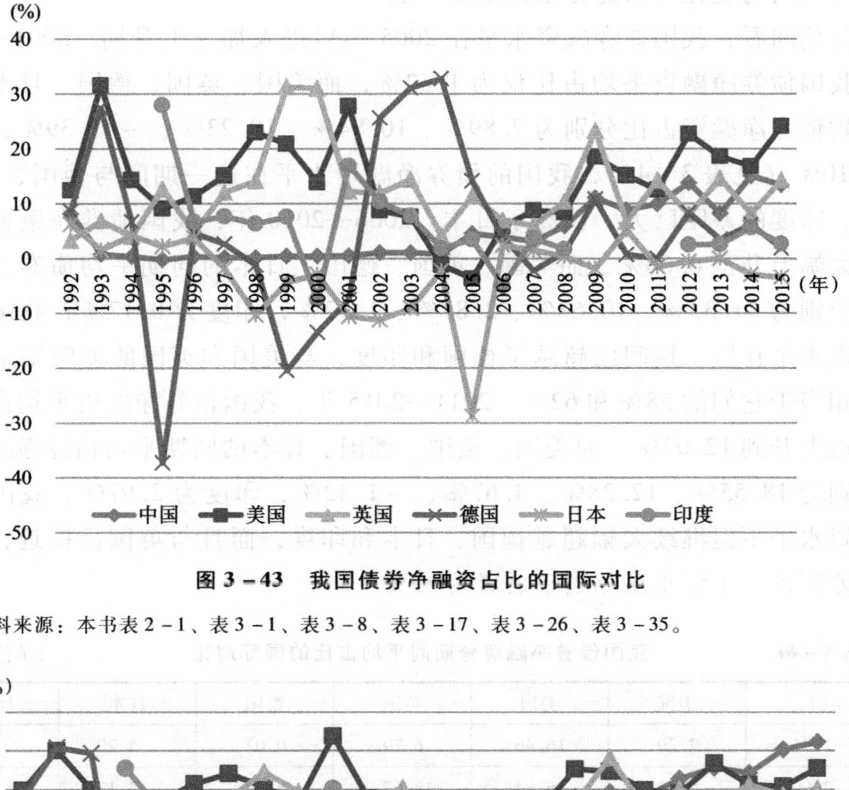


**图3-43 我国债券净融资占比的国际对比**

资料来源：本书表2-1、表3-1、表3-8、表3-17、表3-26、表3-35。

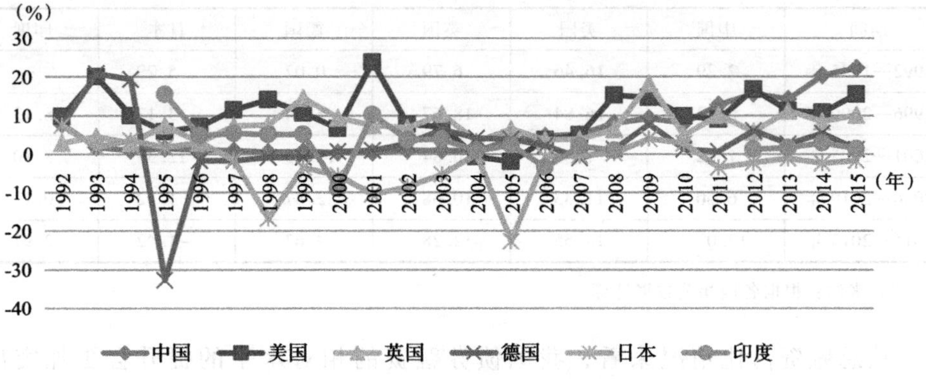


**图3-44 我国债券总融资占比的国际对比**

资料来源：本书表2-12、表3-3、表3-10、表3-19、表3-28、表3-37。

1992—2015年，经修正的我国债券净融资平均占比为4.68%，美国、英国、德国、日本的同期债券净融资平均占比分别为14.27%、11.96%、4.51%、-2.67%。其中，美国和英国的债券净融资水平很高，我国的债券净融资水平约为美国的33%、英国的39%，但略高于德国，显著高于日本。同期，印度债券净融资平均占比为5.73%，也高于我国。但是，我国与美国、英国等国在债券净融资方面的差距主要是由于我国早期债券融资水平较低所致，分期间的变化可以充分地揭示这一点。

分期间看，我国债券融资水平在2005年后进入加速上升期。2001—2005年，我国债券净融资平均占比仅为1.62%，而美国、英国、德国、日本的同期平均债券净融资占比分别为7.89%、10.84%、19.23%、-12.39%，印度为8.10%（见表3-44），我国的债券净融资水平在这一期间与美国、英国、德国、印度的差距巨大，仅高于日本。2006—2010年，我国债券净融资平均占比大幅上升至6.60%，而美国、英国、德国、日本的同期平均债券净融资占比分别为11.33%、10.68%、2.87%、1.52%，印度为0.17%，我国债券净融资水平在这一期间已超越了德国和印度，与美国和英国的差距则缩小到分别相当于它们的58%和62%。2011—2015年，我国债券净融资平均占比进一步地上升到12.07%，而美国、英国、德国、日本的同期平均债券净融资占比分别为18.55%、12.28%、4.67%、-1.42%，印度为2.97%，我国债券净融资水平不但继续大幅超越德国、日本和印度，而且与英国已接近，与美国的差距进一步缩小至相当于后者的65%。

**表3-44　我国债券净融资分期间平均占比的国际对比**　（单位：%）

| 期间 | 中国 | 美国 | 英国 | 德国 | 日本 | 印度 |
|---|---|---|---|---|---|---|
| 1992—1995年 | 2.29 | 16.46 | 6.79 | 0.07 | 5.29 | — |
| 1996—2000年 | 0.33 | 16.84 | 18.67 | -5.54 | -3.13 | 8.13 |
| 2001—2005年 | 1.62 | 7.89 | 10.84 | 19.23 | -12.39 | 8.10 |
| 2006—2010年 | 6.60 | 11.33 | 10.68 | 2.87 | 1.52 | 0.17 |
| 2011—2015年 | 12.07 | 18.55 | 12.28 | 4.67 | -1.42 | 2.97 |

资料来源：根据各国相关数据计算。

从总融资占比情况来看，我国债券融资的相对水平的提升会更加突出。1992—2015年，经修正的我国债券总融资平均占比为5.96%，美国、英国、德国、日本的同期债券总融资平均占比分别为10.13%、7.36%、2.35%、

-2.57%，印度为3.04%。我国的债券总融资水平已显著高于德国、日本、印度，与美国和英国的差距也大幅度缩小，分别相当于它们的59%、81%。

表3-45　我国债券总融资分期间平均占比的国际对比　（单位：%）

| 期间 | 中国 | 美国 | 英国 | 德国 | 日本 | 印度 |
|---|---|---|---|---|---|---|
| 1992—1995年 | 3.01 | 11.70 | 4.66 | 2.97 | 5.20 | — |
| 1996—2000年 | 0.75 | 10.00 | 8.36 | -0.87 | -4.84 | 4.49 |
| 2001—2005年 | 1.40 | 7.18 | 6.85 | 3.63 | -9.43 | 4.24 |
| 2006—2010年 | 7.00 | 9.67 | 7.40 | 2.29 | 1.17 | -0.19 |
| 2011—2015年 | 17.07 | 12.29 | 9.31 | 3.71 | -1.90 | 1.62 |

资料来源：根据各国相关数据计算。

分期间看，2001—2005年，我国债券总融资平均占比为1.40%，而美国、英国、德国、日本的同期平均债券总融资占比分别为7.18%、6.85%、3.63%、-9.43%，印度为4.24%（见表3-45）。我国的债券总融资水平在这一期间与美国、英国、德国、印度的差距依然较大。2006—2010年，我国债券总融资平均占比大幅上升至7.00%，而美国、英国、德国、日本的同期平均债券总融资占比分别为9.67%、7.40%、2.29%、1.17%，印度为-0.19%。我国债券总融资水平在这一期间不仅大幅地超越了德国和印度，而且与英国已很接近，与美国的差距则显著缩小到相当于后者的72%。2011—2015年，我国债券总融资平均占比大幅上升到17.07%，而美国、英国、德国、日本的同期平均债券总融资占比分别为12.29%、9.31%、3.71%、-1.90%，印度为1.62%。我国债券总融资水平已超越了所有对比国家。这里面存在一个统计方面的问题，美国的债券融资统计是以净额形式列示的，因此，其总融资水平可能被低估。

总体上看，我国债券融资在2005年后出现快速上升，目前的净融资水平已逼近发达国家中债券净融资水平最高的美国和英国，更大幅地超越了德国、日本和印度；我国债券总融资的相对水平则更高，尽管这部分是由于存在统计上的原因所致。

## （四）股票融资占比

由于数据的局限，印度的股票融资无法从权益融资中分离出，所以，我们这里只能对我国与发达国家的股票融资水平进行比较。从数值上来看，我国股票融资的水平似乎不高。但是，从国际比较的角度来看，我国股票融资的水平并不低（见图 3-45）。1992—2015 年，我国股票净融资平均占比为 3.81%，美国、英国、德国、日本的同期股票净融资平均占比分别为 -16.41%、7.21%、-6.49%、3.18%。我国的股票净融资水平仅低于英国，但高于日本，更大幅超过美国和德国。

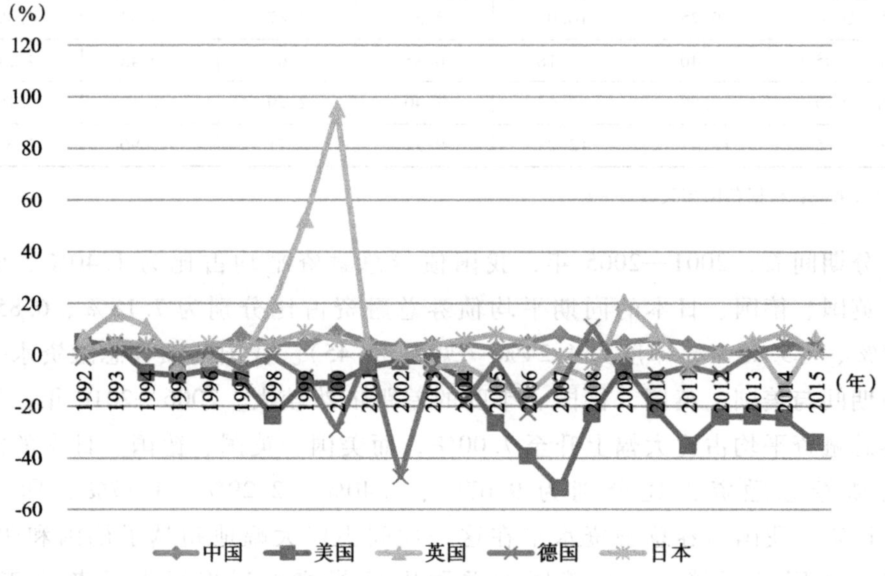


**图 3-45 我国股票净融资占比的国际对比**

资料来源：本书表 2-1、表 3-1、表 3-8、表 3-17、表 3-26。

分期间看，我国股票融资水平主要是在发展的早期与一些发达国家差距大，在最近的十年中，则已超越了主要发达国家。1992—1995 年，我国股票市场刚开始发轫，其净融资平均占比为 1.28%，而美国、英国、德国、日本的同期平均股票净融资占比分别为 -0.62%、6.15%、-0.38%、3.28%（见表 3-46），我国的股票净融资水平在这一期间显著低于英国和日本。2006—2010 年，我国股票净融资平均占比大幅上升至 5.58%，而美国、英国、德国、日本的同期平均股票净融资占比分别为 -27.99%、0.05%、-7.96%、0.48%，我国股票净融资水平在这一期间已超越了所有这些国家。2011—2015 年，尽管我国股票净融资平均占比下降到 2.56%，但仍继续全面超越这些国家，美国、英国、德国、日本的同期平均股票净融资占比分别为 -29.26%、-11.36%、-1.99%、1.69%。

表 3 – 46 我国股票净融资分期间平均占比的国际对比 (单位:%)

| 期间 | 中国 | 美国 | 英国 | 德国 | 日本 |
|---|---|---|---|---|---|
| 1992—1995 年 | 1.28 | -0.62 | 6.15 | -0.38 | 3.28 |
| 1996—2000 年 | 5.30 | -12.19 | 32.64 | -8.57 | 5.49 |
| 2001—2005 年 | 3.82 | -9.08 | -3.17 | -14.50 | 3.97 |
| 2006—2010 年 | 5.58 | -27.99 | 0.05 | -7.96 | 0.48 |
| 2011—2015 年 | 2.56 | -29.26 | -11.36 | -1.99 | 1.69 |

资料来源：根据各国相关数据计算。

从总融资角度来看，我国股票融资的相对水平依然不低（见图 3 – 46）。1992—2015 年，我国股票总融资平均占比为 2.84%，美国、英国、德国、日本的同期股票总融资平均占比分别为 -11.50%、8.12%、3.62%、2.66%。我国的股票总融资水平低于英国和德国，但仍高于日本和美国。

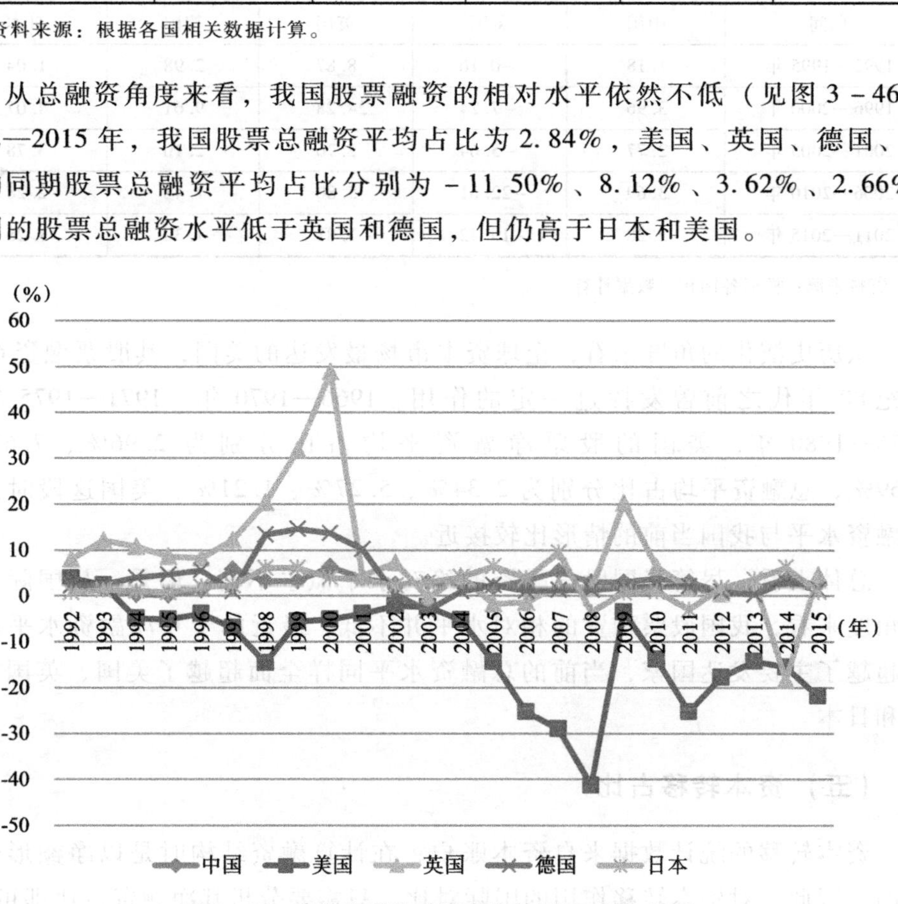


图 3 – 46 我国股票总融资占比的国际对比（%）

资料来源：本书表 2 – 12、表 3 – 3、表 3 – 10、表 3 – 19、表 3 – 28。

分期间的情况也有所变化，但当前我国股票总融资水平同样全面超越了美国、英国、德国和日本。就最近十年而言，2006—2010 年，我国股票总融资平均占比为 3.68%，而美国、英国、德国、日本的同期平均股票总融资占

比分别为 -22.61%、5.80%、1.48%、2.28%，我国股票总融资水平在这一期间低于英国，与净融资情形相比有所不同。2011—2015 年，我国股票总融资平均占比为 2.28%，而美国、英国、德国、日本的同期平均股票总融资占比分别为 -19.42%、-7.81%、1.30%、1.28%，我国仍全面超越这些国家（见表 3-47）。

**表 3-47　我国股票总融资分期间平均占比的国际对比**　（单位：%）

| 期间 | 中国 | 美国 | 英国 | 德国 | 日本 |
|---|---|---|---|---|---|
| 1992—1995 年 | 1.18 | -0.16 | 8.87 | 2.98 | 1.04 |
| 1996—2000 年 | 3.96 | -7.24 | 24.28 | 9.61 | 4.07 |
| 2001—2005 年 | 2.77 | -5.64 | 2.76 | 2.10 | 3.78 |
| 2006—2010 年 | 3.69 | -22.61 | 5.80 | 1.48 | 2.28 |
| 2011—2015 年 | 2.28 | -19.42 | -7.81 | 1.30 | 1.28 |

资料来源：根据各国相关数据计算。

从历史演化的角度来看，全球资本市场最发达的美国，其股票融资在 20 世纪 80 年代之前曾发挥过一定的作用。1966—1970 年、1971—1975 年和 1976—1980 年，美国的股票净融资平均占比分别为 2.96%、7.62%、1.69%，总融资平均占比分别为 2.34%、5.27%、1.21%。美国这段时期股票融资水平与我国当前的情形比较接近。

总体上看，尽管我国股票融资的绝对水平似乎不高，但是，从国际比较的角度来看，我国股票融资的相对水平并不低，最近的十年净融资水平已全面超越了主要发达国家，当前的总融资水平同样全面超越了美国、英国、德国和日本。

### （五）资本转移占比

资本转移的统计数据来自资本账户，在计算融资结构时是以净额形式进行的，因此，对资本转移作用的国际对比，只需要分析其净融资占比即可。

1992—2015 年，经修正的我国资本转移的相对水平整体上并不高（见图 3-47），其净融资平均占比为 2.49%，美国、英国、德国、日本的同期资本转移净融资平均占比分别为 0.13%、3.56%、8.69%、5.42%。我国的资本转移水平仅高于美国，但低于英国，更大幅低于德国和日本。印度同期资本转移净融资平均占比为 -0.76%，明显低于我国，但其中存在着统计口径方面因素的影响。

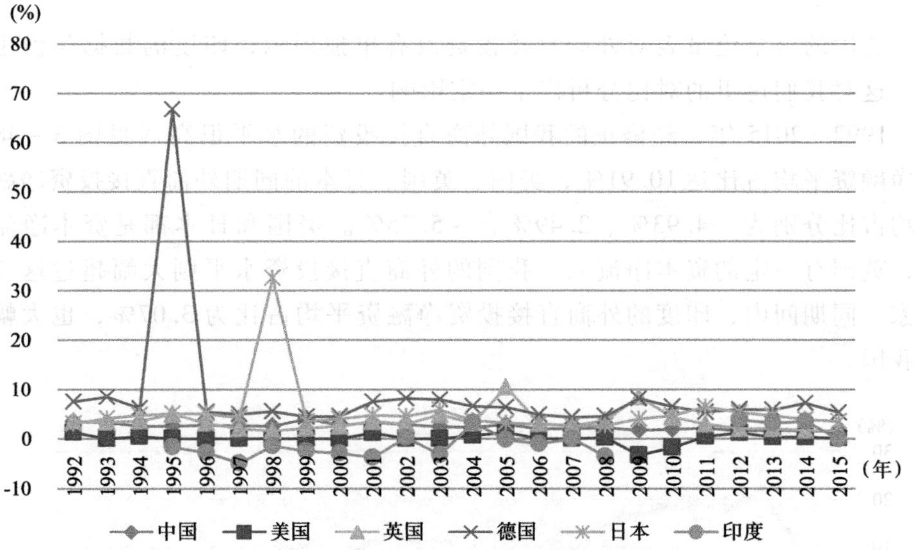


**图 3－47　我国资本转移净融资占比的国际对比**

资料来源：本书表 2－1、表 3－1、表 3－8、表 3－17、表 3－26、表 3－35。

分期间看，各国的资本转移的相对水平总体上较稳定，德国的水平最高，日本次之，英国再次之，美国的水平很低，我国的水平仅高于美国。2011—2015 年，情况略有点变化，我国资本转移净融资平均占比为 2.56%，美国、英国、德国、日本的同期平均资本转移净融资占比分别为 0.42%、1.99%、5.89%、4.48%，我国的水平除了继续超越美国外，也高于英国。这一期间，印度的统计口径因素影响消除，其平均资本转移净融资占比为 1.97%，较以往期间有较大提高，但仍低于中国。综合起来看，我国资本转移相对水平有所上升，不过还是处于中等位置（见表 3－48）。

**表 3－48　　我国资本转移净融资分期间平均占比的国际对比**　　（单位：%）

| 期间 | 中国 | 美国 | 英国 | 德国 | 日本 | 印度 |
|---|---|---|---|---|---|---|
| 1992—1995 年 | 3.88 | 0.39 | 4.43 | 19.65 | 3.92 | — |
| 1996—2000 年 | 3.93 | 0.02 | 2.33 | 4.99 | 9.89 | －2.70 |
| 2001—2005 年 | 3.84 | 0.64 | 5.01 | 7.29 | 4.45 | －0.69 |
| 2006—2010 年 | 3.02 | －0.97 | 4.48 | 5.70 | 3.41 | －1.53 |
| 2011—2015 年 | 2.66 | 0.42 | 1.99 | 5.89 | 4.48 | 1.97 |

资料来源：根据各国相关数据计算。

### （六）外商直接投资占比

德国的资金流量表对外商直接投资没有单独列示，印度的数据年份也有限，这对我们这里的对比分析产生一定影响。

1992—2015 年，经修正的我国外商直接投资的水平很高（见图 3－48），其净融资平均占比达 10.91%，美国、英国、日本的同期外商直接投资净融资平均占比分别为 －4.93%、2.49%、－5.75%。美国和日本都是资本净流出国，英国有一定的资本净流入，我国的外商直接投资水平则大幅超过这三个国家。同期间内，印度的外商直接投资净融资平均占比为 3.07%，也大幅低于我国。

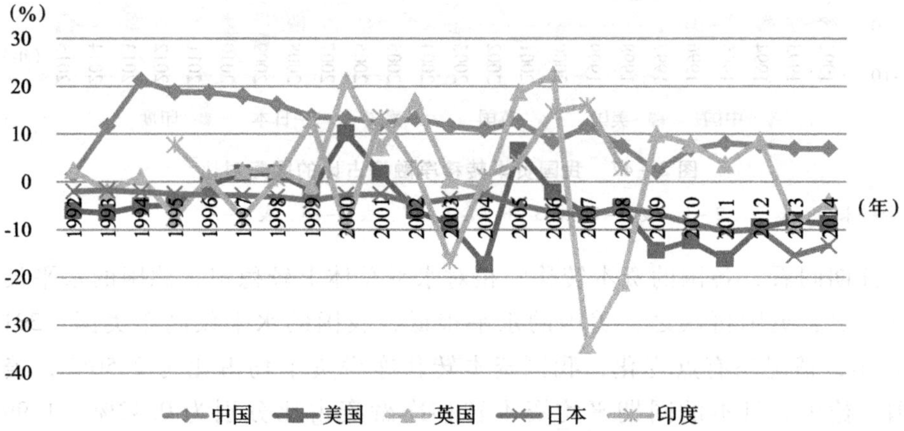


图 3－48 我国外商直接投资净融资占比的国际对比

资料来源：本书表 2－1、表 3－1、表 3－8、表 3－26、表 3－35。

表 3－49 我国外商直接投资净融资分期间平均占比的国际对比 （单位：%）

| 期间 | 中国 | 美国 | 英国 | 日本 | 印度 |
|---|---|---|---|---|---|
| 1992—1995 年 | 13.33 | －6.02 | 1.21 | －2.48 | — |
| 1996—2000 年 | 16.02 | 2.24 | 5.22 | －3.08 | 0.73 |
| 2001—2005 年 | 12.10 | －4.83 | 8.32 | －3.66 | 0.99 |
| 2006—2010 年 | 7.28 | －8.25 | －3.04 | －6.82 | 11.23 |
| 2011—2015 年 | 6.32 | －6.10 | 1.17 | －13.49 | — |

分期间看，由于我国外商直接投资净融资水平逐步下降，所以，情况有所变化，主要是印度外商直接投资净融资水平上升很快，在较近的期间里甚

至超越了我国。2006—2010 年，我国外商直接投资净融资平均占比为 7.28%，而美国、英国、日本的同期外商直接投资净融资平均占比分别为 -8.25%、-3.04%、-6.82%（见表 3-49），我国的外商直接投资净融资水平在这一期间仍显著高于这三个国家。不过，印度在这一期间外商直接投资净融资平均占比大幅上升至 11.23%，已显著超过了我国。

从总融资情况来看，我国外商直接投资的相对水平依然很高（见图 3-49）。1992—2015 年，经修正的我国外商直接投资总融资平均占比为 9.58%，美国、英国、日本的同期外商直接投资总融资平均占比分别为 8.13%、1.2%、-5.13%，印度为 2.59%。我国外商直接投资总融资水平仍大幅超过英国、日本和印度。与净融资情形相比，最大的变化是美国外商直接投资水平大幅上升，不过，其总融资水平仍低于我国。

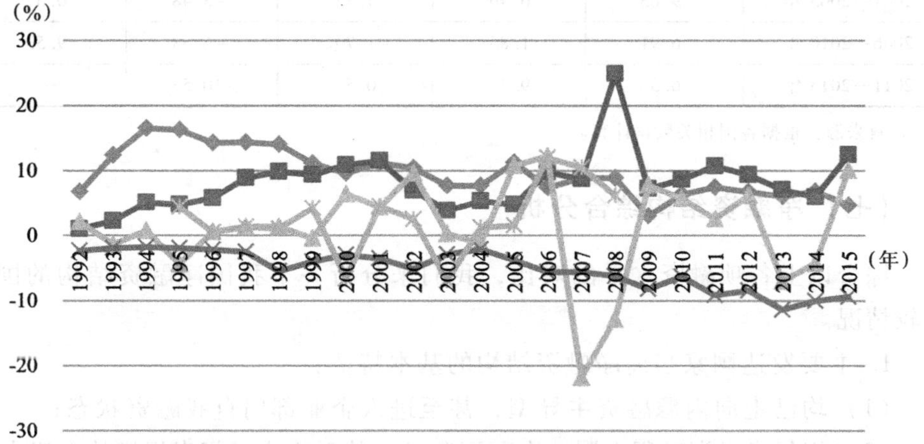


**图 3-49　我国外商直接投资总融资占比的国际对比**

资料来源：本书表 2-12、表 3-3、表 3-10、表 3-28、表 3-37。

分期间来看，最大的变化是，在最近十年里，我国外商直接投资总融资水平已被美国超越了。2006—2010 年，我国外商直接投资总融资平均占比为 6.91%，而美国、英国、日本的同期外商直接投资总融资平均占比分别为 11.85%、-1.79%、-6.38%，印度为 9.53%（见表 3-50），不但印度外商直接投资总融资水平在这一期间超过了我国，美国也大幅超过了我国。2011—2015 年，我国外商直接投资总融资平均占比为 6.36%，而美国、英国、日本的同期外商直接投资总融资平均占比分别为 9.79%、0.53%、

-10.53%，美国外商直接投资总融资水平在这一期间继续超过我国。

总体上看，我国外商直接投资水平很高，其净融资平均占比大幅高于美国、英国、日本和印度，其总融资平均占比也超过了这四个国家。但是，由于我国外商直接投资水平在逐步下降，所以，最近十年里情况已发生了变化，作为发展中大国的印度，其外商直接投资水平已超过了我国，作为最大的发达国家，美国也吸引了越来越多的外商直接投资，其总融资占比也已显著地超过了我国。

表 3-50　我国外商直接投资总融资分期间平均占比的国际对比　（单位：%）

| 期间 | 中国 | 美国 | 英国 | 日本 | 印度 |
|---|---|---|---|---|---|
| 1992—1995 年 | 12.97 | 2.57 | 1.13 | -2.37 | — |
| 1996—2000 年 | 12.68 | 8.95 | 1.88 | -3.45 | 0.81 |
| 2001—2005 年 | 9.65 | 6.46 | 4.75 | -3.48 | 0.57 |
| 2006—2010 年 | 6.91 | 11.85 | -1.79 | -6.38 | 9.53 |
| 2011—2015 年 | 6.36 | 9.79 | 0.53 | -10.53 | — |

资料来源：根据各国相关数据计算。

## （七）净融资结构综合分析

综合以上各项融资水平的对比，我们来分析一下我国净融资结构的国际比较情况。

1. 主要发达国家当前净融资结构的基本特征：

（1）均已走向内源融资主导型，甚至进入企业部门自我融资状态；

（2）银行净融资已很有限，在英国和日本甚至构成了相当规模的净流出；

（3）股票净融资都极为有限，在传统的市场主导型国家——美国和英国，已构成相当大规模的净流出；

（4）债券净融资水平构成传统的市场主导型和银行主导型国家的分界线，美国和英国的债券净融资发挥了相当重要的作用，而在传统的银行主导型国家——德国和日本，债券净融资的作用则很小，与此相对应的则是后者的内源净融资水平相对更高。

2. 作为发展中大国的印度，其当前净融资结构的基本特征是：

（1）已由银行主导型转向内源融资主导型，内源净融资已达到相当高的水平；

（2）银行净融资仍发挥着非常重要的作用；

（3）权益净融资似乎相当重要，但实际的股票净融资水平可能较为有限；

（4）债券净融资水平很低，偏向于传统的银行主导型国家；

（5）外商直接投资水平提升很快，开始发挥相当重要的作用。

3. 与上述国家对比，我国当前净融资结构呈现出如下特征：

（1）由银行主导型向内源融资主导型的格局转变仍在进行中，其主要促进因素不是内源净融资水平的提高，而是银行净融资水平的下降，内源净融资当前水平还较低，尽管在各种融资方式中位居第一，但距离主导的程度还有不小差距；

（2）银行净融资仍发挥着相当重要的作用；

（3）股票净融资的绝对水平虽不高，但全面超过了主要发达国家，相对水平很高；

（4）债券净融资水平很高，已与美国和英国比肩，表现出市场主导型国家的特征；

（5）资本转移并不很突出，仅居中等水平；

（6）外商直接投资发挥着相当重要的作用，构成了我国净融资结构的一大特色，只是当前这一特色有所褪色，其水平在逐步下降后被印度超越。

从历史演化的角度来看，我国净融资结构原本属于银行主导型，现正在向内源融资主导型演化，作为传统的银行主导型代表性国家，日本似乎可以给我们了解这种演化路径提供启示。然而，从1964—2016年日本净融资结构演化情况来看，我们并不能找到一个与我国当前特征吻合度较高的时期。主要原因在于：第一，尽管日本早期的内源净融资水平也不是很高，但还是比我国当前的水平高得多；第二，日本的债券净融资水平通常不高；第三，日本从20世纪60年代起就已经是资本净流出国了。如果单纯以内源净融资和银行净融资水平对比关系来衡量，那么，日本1964—1970年的净融资结构与我国当前最接近，其内源净融资在这一期间平均占比为54.34%，银行净融资平均占比为35.75%，两者的比值为1.52，我国2011—2015年这一比值为1.69。1970年后，日本内源净融资水平不断快速提高，虽然银行净融资还维持了二十多年较高的水平，但在这期间两者的比值则由2左右上升到3.75。

综合来看，我国当前净融资结构具有自己鲜明的特色：一方面，银行净融资水平具有偏向银行主导型特征；另一方面，债券净融资和股票净融资水平又带有很强的市场主导型特征，加之外商直接投资也发挥了独特的重要作用，所以，在国际对比中，最与众不同的特征就是内源净融资水平很低，内源主导型格局尚在演化中。

### （八）总融资结构综合分析

总融资结构与净融资结构的情形略有不同。

1. 主要发达国家当前总融资结构的基本特征是：（1）内源融资主导型色彩仍极为强烈，尽管其主导程度比净融资情形低，日本甚至依然处于企业部门自我融资状态；（2）银行融资、债券融资、股票融资的格局没有发生显著的变化；（3）美国的外商直接投资水平大幅上升，显示其不仅为资本净流出国，也是外商直接投资的重要流入地。

2. 印度当前总融资结构的基本特征是：（1）由净融资情形中的内源融资主导型转为正在向内源主导型演化，内源融资虽仍在各项融资方式中居第一，但已达不到主导的程度；（2）银行融资、债券融资和外商直接投资的格局没有明显的变化；（3）权益融资的重要性似乎进一步提高。

3. 与上述国家对比，我国当前总融资结构呈现出如下特征：（1）银行主导型色彩重新浮现，银行融资在各种融资方式中居第一，尽管没有达到早期那种主导的程度；（2）债券融资水平进一步提升，已超越了所有对比国家；（3）股票融资水平依然超越主要发达国家；（4）外商直接投资仍发挥着较重要的作用，但其水平已被印度和美国超越。

单纯以内源总融资和银行总融资水平对比关系来衡量，日本 1971—1975 年的总融资结构与我国当前最接近，其内源总融资在这一期间平均占比为 21.13%，银行总融资平均占比为 39.42%，两者的比值为 0.54，我国 2011—2015 年这一比值为 0.71。20 世纪 70 年代中期后，日本内源总融资即开始超过银行总融资，1991—1995 年，尽管银行总融资平均占比仍有 19.93%，但内源总融资平均占比与其比值已达到 3.63。

综合来看，我国当前总融资结构重新浮现银行主导型色彩，同时债券融资和股票融资水平全面超过了包括传统的市场主导型国家在内的所有对比国家，两者相叠加，更加凸显了内源融资水平的低下。

### （九）一些特殊的融资结构分析

1. 银行部门融资效率

我国和印度都没有经历过银行信用缩减的情形，但发达国家都有不少这样的经历。因此，我们需要将银行总融资为正值和为负值分开来讨论。

在银行总融资为正值的年份里，发达国家的银行部门融资效率表现出差异，美国和德国的指标值很高，平均值分别为 0.81 和 0.71（见表 3－51），即每 1 元银行部门的贷款分别有 0.81 元和 0.71 元流向了实体投资。相比之下，英国和日本的银行部门融资效率较低，剔除了极端年份的负值后，其平均值分别只有 0.37 和 0.46。这种格局似乎打破传统的市场主导型国家和银行主导型国家的分界，显示出即使是传统的市场主导型国家，银行部门的融资效率也可以很高，同样，即使是传统的银行主导型国家，银行部门的融资效率也可以很低。从指标值的分布来看，美国的指标值高于 0.5 的年份占比依然最高，达到了 81.48%；英国依然最低，为 47.06%；日本的情况有所变化，其占比为 69.23%，甚至略高于德国的 68.42%，这说明尽管日本银行部门融资效率总体不高，但在高于 0.5 值分布的年份却接近了七成。

**表 3－51　　我国银行部门融资效率指标值的国际对比**

| 指标类别 | | 中国 | 美国 | 英国 | 德国 | 日本 | 印度 |
|---|---|---|---|---|---|---|---|
| 银行总融资为正 | 平均指标值 | 0.35 | 0.81 | 0.37* | 0.71 | 0.46* | 0.72 |
| | 指标值≥0.5 的年份占比（%） | 25 | 81.48 | 47.06 | 68.42 | 69.23 | 78.95 |
| 银行总融资为负 | 指标值<1 的年份占比（%） | — | 27.27 | 20 | 14.29 | 21.42 | — |
| | 指标值≥1.5 的年份占比（%） | — | 54.54 | 70 | 57.14 | 21.42 | — |

注：* 表示剔除了 2015 年极端值。

资料来源：根据各国相关资金流量表和国民账户统计数据计算。

与发达国家相比，我国银行部门的融资效率很低，平均指标值仅为 0.35，不仅与美国和德国这样的效率高的国家差距很大，也低于效率较低的英国和日本，特别是在指标值的分布上，差距表现得更明显。我国银行部门融资效率指标高于 0.5 的年份仅占 25%，与发达国家中这一数值最低的英国，也差距巨大。

与印度相比，我国银行部门融资效率低的特征同样很显著。印度的平均效率指标达 0.72，指标值高于 0.5 的年份占比达 78.95%。这显示印度的银行部门融资效率很高，远远地超过了我国。

在银行总融资为负值的年份里，发达国家银行部门融资效率的表现具有共同性，企业部门整体表现出抵御能力不足，实体投资受到冲击，银行部门融资效率值低于 1 的年份仅占 20% 左右，而美国、英国和德国的指标值高于

1.5 的年份占比分别达 54.54%、70%、57.14%，只有日本的这一数值较低，为21.42%，说明日本的实体投资在银行信用缩减的年份尽管也受到冲击，但程度相对较轻。

我国尚未经历银行信用缩减的情形，因此，还没有可对比的年份。

总体上看，我国银行部门的融资效率很低，不仅与那些效率高的发达国家差距很大，与印度的差距也很大，还低于那些效率较低的发达国家。

2. 直接融资和间接融资结构

对直接融资和间接融资结构的国际对比分析可以在净额和总额两个层次上进行。我们这里关注的重点是对我国这一结构的现状做出评判，因此，将对我国的分析期确定为2011—2015 年。由于缺乏印度相关的数据，所以，对比的样本为美国等四个发达国家。如前所述，发达国家都存在着银行信用缩减情形，因而，同期比较可能存在着缺乏样本年份问题。为此，我们将对这四个国家的分析期扩展一个期间，即延伸到从 2006 年开始、2016 年截止，并将这个期间银行净融资或总融资为正值的年份与为负值的年份分开讨论。

2011—2015 年，我国直接融资和间接融资净额结构指标 I 的平均值达0.83，显示我国直接净融资水平目前已达到很高的程度（见表 3-52）。相比之下，美国 2006—2016 年银行净融资为正值年份的直接融资和间接融资净额结构指标 I 平均值为 -3.53，英国为 -0.11，德国和日本在剔除极端负值后平均值也仅分别为 0.10、0.23。四个发达国家的直接净融资水均远远低于我国，其原因有所不同，美国和英国是由于股票净融资负值较大所致，德国和日本则是由于债券和股票净融资均不高所致。

表 3-52　我国直接融资与间接融资结构指标值的国际对比

| 项目 | | 中国 | 美国 | 英国 | 德国 | 日本 |
|---|---|---|---|---|---|---|
| 银行融资为正 | 净融资结构指标 I 平均值 | 0.83 | -3.53 | -0.11 | 0.10** | 0.23*** |
| | 总融资结构指标 I 平均值 | 0.57 | — | 0.85 | 0.39 | 0.02 |
| 银行融资为负 | 净融资结构指标 I 平均值 | — | 0.54 | -0.72* | 0.14 | -0.16 |
| | 总融资结构指标 I 平均值 | — | — | -0.79 | -2.84 | -0.57 |

注：（1）表中我国数值为 2011—2015 年平均值，其他国家为 2006—2016 年相关年份的平均值；

（2）* 表示剔除了 2016 年极端值，** 表示剔除了 2006 年、2014 年的极端值，*** 表示剔除了 2011 年极端值。

资料来源：根据各国相关资金流量表和国民账户统计数据计算。

再看直接融资和间接融资总额结构指标Ⅰ。2011—2015年，我国这一指标的平均值达0.57。相比之下，英国2006—2016年银行总融资为正值年份的直接融资和间接融资总额结构指标Ⅰ平均值为0.85，德国为0.39，日本为0.02，我国当前直接总融资水平仅低于英国，但大幅高于德国和日本。美国缺乏直接总融资的数据，无法计算其指标值。

在2006—2016年银行净融资为负值的年份中，美国的直接融资和间接融资净额结构指标Ⅰ平均值为0.54，英国剔除极端负值后为-0.72，德国为0.14，日本为-0.16，日本的直接净融资水平较低，英国较高，美国的直接净融资为相当规模的流出，德国为较小的流出。这一格局与银行净融资为正值年份稍有不同，主要是英国的直接净融资水平变化较大。

从直接融资和间接融资总额结构指标Ⅰ来看，情况变化较大。英国2006—2016年银行总融资为负值年份的这一指标平均值为-0.79，德国为-2.84，日本为-0.57，德国直接总融资水平有巨大的提升，日本也有较大的提升。

我国尚未经历银行信用缩减的情形，因此，这里同样没有可对比的年份。

从历史演化的角度看，美国只有在股票融资大幅下降前的1979—1983年，其直接融资与间接融资净额结构指标Ⅰ平均值达到了0.83，与我国当前情形相似。英国更早的净额结构指标Ⅰ极端值较多，德国的净额结构指标Ⅰ波动大，日本的净额结构指标Ⅰ一直较低，这三个国家均缺乏与我国当前情形相似的对应期限。

总体上看，我国当前直接净融资水平很高，即使在发达国家历史上也极少出现这样的高水平，而我国当前的直接总融资水平也相当高。

3. 债务融资和权益融资结构

对债务融资和权益融资结构的国际对比分析同样可以在净额和总额两个层次上进行。我们仍将关注重点放在我国的结构现状上，将分析期确定为2011—2015年。对比样本仍为美国等四个发达国家。由于发达国家股票融资为负值的年份较多，因此，不仅对股票净融资或总融资为正值的年份与为负值的年份要分开讨论，对这四个国家的对比期也要根据具体情况来确定，其中，美国的对比期为2011—2016年，德国的净额结构分析期为1991—2016年，总额结构分析期为2011—2016年，英国和日本的分析期为2006—2016年。

2011—2015年，我国债务融资和权益融资净额结构指标Ⅰ的平均值达

15.83，显示我国当前的债务净融资水平非常高（见表3－53）。相比之下，英国2006—2016年权益净融资为正值年份的债务融资和权益融资净额结构指标I平均值在剔除极端负值后为－1.38，日本在剔除极端负值后为－0.11，这两个国家主要是受银行净融资负值较多的拖累，其债务净融资水平远低于我国；德国1991—2016年权益净融资为正值年份的债务融资和权益融资净额结构指标I平均值为11，在对比样本中最高，但仍低于中国。

表3－53　我国债务融资与权益融资结构指标值的国际对比

| 项目 | | 中国 | 美国 | 英国 | 德国 | 日本 |
|---|---|---|---|---|---|---|
| 权益融资为正 | 净融资结构指标I平均值 | 15.83 | — | －1.38* | 11.00 | －8.25** |
| | 总融资结构指标I平均值 | 29.37 | — | 4.11 | 30.99 | －5.13 |
| 权益融资为负 | 净融资结构指标I平均值 | — | －0.73 | －3.39 | －0.25 | 5.05 |
| | 总融资结构指标I平均值 | — | — | －6.41 | — | －3.90 |

注：（1）表中中国数值为2011—2015年平均值，美国为2011—2016年相关年份的平均值。英国和日本为2006—2016年相关年份的平均值，德国的净额结构为1991—2016年相关年份的平均值，总额结构为2011—2016年相关年份的平均值；

（2）*表示剔除了2012年的极端值。**表示剔除了2009年极端值。

资料来源：根据各国相关资金流量表和国民账户统计数据计算。

再看债务融资和权益融资总额结构指标I。2011—2015年，我国这一指标的平均值达29.37。相比之下，英国2006—2016年权益总融资为正值年份的债务融资和权益融资总额结构指标I平均值为4.11，日本为－5.13，这两个国家总融资水平仍远远低于我国；德国1991—2016年权益总融资为正值年份的债务融资和权益融资总额结构指标I平均值为30.99，略高于我国。

就权益融资为负值的情形而言，美国2011—2016年的债务融资和权益融资净额结构指标I平均值为－0.73，英国和日本2006—2016年的平均值分别为－3.39、5.05，德国1991—2016年的平均值为－0.25，英国的债务净融资流入较大，美国的流入居中等，德国的流入较小，日本仍为较大规模的流出。

从债务融资和权益融资总额结构指标I来看，英国2006—2016年权益总融资为负值年份的这一指标平均值为－6.41，日本为－3.90，表明这两国均有较大规模的债务总融资流入。

中国没出现过股票融资为负值的情形，因此，也没有可对比的年份。

从历史演化的角度看，美国历史上只有1962—1966年股票融资为正值三个年份，其债务融资与权益融资净额结构指标I平均值达到了15.81；英国更早的净额结构指标值不高，缺乏对应期；日本在20世纪90年代中期银行融资急剧下降之前，其债务融资与权益融资净额结构I指标值一直比较高，其中，1971—1975年平均达到了21.13，1990—1994年，净额结构指标I平均值达到18.28，总额结构指标I则在1990—1994年最高，为26.91。可见，我国当前债务融资水平可比肩发达国家历史上最高水平。

总体上看，我国当前的债务净融资水平很高，远远超过了美国等四个发达国家，达到了美国历史上的峰值，接近日本历史上的峰值，而我国当前的债务总融资水平也很高，远远超过了英国和日本，与德国的水平相当，且超过了日本历史上最高水平。在我国股票融资的相对水平较高的背景下，这也意味着债务融资已没有多少进一步提升的空间。

# 第四章　我国融资结构演化机理分析

如同 Mayer（1988，1990）、Corbett 和 Jenkinson（1996，1997）所说，要厘清融资结构的演化机理，最好的切入口是国际比较。通过对众多的国家进行深入的比较研究，既可以揭示是否存在着各国共同遵循的融资结构演化的一般规律，也可以揭示出一国独有的因素会如何影响其融资结构的变化。在前面两章中，我们已对我国以及美国、英国、德国、日本、印度等的融资结构演化进行了详细的国别分析和对比分析，从中观察到了一些有价值的融资结构演化特征。本章将基于前述研究，运用计量分析方法来对这些观察和发现来进行识别和检验。

## 一、模型设计与数据来源

Rajan 和 Zingales（1995）用资产的有形性、市净率、盈利性以及销售收入等指标，分析了 G7 国家资本结构的决定因素。Booth et al.（2001）使用税率、经营风险、资产的有形性、企业规模、资产回报率、市净率等指标，分析了 10 个发展中国家资本结构的决定因素。Delcoure（2007）认为，决定中东欧转型国家资本结构的关键因素是金融体系的差异与融资约束、监管企业运营的法律体系不一致、股东与债权人保护、股票与债券市场的成熟度以及公司治理结构。Corbett（2010）构建的解释东亚融资结构的计量模型，因变量包括总负债/总资产等指标，自变量包含两类——企业特征指标和国家特征指标。其中，企业特征指标包括有形资产、利润率、企业规模、市净率等指标，国家特征指标包括制度类指标、法律体系、银行体系发展指标、经济发展阶段类指标等。Mullineux et al.（2014）发现，银行融资与 GDP、消费、投资的波动呈正向关系。这些研究主要是针对资本结构，使用的主要是企业层面数据和国家层面的截面数据。不过，可以为我们的分析提供借鉴和参考。

由于主要基于国家层面的时间序列数据，因此，我们着重考虑融资结构演化的两个方面驱动力：一个是经济发展，另一个是金融发展。基于资料的可获得性，对于前者，我们拟选择人均 GDP、实体投资、GDP 增长速度、消费者价格指数等指标。其中，由人均 GDP 来捕捉长期经济驱动力，它的一个替代指标是时间变量，这种时间变量可能是其他难以识别的各种因素作用合力的代理变量，从而成为长期驱动因子；实体投资、GDP 增长速度和消费者价格指数等指标则可以反映景气变化，拟由这些因子捕捉短期波动的经济驱动力。对于后者，我们拟选择金融体系流动负债①与 GDP 的比值、股票市值与 GDP 比值、股票市值与金融体系流动负债比值、证券市场市值②与金融体系流动负债比值、股票市场收益率。其中，金融体系流动负债与 GDP 的比值反映的是银行体系的发展水平，股票市值与 GDP 比值反映的是股票市场发展水平，股票市值与金融体系流动负债比值以及证券市场市值与金融体系流动负债比值反映的是金融结构，这些因子可以用来捕捉长期金融驱动力，在一定程度上也能捕捉短期金融驱动力。股票市场收益率短期波动性强，可以用来捕捉短期金融驱动力。

就我们的样本而言，由于各国数据时长差异较大，包含的类别也有一定的差异，因此，这里将不进行面板分析，而是先对国际样本进行逐一分析，然后对我国进行比较分析，在此基础上来揭示我国融资结构的演化机理。

对于每个国家，我们拟设置如下的回归模型：

$$Finpat_i = C + \alpha_1 LED + \alpha_2 SED + \beta_1 FD + \beta_2 FS + \beta_3 SF + \varepsilon_i$$

上式中，$Finpat_i$ 代表融资结构指标，即企业部门第 i 种融资方式在其融资总额中所占的比重，我们重点考察内源净融资占比、银行净融资占比、债券净融资占比、股票净融资占比等主要净融资结构指标；LED 代表长期经济发展驱动因子，即人均 GDP 或时间因子；SED 代表短期经济发展驱动因子，包括实体投资、GDP 增长速度、消费者价格指数等；FD 为金融发展水平驱动因子，包括金融体系流动负债与 GDP 的比值、股票市值与 GDP 比值；FS 代表金融结构驱动因子，包括股票市值与金融体系流动负债比值、证券市场市值与金融体系流动负债比值；SF 为短期金融驱动因子，主要是股票市场收益率。

① 口径上等于 M3 层次的货币供应量。

② 按照世界银行口径，主要指股票市值和私人企业部门未清偿债券市值之和。

各个指标的运算符号设置如下：

内源净融资占比——Internal　　银行净融资占比——Bank

债券净融资占比——Bond　　股票净融资占比——Share

人均 GDP——PGDP　　时间因子——t

实体投资——Rlinv　　GDP 增长速度——Growth

消费者价格指数——CPI

金融体系流动负债与 GDP 的比值——LLGDP

股票市值与 GDP 比值——MCGDP

股票市场收益率——STRE

股票市值与金融体系流动负债比值——MCLL

证券市场市值与金融体系流动负债比值——MCDDLL

对于可能存在的因子非线性影响问题，我们在实际计量时可能调整上述模型，如对因子取对数，对时间变量设置二次甚至三次项。由于数据主要是时间序列的，因此，对于可能出现的自相关问题，我们会采取修正方式来消除影响，如 Newey - West 调整，或者采取如下自回归模型：

$$Finpat_i = C + \alpha_1 LED + \alpha_2 SED + \beta_1 FD + \beta_2 FS + \beta_3 SF + \gamma AR(1) + \varepsilon_i$$

本章计量分析所涉及的各种融资结构和实体投资[①]的数据皆来源于前两章我们计算的结果，各国经济发展与金融发展数据主要来自世界银行金融发展数据库和我国国家统计局，部分数据如金融结构数据则是我们根据这些相关数据计算获得。

各国数据的时长如下：

中国——1992—2015 年　　美国——1952—2016 年[②]

英国——1990—2015 年[③]　　德国——1991—2016 年[④]

日本——1964—2016 年[⑤]　　印度——1995—2016 年[⑥]

以下我们按融资类别给出主要命题，并逐一检验。

---

① 德国为资本形成总额，其他国家均为固定资本形成总额。

② 美国的 PGDP、CPI、LLGDP 数据为 1960—2016 年，Growth、STRE 数据为 1961—2016 年，MCGDP 和 MCLL 数据为 1975—2016 年，MCDDLL 数据为 1990—2016 年。

③ 英国的 MCGDP 和 MCLL 数据为 1990—2012 年，MCDDLL 数据为 1990—2011 年。

④ 德国的 MCDDLL 数据为 1992—2011 年。

⑤ 日本的 MCGDP 和 MCLL 数据为 1975—2016 年，MCDDLL 数据为 1990—2016 年，

⑥ 如第三章一样，印度缺 2008—2009 财年到 2010—2011 财年之间的数据，MCDDLL 数据为 1995—2008 年。

## 二、融资结构演化机理：国际视角

### （一）内源融资水平：是否存在长期的上升趋势？

在对美国、英国、德国、日本和印度的融资结构进行研究时，我们发现这些国家在不同程度上均存在内源融资占比总体上升的趋势，同时内源融资占比的波动与实体投资的景气有较显著的负相关。我们现在来检验这种上升趋势和反向关系是否成立以及是否存在着其他因素驱动着内源融资占比的长期趋势。为此，我们给出以下三个待检验的假说：

假说1：内源融资占比长期上升的趋势是由经济发展驱动的。

假说2：内源融资占比长期上升是一种自然的趋势。

假说3：内源融资占比的短期波动与经济景气密切负相关。

假说1意味着内源融资水平与经济发展水平密切相关；假说2意味着内源融资水平主要受时间因素驱动，这种时间因素可能是其他难以识别的各种因素作用合力的代理变量。

按照上述模型设置，我们利用各国的数据来逐一对此进行检验。

1. 美国

我们运用Eviews软件对美国数据进行各种变换运算，结果发现，多数的短期经济发展驱动因子、各项金融发展指标、人均GDP在模型中均不显著，只有时间因子和实体投资较显著，其中，时间因子的二次项也相当显著。这样，我们就将模型具体地简化为：

$$Internal = C + \alpha_1 t + \alpha_2 t^2 + \beta Rlinv + \varepsilon$$

在对美国内源净融资占比的分析中，我们注意到其存在着阶段性，尤其是2008年金融危机影响较显著。时间因子二次项显著也许是数据突变所致。为此，我们先利用虚拟变量来进行分段回归，将模型调整如下：

$$Internal = C + \alpha Dv + \beta_1 t + \beta_2 Dv \cdot t + \gamma_1 Rlinv + \gamma_2 Dv \cdot Rlinv + \varepsilon$$

式中，Dv为虚拟变量，当年份在2008年及之后取值1，之前则取值0。

运用Eviews对上述分段回归模型进行运算，结果显示，存在较多的解释变量系数不显著，分段回归模型设置并不理想。因此，我们回到带时间因子二次项模型。运用Eviews软件进行运算的结果如表4-1。

表 4－1　　美国内源融资水平与驱动因子回归结果

| | | | | |
|---|---|---|---|---|
| Dependent Variable：INTERNAL | | | | |
| Method：Least Squares | | | | |
| Sample：1952—2016 | | | | |
| Included observations：65 | | | | |
| Newey－West HAC Standard Errors &Covariance（lag truncation＝3） | | | | |
| Variable | Coefficient | Std. Error | t－Statistic | Prob. |
| C | 111.5098 | 4.542628 | 24.54742 | 0.0000 |
| T | －1.6521 | 0.283947 | －5.8185 | 0.0000 |
| T^2 | 0.0702 | 0.008449 | 8.30952 | 0.0000 |
| RLINV | －0.0001 | 1.54E－05 | －6.99084 | 0.0000 |
| R－squared | 0.6157 | Mean dependent var | | 100.0409 |
| Adjusted R－squared | 0.5968 | S. D. dependent var | | 12.8929 |
| S. E. of regression | 8.1872 | Akaike info criterion | | 7.1026 |
| Sum squared resid | 4088.8110 | Schwarz criterion | | 7.2364 |
| Log likelihood | －226.8337 | Hannan－Quinn criter. | | 7.1554 |
| F－statistic | 32.5712 | Durbin－Watson stat | | 1.2191 |
| Prob（F－statistic） | 0.0000 | | | |

由于美国的数据时长较长，所以，我们采用了 Newey－West 调整，以消除可能的自相关问题的影响。检验结果显示，F 值高度显著，模型中时间因子、时间因子二次项和实体投资等各项解释因子的系数均高度显著，即美国内源融资在初始即处于较高的水平上，存在着某种抛物线状的先降后升的趋势，且与名义实体投资代表的景气显著负相关，模型拟合效果较好，$R^2$ 达到了 0.62。

对上述模型，我们进行了邹至庄断点检验，结果如表 4－2。表中可见，F 检验未能通过，说明 2008 年实际上并不能构成显著的断点。

表 4－2　　美国内源融资水平与驱动因子回归方程邹氏断点检验结果

| | | | |
|---|---|---|---|
| Chow Breakpoint Test：2008 | | | |
| Null Hypothesis：No breaks at specified breakpoints | | | |
| Varying regressors：All equation variables | | | |
| Equation Sample：1952—2016 | | | |
| F－statistic | 1.876572 | Prob. F（4，57） | 0.1270 |
| Log likelihood ratio | 8.041244 | Prob. Chi－Square（4） | 0.0901 |

2. 英国

运用 Eviews 和英国数据对设定模型进行各种变换运算，结果与美国类似，多数的短期经济发展驱动因子、各项金融发展指标、人均 GDP 在模型中均不显著，只有时间因子和实体投资较显著。这样，我们就将模型具体地简化为：

$$Internal = C + \alpha t + \beta Rlinv + \varepsilon$$

对上述回归模型进行运算，结果如表 4 - 3。表中可见，F 值高度显著，模型中时间因子和实体投资等各项解释因子的系数均高度显著，即英国内源融资水平存在长期上升的趋势，且与名义实体投资代表的景气显著负相关，模型拟合效果很好，$R^2$ 达到了 0.71。D—W 值为 2.21，排除了自相关的可能。

表 4 - 3　　英国内源融资水平与驱动因子回归结果

| | | | | |
|---|---|---|---|---|
| Dependent Variable: INTERNAL | | | | |
| Method: Least Squares | | | | |
| Sample: 1990—2016 | | | | |
| Included observations: 27 | | | | |
| Variable | Coefficient | Std. Error | t - Statistic | Prob. |
| C | 188.7573 | 12.63152 | 14.94335 | 0.0000 |
| T | 3.569599 | 0.504679 | 7.073006 | 0.0000 |
| RLINV | -0.001114 | 0.000146 | -7.62716 | 0.0000 |
| R - squared | 0.7080 | Mean dependent var | | 94.5748 |
| Adjusted R - squared | 0.6837 | S. D. dependent var | | 12.9396 |
| S. E. of regression | 7.2775 | Akaike info criterion | | 6.9119 |
| Sum squared resid | 1271.0810 | Schwarz criterion | | 7.0559 |
| Log likelihood | -90.3105 | Hannan - Quinn criter | | 6.9547 |
| F - statistic | 29.0981 | Durbin - Watson stat | | 2.2052 |
| Prob (F - statistic) | 0.0000 | | | |

3. 德国

运用 Eviews 和德国数据对设定模型进行各种变换运算，结果显示，多数的短期经济发展驱动因子、各项金融发展指标在模型中均不显著，而人均 GDP、时间因子和实体投资较显著，但采用人均 GDP 模型的运算结果不如采用时间因子理想。因此，我们仍选择如下的简化模型：

$$Internal = C + \alpha t + \beta Rlinv + \varepsilon$$

对上述回归模型进行运算，结果如表 4－4。从表 4－4 中可见，F 值高度显著，模型中时间因子系数高度显著，实体投资系数在 5% 水平上显著，说明德国内源融资水平也存在长期上升的趋势，且与名义实体投资代表的景气显著负相关，模型拟合效果非常好，$R^2$达到了 0.81。D—W 值为 1.23，略低，但落在 1% 显著水平的$d_L$值和$d_U$值之间，说明自相关问题不明显。

表 4－4　　德国内源融资水平与驱动因子回归结果

| | | | | |
|---|---|---|---|---|
| Dependent Variable：INTERNAL | | | | |
| Method：Least Squares | | | | |
| Sample：1991—2016 | | | | |
| Included observations：26 | | | | |
| Variable | Coefficient | Std. Error | t－Statistic | Prob. |
| C | 90.03282 | 15.29057 | 5.888126 | 0.0000 |
| T | 3.84143 | 0.518715 | 7.40567 | 0.0000 |
| RLINV | －0.21126 | 0.086785 | －2.4343 | 0.0231 |
| R－squared | 0.8059 | Mean dependent var | | 92.3881 |
| Adjusted R－squared | 0.7890 | S. D. dependent var | | 24.6781 |
| S. E. of regression | 11.3355 | Akaike info criterion | | 7.8019 |
| Sum squared resid | 2955.3300 | Schwarz criterion | | 7.9471 |
| Log likelihood | －98.4249 | Hannan－Quinn criter. | | 7.8437 |
| F－statistic | 47.7457 | Durbin－Watson stat | | 1.2293 |
| Prob（F－statistic） | 0.0000 | | | |

4. 日本

运用 Eviews 和日本数据对设定模型进行各种变换运算，结果与美国和英国类似，多数的短期经济发展驱动因子、各项金融发展指标、人均 GDP 在模型中均不显著，只有时间因子和实体投资较显著。此外，自相关问题严重。为此，我们选择如下的自回归模型：

$$Internal = C + \alpha t + \beta Rlinv + \gamma AR(1) + \varepsilon$$

对上述回归模型进行运算，结果如表 4－5。表中可见，F 值高度显著，模型中时间因子和实体投资等各项解释因子的系数均高度显著，即日本的内源融资水平也存在长期上升的趋势，且与名义实体投资代表的景气显著负相关，模型拟合效果极好，$R^2$ 达到了 0.93。D—W 值为 2.27，自相关问题已消除。

表 4-5　　日本内源融资水平与驱动因子回归结果

| | | | | |
|---|---|---|---|---|
| Dependent Variable：INTERNAL | | | | |
| Method：Least Squares | | | | |
| Sample (adjusted)：1965—2016 | | | | |
| Included observations：52 after adjustments | | | | |
| Convergence achieved after 14 iterations | | | | |
| Variable | Coefficient | Std. Error | t - Statistic | Prob. |
| C | 47.0073 | 17.973 | 2.615437 | 0.0119 |
| T | 4.0822 | 0.651006 | 6.270617 | 0.0000 |
| RLINV | -0.0001 | 3.05E-05 | -4.5533 | 0.0000 |
| AR (1) | 0.8243 | 0.091653 | 8.993807 | 0.0000 |
| R - squared | 0.9341 | Mean dependent var | | 83.9429 |
| Adjusted R - squared | 0.9300 | S. D. dependent var | | 33.9866 |
| S. E. of regression | 8.9951 | Akaike info criterion | | 7.3050 |
| Sum squared resid | 3883.7560 | Schwarz criterion | | 7.4551 |
| Log likelihood | -185.9310 | Hannan - Quinn criter. | | 7.3626 |
| F - statistic | 226.6904 | Durbin - Watson stat | | 2.2697 |
| Prob (F - statistic) | 0.0000 | | | |
| Inverted AR Roots | 0.82 | | | |

5. 印度

运用 Eviews 和印度数据对设定模型进行各种变换运算，结果显示，情况有所不同，不仅多数的短期经济发展驱动因子、各项金融发展指标在模型中均不显著，而且时间因子和实体投资因子也不显著，只有人均 GDP 较显著。因此，我们将具体模型简化如下：

$$Internal = C + \alpha PGDP + \varepsilon$$

对上述回归模型进行运算，结果见表 4-6。从表 4-6 中可见，人均 GDP 因子系数高度显著为正，说明印度的内源融资水平存在随着经济发展水平上升而提升的趋势，模型拟合效果也很好，$R^2$ 达到了 0.74。D—W 值为 2.17，说明不存在自相关问题。

表 4-6　　印度内源融资水平与驱动因子回归结果

| | | | | |
|---|---|---|---|---|
| Dependent Variable: INTERNAL | | | | |
| Method: Least Squares | | | | |
| Sample: 1995—2016 | | | | |
| Included observations: 19 | | | | |
| Variable | Coefficient | Std. Error | t - Statistic | Prob. |
| C | 15.7605 | 4.476085 | 3.521046 | 0.0026 |
| PGDP | 0.027612 | 0.003967 | 6.960812 | 0.0000 |
| R - squared | 0.7403 | Mean dependent var | | 44.9611 |
| Adjusted R - squared | 0.7250 | S. D. dependent var | | 12.9768 |
| S. E. of regression | 6.8052 | Akaike info criterion | | 6.7725 |
| Sum squared resid | 787.2731 | Schwarz criterion | | 6.8720 |
| Log likelihood | -62.3391 | Hannan - Quinn criter. | | 6.7894 |
| F - statistic | 48.4529 | Durbin - Watson stat | | 2.1652 |
| Prob (F - statistic) | 0.0000 | | | |

6. 综合结论

综合以上分析，我们可以发现：

第一，在所有发达国家样本中，内源融资水平均存在着长期上升趋势，这种趋势与经济发展水平关联度不高，而在唯一的发展中大国样本中，内源融资水平也存在着上升趋势，但这种趋势则与经济发展水平高度相关。也就是说，前述假说 1 在发展中国家样本中成立，假说 2 在发达国家样本中成立。

第二，在多数发达国家样本中，内源净融资占比都与名义实体投资呈现显著的负相关性，但在发展中国家样本中，这一点却不显著。这说明，假说 3 在发达国家样本中基本上成立，但在发展中国家样本中不成立。

## （二）银行融资水平：是否存在长期的下降趋势？

在对美国、英国、德国、日本和印度的融资结构进行研究时，我们还发现这些国家在不同程度上均存在银行融资占比总体下降的趋势，同时银行融资占比具有顺周期特性，即其波动与实体投资的景气有较显著的正相关。此外，不管银行融资水平是高还是低，均显示出似乎与内源融资水平有反向波动关系。我们现在来对此进行检验。为此，给出以下四个待检验的假说：

假说 4：银行融资占比长期下降的趋势是由经济发展驱动的。

假说 5：银行融资占比长期下降是一种自然的趋势。

假说6：银行融资占比的短期波动与经济景气密切正相关。

假说7：银行融资占比与内源融资占比密切负相关。

按照本章初的模型设置，我们利用各国的数据来逐一对此进行检验。

1. 美国

我们运用 Eviews 和美国的银行净融资占比及相关数据对设定模型进行各种变换运算，结果与其内源融资情形类似，还是时间因子、时间因子二次项和实体投资较显著。因此，我们选择如下的简化模型：

$$Bank = C + \alpha_1 t + \alpha_2 t^2 + \beta Rlinv + \varepsilon$$

在对美国银行净融资占比分析中，我们注意到同样存在着阶段性，尤其是 1990 年的变化较大。为此，我们仍先利用虚拟变量来进行分段回归，将模型调整如下：

$$Bank = C + \alpha Dv + \beta_1 t + \beta_2 Dv \cdot t + \gamma_1 Rlinv + \gamma_2 Dv \cdot Rlinv + \varepsilon$$

式中，Dv 为虚拟变量，当年份在 1990 年及之后取值 1，之前则取值 0。

运用 Eviews 软件对上述分段回归模型进行运算，结果显示，较多的解释变量系数不显著，分段回归模型设置不佳。因此，我们回到带时间因子二次项模型。运用 Eviews 进行运算，发现截距项系数不显著，剔除截距项后的结果如表 4－7。

**表 4－7　　美国银行融资水平与驱动因子回归结果**

| | | | | |
|---|---|---|---|---|
| Dependent Variable：BANK | | | | |
| Method：Least Squares | | | | |
| Sample：1952—2016 | | | | |
| Included observations：65 | | | | |
| Newey－West HAC Standard Errors & Covariance（lag truncation＝3） | | | | |
| Variable | Coefficient | Std. Error | t－Statistic | Prob. |
| T | 1.3746 | 0.23798 | 5.776021 | 0.0000 |
| T^2 | －0.0815 | 0.023804 | －3.423 | 0.0011 |
| RLINV | 0.0001 | 5.37E－05 | 2.756011 | 0.0077 |
| R－squared | 0.4015 | Mean dependent var | | 8.0771 |
| Adjusted R－squared | 0.3822 | S. D. dependent var | | 16.5712 |
| S. E. of regression | 13.0248 | Akaike info criterion | | 8.0166 |
| Sum squared resid | 10517.9800 | Schwarz criterion | | 8.1170 |
| Log likelihood | －257.5408 | Hannan－Quinn criter. | | 8.0562 |
| Durbin－Watson stat | 1.4621 | | | |

为消除可能的自相关问题的影响，我们在回归中采用了 Newey - West 调整。检验结果显示，模型中时间因子、时间因子二次项和实体投资等各项解释因子的系数均高度显著，即美国银行净融资水平存在着某种抛物线状的先升后降的趋势，且与名义实体投资代表的景气显著正相关，模型拟合效果尚可，$R^2$ 为 0.41。

对于美国的银行净融资占比与内源净融资占比的相关性，我们做了简单的回归分析，结果显示，两者有着显著的负线性相关关系，参见表 4 - 8。

**表 4 - 8　　美国银行融资水平与内源融资水平回归结果**

| | | | | |
|---|---|---|---|---|
| Dependent Variable: BANK | | | | |
| Method: Least Squares | | | | |
| Sample: 1952—2016 | | | | |
| Included observations: 65 | | | | |
| Newey - West HAC Standard Errors & Covariance (lagtruncation = 3) | | | | |
| Variable | Coefficient | Std. Error | t - Statistic | Prob. |
| C | 86.1168 | 20.21744 | 4.259528 | 0.0001 |
| INTERNAL | -0.7801 | 0.201998 | -3.86181 | 0.0003 |
| R - squared | 0.3684 | Mean dependent var | | 8.0771 |
| Adjusted R - squared | 0.3583 | S. D. dependent var | | 16.5712 |
| S. E. of regression | 13.2742 | Akaike info criterion | | 8.0398 |
| Sum squared resid | 11100.9200 | Schwarz criterion | | 8.1067 |
| Log likelihood | -259.2939 | Hannan - Quinn criter. | | 8.0662 |
| F - statistic | 36.7400 | Durbin - Watson stat | | 1.2221 |
| Prob (F - statistic) | 0.0000 | | | |

2. 英国

运用 Eviews 和英国的银行净融资占比及相关数据对设定模型进行各种变换运算，结果也与其内源融资情形类似，只有时间因子和实体投资较显著。这样，我们就选择类似的简化模型：

$$Bank = C + \alpha t + \beta Rlinv + \varepsilon$$

对上述回归模型进行运算，结果见表 4 - 9。从表 4 - 9 中可见，F 值高度显著，模型中时间因子系数显著为负，实体投资因子系数显著为正，说明英国银行融资水平存在长期下降的趋势，且与名义实体投资代表的景气显著正相关。模型拟合效果尚可，$R^2$ 为 0.42。D—W 值为 1.28，接近 1% 显著水平的$d_U$值，说明自相关问题不明显。

表 4-9　　英国银行融资水平与驱动因子回归结果

| | | | | |
|---|---|---|---|---|
| Dependent Variable：BANK | | | | |
| Method：Least Squares | | | | |
| Sample：1990—2016 | | | | |
| Included observations：27 | | | | |
| Variable | Coefficient | Std. Error | t - Statistic | Prob. |
| C | -106.2146 | 29.25058 | -3.6312 | 0.0013 |
| T | -4.8750 | 1.168676 | -4.17142 | 0.0003 |
| RLINV | 0.0013 | 0.000338 | 3.965656 | 0.0006 |
| R - squared | 0.4208 | Mean dependent var | | -0.8985 |
| Adjusted R - squared | 0.3725 | S. D. dependent var | | 21.2749 |
| S. E. of regression | 16.8523 | Akaike info criterion | | 8.5913 |
| Sum squared resid | 6816.0190 | Schwarz criterion | | 8.7353 |
| Log likelihood | -112.9825 | Hannan - Quinn criter. | | 8.6341 |
| F - statistic | 8.7186 | Durbin - Watson stat | | 1.2832 |
| Prob（F - statistic） | 0.001425 | | | |

对于英国的银行净融资占比与内源净融资占比的相关性，简单的回归分析显示，两者的负线性相关关系较弱，未达到5%的显著性水平，但达到了10%的显著性水平，参见表4-10。

表 4-10　　英国银行融资水平与内源融资水平回归结果

| | | | | |
|---|---|---|---|---|
| Dependent Variable：BANK | | | | |
| Method：Least Squares | | | | |
| Sample：1990—2016 | | | | |
| Included observations：27 | | | | |
| Variable | Coefficient | Std. Error | t - Statistic | Prob. |
| C | 57.8434 | 29.05341 | 1.990932 | 0.0575 |
| INTERNAL | -0.6211 | 0.304468 | -2.04 | 0.0520 |
| R - squared | 0.1427 | Mean dependent var | | -0.8985 |
| Adjusted R - squared | 0.1084 | S. D. dependent var | | 21.2749 |
| S. E. of regression | 20.0886 | Akaike info criterion | | 8.9094 |
| Sum squared resid | 10088.7700 | Schwarz criterion | | 9.0054 |
| Log likelihood | -118.2764 | Hannan - Quinn criter. | | 8.9379 |
| F - statistic | 4.1616 | Durbin - Watson stat | | 1.3063 |
| Prob（F - statistic） | 0.0520 | | | |

3. 德国

运用 Eviews 和德国的银行净融资占比及相关数据对设定模型进行各种变换运算，结果显示与其内源融资情形有所不同，除时间因子和实体投资较显著外，反映银行发展水平的金融体系负债与 GDP 比值也显著。因此，我们选择如下的简化模型：

$$Bank = C + \alpha t + \beta Rlinv + \gamma LLGDP + \varepsilon$$

对上述回归模型进行运算，结果见表 4－11。从表 4－11 中可见，F 值高度显著，模型中时间因子系数高度显著为负，实体投资因子以及金融体系负债与 GDP 比值系数高度显著为正，说明德国银行融资水平也存在长期下降的趋势，且与名义实体投资代表的景气以及银行体系发展水平显著正相关。模型拟合效果很好，$R^2$ 达到了 0.76。D—W 值为 1.23，偏低，但落在 1% 显著水平的 $d_L$ 值和 $d_U$ 值之间，说明自相关问题不明显。

**表 4－11　　德国银行融资水平与驱动因子回归结果**

| | | | | |
|---|---|---|---|---|
| Dependent Variable: BANK | | | | |
| Method: Least Squares | | | | |
| Sample: 1991—2016 | | | | |
| Included observations: 26 | | | | |
| Variable | Coefficient | Std. Error | t－Statistic | Prob. |
| C | －140.5334 | 25.29769 | －5.55519 | 0.0000 |
| T | －5.3591 | 0.67581 | －7.92987 | 0.0000 |
| RLINV | 0.3626 | 0.117077 | 3.097165 | 0.0053 |
| LLGDP | 1.8392 | 0.396413 | 4.639496 | 0.0001 |
| R－squared | 0.7586 | Mean dependent var | | 10.6477 |
| Adjusted R－squared | 0.7256 | S. D. dependent var | | 26.9553 |
| S. E. of regression | 14.1189 | Akaike info criterion | | 8.2735 |
| Sum squared resid | 4385.5430 | Schwarz criterion | | 8.4671 |
| Log likelihood | －103.5560 | Hannan－Quinn criter. | | 8.3293 |
| F－statistic | 23.0411 | Durbin－Watson stat | | 1.1310 |
| Prob（F－statistic） | 0.0000 | | | |

对于德国的银行净融资占比与内源净融资占比的相关性，简单的回归分析显示，两者有着非常显著的负线性相关关系，参见表 4－12。

表 4 - 12　　　　德国银行融资水平与内源融资水平回归结果

| | | | | |
|---|---|---|---|---|
| Dependent Variable: BANK | | | | |
| Method: Least Squares | | | | |
| Sample: 1991—2016 | | | | |
| Included observations: 26 | | | | |
| Variable | Coefficient | Std. Error | t - Statistic | Prob. |
| C | 80.7454 | 15.31793 | 5.271298 | 0.0000 |
| INTERNAL | -0.7587 | 0.160389 | -4.73056 | 0.0001 |
| R - squared | 0.4825 | Mean dependent var | | 10.6477 |
| Adjusted R - squared | 0.4610 | S. D. dependent var | | 26.9553 |
| S. E. of regression | 19.7906 | Akaike info criterion | | 8.8821 |
| Sum squared resid | 9399.9810 | Schwarz criterion | | 8.9789 |
| Log likelihood | -113.4672 | Hannan - Quinn criter. | | 8.9100 |
| F - statistic | 22.3782 | Durbin - Watson stat | | 0.6404 |
| Prob (F - statistic) | 0.0001 | | | |

4. 日本

运用 Eviews 和日本的银行净融资及相关数据对设定模型进行各种变换运算，结果与其内源融资情形类似，只有时间因子和实体投资较显著，且自相关问题严重。因此，我们选择如下的自回归模型：

$$Bank = C + \alpha t + \beta Rlinv + \gamma AR(1) + \varepsilon$$

对上述回归模型进行运算，发现截距项显著性不够，剔除截距项后运算结果见表 4 - 13。从表 4 - 13 中可见，模型中时间因子系数高度显著为负，实体投资系数高度显著为正，滞后一期银行净融资占比系数也高度显著为正，说明日本的银行融资水平存在长期下降的趋势，且与名义实体投资代表的景气显著正线性相关，银行净融资占比有较强的自相关。模型拟合效果很好，$R^2$ 达到了 0.77。D—W 值为 2.63，自相关问题已基本消除。

表 4 - 13　　　　日本银行融资水平与驱动因子回归结果

| | | |
|---|---|---|
| Dependent Variable: BANK | | |
| Method: Least Squares | | |
| Sample (adjusted): 1965—2016 | | |
| Included observations: 52 after adjustments | | |
| Convergence achieved after 10 iterations | | |

续表

| Variable | Coefficient | Std. Error | t - Statistic | Prob. |
|---|---|---|---|---|
| T | -2.8553 | 0.852046 | -3.35107 | 0.0016 |
| RLINV | 0.0002 | 4.17E-05 | 3.66569 | 0.0006 |
| AR (1) | 0.8824 | 0.063666 | 13.85931 | 0.0000 |
| R - squared | 0.7726 | Mean dependent var | | 12.1281 |
| Adjusted R - squared | 0.7634 | S. D. dependent var | | 25.2780 |
| S. E. of regression | 12.2967 | Akaike info criterion | | 7.9125 |
| Sum squared resid | 7409.2200 | Schwarz criterion | | 8.0251 |
| Log likelihood | -202.7250 | Hannan - Quinn criter. | | 7.9557 |
| Durbin - Watson stat | 2.6309 | | | |
| Inverted AR Roots | 0.88 | | | |

对于日本的银行净融资占比与内源净融资占比的相关性进行简单的回归分析，结果显示，两者有着非常显著的负线性相关关系，参见表4-14。

**表4-14　　日本银行融资水平与内源融资水平回归结果**

| | | | | |
|---|---|---|---|---|
| Dependent Variable: BANK | | | | |
| Method: Least Squares | | | | |
| Sample: 1964—2016 | | | | |
| Included observations: 53 | | | | |
| Variable | Coefficient | Std. Error | t - Statistic | Prob. |
| C | 66.9085 | 4.404539 | 15.19081 | 0.0000 |
| INTERNAL | -0.6528 | 0.049059 | -13.3071 | 0.0000 |
| R - squared | 0.7764 | Mean dependent var | | 12.6068 |
| Adjusted R - squared | 0.7720 | S. D. dependent var | | 25.2751 |
| S. E. of regression | 12.0685 | Akaike info criterion | | 7.8561 |
| Sum squared resid | 7428.0950 | Schwarz criterion | | 7.9304 |
| Log likelihood | -206.1862 | Hannan - Quinn criter. | | 7.8847 |
| F - statistic | 177.0779 | Durbin - Watson stat | | 1.0354 |
| Prob (F - statistic) | 0.0000 | | | |

5. 印度

运用Eviews和印度的银行净融资及相关数据对设定模型进行各种变换运算，结果显示，只有GDP增速较显著。因此，我们选择如下的简化模型：

$$Bank = C + \alpha Growth + \varepsilon$$

对上述回归模型进行运算，结果见表 4 – 15。从表 4 – 15 中可见，GDP 增速系数在 5% 水平上显著为负，这个结果可能更多地体现了长期关系而非短期关系，印度的银行净融资虽然很高，但存在下降的倾向，而印度的 GDP 增速则存在着上升的倾向。模型拟合效果较差，$R^2$ 只有 0.23。D—W 值为 1.78，显示不存在自相关问题。

**表 4 – 15　　　　印度银行融资水平与驱动因子回归结果**

| | | | | |
|---|---|---|---|---|
| Dependent Variable：BANK | | | | |
| Method：Least Squares | | | | |
| Sample：1995—2016 | | | | |
| Included observations：19 | | | | |
| Variable | Coefficient | Std. Error | t – Statistic | Prob. |
| C | 103.0463 | 25.80843 | 3.992739 | 0.0009 |
| GROWTH | –8.2585 | 3.649666 | –2.26281 | 0.0370 |
| R – squared | 0.2315 | Mean dependent var | | 46.8811 |
| Adjusted R – squared | 0.1863 | S. D. dependent var | | 34.1652 |
| S. E. of regression | 30.8194 | Akaike info criterion | | 9.7935 |
| Sum squared resid | 16147.1900 | Schwarz criterion | | 9.8929 |
| Log likelihood | –91.0379 | Hannan – Quinn criter. | | 9.8103 |
| F – statistic | 5.1203 | Durbin – Watson stat | | 1.7777 |
| Prob（F – statistic） | 0.0370 | | | |

对于印度的银行净融资占比与内源净融资占比的相关性，简单的回归分析显示，两者在 5% 显著性水平上负线性相关，参见表 4 – 16。

**表 4 – 16　　　　印度银行融资水平与内源融资水平回归结果**

| | | | | |
|---|---|---|---|---|
| Dependent Variable：BANK | | | | |
| Method：Least Squares | | | | |
| Sample：1995—2016 | | | | |
| Included observations：19 | | | | |
| Variable | Coefficient | Std. Error | t – Statistic | Prob. |
| C | 109.7561 | 25.26655 | 4.343927 | 0.0004 |
| INTERNAL | – 1.3984 | 0.541022 | – 2.5848 | 0.0193 |

续表

| | | | |
|---|---|---|---|
| R – squared | 0.2821 | Mean dependent var | 46.8811 |
| Adjusted R – squared | 0.2399 | S. D. dependent var | 34.1652 |
| S. E. of regression | 29.7864 | Akaike info criterion | 9.7253 |
| Sum squared resid | 15082.9000 | Schwarz criterion | 9.8247 |
| Log likelihood | –90.3902 | Hannan – Quinn criter. | 9.7421 |
| F – statistic | 6.6812 | Durbin – Watson stat | 1.0888 |
| Prob（F – statistic） | 0.0193 | | |

6. 综合结论

综合以上分析，我们可以发现：

第一，在所有发达国家样本中，银行融资水平均存在着长期下降趋势，这种趋势与经济发展水平没有显著的关联度，而在唯一的发展中大国样本中，银行融资水平则不存在这种趋势。这说明，前述假说 4 在所有样本国家中均不成立，假说 5 在所有发达国家样本中均成立。

第二，在所有发达国家样本中，银行净融资占比都与名义实体投资呈现显著的正相关性，但在发展中国家样本中，这一点却不显著。这说明，假说 6 在发达国家样本中均成立，但在发展中国家样本中不成立。

第三，在所有样本国家中，银行净融资占比与内源净融资占比均在一定的显著水平呈负相关，其中，英国和印度的显著性水平稍低，其他国家都非常高，说明假说 7 成立。

第四，银行体系的发展规模对于其融资水平作用有限，仅德国一国显示其有显著正相关关系。

第五，发展中国家仍然显示出与发达国家不同的特性。印度的银行净融资水平只与经济增长速度有显著的负相关性，对此可能的解释是，随着印度经济增长速度的提升，它对银行体系融资的依赖正在相对下降。这从另一个侧面也体现了印度的银行融资重要性在降低的倾向。

### （三）债券融资水平：是否受证券市场发展水平驱动？

在对美国、英国、德国、日本和印度的债券融资进行研究时，我们发现有的国家（如美国、英国）水平较高，且似乎有上升的趋势，有的国家（如德国、日本）水平较低，且似乎没有趋势，这种差别看起来是由证券市场发展水平以及金融结构差异引起的。另外，债券融资与银行融资同作为债务融资的形式，两者之间似乎也显示某种竞争的关系。对此，我们给出以下三个待检验的假说：

假说8：债券融资占比受证券市场发展水平驱动。

假说9：债券融资占比受金融结构因素驱动。

假说10：债券融资占比与银行融资占比密切负相关。

按照本章初的模型设置，我们利用各国的数据来逐一对此进行检验。

1. 美国

运用Eviews和美国的债券净融资占比及相关数据对设定模型进行各种变换运算，结果显示，各种因子的作用均不显著，仅存在自相关特性。为此，我们选择如下的简单自回归模型：

$$Bond = C + \alpha AR(1) + \varepsilon$$

运用Eviews进行运算，结果显示，滞后一期的债券净融资占比系数显著为正，说明美国的债券净融资水平存在明显的自相关。模型拟合效果较差，$R^2$为0.21（见表4－17）。

**表4－17　美国债券融资水平与驱动因子回归结果**

| | | | | |
|---|---|---|---|---|
| Dependent Variable：BOND | | | | |
| Method：Least Squares | | | | |
| Sample（adjusted）：1953—2016 | | | | |
| Included observations：64 after adjustments | | | | |
| Convergence achieved after 3 iterations | | | | |
| Variable | Coefficient | Std. Error | t－Statistic | Prob. |
| C | 13.5415 | 1.35804 | 9.971385 | 0.0000 |
| AR（1） | 0.4608 | 0.112086 | 4.111194 | 0.0001 |
| R－squared | 0.2142 | Mean dependent var | | 13.5781 |
| Adjusted R－squared | 0.2015 | S. D. dependent var | | 6.5552 |
| S. E. of regression | 5.8575 | Akaike info criterion | | 6.4041 |
| Sum squared resid | 2127.2510 | Schwarz criterion | | 6.4715 |
| Log likelihood | －202.9306 | Hannan－Quinn criter. | | 6.4307 |
| F－statistic | 16.9019 | Durbin－Watson stat | | 1.9891 |
| Prob（F－statistic） | 0.0001 | | | |
| Inverted AR Roots | 0.46 | | | |

对于美国的债券净融资占比与银行净融资占比的相关性，简单的回归分析显示，两者在接近1%显著性水平上存在负相关关系，参见表4-18。

表4-18　　美国债券融资水平与银行融资水平回归结果

| | | | | |
|---|---|---|---|---|
| Dependent Variable：BOND | | | | |
| Method：Least Squares | | | | |
| Sample：1952—2016 | | | | |
| Included observations：65 | | | | |
| Newey - West HAC Standard Errors & Covariance (lag truncation = 3) | | | | |
| Variable | Coefficient | Std. Error | t - Statistic | Prob. |
| C | 14.5395 | 1.079618 | 13.46727 | 0.0000 |
| BANK | -0.1081 | 0.040822 | -2.64781 | 0.0102 |
| R - squared | 0.0749 | Mean dependent var | | 13.6665 |
| Adjusted R - squared | 0.0603 | S. D. dependent var | | 6.5427 |
| S. E. of regression | 6.3425 | Akaike info criterion | | 6.5627 |
| Sum squaredresid | 2534.2940 | Schwarz criterion | | 6.6296 |
| Log likelihood | -211.2877 | Hannan - Quinn criter. | | 6.5891 |
| F - statistic | 5.1044 | Durbin - Watson stat | | 0.9826 |
| Prob (F - statistic) | 0.0273 | | | |

2. 英国

运用Eviews和英国的债券净融资占比及相关数据对设定模型进行各种变换运算，结果显示，只有GDP增长速度以及股票市场市值与GDP比值较显著。为此，我们选择如下的简化模型：

$$Bond = C + \alpha Growth + \beta MCGDP + \varepsilon$$

由于债券市值数据较缺乏，所以，式中股票市场市值与GDP比值也可以看作证券市场发展水平一种代理变量。

对上述回归模型进行运算，结果见表4-19。从表4-19中可见，F值高度显著，模型中GDP增长速度系数在5%水平上显著为负，股票市场市值与GDP比值系数在1%水平上显著为正，说明英国的债券融资水平会随着证券市场规模的扩大而上升；同时，在英国经济增长速度存在逐步放缓的背景下，债券融资的重要性在不断上升。模型拟合效果尚可，$R^2$为0.50。D—W值为2.18，显示不存在自相关问题。

表 4-19 英国债券融资水平与驱动因子回归结果

| | | | | |
|---|---|---|---|---|
| Dependent Variable: BOND | | | | |
| Method: Least Squares | | | | |
| Sample (adjusted): 1990—2012 | | | | |
| Included observations: 23 after adjustments | | | | |
| Variable | Coefficient | Std. Error | t-Statistic | Prob. |
| C | -18.4571 | 6.917923 | -2.66801 | 0.0148 |
| GROWTH | -1.9908 | 0.792871 | -2.51084 | 0.0207 |
| MCGDP | 0.2974 | 0.066547 | 4.469635 | 0.0002 |
| R-squared | 0.4997 | Mean dependent var | | 11.4778 |
| Adjusted R-squared | 0.4497 | S.D. dependent var | | 7.7381 |
| S.E. of regression | 5.7403 | Akaike info criterion | | 6.4540 |
| Sum squared resid | 659.0258 | Schwarz criterion | | 6.6021 |
| Log likelihood | -71.2212 | Hannan-Quinn criter. | | 6.4913 |
| F-statistic | 9.9888 | Durbin-Watson stat | | 2.1809 |
| Prob (F-statistic) | 0.0010 | | | |

对于英国的债券净融资占比与银行净融资占比的相关性，简单的回归分析显示，两者不存在显著的相关性。

3. 德国

运用 Eviews 和德国的债券净融资占比及相关数据对设定模型进行各种变换运算，结果显示，仅经济增长速度因子较显著。因此，我们选择如下的简化模型：

$$Bond = C + \alpha Growth + \varepsilon$$

对上述回归模型进行运算，结果见表 4-20。从表 4-20 中可见，模型中 GDP 增长速度系数在 5% 水平上显著为负，说明德国也存在着在经济增长速度放缓的同时，对债券融资依赖加重的特征。不过，模型拟合效果较差，$R^2$ 仅 0.18。D—W 值为 1.36，高于 1% 显著水平的 $d_U$ 值，说明不存在自相关问题。

表 4-20 德国债券融资水平与驱动因子回归结果

| | | |
|---|---|---|
| Dependent Variable: BOND | | |
| Method: Least Squares | | |
| Sample: 1991—2016 | | |
| Included observations: 26 | | |

续表

| Variable | Coefficient | Std. Error | t - Statistic | Prob. |
|---|---|---|---|---|
| C | 9.0487 | 3.44974 | 2.62302 | 0.0149 |
| GROWTH | -3.1421 | 1.374103 | -2.28669 | 0.0313 |
| R - squared | 0.1789 | Mean dependent var | | 4.2762 |
| Adjusted R - squared | 0.1447 | S. D. dependent var | | 15.1441 |
| S. E. ofregression | 14.0057 | Akaike info criterion | | 8.1906 |
| Sum squared resid | 4707.8600 | Schwarz criterion | | 8.2874 |
| Log likelihood | -104.4780 | Hannan - Quinn criter. | | 8.2185 |
| F - statistic | 5.2289 | Durbin - Watson stat | | 1.3555 |
| Prob (F - statistic) | 0.0313 | | | |

对于德国的债券净融资占比与银行净融资占比的相关性，简单的回归分析显示，两者存在着高度负线性相关关系，参见表4-21。

**表4-21　德国债券融资水平与银行融资水平回归结果**

| Dependent Variable: BOND | | | | |
|---|---|---|---|---|
| Method: Least Squares | | | | |
| Sample: 1991—2016 | | | | |
| Included observations: 26 | | | | |
| Variable | Coefficient | Std. Error | t - Statistic | Prob. |
| C | 7.9627 | 2.57365 | 3.093923 | 0.0050 |
| BANK | -0.3462 | 0.090316 | -3.83349 | 0.0008 |
| R - squared | 0.3798 | Mean dependent var | | 4.2762 |
| Adjusted R - squared | 0.3539 | S. D. dependent var | | 15.1441 |
| S. E. of regression | 12.1726 | Akaike info criterion | | 7.9100 |
| Sum squared resid | 3556.1020 | Schwarz criterion | | 8.0068 |
| Log likelihood | -100.8306 | Hannan - Quinn criter. | | 7.9379 |
| F - statistic | 14.6957 | Durbin - Watson stat | | 1.7351 |
| Prob (F - statistic) | 0.0008 | | | |

4. 日本

运用Eviews和日本的债券净融资及相关数据对设定模型进行各种变换运算，结果显示，经济增长速度、股票市值与GDP比值、股票市值与金融体系流动负债比值等因子较显著。因此，我们选择如下的简化模型：

$$Bond = C + \alpha Growth + \beta MCGDP + \gamma MCLL + \varepsilon$$

式中，股票市值与金融体系流动负债比值（MCLL）为规模类金融结构指标，该值越大，代表金融体系越偏向市场主导型。

对上述回归模型进行运算，结果见表 4-22。鉴于数据时长较长，为消除可能的自相关，我们仍采用了 Newey-West 调整。从表 4-22 中可见，F 值高度显著，模型中 GDP 增速系数在接近 5% 水平上显著为正，股票市值与 GDP 比值系数高度显著为负，股票市值与金融体系流动负债比值系数则高度显著为正，说明日本的债券融资水平会随着金融体系偏向证券市场水平的提高而上升，但也存在着在经济增长速度放缓以及股票市场规模扩大的同时，对债券融资依赖下降的特征。模型拟合效果尚可，$R^2$ 为 0.41。

表 4-22　日本债券融资水平与驱动因子回归结果

| | | | | |
|---|---|---|---|---|
| Dependent Variable：BOND | | | | |
| Method：Least Squares | | | | |
| Sample（adjusted）：1975—2016 | | | | |
| Included observations：42 after adjustments | | | | |
| Newey-West HAC Standard Errors & Covariance（lag truncation = 3） | | | | |
| Variable | Coefficient | Std. Error | t-Statistic | Prob. |
| C | -6.2802 | 2.049384 | -3.06441 | 0.0040 |
| GROWTH | 0.8948 | 0.446598 | 2.003542 | 0.0523 |
| MCGDP | -0.3372 | 0.07267 | -4.63997 | 0.0000 |
| MCLL | 0.7861 | 0.163534 | 4.806826 | 0.0000 |
| R-squared | 0.4061 | Mean dependent var | | 1.0860 |
| Adjusted R-squared | 0.3592 | S.D. dependent var | | 7.5384 |
| S.E. of regression | 6.0346 | Akaike info criterion | | 6.5233 |
| Sum squared resid | 1383.8250 | Schwarz criterion | | 6.6888 |
| Log likelihood | -132.9891 | Hannan-Quinn criter. | | 6.5840 |
| F-statistic | 8.6598 | Durbin-Watson stat | | 1.5274 |
| Prob（F-statistic） | 0.0002 | | | |

对于日本的债券净融资占比与银行净融资占比的相关性进行简单的回归分析，结果显示，两者没有显著的相关关系。

5. 印度

运用 Eviews 和印度的债券净融资及相关数据对设定模型进行各种变换运

算，结果显示，GDP 增速、金融体系流动负债与 GDP 比值、股票市场收益率等因子较显著。因此，我们选择如下的简化模型：

$$Bond = C + \alpha Growth + \beta LLGDP + \gamma Stre + \varepsilon$$

式中，股票市场收益率（Stre）是可以揭示股票市场波动状况的代理变量。

对上述回归模型进行运算，结果发现截距项系数很不显著，剔除截距项后运算结果见表 4－23。从表 4－23 中可见，GDP 增速系数高度显著为正，金融体系流动负债与 GDP 比值系数在 10% 水平上显著为负，股票市场收益率系数高度显著为负。这个结果显示了印度的债券融资水平与 GDP 增速有较强的正向关系，而股票市场收益率则对债券融资水平有反向作用。此外，银行体系规模的扩大对债券融资存在一定的反向作用。模型拟合效果尚可，$R^2$ 为 0.55。D—W 值为 2.21，显示不存在自相关问题。

**表 4－23　印度债券融资水平与驱动因子回归结果**

| | | | | |
|---|---|---|---|---|
| Dependent Variable：BOND | | | | |
| Method：Least Squares | | | | |
| Sample：1995—2016 | | | | |
| Included observations：19 | | | | |
| Variable | Coefficient | Std. Error | t－Statistic | Prob. |
| GROWTH | 2.4214 | 0.628924 | 3.850082 | 0.0014 |
| LLGDP | －0.1286 | 0.067816 | －1.89561 | 0.0762 |
| STRE | －0.3193 | 0.069157 | －4.61654 | 0.0003 |
| R－squared | 0.5507 | Mean dependent var | | 5.5084 |
| Adjusted R－squared | 0.4946 | S. D. dependent var | | 7.5643 |
| S. E. of regression | 5.3778 | Akaike info criterion | | 6.3464 |
| Sum squared resid | 462.7285 | Schwarz criterion | | 6.4955 |
| Log likelihood | －57.2905 | Hannan－Quinn criter. | | 6.3716 |
| Durbin－Watson stat | 2.2105 | | | |

对于印度的债券净融资占比与银行净融资占比的相关性进行简单的回归分析，结果显示，两者之间不存在直接的显著相关关系。

6. 综合结论

综合以上分析，我们可以发现：

第一，只有在部分发达国家样本（英国和日本）中，债券融资水平显示出受到了证券市场发展水平的驱动，但其作用方向还是相反的。这说明前述假说 8 不具有普遍性。

第二，只在一个发达国家样本（日本）中，债券净融资显示出受到了金融结构因素的驱动。这说明假说 9 更不具备普遍性。

第三，只在部分发达国家样本（美国和德国）中，债券净融资占比与银行净融资占比存在着高度负线性相关。这显示说明假说 10 同样不具有普遍性。

第四，在大多数样本国家中，债券净融资水平均与经济增长速度具有显著的相关关系，但方向并不一致，正向关系与反向关系各占一半。这说明经济增长速度的影响显著，但该因素并不能单独决定影响的方向。

第五，发展中国家同样显示出一定的独特性。印度的债券净融资水平还与银行体系规模以及证券市场的波动显著正相关，说明债券融资、银行融资和股票融资在一定程度上似乎存在竞争性关系。

### （四）股票融资水平：在股市规模扩大的同时是否长期下降？

在对美国、英国、德国、日本和印度的股票融资进行研究时，我们发现几乎所有国家股票融资水平都在下降，甚至降到了很低的水平，即使股票融资在早期曾发挥过一定的积极作用。同时，这些国家的股票市场规模都有逐步扩大的倾向。这似乎显示，即使股票市场规模不断扩大，也难以改变其融资水平长期下降的趋势。对此，我们给出以下两个待检验的假说：

假说 11：股票融资占比具有长期下降的趋势。

假说 12：股票市场规模及金融结构因素驱动难以对股票融资占比产生驱动。

按照本章初的模型设置，我们利用各国的数据来逐一对此进行检验。

1. 美国

运用 Eviews 和美国的股票净融资占比及相关数据对设定模型进行各种变换运算，结果显示，人均 GDP 和消费者价格指数较显著，且自相关问题显著。为此，我们选择如下的自回归模型：

$$Share = C + \alpha PGDP + \beta CPI + \gamma AR(1) + \varepsilon$$

运用 Eviews 进行运算，结果显示，F 值高度显著，人均 GDP 系数高度显著为负，CPI 系数高度显著为负，滞后一期的股票净融资占比系数显著为正（见表 4-24），说明美国的股票净融资水平存在随经济发展水平提高而下降的趋势，其短期波动与CPI有同向性，另外还存在明显的自相关。模型拟合效果很好，$R^2$为0.74。

表4-24　　美国股票融资水平与驱动因子回归结果

| | | | | |
|---|---|---|---|---|
| Dependent Variable：SHARE | | | | |
| Method：LeastSquares | | | | |
| Sample（adjusted）：1961—2016 | | | | |
| Included observations：56 after adjustments | | | | |
| Convergence achieved after 12 iterations | | | | |
| Variable | Coefficient | Std. Error | t - Statistic | Prob. |
| C | 118.2279 | 32.96742 | 3.586205 | 0.0007 |
| PGDP | -0.0059 | 0.001518 | -3.85939 | 0.0003 |
| CPI | 1.4463 | 0.481832 | 3.00174 | 0.0041 |
| AR（1） | 0.8232 | 0.08 | 10.29047 | 0.0000 |
| R - squared | 0.7430 | Mean dependent var | | -8.8591 |
| Adjusted R - squared | 0.7282 | S. D. dependent var | | 14.5694 |
| S. E. of regression | 7.5963 | Akaike info criterion | | 6.9620 |
| Sum squared resid | 3000.6350 | Schwarz criterion | | 7.1066 |
| Log likelihood | -190.9349 | Hannan - Quinn criter. | | 7.0180 |
| F - statistic | 50.1059 | Durbin - Watson stat | | 1.7919 |
| Prob（F - statistic） | 0.0000 | | | |
| Inverted AR Roots | 0.82 | | | |

2. 英国

运用Eviews和英国的股票净融资占比及相关数据对设定模型进行各种变换运算，结果显示，GDP增长速度、股票市场市值与GDP比值、股票市值与金融体系流动负债比值等因子较显著。为此，我们选择如下的简化模型：

$$Share = C + \alpha Growth + \beta MCGDP + \gamma MLCLL + \varepsilon$$

对上述回归模型进行运算，结果见表4-25。从表4-25中可见，F值高度显著，模型中GDP增长速度系数高度显著为负，股票市场市值与GDP比值系数以及股票市值与金融体系流动负债比值系数均高度显著为正，说明股票市场规模的扩大以及金融体系偏向证券市场程度上升依然对英国的股票融资水平有正向促进作用，同时其短期波动与经济增长速度存在着一定程度的反向关系。模型拟合效果尚可，$R^2$为0.55。D—W值为1.97，显示不存在自相关问题。

表 4－25　　英国股票融资水平与驱动因子回归结果

| | | | | |
|---|---|---|---|---|
| Dependent Variable：SHARE | | | | |
| Method：Least Squares | | | | |
| Sample（adjusted）：1990—2012 | | | | |
| Included observations：23 after adjustments | | | | |
| Variable | Coefficient | Std. Error | t－Statistic | Prob. |
| C | －106.0821 | 24.02815 | －4.41491 | 0.0003 |
| GROWTH | －9.3673 | 3.04272 | －3.07859 | 0.0062 |
| MCGDP | 0.7394 | 0.197587 | 3.742027 | 0.0014 |
| MCLL | 0.3866 | 0.118483 | 3.263238 | 0.0041 |
| R－squared | 0.5555 | Mean dependent var | | 7.8322 |
| Adjusted R－squared | 0.4853 | S. D. dependent var | | 23.6999 |
| S. E. of regression | 17.0027 | Akaike info criterion | | 8.6614 |
| Sum squared resid | 5492.7150 | Schwarz criterion | | 8.8589 |
| Log likelihood | －95.6060 | Hannan－Quinn criter. | | 8.7111 |
| F－statistic | 7.9149 | Durbin－Watson stat | | 1.9737 |
| Prob（F－statistic） | 0.0013 | | | |

3. 德国

运用Eviews和德国的债券净融资占比及相关数据对设定模型进行各种变换运算，结果显示，实体投资以及股票市场市值与GDP比值较显著，且存在一定的自相关问题。因此，我们选择如下的自回归模型：

$$Share = C + \alpha Rlinv + \beta MCGDP + \gamma AR(1) + \varepsilon$$

对上述回归模型进行运算，结果见表4－26。从表4－26中可见，F值高度显著，模型中实体投资系数高度显著为正，股票市场市值与GDP比值系数高度显著为负，滞后一期的股票净融资占比系数在5%水平上显著为正，说明德国的股票融资水平短期波动与经济景气有显著正相关，股票市场的规模扩大对其融资水平未起到显著的促进作用，同时，股票融资水平存在着一定的惯性。模型拟合效果尚可，$R^2$为0.48。

表 4－26　　德国股票融资水平与驱动因子回归结果

| | | | | |
|---|---|---|---|---|
| Dependent Variable：SHARE | | | | |
| Method：Least Squares | | | | |
| Sample（adjusted）：1992—2016 | | | | |
| Included observations：25 after adjustments | | | | |
| Convergence achieved after 6 iterations | | | | |
| Variable | Coefficient | Std. Error | t－Statistic | Prob. |
| C | －15.0478 | 7.096521 | －2.12045 | 0.0460 |
| RLINV | 0.1447 | 0.036418 | 3.973902 | 0.0007 |
| MCGDP | －0.6348 | 0.127904 | －4.96287 | 0.0001 |
| AR（1） | －0.4950 | 0.194334 | －2.54741 | 0.0187 |
| R－squared | 0.4808 | Mean dependent var | | －6.5688 |
| Adjusted R－squared | 0.4066 | S.D. dependent var | | 12.2183 |
| S.E. of regression | 9.4122 | Akaike info criterion | | 7.4675 |
| Sum squared resid | 1860.3880 | Schwarz criterion | | 7.6626 |
| Log likelihood | －89.3443 | Hannan－Quinn criter. | | 7.5216 |
| F－statistic | 6.4811 | Durbin－Watson stat | | 1.9342 |
| Prob（F－statistic） | 0.0028 | | | |
| Inverted AR Roots | －0.5 | | | |

4. 日本

运用 Eviews 和日本的股票净融资及相关数据对设定模型进行各种变换运算，结果显示，只有股票市场收益率（Stre）因子较显著。因此，我们选择如下的简化模型：

$$Share = C + \alpha Stre + \varepsilon$$

对上述回归模型进行运算，结果见表 4－27。为消除可能的自相关，我们仍采用了 Newey－West 调整。从表 4－27 中可见，模型中股票市场收益率系数在接近 5% 水平上显著为正，说明日本的股票融资水平会随着股票指数的上升而上升。不过，模型拟合效果较差，$R^2$ 仅 0.13。

表 4－27　　日本股票融资水平与驱动因子回归结果

| | |
|---|---|
| Dependent Variable：SHARE | |
| Method：Least Squares | |
| Sample：1964—2016 | |
| Included observations：53 | |
| Newey－West HAC Standard Errors & Covariance（lag truncation＝3） | |

续表

| Variable | Coefficient | Std. Error | t - Statistic | Prob. |
|---|---|---|---|---|
| C | 2.6724 | 0.429797 | 6.217852 | 0.0000 |
| STRE | 0.0508 | 0.021887 | 2.321247 | 0.0243 |
| R - squared | 0.1343 | Mean dependent var | | 3.0070 |
| Adjusted R - squared | 0.1173 | S. D. dependent var | | 2.6598 |
| S. E. of regression | 2.4988 | Akaike info criterion | | 4.7065 |
| Sum squared resid | 318.4520 | Schwarz criterion | | 4.7809 |
| Log likelihood | -122.7230 | Hannan - Quinn criter. | | 4.7351 |
| F - statistic | 7.9132 | Durbin - Watson stat | | 1.4128 |
| Prob (F - statistic) | 0.0070 | | | |

5. 综合结论

由于缺乏印度的股票融资细项资料，所以，上述样本均为发达国家。综合来看，我们可以发现：

第一，寻找驱动股票融资水平的共同因子是一件非常困难的事，几乎每个样本国家都表现出了一定独特性。

第二，股票融资水平只在美国显著地表现出了随经济发展水平上升而下降的趋势，说明假说 11 不具有普遍性。

第三，股票市场规模因子在一半样本国家中对股票融资水平产生了显著影响，只是影响方向并不相同，金融结构因子也在其中的一个样本国家中显示出了显著的正向作用，这说明假说 12 难以成立。

第四，尽管在各个样本国家具体的表现形式不一样，股票融资的短期波动还是和短期经济驱动因子显著相关。

## 三、融资结构演化机理：对我国的认识

以上我们通过对国际比较样本国家的分析，检验了一系列融资结构演化的命题。现在，我们在此基础上着重考察这些命题在我国的适应性以及我国融资结构演化的独特性。

### （一）内源融资：是否在波动中上升？

在对我国的融资结构进行研究时，我们发现我国的内源净融资占比在存

在上升趋势的同时，有着一定的中长期波动性。因此，我们这里不仅要检验前述假说 1—3 的适应性，也要检验这种中长期波动的存在性。

运用 Eviews 对我国内源净融资占比及相关数据进行各种变换运算，结果发现，只有时间因子和实体投资较显著，其中，捕捉中长期波动的时间因子三次项也相当显著。这样，我们就将模型具体地简化为：

$$Internal = C + \alpha_1 t + \alpha_2 t^3 + \beta Rlinv + \varepsilon$$

对以上方程进行检验的结果见表 4－28。从表 4－28 中可见，F 值高度显著，模型中时间因子和其三次项的系数均高度显著为正，实体投资系数高度显著为负，说明我国内源融资水平确实存在着长期上升趋势和中长期的波动性，且在考虑到时间驱动因子的作用后，我国内源净融资水平也与名义实体投资代表的景气显著负相关。模型拟合效果很好，$R^2$ 达到了 0.79。D—W 值为 1.90，说明不存在自相关问题。

**表 4－28　　我国内源融资水平与驱动因子回归结果**

| | | | | |
|---|---|---|---|---|
| Dependent Variable：INTERNAL | | | | |
| Method：Least Squares | | | | |
| Sample：1992—2015 | | | | |
| Included observations：24 | | | | |
| Variable | Coefficient | Std. Error | t－Statistic | Prob. |
| C | 39.7560 | 3.693122 | 10.76486 | 0.0000 |
| T | 3.3831 | 0.443233 | 7.632721 | 0.0000 |
| T^3 | 0.0091 | 0.002553 | 3.548642 | 0.0020 |
| RLINV | －0.0010 | 0.000185 | －5.6296 | 0.0000 |
| R－squared | 0.7932 | Mean dependent var | | 46.5063 |
| Adjusted R－squared | 0.7621 | S. D. dependent var | | 11.5780 |
| S. E. of regression | 5.6466 | Akaike info criterion | | 6.4510 |
| Sum squared resid | 637.6773 | Schwarz criterion | | 6.6473 |
| Log likelihood | －73.4119 | Hannan－Quinn criter. | | 6.5031 |
| F－statistic | 25.5664 | Durbin－Watson stat | | 1.9001 |
| Prob（F－statistic） | 0.0000 | | | |

从上述检验结果也可以看出，假说 2 和假说 3 在我国具有适用性，而假说 1 的适用性不显著。

## （二）银行融资水平：是否受金融结构因子驱动？

在对我国融资结构进行研究时，我们发现我国银行融资占比在存在下降趋势的同时，似乎也存在中长期的波动性。此外，在前述国际样本的研究中，我们发现只有德国的银行融资水平与银行体系的规模有关。因此，我们这里除了要检验前述假说 4 至假说 7 的适应性外，还要检验这种中长期波动的存在性以及银行体系规模因子和金融结构因子的驱动作用。

运用 Eviews 和我国银行净融资占比及相关数据对设定模型进行各种变换运算，结果发现，时间因子、实体投资、人均 GDP、股票市值与金融体系流动负债比值等因子较显著，时间因子的二次项及三次项不显著，由人均 GDP 构建的模型要比由时间因子构建的模型效果更好。这样，我们就选择如下的简化模型：

$$Bank = C + \alpha PGDP + \beta Rlinv + \gamma MCLL + \varepsilon$$

对上述回归模型进行运算，结果见表 4-29。从表 4-29 中可见，F 值高度显著，模型中的人均 GDP 系数高度显著为负，实体投资因子系数高度显著为正，股票市值与金融体系流动负债比值（MCLL）系数在 10% 水平上显著为负，说明我国的银行融资水平存在随着经济发展水平提高而下降的显著趋势，且与名义实体投资代表的景气显著正相关，银行体系在金融结构中的相对重要性降低在一定程度上对银行融资水平有负向作用，但银行融资水平不存在显著中长期波动性。模型拟合效果较好，$R^2$ 为 0.61。D—W 值为 1.90，说明不存在自相关问题。

**表 4-29　　我国银行融资水平与驱动因子回归结果**

| | | | | |
|---|---|---|---|---|
| Dependent Variable：BANK | | | | |
| Method：Least Squares | | | | |
| Sample：1992—2015 | | | | |
| Included observations：24 | | | | |
| Variable | Coefficient | Std. Error | t - Statistic | Prob. |
| C | 57.8379 | 8.593969 | 6.730061 | 0.0000 |
| PGDP | -0.0284 | 0.009337 | -3.0395 | 0.0065 |
| RLINV | 0.0008 | 0.000259 | 3.148519 | 0.0051 |
| MCLL | -0.3348 | 0.18929 | -1.76888 | 0.0922 |
| R - squared | 0.6154 | Mean dependent var | | 20.0463 |

续表

| | | | |
|---|---|---|---|
| Adjusted R - squared | 0.5577 | S. D. dependent var | 12.7433 |
| S. E. of regression | 8.4753 | Akaike info criterion | 7.2632 |
| Sum squared resid | 1436.6140 | Schwarz criterion | 7.4595 |
| Log likelihood | -83.1584 | Hannan - Quinn criter. | 7.3153 |
| F - statistic | 10.6658 | Durbin - Watson stat | 1.9017 |
| Prob (F - statistic) | 0.0002 | | |

对于我国的银行净融资占比与内源净融资占比的相关性，简单的回归分析显示，两者有着高度显著的负线性相关关系，参见表4-30。

**表4-30　我国银行融资水平与内源融资水平回归结果**

| | | | | |
|---|---|---|---|---|
| Dependent Variable: BANK | | | | |
| Method: Least Squares | | | | |
| Sample: 1992—2015 | | | | |
| Included observations: 24 | | | | |
| Variable | Coefficient | Std. Error | t - Statistic | Prob. |
| C | 50.3656 | 9.050074 | 5.565211 | 0.0000 |
| INTERNAL | -0.6519 | 0.189065 | -3.44823 | 0.0023 |
| R - squared | 0.3508 | Mean dependent var | | 20.0463 |
| Adjusted R - squared | 0.3213 | S. D. dependent var | | 12.7433 |
| S. E. of regression | 10.4981 | Akaike info criterion | | 7.6199 |
| Sum squared resid | 2424.5980 | Schwarz criterion | | 7.7181 |
| Log likelihood | -89.4389 | Hannan - Quinn criter. | | 7.6460 |
| F - statistic | 11.8903 | Durbin - Watson stat | | 1.4028 |
| Prob (F - statistic) | 0.0023 | | | |

由上述检验可以看出，假说4、假说6和假说7在我国具有适用性，但假说5的适用性不显著。

### (三) 债券融资水平：是否受制度变革驱动？

在对我国债券融资进行研究时，我们指出，2005年后中国债券市场一系列制度变革对债券融资水平的跨越式提升起到了至关重要的作用。2005年5月，中国人民银行发布了《短期融资券管理办法》，在银行间市场推出企业债务工具。2007 年 8 月 14 日，中国证监会发布了《公司债券发行试点办法》，正式推出了公司债券，其发行采取与股票发行类似的核准制。2008 年 4 月，中国人民银行制定并发布了《银行间债券市场非金融企业债务融资工具管理办法》，对银行间债券市场企业发行债务融资工具的体制做出了跨越式的改革，授权中国银行间市场交易商协会进行管理，直接实行注册制。同年，国家发展改革委发布了《关于推进企业债券市场发展、简化发行核准程序有关事项的通知》，将企业债券发行制度由事实上的审批制调整为核准制。正是在这些重要的制度变革背景下，我国债券融资水平出现了台阶式跳跃提升。因此，我们这里不仅要检验前述假说 8 至假说 10 的适用性，还要检验制度变革因素对债券融资水平的驱动作用。

由于制度因素难以量化，我们拟引入虚拟变量来代理，以 2005 年为起点，将其后作为制度变革期到发展潜力释放期，将之前作为制度约束期。这样，我们将设置分阶段回归模型。运用 Eviews 和我国的债券净融资占比及相关数据对此进行各种变换运算，结果显示，消费者价格指数、股票市场收益率以及实体投资的对数等因子比较显著，其中，由实体投资的对数构建的模型效果最好。为此，我们将模型调整如下：

$$Bond = C + \alpha Dv + \beta_1 \ln(Rlinv) + \beta_2 Dv \times \ln(Rlinv) + \varepsilon$$

上式中，Dv 为虚拟变量，当年份在 2005 年及之后取值 1，之前则取值 0。

对上述分段回归模型进行运算，结果见表 4－31。从表 4－31 中可见，F 值高度显著，模型中所有虚拟变量系数均高度显著，实体投资对数的系数在 5% 水平上显著为负，说明了我国债券融资水平的变化显著分为两个时期：在第一时期，我国实体投资的增长率经历过一段较长时间的下降，而债券融资水平因制度约束整体变动有限，两者呈一定的反向关系；在第二个时期，制度变革释放出债券市场发展巨大空间，债券融资水平与实体投资增长率变成同向相关关系。模型拟合效果非常好，$R^2$ 达 0.86。D—W 值为 2.03，显示不存在自相关问题。

表 4－31　　我国债券融资水平与驱动因子回归结果

| | | | |
|---|---|---|---|
| Dependent Variable：BOND | | | |
| Method：Least Squares | | | |
| Sample：1992—2015 | | | |
| Included observations：24 | | | |

续表

| Variable | Coefficient | Std. Error | t - Statistic | Prob. |
|---|---|---|---|---|
| C | 26.9117 | 11.58187 | 2.323609 | 0.0308 |
| DV | -102.4974 | 18.90169 | -5.42266 | 0.0000 |
| LOG (RLINV) | -2.6140 | 1.171723 | -2.23087 | 0.0373 |
| LOG (RLINV) * DV | 9.8991 | 1.74051 | 5.687472 | 0.0000 |
| R - squared | 0.8643 | Mean dependent var | | 4.6767 |
| Adjusted R - squared | 0.8440 | S. D. dependent var | | 5.0669 |
| S. E. of regression | 2.0016 | Akaike info criterion | | 4.3768 |
| Sum squared resid | 80.1261 | Schwarz criterion | | 4.5731 |
| Log likelihood | -48.5211 | Hannan - Quinn criter. | | 4.4288 |
| F - statistic | 42.4636 | Durbin - Watson stat | | 2.0257 |
| Prob (F - statistic) | 0.0000 | | | |

进一步地，我们对上述方程进行 Wald 检验，F 值高度显著，说明 2005 年前后确实是两个不同的时期（见表 4－32）。

**表 4－32　　我国债券融资水平与驱动因子回归方程 Wald 检验结果**

| | | | |
|---|---|---|---|
| Wald Test: | | | |
| Equation: Untitled | | | |
| Test Statistic | Value | df | Probability |
| F - statistic | 19.76731 | (2, 20) | 0.0000 |
| Chi - square | 39.53462 | 2 | 0.0000 |
| Null Hypothesis Summary: | | | |
| Normalized Restriction (= 0) | | Value | Std. Err. |
| C (2) | | -102.4974 | 18.90169 |
| C (4) | | 9.899103 | 1.74051 |
| Restrictions are linear in coefficients. | | | |

对于我国的债券净融资占比与银行净融资占比的相关性，简单的回归分析显示，两者不存在显著的相关关系。但对于我国的债券净融资占比与内源净融资占比的相关性，简单的回归分析却显示，两者在 10% 的显著水平上存在负相关关系，参见表 4－33。

表 4－33　　我国债券融资水平与内源融资水平回归结果

| | | | | |
|---|---|---|---|---|
| Dependent Variable：BOND | | | | |
| Method：Least Squares | | | | |
| Sample：1992—2015 | | | | |
| Included observations：24 | | | | |
| Variable | Coefficient | Std. Error | t－Statistic | Prob. |
| C | 11.7602 | 4.186988 | 2.808738 | 0.0102 |
| INTERNAL | －0.1523 | 0.08747 | －1.7413 | 0.0956 |
| R－squared | 0.1211 | Mean dependent var | | 4.6767 |
| Adjusted R－squared | 0.0812 | S.D. dependent var | | 5.0669 |
| S.E. of regression | 4.8569 | Akaike info criterion | | 6.0783 |
| Sumsquared resid | 518.9659 | Schwarz criterion | | 6.1765 |
| Log likelihood | －70.9399 | Hannan－Quinn criter. | | 6.1044 |
| F－statistic | 3.0321 | Durbin－Watson stat | | 0.4524 |
| Prob（F－statistic） | 0.0956 | | | |

由上述检验结果可以看出，假说 8、假说 9、假说 10 在我国的适用性均不显著。

## （四）股票融资水平：是否受股市发展水平驱动？

在对我国股票融资进行研究时，我们发现，尽管股票融资的规模在不断扩大，但股票净融资占比却呈现横向波动的特征。这意味着前述假说 11 在我国目前显然不适用。因此，我们这里将重点放在假说 12 的适用性上，即检验我国股票融资水平是否也难以受股票市场规模及金融结构因素的驱动。

运用 Eviews 和我国的股票净融资占比及相关数据对设定模型进行各种变换运算，结果显示，实体投资的对数、人均 GDP 的对数、股票市场市值与 GDP 比值、股票市值与金融体系流动负债比值等因子较显著。其中，由实体投资的对数以及股票市值与金融体系流动负债比值构建的模型效果最好。因此，我们将待检验的模型简化如下：

$$Share = C + \alpha Ln\ (Rlinv) + \beta MCLL + \varepsilon$$

对上述回归模型进行运算，结果见表 4－34。从表 4－34 中可见，F 值高度显著，模型中实体投资对数的系数在接近 5% 显著水平上为负，股票市值与金融体系流动负债比值系数高度显著为正，说明我国股票融资水平与实体投资增长速度有弱的负相关关系，即在实体投资增速下降的年份股票融资的作用相对上升，反之则相对下降，而股市规模的扩大则对股票融资水平有显著的促进作用。模型拟合效果尚可，$R^2$为0.41。D—W值为1.80，高于1%显著水平的$d_U$值，显示不存在自相关问题。

表4－34　　我国股票融资水平与驱动因子回归结果

| | | | | |
|---|---|---|---|---|
| Dependent Variable：SHARE | | | | |
| Method：Least Squares | | | | |
| Sample：1992—2015 | | | | |
| Includedobservations：24 | | | | |
| Variable | Coefficient | Std. Error | t－Statistic | Prob. |
| C | 11.40452 | 4.81554 | 2.368275 | 0.0275 |
| LOG（RLINV） | －1.02461 | 0.499338 | －2.05194 | 0.0529 |
| MCLL | 0.139328 | 0.037083 | 3.757227 | 0.0012 |
| R－squared | 0.405978 | Mean dependent var | | 3.809167 |
| AdjustedR－squared | 0.349405 | S.D. dependent var | | 2.271201 |
| S.E. of regression | 1.831939 | Akaike info criterion | | 4.165096 |
| Sum squared resid | 70.47604 | Schwarz criterion | | 4.312353 |
| Log likelihood | －46.98115 | Hannan－Quinn criter. | | 4.204163 |
| F－statistic | 7.176119 | Durbin－Watson stat | | 1.796715 |
| Prob（F－statistic） | 0.004216 | | | |

对于我国股票净融资占比与债券净融资占比的相关性进行简单的回归分析，结果显示，两者不存在显著的相关关系。但对于我国的股票净融资占比与内源净融资占比的相关性，简单的回归分析却显示，两者存在高度显著的正相关关系，参见表4－35。

表4－35　　我国股票融资水平与内源融资水平回归结果

| | | | | |
|---|---|---|---|---|
| Dependent Variable：SHARE | | | | |
| Method：Least Squares | | | | |
| Sample：1992—2015 | | | | |
| Included observations：24 | | | | |

续表

| Variable | Coefficient | Std. Error | t - Statistic | Prob. |
|---|---|---|---|---|
| INTERNAL | 0.0825 | 0.008567 | 9.626503 | 0.0000 |
| R - squared | 0.2175 | Mean dependent var | | 3.8092 |
| Adjusted R - squared | 0.2175 | S. D. dependent var | | 2.2712 |
| S. E. of regression | 2.0091 | Akaike info criterion | | 4.2740 |
| Sum squared resid | 92.8347 | Schwarz criterion | | 4.3231 |
| Log likelihood | -50.2877 | Hannan - Quinn criter. | | 4.2870 |
| Durbin - Watson stat | 1.5146 | | | |

由上述检验结果可以看出，假说12在我国显著不适用。我国股票融资水平既受股票市值与金融体系流动负债比值因子驱动，也受股票市值与GDP比值因子驱动。只是我国的这两个驱动因子高度相关，所以，在检验模型中不能同时出现。

## 四、总体结论

以上分析显示，我国融资结构的演化机理既遵循国际样本国家表现出的一些共性规律，又有自己的独特性。总体来看，有以下几点认识：

1. 尽管经济发展水平的驱动作用不太显著，但内源融资水平不断上升却具有一般规律性，我国大体上也遵循这一规律。不过，与其他样本国家不同的是，我国内源融资水平上升稳定性稍差，存在中长期的波动性。

2. 内源融资水平与实体投资代表的经济景气密切负相关，这是发达国家样本显示出一种规律，但在发展中国家国际样本中不显著。我国的情况介于两者之间，即直观表现似乎不太明显，但模型检验却显示这一规律在我国也适用。

3. 银行融资水平存在着长期下降趋势，这也是发达国家样本显示出一种规律，但在发展中国家国际样本中同样不显著。我国则遵循这一规律。不同的是，发达国家的这种趋势与经济发展水平没有显著的关联度，而在我国则与经济发展水平有着显著负相关。

4. 银行融资水平与实体投资代表的经济景气密切正相关，这同样是发达国家样本显示出一种规律，但在发展中国家国际样本中依然不显著。我国的情况也介于两者之间，即直观表现似乎不太明显，但模型检验却显示这一规律在我国也适用。

5. 银行融资水平与内源融资水平密切负相关，是所有国际样本国家表现出的规律，我国也不例外。

6. 银行体系的发展规模对于其融资水平作用有限，仅德国一国显示其有显著正相关关系。

7. 在大部分国际样本国家中，银行体系发展规模均未表现出对银行融资水平显著的促进作用。然而，这种规模上扩大在我国则通过金融结构因子间接显示出正向作用。

8. 债券融资水平的驱动因子较复杂，证券市场发展水平只在部分样本国家起到了显著作用。在我国，这一作用则不显著，影响我国债券融资水平变化的决定因素是制度性变革。

9. 债券融资水平的波动与反映经济景气度的因子有一定的关联，大多数样本国家检验均将这种因子指向了经济增长速度，我国的检验则指向了实体投资的增长速度。不过，因子作用的方向不确定则是一致的。

10. 债券融资水平与银行融资水平在部分国家存在着高度负线性相关。这一点在我国也不适用。但我国的债券融资水平与内源融资水平却存在着弱的负相关关系。

11. 股票融资水平的驱动因子更为复杂，在各国的表现出的差异性远大于一致性。较有共性的一点是，股票市场发展水平对股票融资水平起到了一点作用。在我国，这一作用则非常显著。

12. 尽管在各个样本国家具体的表现形式不一样，股票融资的短期波动还是和短期经济驱动因子显著相关。在我国，这一因子则指向了实体投资的增长率。比较独特的是，我国的股票融资水平还与内源融资水平存在高度显著的正相关关系。

# 第五章 我国融资结构的优化研究

在前几章中，我们已对我国融资结构的演化及其机理进行了深入的分析。本章将首先对我国融资结构的现状进行评估，然后在此基础上提出我国融资结构优化的路径及相关政策建议。

## 一、对我国融资结构现状的评估

依据银行部门与金融市场的相对重要性，金融结构理论将金融体系区分出市场主导性（market - based）和银行主导型（bank - based）两个典型类型。传统上，前者代表性国家是美国和英国，后者代表性国家则是德国和日本。不过，这种区分原先主要是从金融市场与银行体系的规模角度入手的。代表金融市场规模一个常见的指标是股票市值，而代表银行体系规模的一个常见的较宽泛指标则是金融体系流动负债，即 M3。很自然，我们可以用两者的比值来测度一国的金融结构。表 5 - 1 是美国、英国、德国、日本以及印度和我国这一指标值的对比。可见，在 2008 年金融危机之前，英国在绝大多数年份的这一指标值都超过了 100%。也就是说，即使不考虑债券市场的规模，单纯的股票市值就已超过了以 M3 来衡量的银行体系规模。美国的股票市值与金融体系流动负债比值则是在 20 世纪 90 年代开始突破 100%，并不断攀升，不少年份甚至超过了 200%。对比之下，1975—2016 年，德国和日本的这一指标值则很低，很少超过 50%，早期甚至只有 20% 左右的水平。即使到了 2015—2016 年时，这两国这一指标值也仅在 50% 水平左右。美英与德日在金融市场与银行体系相对规模上的这种巨大反差，是它们分别被视为市场主导型和银行主导型国家的主要缘由。一个与此相关的观念由此产生：市场主导型国家的企业融资主要来源于金融市场，即依赖直接融资，银行主导型国家的企业融资主要来源于银行体系，即依赖间接融资。

表 5-1 股票市值与金融体系流动负债比值的国际比较（1975—2016 年） （单位：%）

| | 中国 | 美国 | 英国 | 德国 | 日本 | 印度 |
|---|---|---|---|---|---|---|
| 1975 | — | 60.04 | 89.31 | 20.36 | 22.73 | — |
| 1976 | — | 63.37 | 91.78 | 19.68 | 22.99 | — |
| 1977 | — | 61.94 | 110.62 | 19.78 | 12.76 | — |
| 1978 | — | 54.73 | 127.50 | 20.09 | 2.39 | — |
| 1979 | — | 54.02 | 72.40 | 18.37 | 11.30 | — |
| 1980 | — | 67.90 | 21.59 | 15.35 | 21.91 | — |
| 1981 | — | 62.54 | 62.95 | 14.45 | 23.74 | — |
| 1982 | — | 58.17 | 103.26 | 15.59 | 23.65 | — |
| 1983 | — | 63.95 | 116.53 | 18.05 | 25.76 | — |
| 1984 | — | 60.67 | 131.57 | 19.70 | 28.82 | — |
| 1985 | — | 62.64 | 163.25 | 31.85 | 35.95 | — |
| 1986 | — | 71.52 | 184.72 | 43.55 | 45.82 | — |
| 1987 | — | 70.33 | 143.59 | 36.32 | 54.94 | — |
| 1988 | — | 69.82 | 111.76 | 30.16 | 63.70 | — |
| 1989 | — | 76.29 | 103.46 | 38.71 | 71.02 | 20.22 |
| 1990 | — | 77.37 | 98.24 | 39.04 | 61.83 | 25.04 |
| 1991 | — | 84.57 | 98.34 | 32.92 | 47.52 | 34.73 |
| 1992 | 3.10 | 100.98 | 121.06 | 29.25 | 37.97 | 46.13 |
| 1993 | 7.94 | 113.36 | 168.48 | 29.32 | 32.39 | 65.17 |
| 1994 | 9.47 | 119.74 | 183.59 | 34.17 | 35.27 | 81.74 |
| 1995 | 7.10 | 134.23 | 168.80 | 35.12 | 34.36 | 83.02 |
| 1996 | 9.67 | 159.64 | 175.61 | 36.98 | 31.23 | 75.25 |
| 1997 | 15.95 | 184.55 | 177.70 | 46.87 | 26.20 | 67.34 |
| 1998 | 18.47 | 208.76 | 162.37 | 62.24 | 24.63 | 57.98 |
| 1999 | 20.75 | 222.80 | 175.83 | 65.78 | 34.64 | 65.98 |
| 2000 | 29.86 | 221.15 | 179.31 | 65.50 | 34.73 | 67.76 |
| 2001 | 31.68 | 213.23 | 147.81 | 92.90 | 27.61 | 48.23 |
| 2002 | 24.94 | 184.46 | 118.29 | 67.06 | 26.62 | 40.05 |
| 2003 | 21.71 | 176.41 | 109.65 | 55.75 | 29.80 | 78.19 |
| 2004 | 17.66 | 200.05 | 110.89 | 61.40 | 35.82 | 81.48 |
| 2005 | 13.47 | 201.68 | 105.50 | 59.38 | 43.59 | 97.09 |

续表

| | 中国 | 美国 | 英国 | 德国 | 日本 | 印度 |
|---|---|---|---|---|---|---|
| 2006 | 19.82 | 202.71 | 107.35 | 66.23 | 51.01 | 119.85 |
| 2007 | 57.07 | 200.48 | 99.51 | 76.91 | 51.06 | 175.63 |
| 2008 | 53.10 | 149.40 | 63.20 | 57.11 | 40.41 | 139.32 |
| 2009 | 33.90 | 126.40 | 56.90 | 40.53 | 31.37 | 99.83 |
| 2010 | 38.49 | 158.73 | 74.77 | 47.54 | 32.55 | 128.18 |
| 2011 | 31.17 | 156.92 | 75.23 | 43.48 | 29.62 | 96.52 |
| 2012 | 24.90 | 152.88 | 75.00 | 42.28 | 26.10 | 79.97 |
| 2013 | 23.05 | 180.80 | — | 52.43 | 33.63 | 84.05 |
| 2014 | 26.38 | 203.60 | — | 53.53 | 41.03 | 88.40 |
| 2015 | 34.00 | 198.26 | — | 51.93 | 46.37 | 94.61 |
| 2016 | 34.01 | 192.13 | — | 52.78 | 48.24 | 91.56 |

资料来源：根据世界银行相关数据计算。

然而，如我们在第一章指出的那样，尽管有关金融结构的测度已提出很多方法，但缺乏直接从融资的角度进行测度的方法。直到净融资法提出后，这一困境才被突破。Mayer（1988）运用净融资法对英国、美国、德国、日本、法国等5国1970—1985年融资结构进行了测度，Mayer（1990）则测度英国、美国、德国、日本、法国以及加拿大、意大利、芬兰等8国1970—1985年的融资结构；Corbett和Jenkinson（1996）测度了英国、美国、德国、日本等4国1970—1989年的融资结构，Corbett和Jenkinson（1997）则将对这四国的融资结构测度延伸到了1994年。这些研究揭示了将由金融市场与银行体系相对规模衡量出的金融结构特征延伸到融资结构，存在着很大的误区。例如，根据Mayer（1990）测度，1970—1985年，英国企业部门直接净融资占比为-4.4%，银行净融资占比为7.6%，直接融资水平远低于间接融资的水平。

我们在前面的国际比较研究中，将对英国、美国、德国、日本等4国融资结构测度大幅扩展到2016年，将对美国和日本融资结构的测度分别追溯扩展至1952年和1964年。这使得我们可以在较长的时期中来考察金融结构与融资结构的差异性，从而大大深化了对这一问题的认识。

先看日本情况。作为传统的银行主导型代表性国家，日本在1994年之前，确实呈现出了银行净融资水平显著超过了市场净融资水平的格局（见图

5－1)。也就是说，融资结构和规模类金融结构表现出的特征是一致的。但在1994年之后，尽管市场净融资也下降到很低的水平，但银行净融资水平则更低，融资结构与规模类金融结构已背离，即从规模类金融结构指标来看，日本仍属于银行主导型国家，但从融资结构的角度看，不但日本的银行融资水平已低于市场融资的水平，而且两者的水平都很低，其金融体系逐渐走向了高度内源融资依赖型。

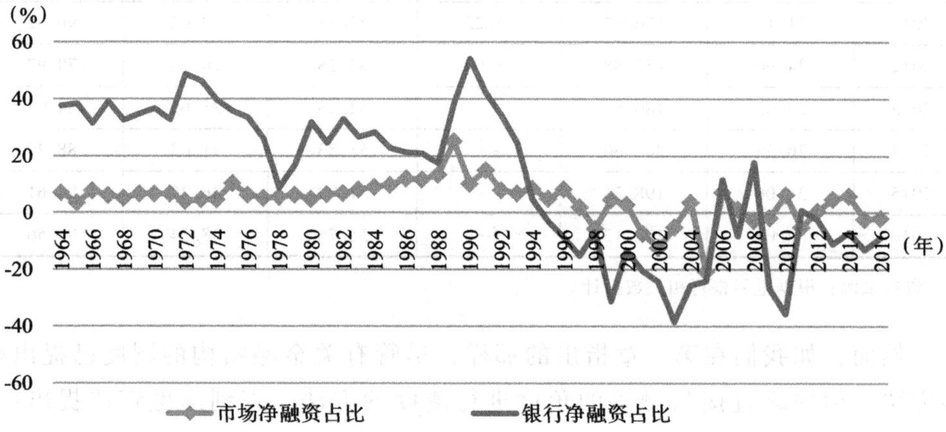


**图5－1　日本直接融资与间接融资对比（1964—2016年）**

资料来源：根据日本内阁府、日本银行相关数据计算。

再看美国情况。美国是传统的市场主导型代表性国家。在20世纪70年代中期之前以及90年代初期，美国的市场净融资水平整体上超过了银行净融资水平（见图5－2)，但超出幅度很小，不像日本的银行融资水平在1994年之前超出市场融资水平的幅度那样大。实际上，在20世纪70年代中期之前，美国规模类金融结构指标所显示出来的市场主导型特征并不很突出。90年之后，美国规模类金融结构指标所显示出来的市场主导型特征才越来越突出。然而，在20世纪90年代中期之后，美国市场融资水平整体上是低于银行融资水平的。也就是说，美国的融资结构与规模类金融结构总体上吻合度很差，20世纪90年代中期后则严重背离。不过，如果将债券融资从市场融资中分离出来单独加以考察，我们会发现，美国的债券融资水平在20世纪90年代后总体上是高于银行融资水平的（见图5－3)。类似的特征也出现在英国。对比之下，日本的债券融资水平在1994年之后也随银行融资水平一道下降到很低的水平（见图5－4)，并没表现出传统市场主导型国家的上述特征。德国的情况也类似。因此，在发达国家都转向高度内源融资依赖型后，高水平的债券融资成为传统的市场主导型代表型国家的突出特征，传统的银行主导型国家则不具备这一特征。

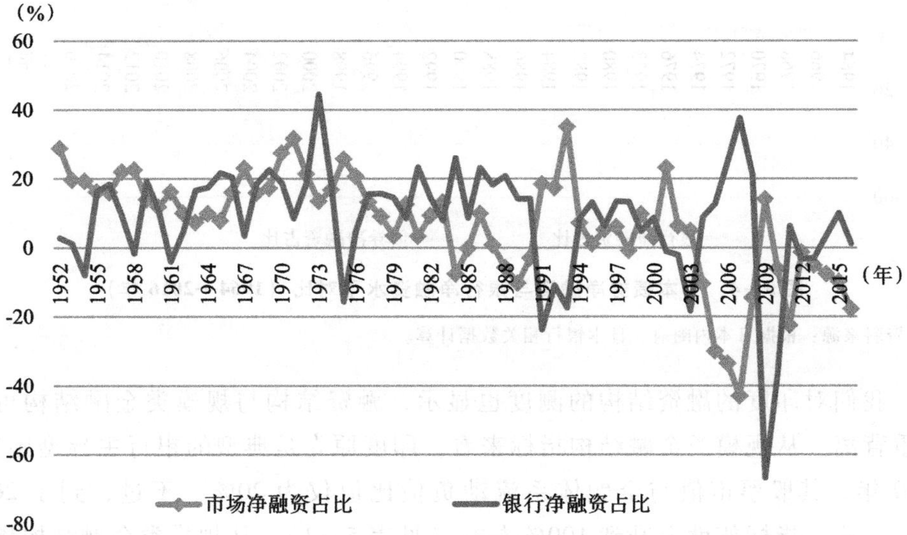


图 5-2　美国直接融资与间接融资对比（1952—2016 年）

资料来源：根据美联储相关数据计算。

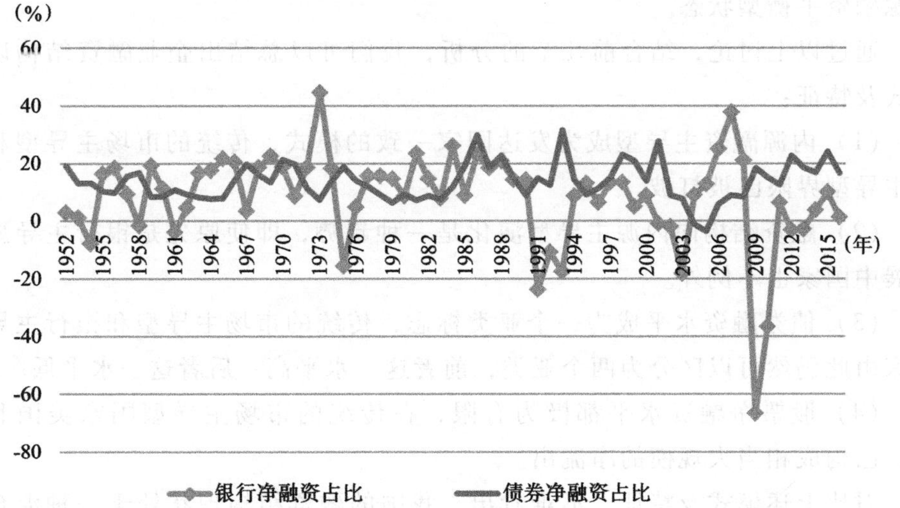


图 5-3　美国债券净融资与银行净融资水平对比（1952—2016 年）

资料来源：根据美联储相关数据计算。

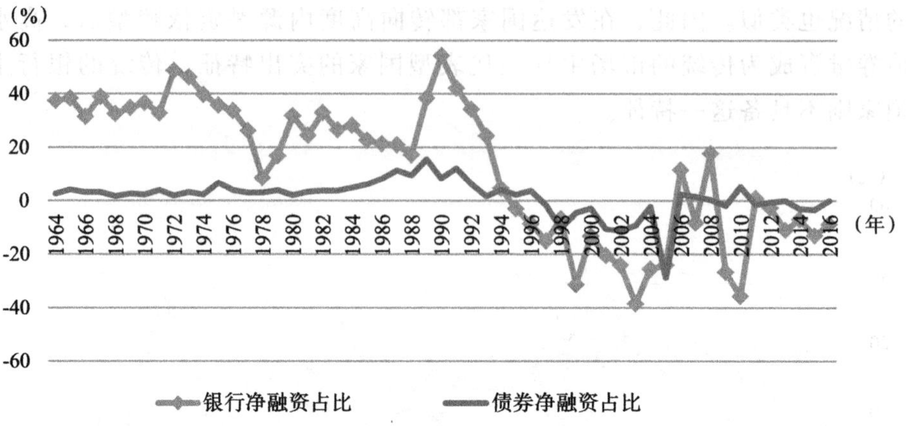


**图 5-4　日本债券净融资与银行净融资水平对比（1964—2016 年）**

资料来源：根据日本内阁府、日本银行相关数据计算。

我们对印度的融资结构的测度也显示，融资结构与规模类金融结构可以严重背离。从规模类金融结构指标来看，印度原先是典型的银行主导型国家。1989 年，其股票市值与金融体系流动负债比值仅为 20%。不过，到了 2005 年后，这一指标值就上升到 100% 左右（见表 5-1）。从规模类金融结构指标来看，印度此时已属于市场主导型国家。然而，从融资结构来看，同期印度的银行融资水平则远远超过市场融资水平，其格局处于银行主导型或银行与内源融资平衡型状态。

通过以上讨论，结合前几章的分析，我们可以总结出企业融资结构以下模式及特征：

（1）内源融资主导型成为发达国家一致的模式，传统的市场主导型和银行主导型界限已被打破。

（2）融资结构向内源主导型演化是一种趋势，即使原先是银行主导型的发展中国家也不例外。

（3）债券融资水平成为一个亚类标志，传统的市场主导型和银行主导型国家由此仍然可以区分为两个亚类，前者这一水平高，后者这一水平低。

（4）股票净融资水平都极为有限，在传统的市场主导型国家美国和英国，已构成相当大规模的净流出。

对比上述模式及特征，不难看出，我国的融资结构现状处于一种混合状态。一方面，债券融资水平与传统的市场主导型国家相仿；另一方面，银行融资水平远高于传统的银行主导型国家，与转型中的原先银行主导型国家更相仿，即兼具市场主导型和转型中银行主导型的国家双重特征，而最大的差异则体现在内源融资水平上。

以最近的2011—2015年为考察期，我们可以对我国融资结构的现状做出如下的评估：

（1）内源融资水平很低，不仅远低于发达国家，也大幅低于印度（见图5-5），成为我国各种融资方式中最大的短板。2011—2015年，我国内源净融资平均占比为38.41%，而美国、英国、德国、日本的同期[①]平均内源净融资占比分别为116.56%、92.46%、118.36%、130.31%，我国内源净融资水平下只相当于美国的33%、英国的42%、德国的32%和日本的29%。对比期内，印度的内源净融资平均占比为61.28%，相当于我国的1.6倍。

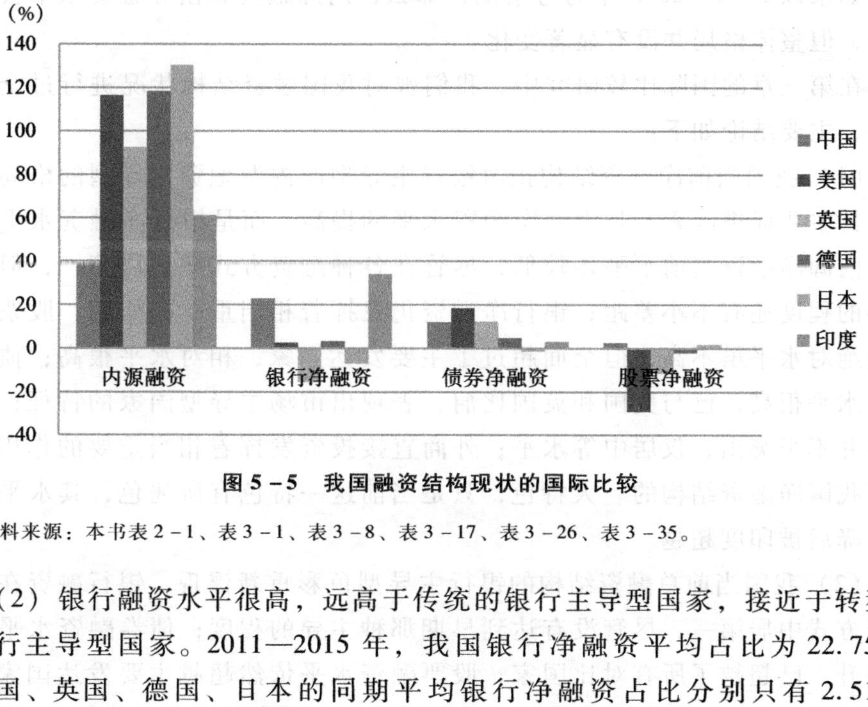


**图5-5　我国融资结构现状的国际比较**

资料来源：本书表2-1、表3-1、表3-8、表3-17、表3-26、表3-35。

（2）银行融资水平很高，远高于传统的银行主导型国家，接近于转型中的银行主导型国家。2011—2015年，我国银行净融资平均占比为22.75%，而美国、英国、德国、日本的同期平均银行净融资占比分别只有2.51%、-15.44%、3.21%、-6.96%，美国和德国的银行净融资水平只有我国的1/8和1/7左右，英国和日本的银行净融资则为负值。对比期内，印度的内源净融资平均占比在该期为33.99%，约相当于我国的1.5倍，但若考虑到影

① 这里与以前各章分析保持一致，发达国家的对比期为2011—2016年，印度为2012财年—2016财年。

子银行的作用，我国银行净融资水平可能会超过印度。

(3) 债券融资水平非常高，与传统市场主导型国家接近，远高于传统的和转型中的银行主导型国家。2011—2015 年，我国债券净融资平均占比为 12.07%，而美国、英国、德国、日本的同期平均债券净融资占比分别为 18.55%、12.28%、4.67%、-1.42%，印度为 2.97%，我国债券净融资水平大幅超越德国、日本和印度，与英国已接近，与美国的差距已较小。

(4) 股票融资的总体水平虽不高，但相对水平很高，高于所有对比国家。2011—2015 年，我国股票净融资平均占比为 2.56%，而美国、英国、德国、日本的同期平均股票净融资占比分别为 -29.26%、-11.36%、-1.99%、1.69%。

如果以 2014—2015 年为考察期，那么，内源融资和债券融资水平会有所提升，但整体格局并没有显著变化。

在第三章的国际比较研究中，我们曾对我国融资结构状况进行过全面的分析，主要结论如下：

(1) 我国当前净融资结构正由银行主导型向内源融资主导型的格局转变中，其主要促进因素不是内源净融资水平的提高，而是银行净融资水平的下降，内源净融资当前水平还较低，尽管在各种融资方式中位居第一，但距离主导的程度还有不小差距；银行净融资仍发挥着相当重要的作用；股票净融资的绝对水平虽不高，但全面超过了主要发达国家，相对水平很高；债券净融资水平很高，已与美国和英国比肩，表现出市场主导型国家的特征；资本转移并不很突出，仅居中等水平；外商直接投资发挥着相当重要的作用，构成了我国净融资结构的一大特色，只是当前这一特色有所褪色，其水平在逐步下降后被印度超越。

(2) 我国当前总融资结构的银行主导型色彩重新浮现，银行融资在各种融资方式中居第一，尽管没有达到早期那种主导的程度；债券融资水平进一步提升，已超越了所有对比国家；股票融资水平依然超越主要发达国家；外商直接投资仍发挥着较重要的作用，但其水平已被印度和美国超越。

(3) 我国银行部门的融资效率很低，不仅与那些效率高的发达国家差距很大，与印度的差距也很大，还低于那些效率较低的发达国家。

(4) 我国当前直接净融资水平很高，即使在发达国家历史上也极少出现这样的高水平，而我国当前的直接总融资水平也相当高。在中长期融资上，我国的直接融资水平相对更高，已稳定地超越了间接融资。

(5) 我国当前的债务净融资水平很高，远远超过了美国等四个发达国家，债务融资已没有多少进一步提升的空间。

以上结论与本节前文分析所得出的结论基本一致，只是提示了两个另外的问题：一个是银行融资效率，另一个是外商直接投资作用。

## 二、我国融资结构优化路径

基于以上对我国融资结构现状的评估，就优化融资结构，提出如下几个重要路径：(1) 大力提升内源融资水平，走出“去杠杆”的新路子；(2) 着力提高银行融资的效率，破除资金空转，不断强化脱虚向实；(3) 夯实基础，优化债券融资的结构，适度发展长期债券，稳妥推进品种创新；(4) 加强制度建设，全面提高股票融资的使用效率；(5) 继续发挥外商直接投资的积极作用。

### (一) 大力提升内源融资水平，走出“去杠杆”的新路子

如前所述，我国内源融资水平很低，不仅与发达国家差距巨大，与印度的差距也较大，已成为各种融资方式中最大的短板。因此，优化我国融资结构首要的路径就是要大力提升我国内源融资的水平。

从历史演化的角度来看，我国内源融资水平存在着中长期波动，目前的净融资占比几乎又回到了1992—1995年的水平。这一水平在发达国家历史上都难以找到对照期，仅日本在1971—1975年的内源净融资占比与此较接近，而这是日本1964—2016年各期限内源融资平均水平中最低值。从印度内源融资演化来看，我国目前的内源净融资占比也仅略高于其1995—2000年的平均水平。

在前面的分析中，我们也指出内源融资主导型已成为发达国家一致的模式，融资结构向内源主导型演化是一种普遍的趋势。以往的一些研究对此曾存在着不同的认识。Singh (2001) 认为，在发展中国家，金融体系不发达，所以企业首先依赖内源融资。由此可以推断，发展中国家企业应该偏重内源融资，其原因在于外部融资存在约束。但是他的实证结果却显示，新兴市场国家对外部融资依赖较重。Corbett (2010) 指出，以往的文献有两个完全不同的结论：一个是新兴市场国家对内源融资和股权融资较发达国家依赖程度高，另一个则相反，认为新兴市场国家尤其是东亚，高度依赖债务融资，从

而高杠杆，因为企业部门利润低，留存收益也低。前述两个观点差异主要源于使用的数据不同，一个是企业层面数据，另一个是宏观数据。换句话说，从国民账户出发进行研究，发展中国家内源融资水平应该较低，其原因在于企业留存收益水平低。我们对印度和我国融资结构的测度都佐证了这一点。

Suzuki 和 Cobham（2005）曾怀疑日本转向内源融资主导型的持续性。他们认为，从表面看，日本非金融企业的融资结构与美、英两国的殊途同归了，两者之间其实有很大不同，日本 20 世纪 90 年代内源融资上升和银行融资下降是以下因素共同作用的一个结果：（1）与 90 年资产价格泡沫破灭和 1997—1998 年银行危机相关的银行贷款意愿的波动；（2）为应对泡沫期资本过度积累以及此后持续的萧条和银行还款压力、企业投资计划的削减，日本按 1995 年不变价计的实物投资在 20 世纪 90 年代中期后显著下降；（3）在外部融资困难的情况下企业内源融资的提升。换句话讲，他们认为，日本企业融资结构在 20 世纪 90 年代后的这种变化只是反映了日本经历的经济状况的特殊性，即资本市场在泡沫过后陷入萧条和不景气，银行不良贷款大幅上升，并不表明金融体系发生了根本性和不可逆转的变化。然而，我们的测度则打破了这一怀疑。十几年后，日本的内源融资主导型特征不但没逆转，反而在强化。此外，德国没有经历过日本类似危机和“失落的二十年”，但其融资结构同样转向内源主导型。

从理论上来说，内源融资主导型成为趋势有很坚实的基础，非常符合优序融资理论（Pecking Order Theory）。

研究表明，在融资方式选择上，信息不对称因素起着非常重要的作用。在不对称信息下，企业管理层比市场或外部投资者更清楚投资项目的实际价值。如果项目的获利能力高，净现值为正，管理层为维护原有股东的利益，在融资方式上就会优先考虑内源融资。如果确实需要外部融资，则会更愿意通过债务融资，而不太愿意考虑发行新股，以免有新的股东来分享投资收益。基于这样的分析，Myers（1984）以及 Myers 和 Majluf（1984）提出了优序融资理论，认为企业会尽量避免通过发行普通股或其他风险证券来为投资项目融资，只有在确保安全的情况下，才会以外部融资来解决部分资金需求，而且会从发行风险较低的证券开始。

有关交易成本和道德风险的分析也在一定程度上对于优序融资理论予以支持。一般而言，债务融资的交易成本要低于股权融资，考虑监督成本和企业更愿意在私下场合而不是公开场合传递真实信息，就更是如此。股权融资还比债权融资更容易出现道德风险。股权融资具有不可逆性，对企业而言，没有支付压力，企业管理层在使用这些资金时往往具有随意性，资金的效率不高。相比之下，债务融资具有硬约束作用，到期必须还本付息，从而可以起到防止企业管理层浪费资源、促使其努力工作的作用。

总体上看，内源融资主导型成为趋势不仅是实证上的发现，也符合内在规律。在前面的分析中，我们也指出，尽管有中长期波动，我国也存在这一趋势。因此，大力提升我国内源融资水平，是优化我国融资结构的合理举措。当前，我国正深化供给侧结构性改革，坚持去产能、去库存、去杠杆、降成本、补短板，是其中重要的内容。提升内源融资水平，则为去杠杆提供了一条新路径，意义重大。

我国企业部门存在一个矛盾的突出现象：一方面融资难，另一方面杠杆高。内源融资水平低恰好为此提供了解释。正是因为自身积累不足，所以企业对外部融资高度依赖，并导致融资难和高杠杆。以往，去杠杆的主要方向是降低企业债务，加大股权融资。这仍遵循着企业对外部融资高度依赖的传统路子。其中，加大股权融资将要面对的困境，我们后面再讨论，而降低企业债务会涉及企业缩表，产生紧缩效应，从而冲击宏观经济。走提高内源融资水平的路子，不仅符合融资规律，也不会产生由企业缩表引发的紧缩效应。

从国际比较的角度看，我国内源融资水平提升潜力很大。假设可以提升到与印度相同的水平，那么，我国内源净融资占比可提高约 22 个百分点，几乎与当前我国银行净融资占比相等，由此将对去杠杆产生巨大的作用。

### （二）着力提高银行融资的效率，破除资金空转，不断强化脱虚向实

在前面我们已指出，我国当前的银行融资水平很高，远高于传统的银行主导型国家，接近于印度。若考虑到影子银行的作用，我国银行净融资水平可能会超过印度。在第二章中，我们对我国的影子银行融资规模进行了估算。2014 年和 2015 年，这一数值分别为 33 733 亿元、30 267 亿元，分别占当年实体投资的 18.46%、15.72%。如果将其加到银行净融资占比中，则我国银行净融资占比将接近 40%，超过印度的水平。至于银行总融资水平，即使不考虑影子银行的影响，我国也超过了印度，更远远超过了其他发达国家。

我们还指出，银行融资水平逐步下降是一种趋势，我国也遵循这一规律。结合当前的现状，可以断言，银行融资水平并不存在提升的空间，逐步下降反而是合理的趋势。不过，我们设计的银行融资效率指标在前面揭示了我国

银行体系融资存在效率不足问题。因此，优化我国融资结构的一条合理路径是着力提升我国银行体系的融资效率。

银行融资效率指标为银行净融资与银行总融资的比值。该值越大，表明在同样的贷款活动水平上，银行部门对实体投资的贡献越大；反之，该指标值越小，代表着企业部门一边从银行体系取得贷款，另一边又在银行有大量的存款，银行部门越有陷入资金空转的嫌疑。

在第三章国际对比分析中，我们指出了我国银行净融资效率较低的两个特征：一个是平均值低，另一个是高指标值年份占比很低。我国银行部门的融资效率不仅与美国和德国这样的效率高的国家差距很大，只有这两国一半不到，也低于效率较低的英国和日本。在指标值的分布上，我国银行部门融资效率指标高于0.5的年份仅占25%，与发达国家中这一数值最低的英国，差距也巨大。美国的指标值高于0.5的年份占比达到了81.48%，英国为47.06%，日本为69.23%，德国为68.42%。即使与印度相比，我国银行部门融资效率低的特征同样很显著。印度银行部门融资效率指标平均值为我国的1倍，指标值高于0.5的年份占比达78.95%，在可比年份中的指标值基本上都超过了我国（见图5-6）。

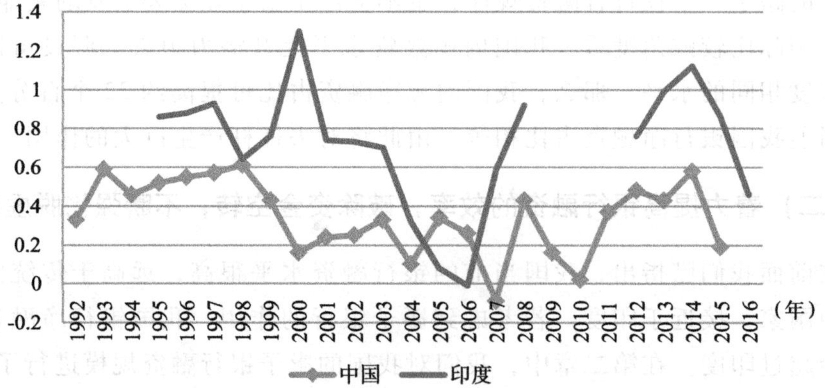


**图5-6 我国银行融资效率与印度对比**

资料来源：本书图2-35、表3-39。

我国银行部门长期融资效率相对较高，显著高于银行部门融资效率。但从演化上来看，银行部门长期融资效率指标值呈现明显的逐步下降趋势，目前已下降到与银行融资效率指标值差不多的水平。

因此，我国银行部门近年来资金空转的倾向越来越高，无论是总的融资效率，还是中长期融资效率，都亟待提升。提高银行体系融资效率，需要从制度上找到原因，强化企业对自有资金和银行贷款的使用效率。2014—2015年，我国银行融资效率和长期融资效率平均指标值分别为0.39、0.43，即企业部门的每1元贷款和长期贷款分别只有0.39元和0.43元流向了实体投资，其余的则被其存款和定期存款增加所抵消。如果能将融资效率提高50%，那么在银行总融资水平保持不变的情况下，流向实体投资的资金也会增加50%。即便如此，我国银行部门融资效率的指标值仍低于印度。提升这种效率也为未来在银行总融资水平下降的情况下保持银行部门流向实体投资的融资水平打开了空间。

### （三）夯实基础，优化债券融资的结构，适度发展长期债券，稳妥推进品种创新

如前所述，我国债券融资水平原先极低，在2005年后开始快速上升，仅经过十年多的时间，就达到了很高的水平。2011—2015年，我国债券净融资平均占比为12.07%，已逼近发达国家中债券净融资水平最高的美国和英国，更大幅地超越了德国、日本和印度。如果仅看2014—2015年，我国债券融资水平会更高，债券净融资平均占比上升到14.19%。而美国2011—2016年债券净融资平均占比为18.55%，这是其历史上各期间中最高水平。英国债券净融资平均占比最高值出现在1996—2000年，为18.69%。可见，我国企业部门债券融资水平提升的空间已极为有限。

在快速发展的同时，我国债券市场的问题也逐渐积累，如市场的分割、市场主体行为不规范、市场风险的加大等，开始制约着债券市场的进一步发展。事实上，自“11超日债”[①] 在2014年无法按期全额支付利息后，以往的债券刚性兑付被打破，我国债券市场违约事件开始不断爆发，其发展的步伐明显受到影响。根据Wind的数据统计，2017年，我国企业部门发行的各类债券总额为67 020亿元，较上年下降了27%。因此，对企业部门的债券融资来说，当前首要的优化路径就是要夯实债券市场发展基础，尤其是要健全、完善相关制度，着力解决市场分割、市场主体行为不规范等根本性的制约因素。

---

① 中小板上市公司——上海超日太阳能科技股份有限公司于2012年3月发行的公司债券，发行总额10亿元。

优化债券融资的结构也是一条可行的路径。在第二章的分析中，我们指出了我国中长期债券净融资水平没有债券净融资总体水平提升的幅度大。这说明我国中长期债券的发展相对滞后。以2016年情况来说，短期融资券占我国企业部门债券发行总额的比例达36.64%（见图5-7）。如果剔除短期债券的影响，我国中长期债券融资水平还有一定的提升空间。

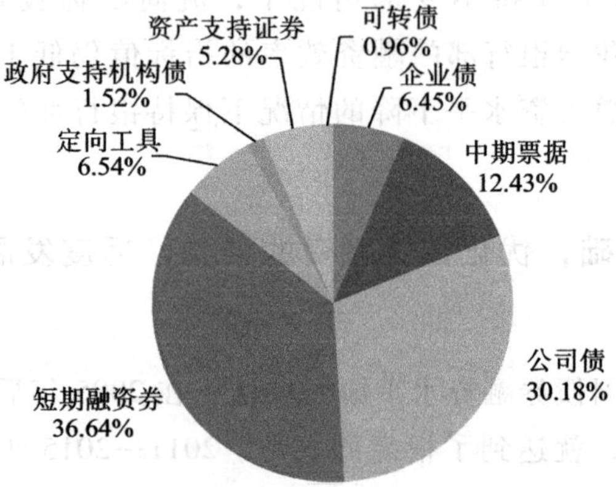


**图5-7 我国企业部门各类债券发行结构（2016）**

资料来源：Wind。

进一步地，从发行期限来看，成熟市场公司债券的期限一般较长，以20—30年期为主体。相比之下，我国企业部门的债券期限明显地偏短，期限结构优化空间较大。2017年，我国企业部门主要的中长期债券品种中，公司债券的发行期限主要在5年及以下，3年（含）以下的债券发行额占发行总额的32.5%，3~5年（含）的债券发行额占60.69%，5~10年（含）的债券发行额占6.58%，10年以上的债券发行额仅占0.23%；中期票据发行期限分布更偏向较短期品种，3年（含）以下的品种发行额占其发行总额达56.02%，3~5年（含）的品种发行额占41.66%，5~10年（含）的品种发行额占2.13%，10年以上的品种发行额仅占0.19%；企业债券的发行期限主要在5~10年（含）期，3年（含）以下的债券发行额仅占发行总额的0.40%，3~5年（含）的债券发行额占5.13%，5~10年（含）的债券发行额占93.01%，10年以上的债券发行额占1.46%。合计起来，3年（含）以下的品种发行额占中长期债券发行总额的37.44%，3~5年（含）的品种发行额占44.58%，5~10年（含）的品种发行额占17.58%，10年以上的品种发行额仅占0.40%（见表5-2）。可见，我国企业部门10年期以上债券极少，应适度发展，逐步完善我国债券融资的期限结构。长期债券具有资本性质，发展长期债券对“去杠杆”也有积极意义。

表 5－2　　我国企业部门中长期债券的发行期限结构（2017）

| 发行期限 | | 3 年（含）以下 | 3～5 年（含） | 5～10 年（含） | 10 年以上 |
|---|---|---|---|---|---|
| 公司债券 | 发行额（亿元） | 3 583.54 | 6 691.11 | 725.1 | 25 |
| | 占比（%） | 32.5 | 60.69 | 6.58 | 0.23 |
| 企业债券 | 发行额（亿元） | 15 | 191.4 | 3 470.05 | 54.54 |
| | 占比（%） | 0.4 | 5.13 | 93.01 | 1.46 |
| 中期票据 | 发行额（亿元） | 5 808.9 | 4 319.55 | 221 | 20 |
| | 占比（%） | 56.02 | 41.66 | 2.13 | 0.19 |
| 合计 | 发行额（亿元） | 9 407.44 | 11 202.06 | 4 416.15 | 99.54 |
| | 占比（%） | 37.44 | 44.58 | 17.58 | 0.4 |

资料来源：根据 Wind 相关数据计算。

此外，稳妥推进债券品种创新也是可行优化路径。基于“去杠杆”的背景，可积极开发带有权益性质的夹层融资工具，例如可转换票据等。对于那些在实践中已证明风险较高的品种则要谨慎发展，例如资产支持证券。其实，资产证券化有两种主要的实践模式：一种是美国模式，另一种是欧洲模式。次贷危机显示出，美国模式的证券化使得贷款机构可以把信用风险和利率风险全部转嫁给投资者，由此贷款发放的审慎性基础发生了动摇，从源头上埋下了系统性风险隐患。相比之下，欧洲模式的证券化则审慎得多，主要采取发行资产担保债券的形式，一方面将信用风险留给了放贷机构（激励其更谨慎放贷），另一方面又将利率风险让投资者来分担，解决了流动性不足问题。而我国在实践中则选择了走美国式资产证券化的路子，值得慎重思考。2016 年，我国企业部门资产支持证券融资占其债券融资总额的 5.28%，2017 年则上升到 12.11%，发展速度极快，所占的比重已相当高，应当要加以控制，可借鉴欧洲资产证券化模式，积极探索发行资产担保债券。

### （四）加强制度建设，全面提高股票融资的使用效率

在前面的分析中，我们指出了，尽管我国股票融资的绝对水平似乎不高，但是，从国际比较的角度来看，我国股票融资的相对水平并不低，最近的十年净融资水平已全面超越了主要发达国家，当前的总融资水平同样全面超越

了美国、英国、德国和日本。事实上，即使是美国和英国这样的传统上市场主导型国家，其股票融资水平在其巅峰期也极为有限。以为股票融资在市场主导型国家发挥了巨大作用是一个极大的误解。从国际经验来看，我国当前股票融资提升的空间已极为有限。

我们再以世界交易所联合会（WFE）的统计来看一下我国股票融资水平。将存量发行考虑在内，在较宽的口径上，2015 年，全球 IPO 融资额、再融资额以及合计股票融资额前十大证券交易所及其融资额参见表 5－3。从表 5－3 中可见，上海证券交易所当年 IPO 融资额为 176.95 亿美元，居全球第四，与居第二、第三的纽约交易所和伦敦交易所集团几乎持平，深圳证券交易所 IPO 融资额为 97.74 亿美元，居第八，紧随 Nasdaq（美国）；上海证券交易所当年的再融资额为 1 222.48 亿美元，居全球第一，深圳证券交易所再融资额为 984.3 亿美元，居第四；上海证券交易所当年合计的股票融资额为 1 399.43亿美元，居全球第二，超过了纽约交易所，深圳证券交易所合计的股票融资额为 1 082.04 亿美元，居第四，超过了 Nasdaq（美国）。而上海证券交易所当年股票市值只有纽约交易所的 1/4 左右，深圳证券交易所的市值只有 Nasdaq（美国）一半左右。可以说，沪、深证券交易所的融资规模都达到了极高水平。以沪、深证券交易所合计值来算，我国的股票融资规模超过了全球所有国家。这再次佐证了我国股票融资水平很高，进一步地提升则可能竭泽而渔，反而会使其融资水平下降。

**表 5－3　　全球十大证券交易所股票融资额（2015 年）**　　（单位：亿美元）

| 交易所名称 | IPO | 交易所名称 | 再融资 | 交易所名称 | 合计 |
|---|---|---|---|---|---|
| 香港交易所 | 339.43 | 上海证券交易所 | 1 222.48 | 香港交易所 | 1 439.21 |
| 纽约交易所 | 180.47 | 纽约交易所 | 1 173.54 | 上海证券交易所 | 1 399.43 |
| 伦敦交易所集团 | 177.23 | 香港交易所 | 1 099.79 | 纽约交易所 | 1 354.01 |
| 上海证券交易所 | 176.95 | 深圳证券交易所 | 984.3 | 深圳证券交易所 | 1 082.04 |
| 日本交易所集团 | 142.83 | 泛欧交易所 | 874.16 | 泛欧交易所 | 1 008.82 |
| 泛欧交易所 | 134.66 | Nasdaq（美国） | 639.82 | Nasdaq（美国） | 770.15 |
| Nasdaq（美国） | 130.33 | 瑞士证券交易所 | 523.66 | 伦敦交易所集团 | 589.13 |
| 深圳证券交易所 | 97.74 | 澳大利亚证券交易所 | 417.76 | 瑞士证券交易所 | 550.57 |
| 马德里证券交易所 | 89.42 | 伦敦交易所集团 | 411.9 | 澳大利亚证券交易所 | 498.98 |
| 澳大利亚证券交易所 | 81.22 | TMX Group | 391.59 | 马德里证券交易所 | 456.74 |

注：本表融资额均包含存量发行。

资料来源：WFE。

在融资规模巨大的同时，我国上市公司在资金募集与使用上存在着如下的严重问题：

第一，存在难以抑制的“圈钱饥渴症”。这一点主要表现在，上市公司不仅会用尽所有的融资机会，无论是增发、配股，还是可转债，充分使用每一次机会，使融资额达到最大，还会采取种种的合规的和不合规的手段去谋求这种机会。可以说，上市公司对融资机会的使用总是和政策管制所许可的最大值相等。Delcoure（2007）发现，在中东欧转型国家存在类似的现象，企业之所以偏好股权融资，是因为这种融资不需要偿还，似乎是免费的。

第二，滥用募集资金现象极为严重。这种滥用有两种情形：一种是属于道德风险范畴的，主要包括随意使用募集资金，将其投入到无效益的项目中，以及随意变更募集资金使用用途。许多上市公司罗列的投资项目只是圈钱的幌子，一旦募集资金到位，就变更用途，或补充流动资金，或存银行，或买国债，或归还银行贷款（袁国良，1999；陈华敏，2018）。

还有一种属于违规违法行为，主要包括大股东采取各种方式掏空上市公司。直接方式是占用上市公司的资金，间接的方式是让上市公司大量地按大股东的安排违规担保，最后形成呆坏账由上市公司去承担连带责任。还有就是实际控制人在掏空上市公司（甚至以上市公司为依托，骗取大量的银行贷款）后，卷款逃跑。上市公司董事长或实际控制人失踪，可以说是中国股市一个令人触目惊心的奇特景象，涉案资金动辄几亿元、几十亿元。很显然，在这种情形中，上市公司根本就不是一个正常企业，只不过是大股东或实际控制人圈钱的一个平台。

第三，募集总体使用效率低下。大量的实证研究表明，我国上市公司股票融资的绩效较差，尤其是再融资，上市公司普遍存在着在再融资后业绩下降的现象（李小军等，2015；刘广生、岳芳芳，2015；陈华敏，2018）。

综上所述，对于股票融资来说，优化的合理路径应该是加强制度建设，修炼好内功，全面提升募集资金使用效率，使宝贵的股权融资真正能服务实体经济的发展，而不是成为造富工具。

### （五）继续发挥外商直接投资的积极作用

在第二章我们已指出，外商直接投资在我国企业部门融资中发挥了非常重要的作用，构成了我国净融资结构的一大特色。1992—1995 年、1996—2000 年、2001—2005 年和 2006—2010 年，我国外商直接投资净融资平均占比分别为13.33%、16.02%、12.10%、7.28%，成为仅次于银行净融资的第二大外源融资方式，其净融资与银行净融资的比值分别为0.41、0.61、0.96、0.86。也就是说，就对企业部门的实体投资而言，外商直接投资的净贡献在这几个期间最高时几乎与银行融资相当，最低时也超过了其四成。

从融资总额水平来看，1992—1995年、1996—2000年、2001—2005年和2006—2010年，外商直接投资总融资平均占比分别为12.97%、12.68%、9.67%、6.91%。在前三个期间，外商直接投资均仅次于银行总融资，同样构成企业部门总融资的第二大外部来源，其融资总额与银行融资总额的比值分别为0.24、0.31、0.27。也就是说，即使按总额来计算，外商直接投资的融资额在这几个期间也达到银行融资的1/4。

从国际比较来看，我国外商直接投资水平也很高，其净融资平均占比大幅高于美国、英国、日本和印度，其总融资平均占比也超过了这四个国家。

但是，近年来，外商直接投资在我国发挥重要作用这一特色逐渐褪色。2011—2015年，我国外商直接投资净融资平均占比已下降为6.32%，总融资占比下降为6.36%（见表2-16）。虽然随着我国经济发展水平越来越高，对外投资规模也会越来越大，外商直接投资净融资占比下降是趋势，但总融资水平还是值得关注。2012年以来，我国外商直接投资总额增长几乎停滞。与此同时，作为发展中大国的印度，其外商直接投资水平已超过了我国，作为最大的发达国家，美国也吸引了越来越多的外商直接投资，其总融资占比也已显著地超过了我国。

习近平总书记指出："改革开放是决定当代中国命运的关键一招，也是决定实现'两个一百年'奋斗目标、实现中华民族伟大复兴的关键一招。"在我国当前的发展阶段，扩大对外开放，可以为我国的改革与发展注入新动力。继续发挥外商直接投资的积极作用，应该是融资结构优化的一个重要路径。

## 三、对优化我国融资结构的相关政策建议

根据以上对我国融资结构优化路径的分析，我们提出以下相关政策建议：（1）深化供给侧结构性改革，切实做强实体企业；（2）加大金融改革，建立有效的监管体系，提升银行业竞争度；（3）打破债券市场的分割状态，建立统一的债券市场监管体系；（4）走高质量发展证券市场的路子，正确处理好直接融资与间接融资的关系；（5）加强制度建设，建立有效的投资者损害赔

偿制度和严厉的违规违法行为惩处机制；（6）进一步完善公司治理结构，规范市场主体行为。

### （一）深化供给侧结构性改革，切实做强实体经济

如前所述，内源融资水平低是我国融资结构最大的短板。大力提升我国企业部门内源融资水平，是优化我国融资结构的首要路径，是一个重要的补短板举措。从国际比较的角度看，我国内源融资水平提升潜力很大。提升内源融资水平，不仅符合融资规律，也为“去杠杆”提供了一条对宏观经济冲击较小的新路径，意义重大。

我国企业当前内源融资水平之所以低，微观原因在企业自身积累不足，宏观原因则在于经济结构的调整未完成，发展方式未实现根本性转变。在传统的发展方式下，我国经济对投资依赖大。以企业部门的固定资本投资来说，2011—2015年，我国这一投资与GDP的比值平均为28.19%，美国为8.92%，英国为9.12%，日本为10.13%，德国为15.22%，印度为13.05%。我国经济对投资的依赖水平远远高于其他国家（见图5-8）。而且，目前我国的这一指标较20世纪90年代初不但没有下降，反而略有提升。

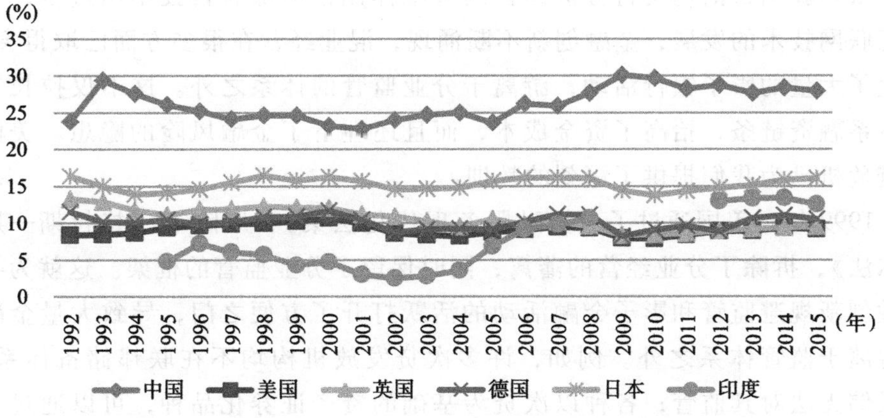


**图5-8 我国企业部门固定资本形成额与GDP比值的国际比较**

资料来源：中国国家统计局、美联储、英国国家统计局、德意志联邦银行、日本内阁府、印度中央统计局、印度储备银行、世界银行。

对投资依赖大，也是产能过剩的源头。而产能过剩会恶化企业的市场环境，直接削弱企业的盈利和积累能力，从而降低企业内源融资的水平。

党的十八大报告明确提出，要“牢牢把握发展实体经济这一坚实基础，

实行更加有利于实体经济发展的政策措施”。党的十九大报告进一步强调，“必须把发展经济的着力点放在实体经济上”，要“坚定不移贯彻新发展理念，坚决端正发展观念、转变发展方式”。党中央的这些精神既给做强实体经济提出了要求，也指明了方向。

要做强实体经济，必须深化供给侧结构性改革，坚持去产能、去库存、去杠杆、降成本、补短板。另外，要积极探索有利于实体经济发展的其他有效措施。在当前形势下，如何切实降低企业负担就是一个值得认真研究的重大政策问题。根据世界银行的《全球营商环境报告（2018）》，我国企业的税负与利润比值达到了67.3%，在全球190个经济体中排130名。降低企业税负，会直接提高企业自身的积累率，也是“去杠杆”有效路径。

### （二）加大金融改革，建立有效的监管体系，提升银行业竞争度

我国企业部门融资当前对银行体系依赖依然较大，而银行部门近年来资金空转的倾向越来越高，无论是总的融资效率，还是中长期融资效率，都亟待提升。要提升银行融资效率，有必要加大金融改革，建立有效的监管体系，提升银行业竞争度。

虽然我国目前仍实行分业经营的金融体制，但随着科技不断进步，尤其是互联网技术的发展，金融创新不断涌现，混业经营在很多方面已取得突破，产生了大量的影子银行活动，游离于分业监管的体系之外。这不仅拉长了银行体系融资链条，抬高了资金成本，而且还埋下了金融风险的隐患。美国的次贷危机已为我们提供了深刻的教训。

1999年，美国通过了《金融服务现代化法案》，废除了《格拉斯—斯蒂格尔法》，拆除了分业经营的藩篱，同时保留了分业监管的框架。这就为各种金融创新规避监管和影子金融活动的活跃打开了方便之门，导致大量金融活动游离于监管体系之外。例如，许多次贷发放机构均不在联邦储备体系中，美联储无法对其监管；各种以次贷为基础的资产证券化品种，可以通过私募发行的方式规避掉美国证券交易委员会的监管；各种影子金融机构更是几乎不受任何金融监管。当系统性风险集聚时，监管者甚至处于情况不明状态，而在混业框架下金融业的连通使得风险传递远较以往迅捷，最终导致危机的爆发。

2017年7月召开的第五次全国金融工作会议提出，“要把主动防范化解系统性金融风险放在更加重要的位置”。2017年中央经济工作会议则把防范

化解重大风险放在了未来三年决胜全面建成小康社会的三大攻坚战之首。可见，在当前要提高银行体系融资效率，首先要做好风险防范工作。为此，必须深化金融改革，建立有效的监管体系，堵住监管套利的漏洞和资金层层嵌套的渠道，提高银行规范运作的程度，以缩短银行融资的链条。国务院金融稳定委员会的成立已为在分业经营框架下提供集中统一的金融监管提供了协调平台。以此为基础，可以赋予银行、证券、保险等监管部门以业态为监管依据的权力和责任，对金融活动进行全面监管。金融创新会使得金融活动的组织形式不断变化，但万变不离其宗，金融业态的本质不会发生变化。依据业态而不是组织形式，对金融活动进行监管，会更加有效。

另外，我国银行业属于管制程度很高行业，新的机构难以进入，行业垄断特征明显，这不仅会降低银行业效率，还会使银行机构在与实体企业的交易中具备优势地位，提升了后者融资成本。2015 年，我国金融业增加值占 GDP 比重为 8.40%，美国为 7.50%，英国为 6.48%，日本为 5.18%。我国金融业对 GDP 的贡献率已超过发达国家，有过度金融化之嫌，对实体经济有挤压作用。因此，有必要逐步放松银行业进入管制，提高银行业的竞争度。

### （三）打破债券市场的分割状态，建立统一的债券市场监管体系

经过十年多的时间，中国企业部门的债券融资已达到了很高的水平，进一步提升的空间已极为有限。当前首要的任务应该是要夯实债券市场发展基础，优化结构和稳妥推进品种创新只有在这个基础上才能有效地进行。其中最重要的一点是要打破债券市场的分割状态，建立统一的债券市场监管体系。

由于历史原因，中国的债券发行分割成三个体系：（1）中国人民银行主管的中国银行间市场交易商协会系统，主要监管短期融资券、中期票据、非公开定向债务融资工具等发行；（2）中国证监会主管的系统，主要监管公司债券的发行；（3）国家发改委主管的系统，主要监管企业债券的发行。债券的交易则分割成银行间债券市场和沪、深证券交易所两个体系。证券的登记结算原先统一归于中央国债登记结算公司，2009 年上海清算所成立后，又分割成两个部分。

这种市场分割的状态既会带来监管竞争、监管套利，也会带来监管重叠，不利于债券市场健康发展。例如，我国《证券法》第十条明确规定，公开发行证券，必须符合法律、行政法规规定的条件，并依法报经国务院证券监督管理机构或者国务院授权的部门核准。也就是说，包括债券在内，我国的证

券发行实行核准制。然而，2008 年 4 月，银行间债券市场企业发行债务融资工具的体制进行了跨越式的改革，开始实行注册制，中国人民银行不再进行相关审核。企业债券发行制度发生也随之重大变化，由审批制转向核准制。此后，企业债发行程序不断简化，实质上已接近注册制。公司债券的发行也类似，尽管中国证监会还坚持实行核准制，实际程序已简化至接近注册制。

监管竞争有推动企业债券市场加速发展有利的一面，但随着市场规模的不断扩大，其弊端也日益凸显。其一是监管套利，使得一些不适当发行主体进入了市场，例如地方政府融资平台，这个问题在企业债发行中表现得更明显一些；其二是监管标准降低，导致风险积聚，作为债券违约重灾区的私募债就是例证；其三是监管能力滞后，由于体制上的制约，有的监管机构自身已缺乏必要的力量对大量的债券发行申请进行审查。

多头监管还会导致监管重叠，只要一个债券的发行、交易、登记结算跨越系统，就涉及这个问题。这不仅造成监管资源的浪费，也会提高企业的成本，降低合格企业进入市场的便利性。

市场的分割还会影响企业债券的流动性。我国企业债券市场流动性差的局面迄今没有根本性改变。

就现实条件而言，打破债券市场的分割状态，建立统一的债券市场监管体系的条件已成熟，历史因素不应该成为根本的制约因素。

### （四）走高质量发展证券市场的路子，正确处理好直接融资与间接融资的关系

默顿等（Merton and Bodie，1993；Merton，1995）提出的金融中介功能观认为，金融体系具备为交易提供支付系统、为企业提供积聚资金机制、为跨期和跨地域以及跨行业转移资源提供手段、为管理不确定性和控制风险提供工具、产生价格信息以引导经济活动、处理信息不对称及激励问题等六大功能。莱文（Levine，2003）则认为，金融体系具有为投资活动生产事前信息并引导资本配置、监督投资实施并改善公司治理、促进风险的分散与管理、动员与聚集储蓄、便利化商品与服务的交易等五大方面的功能。可见，融资只是金融体系众多功能中的一个，不宜片面强调。否则，金融体系难以健康发展。证券市场也不例外。

然而，长期以来，我国在证券市场发展上存在着偏重融资功能而偏废其他功能的倾向，使得一方面证券市场融资水平达到了很高程度，另一方面在

融资使用效率上却存在突出问题，后者在股票融资上表现尤为突出。因此，发展证券市场也要遵循党的十九大的精神，转变过去注重扩大融资规模的粗放发展方式，走高质量发展的路子，紧紧抓住资源配置效率的“牛鼻子”。其实，证券市场最本质的功能是有效配置资源。如果资源不能得到有效配置，融资规模越大，造成的损失也越大。而由于信息不对称问题以及“搭便车”现象严重，证券市场极容易产生资源配置的无效率，需要诸多制度配合才能解决这一问题。

着眼于加快经济结构的调整和经济发展方式的转变，我国在“十二五”规划中提出了要“显著提高直接融资比重”。在当时直接融资水平还不太高的背景下，这一政策方向有其合理性。然而，在当前我国直接融资无论是股票融资还是债券融资都处于国际上极高水平的背景下，重新审视这一问题，正确处理好直接融资与间接融资的关系是非常必要的。对直接融资与间接融资的关系不应该仅局限在两者的比较上，而应该放在融资结构整体优化中考虑，例如要考虑到内源融资与外源融资的关系。

### （五）加强制度建设，建立有效的投资者损害赔偿制度和严厉的违规违法行为惩处机制

相对于银行体系，证券市场的信息不对称问题更为严重，融资方更容易利用信息优势来损害投资者的利益。由于交易者众多，所以，证券市场的“搭便车”现象也很严重，投资者应对损害行为的通常之道是“以脚投票”，而这会引发市场上的逆向选择，严重的情况下会导致市场崩盘。因此，证券市场要健康稳定地运转，必须依有良好的法律和制度来保驾护航。理论与实践都表明，法律和制度对投资者权利的保护得越有效，则证券市场就越能发挥作用（LLSV，1997，1998）。反之，证券市场的功能就会扭曲，由资源配置场所异化为资源再分配的场所。我国股票市场目前就呈现出较典型这种特征。

不需要复杂的分析，简单地观察市场宏观状态就可以看出，我国股市一方面成为造富机器和“圈钱场所”，每年有大量的亿万富翁产生，上市公司募集了大量的资金，然后低效甚至违规违法使用；另一方面，投资人在长期上难有合理回报，甚至亏损累累。一方面有净损失方，另一方面有净利益获得方，股票市场实质上就起到了资源再分配的作用，将投资人的利益输送给上市公司及其控制人。这种情形显然不具有可持续性。当投资人从反复的试

错中认清楚这一点后，逆向选择则会出现。

应该说，我国对保护投资者的利益也是高度重视的。2013 年 12 月，国务院办公厅专门发布了《关于进一步加强资本市场中小投资者合法权益保护工作的意见》，对相关工作提出了明确要求。从目前的实践来看，在事先防范、事中监督方面，相关工作推进较快。中国证监会已出台了建立投资者适当性制度和中小投资者单独计票机制、完善上市公司利润分配政策尤其是现金分红政策等具体办法，在加强投资者教育方面做了大量工作。然而，在事后惩处方面，相关工作还比较滞后。

在成熟的资本市场中，当上市公司出现违规违法时，直接责任人不仅名誉扫地，而且要面对天文数字般的索赔和罚款，常常是倾家荡产也难以偿付。然而，在我国，上市公司出现重大违规违法问题时，直接责任人经常逍遥在外，得不到惩罚，或惩罚很轻，不能伤其毫发，倒是上市公司首当其冲受处罚。这实际上是让社会公众股东去替违规违法的上市公司高管、大股东以及相关的责任人受过，客观上助长了上市公司违规违法行为的猖獗。近年来，我国证券监管部门对违法违规行为惩处力度在加大，在完善证券投资者损害赔偿救济制度方面也做了一些积极探索，成功地办理了一些典型案件。但与市场中存在的众多由违规违法行为导致的对投资者利益严重损害的事件相比，我国在投资者损害赔偿制度方面的建设工作还严重滞后。应当借鉴成熟的经验，加快法律制度的完善，不仅要严厉惩处违规违法的上市公司大股东和高管、实际控制人等直接责任人，不能让上市公司及其公众股东代为受过，而且要建立有效的投资者损害赔偿制度，使投资者受到的损害切实得到及时的赔偿。可以积极借鉴国外经验，探索监管部门或投资者保护机构提起直接诉讼制度，建立覆盖面更广的投资者保护基金等。只有让违规违法者受到严厉惩处，受损害的投资者切实得到赔偿，股票市场的长期健康稳定发展才有坚实的基础。

### （六）进一步完善公司治理结构，规范市场主体行为

完善的公司治理结构是上市公司运作规范的基础。这是一个全球性的课题，即便在发达的市场经济国家，也很突出，需要有效处理。我国上市公司的治理结构由于还受到股权结构不完善以及前述对违规违法行为惩处力度不够等因素的影响，问题更加严重。

对我国上市公司治理结构状况的一个形象描述是："一股独大，一人独

霸。”前者指的是上市公司由大股东控制，后者指的是在上市公司中，实际“掌门人”（通常是董事长或实际控制人）可以为所欲为。一人独霸的局面之所以能出现，是由于在大股东为国有股东的情况下，作为委托人的国有股东经常缺位，使得作为代理人的公司“掌门人”缺乏监督，而在大股东是民营企业的情况下，委托人和代理人通常是一体的，即上市公司“掌门人”也是企业的实际控制人，别人难以制约。

公司治理不规范导致了大量不当以及违规违法行为的产生，包括资金占用、违规违法担保、不当的关联交易、过高的溢价收购、虚假的募集资金项目等，使得不少上市公司成为向大股东、实际控制人和公司高管进行利益输送的平台，上市公司爆雷甚至被掏空的现象频频发生。

为完善上市公司治理结构，我国证券监管部门先后出台了许多政策，包括上市公司高管谈话制度、控制大股东占用上市公司资金以及两者关联交易、控制上市公司担保、独立董事制度、分类表决制度，还制定并修订了《上市公司治理准则》等，在改善上市公司治理结构、规范上市公司行为上取得了一定的进展。但上市公司各类案件依然频繁曝出，显示相关制度建设仍很不完善，而且已有的制度并未得到认真的遵守。

毋庸讳言，在我国，完善上市公司治理结构需要面对一些特有的环境因素，包括整个社会的诚信水平有待提高、法制体系还很不完善等。这些因素都不是证券监管部门所能改变的。正因为如此，完善上市公司治理结构的制度建设就更应该打破教条，有的放矢。具体来讲，可考虑在两个方面加大推进力度。

第一，切实发挥中小投资者单独计票机制的作用。为了防范大股东对中小股东的利益损害，我国监管部门在 2004 年即引入了分类表决制度。该项制度出台后，上市公司最初确实有点紧张，但实施一段时间后，效果并未彰显。其原因在于：一是社会公众股东投票率太低，二是该制度涵盖面还比较窄。社会公众股东投票率太低是证券市场“搭便车”现象的一种体现，也与该制度未能实际对大股东形成有效制约有关。为此，当前的中小投资者单独计票机制有必要在吸取这方面教训的基础上加以完善，除了加强对投资者教育，使得社会公众股东提高认识，有足够的意愿参与表决外，还要使单独计票机制有足够的覆盖面，对于募集资金用途变更、重大关联交易、对外担保、溢价并购等可能给中小股东利益造成严重损害的事项都要列入单独表决的范围，要让其切实发挥分类表决的作用，不仅要制定最低 2/3 同意的通过原则，还可以逐步探索最低参与表决比例的原则，例如，可以考虑设置20%～30%的比例，如果中小股东投票比例达不到这一标准，则整个决议将不获通过。这样，可以倒逼上市公司真正重视中小股东的意愿和参与，最终提高上市公司治理水平。

第二，将募集资金使用效率与其再融资资格挂钩。我国上市公司普遍存在着重融资、轻回报的倾向。不断进行融资是上市公司及其大股东、实际控制人的重大利益之所在，而募集资金使用不规范以及效率低下通常正是公司治理结构不完善的一个结果。既然如此，就应该紧紧抓住融资这条主线，来推进上市公司治理结构的完善，提升证券市场资源配置效率。这样，相关政策才适合我国大的制度环境，有效地达到规范上市公司运作的目的。为此，除了有必要进一步严格对募集资金使用的全程监控外，还可以考虑将募集资金使用效率与再融资资格挂钩。对变更募集资金投向的，除需要获股东大会和中小股东分类表决批准外，还应要求向原先发行审核部门提出合理的说明，发行审核部门则将此列入其诚信记录，并作出相应的处罚。对随意变更募集资金投向、变动募集资金投向比重较大、募集资金使用效率较低的，要取消其再融资资格一段时间。对于屡次出现这样问题的公司，可长久地取消其资格。只有这样，才能既减少上市公司假借各种投资项目的名义来圈钱，也能逼迫其提高规范运作的水平，从而在供给端为整个证券市场的健康发展打下坚实的基础。

# 主要参考文献

[1] Allen, F., L. Bartiloro, and O. Kowalewski (2006). Does Economic Structure Determine Financial Structure? [R] The Wharton School, University of Pennsylvania Working Paper.

[2] Allen, F., X. Gu, and O. Kowalewski (2012). Financial Crisis, Structure and Reform. Journal of Banking & Finance, 36 (11), 2960 - 2973.

[3] Antonios, A. (2010). Financial Development and Economic Growth a Comparative Study between 15 European Union Member - States. International Research Journal of Finance and Economics, 35, 143 - 149.

[4] Arcand, J., Berkes, E., and Panizza, U. (2012). Too Much Finance? IMF Working Papers, 12/161.

[5] Antzoulatos, A. A., Koufopoulos, K., Lambrinoudakis, C., & Tsiritakis, E. (2016). Supply of Capital And Capital Structure: The Role Of Financial Development. Journal of Corporate Finance, 38, 166 - 195.

[6] Bates, T. W., Kahle, K. M., and Stulz, R. M. (2009). Why do U. S. Firms Hold So Much More Cash Than They Used To? Journal of Finance, 64 (5), 1985 - 2021.

[7] Beck, T., A. Demirgüç - Kunt, and R. Levine. (1999). A New Database on Financial Development and Structure, World Bank Policy Research Working Paper, No. 2146.

[8] Beck, T., A. Demirgüç - Kunt, and R. Levine. (2010). Financial Institutions and Markets across Countries and over Time - The Updated Financial Development and Structure Database, The World Bank Economic Review, 24 (1): 77 - 92.

[9] Beck, T., Demirgüç - Kunt, A., and Maksimovic, V. (2008). Financing Patterns around The World: are Small Firms Different? Journal of

Financial Economics, 89 (3), 467 - 487.

[10] Beck, T., E. Feyen, A. Ize and F. Moizeszowicz. (2008). Benchmarking Financial Development, World Bank Policy Research Working Paper, No. 4638.

[11] Bokpin, G. A. (2010). Financial Market Development and Corporate Financing: Evidence from Emerging Market Economies. Journal of Economic Studies, 37 (1), 96 - 116.

[12] Bolton, P., Chen, H., and Wang, N. (2011). A Unified Theory of Tobin's Q, Corporate Investment, Financing, and Risk Management. Journal of Finance, 66 (5), 1545 - 1578.

[13] Bosworth, B., Smith, W., and Brill, D. (1971). Patterns of Corporate External Financing. Brookings Papers on Economic Activity, 2, 253 - 284.

[14] Chakraborty, S. and T. Ray (2006). Bank - based Versus Market - based Financial Systems: A Growth - theoretic Analysis. Journal of Monetary Economics, 53 (2), 329 - 350.

[15] Cihák, M., A. Demirgüç - Kunt, E. Feyen and R. Levine. (2012). Benchmarking Financial Systems around the World, World Bank Policy Research Working Paper, No. 6175.

[16] Corbett, J. (2010), Corporate Financial Structure in East Asia: What do We Know?, in Findlay, C., F. Parulian and J. Corbett (ed.), Linkages between Real and Financial Aspects of Economic Integration in East Asia. ERIA Research Project Report 2009 - 1, Jakarta: ERIA, 130 - 152.

[17] Corbett, J. and Jenkinson, T. (1996). The Financing of Industry, 1970 - 1989: An International Comparison. Journal of Japanese and International Economies, 10, 71 - 96.

[18] Corbett, J. and Jenkinson, T. (1997). How is Iinvestment Financed? A Study of Germany, Japan, The United Kingdom and The United States. Manchester School, 65 (Supplement), 69 - 93.

[19] Corbett, J., Edwards, J., Jenkinson, T., Mayer, C., and Sussman, O. (2005). A Response to Hackethal and Schmidt (2003) "Financing Patterns: Measurement Concepts and Empirical Results". Mimeo, Said Business School,

Oxford University.

[20] Cobham, D., and Subramaniam, R. (1998). Corporate Finance in Developing Countries: New Evidence for India. World Development, 26, 1033 - 47.

[21] Delcoure, N. (2007). The Determinants of Capital Structure in Transitional Economies. International Review of Economics & Finance, 16 (3), 400 - 415.

[22] Demir, A. U., and Hall, S. G. (2017). Financial Structure and Economic Development: Evidence on the View of " New Structuralism ". International Review of Financial Analysis, 52, 252 - 259.

[23] Demirgüç - Kunt, A., and R. Levine (1993). Stock Market Development and Financial Intermediary Growth: A Research Agenda, World Bank Policy Research Working Paper, No. 1159.

[24] Demirguc - Kunt, A., and R. Levine (1999). Bank - based and Market - based Financial Systems: Cross - country Comparisons. Policy Research Working Paper, No. 2143, World Bank.

[25] Demirgüç - Kunt, A., and R. Levine (2008). Finance, Financial Sector Policies, and Long - Run Growth, World Bank Policy Research Working Paper, No. 4469.

[26] Dong, M., Hirshleifer, D., and Teoh, S. H. (2012). Overvalued Equity and Financing Decisions. Review of Financial Studies, 25 (12), 3645 3683.

[27] Ehlers, T., Kong, S., and Zhu, F. (2018). Mapping Shadow Banking in China: Structure and Dynamics. BIS Working Papers, No. 701.

[28] Fazzari, S. M., Hubbard, R. G., Petersen, B. C., Blinder, A. S., & Poterba, J. M. (1988). Financing Constraints and Corporate Investment. Brookings Papers on Economic Activity, 1, 141 - 206.

[29] Goldsmith, R. W. (1955). Financial Structure and Economic Growth in Advanced Countries: An Experiment in Comparative Financial Morphology, in Universities - National Bureau Committee for Economic Research (ed.), Capital Formation and Economic Growth, 111 - 168. Princeton: Princeton University Press.

[30] Graham, J. R., Leary, M. T., and Roberts, M. R. (2014). A Century of Capital Structure: the Leveraging of Corporate America. Journal of

Financial Economics, 118 (3), 658 - 683.

[31] Green, C. J., and Murinde, V. (2003). Flow of Funds: Implications for Research on Financial Sector Development and the Real Economy. Journal of International Development, 15 (8), 1015 - 1036.

[32] Green, C. J., V. Murinde, and J. Suppakitjarak. (2002). Corporate Financial Structures in India. Finance and Development Research Programme Working Paper Series, No. 43, University of Manchester.

[33] Hackethal, A. and R. H. Schmidt. (2004). Financing Patterns: Measurement Concepts and Empirical Results. mimeo, University of Frankfurt.

[34] IMF. (2017). People's Republic of China: Financial System Stability Assessment. Country Reports, No. 17/358.

[35] Katagiri, M. (2014). A Macroeconomic Approach to Corporate Capital Structure. Journal of Monetary Economics, 66 (3), 79 - 94.

[36] Kim, D. H., Lin, S. C., and Chen, T. C. (2016). Financial Structure, Firm Size and Industry Growth. International Review of Economics & Finance, 41, 23 - 39.

[37] King, R. G., and R. Levine (1993). Finance and Growth: Schumpeter Might Be Right. Quarterly Journal of Economics, 108 (3), 717 - 737.

[38] Korajczyk, R. A., and Levy, A. (2003). Capital Structure Choice: Macroeconomic Conditions and Financial Constraints. Journal of Financial Economics, 68 (1), 75 - 109.

[39] La Porta, R., F. Lopez - de - Silanes, A. Shleifer and R. Vishny (1997). Legal Determinants of External Finance. Journal of Finance, 52, 1131 - 1150.

[40] La Porta, R., F. Lopez - de - Silanes, A. Shleifer and R. Vishny (1998). Law and Finance. Journal of Political Economy, 106, 1113 - 1155.

[41] Lemmon, M., & Roberts, M. R. (2010). The Response of Corporate Financing and Investment to Changes in the Supply of Credit. Journal of Financial & Quantitative Analysis, 45 (3), 555 - 587.

[42] Levine, R. (2002). Bank - Based or Market - Based Financial Systems: Which is Better? Journal of Financial Intermediation, 11 (4), 398 - 428.

[43] Levine, R. (2003). *Finance and growth*: Theory, Evidence and

Mechanisms, Working paper, University of Minnesota.

[44] Levy, A., and Hennessy, C. (2007). Why does Capital Structure Choice Vary with Macroeconomic Conditions? Journal of Monetary Economics, 54 (6), 1545 - 1564.

[45] Luintel, K. B., Khan, M., Leon - Gonzalez, R., and Li, G. (2016). Financial Development, Structure and Growth: New Data, Method and Results. Journal of International Financial Markets Institutions & Money, 43, 95 - 112.

[46] Mayer, C. (1988). New Issues in Corporate Finance. European Economic Review, 32, 1167 - 1188.

[47] Mayer, C. (1990). Financial Systems, Corporate Finance, and Economic Development. in Hubbard, R. G. (ed.), Asymmetric Information, Corporate Finance and Investment, 307 - 332, Chicago: University of Chicago Press.

[48] Miller, M. H. (1977). Debt and Taxes. Journal of Finance, 32 (2), 261 - 275.

[49] Modigliani, F. and Miller, M. H. (1958). The Cost of Capital, Corporation Finance, and the Theory of Investment. American Economic Review, 48, 261 - 297.

[50] Modigliani, F. and Miller, M. H. (1963). Corporate Income Taxes and the Cost of Capital: A Correction. American Economic Review, 53, 433 - 443.

[51] Mullineux, A., Murinde, V., and Sensarma, R. (2010). Convergence of Corporate Financing Patterns in Europe. Economic Issues, 15 (2), 49 - 68.

[52] Mullineux, A., Murinde, V., and Sensarma, R. (2011). Corporate Financing and Macroeconomic Volatility in the European Union. International Economics & Economic Policy, 8 (1), 79 - 92.

[53] Myers, S. C. (1984). The Capital Structure Puzzle. Journal of Finance, 39 (3), 575 - 592.

[54] Myers, S. C. and Majluf, N. S. (1984). Corporate Financing and Investment Decisions When Firms Have Information That Investors do not Have. Journal of Financial Economics, 13, 187 - 221.

[55] Ndikumana, L. (2005). Financial Development, Financial Structure, and Domestic Investment: International Evidence. Journal of International Money and Finance, 24, 651-673.

[56] Rajakumar, J. D. (2014). Corporate Financing Pattern in India: Changing Composition and Its Implications. IUP Journal of Applied Finance, 20 (4), 5-21.

[57] Rajan, R. and Zingales, L., (1995). What do We Know About Capital Structure? Some Evidence from International Data, Journal of Finance, 50, 1421-1460.

[58] Reid, R. (2010). Financial Development: A Broader Perspective. Asian Development Bank Working Paper, No. 258.

[59] Serletis, A., and Pinno, K. (2006). Corporate Financing in Canada. Journal of Economic Asymmetries, 3 (1), 1-20.

[60] Singh, A. (1995). Corporate Financial Patterns in Industrialising Economies: a Comparative Study, IFC Technical Paper No.2.

[61] Suzuki, K. and D. Cobham. (2005). Recent Trends in the Sources of Finance for Japanese Firms: Has Japan Become a 'High Internal Finance' Country? Discussion Paper Series, No. 0501, University of St Andrews.

[62] World Bank. 2012. Global Financial Development Report 2013: Rethinking the Role of the State in Finance. World Bank Publications.

[63] World Bank. (2015). Global Financial Development Report 2015/2016. World Bank Publications.

[64] World Bank. (2018). Global Financial Development Report 2017/2018. World Bank Publications.

[65] 沃尔特·白芝浩．伦巴第街——货币市场记述．沈国华译，上海财经大学出版社，2008 年．

[66] 曹裕，陈晓红，万光羽．基于企业生命周期的上市公司融资结构研究．中国管理科学．2009 (3)：150-158.

[67] 陈华敏．境外成熟市场经验对完善募集资金监管的启示 [J]．证券市场导报，2018 (03)：73-78.

[68] 陈平，李广众．中国的结构转型与经济增长 [J]．世界经济，2001 (03)：16-20.

[69] 埃斯里·德米尔古克－肯特，罗斯·莱文．金融结构和经济增长：银行、市场和发展的跨国比较．北京：中国人民大学出版社，2006 年．

[70] 杜欣．中国融资结构变迁及其对金融稳定的影响．经济师．2007 (2)：89－91.

[71] 方先明，余丁洋，杨波．商业银行理财产品：规模、结构及其收益的不确定性 [J]．经济问题，2015 (06)：69－74.

[72] 高榴．我国公司债券发展中的风险、问题及对策 [J]．南方金融，2017 (04)：58－65.

[73] 雷蒙德·W. 戈德史密斯．金融结构与金融发展．周朔等译，上海三联书店、上海人民出版社，1994 年．

[74] 国家统计局．中国国民经济核算体系 (2002)．国家统计局官网 (http：//www. stats. gov. cn).

[75] 国家统计局．中国国民经济核算体系 (2016)．国家统计局官网 (http：//www. stats. gov. cn).

[76] 国家统计局国民经济核算司．中国资金流量核算历史资料 (1998—2002)．北京：中国统计出版社，2005 年．

[77] 国家统计局国民经济核算司，中国人民银行调查统计司．中国资金流量表历史资料 (1992—2004)．北京：中国统计出版社，2008 年．

[78] 郭丽虹，张祥建，徐龙炳．社会融资规模和融资结构对实体经济的影响研究 [J]．国际金融研究，2014 (06)：66－74.

[79] 郭田勇，杨帆．商业银行业务转型的路径与风险防范 [J]．清华金融评论，2016 (07)：71－73.

[80] 何国华，常鑫鑫．融资结构、资本效率与企业创新能力——来自中国工业企业的证据．南昌大学学报 (人文社会科学版)．2011 (6)：51－57.

[81] 何平，刘泽豪，方志玮．影子银行、流动性与社会融资规模 [J]．经济学 (季刊)，2018，17 (01)：45－72.

[82] 胡利琴，常月，陈锐，黄琨．中国影子银行通道演变及风险形成机理研究——基于机构关联的视角 [J]．保险研究，2017 (10)：29－41.

[83] 黄群慧．论新时期中国实体经济的发展 [J]．中国工业经济，2017 (09)：5－24.

[84] 纪志宏．债券市场的机制建设 [J]．中国金融，2017 (01)：19－21.

[85] 金碚．牢牢把握发展实体经济这一坚实基础 [J]．求是，2012

(07): 24-26.

[86] 李德. 我国银行业改革进程和未来发展前景 [J]. 华北金融, 2011 (07): 4-10.

[87] 李海蓉, 刘新波. 基于历史视角的中国 FDI 引进政策演变 [J]. 经济研究参考, 2014 (20): 47-52+79.

[88] 李锦城. 对1996—2015年中国影子银行月度规模数据的测算 [J]. 中国市场, 2016 (24): 71-80.

[89] 李若愚. 中国式影子银行规模测算与风险评估 [J]. 金融与经济, 2013 (09): 32-36+45.

[90] 李晓静, 王俊鑫, 曾婧. 中国影子银行成因、规模估测及风险分析 [J]. 北京社会科学, 2015 (11): 53-62.

[91] 李小军, 陈雪, 孙舒仪. 股权再融资业绩之"谜": 基于过度融资的证据 [J]. 财会月刊, 2015 (06): 14-18.

[92] 李扬, 殷剑峰. 中国高储蓄率问题探究——1992—2003年中国资金流量表的分析 [J]. 经济研究, 2007 (06): 14-26.

[93] 李扬. "金融服务实体经济"辩 [J]. 经济研究, 2017, 52 (06): 4-16.

[94] 李志辉, 崔光华. 中国银行业三十年改革变迁与未来发展趋势 [J]. 现代财经-天津财经大学学报, 2009, 29 (04): 3-8.

[95] 李卓, 邹雨洋. 工业化中期阶段中国经济发展战略研究: 文献综述 [J]. 经济评论, 2012 (06): 119-127.

[96] 梁琪, 涂晓枫. 银行影子的发展及其运作模式探析 [J]. 金融论坛, 2017 (4): 3-12.

[97] 梁炜, 任保平. 中国经济发展阶段的评价及现阶段的特征分析 [J]. 数量经济技术经济研究, 2009, 26 (04): 3-18+44.

[98] 林毅夫, 孙希芳, 姜烨. 经济发展中的最优金融结构理论初探. 经济研究. 2009(8): 4-17.

[99] 刘畅, 郭昱. 我国外资政策的历史演进与范式评估 [J]. 改革, 2012 (12): 132-137.

[100] 刘广生, 岳芳芳. 上市公司再融资效率研究——基于绩效变化视角的检验 [J]. 财会通讯, 2015 (11): 34-36.

[101] 刘金全, 郑挺国. 我国经济周期阶段性划分与经济增长走势分析

[J]. 中国工业经济, 2008 (01): 32-39.

[102] 刘明康. 我国银行业改革发展的历史性变化 [J]. 求是, 2007 (20): 25-28.

[103] 刘明康. 中国特色银行业监管的理论与实践 [J]. 求是, 2011 (18): 33-35.

[104] 刘世锦. 我国增长阶段转换与发展方式转型 [J]. 国家行政学院学报, 2012 (02): 10-15+1.

[105] 刘庭竹. 债券市场监管改革的重点 [J]. 中国金融, 2018 (08): 49-50.

[106] 刘小玄, 周晓艳. 金融资源与实体经济之间配置关系的检验——兼论经济结构失衡的原因 [J]. 金融研究, 2011 (02): 57-70.

[107] 龙华, 许宪春. 1993 年 SNA 的基本结构及修订的主要内容 [J]. 统计研究, 1993 (05): 32-42.

[108] 吕祥勍. 中国银行业改革开放历程研究——基于发展路径选择的视角 [J]. 重庆大学学报 (社会科学版), 2010, 16 (03): 21-29.

[109] 罗纳德·I·麦金农 (1973). 经济发展中的货币与资本. 卢骢译, 上海三联书店, 1988 年.

[110] 闵庆全, 许宪春. 1993 年 SNA 的发展与中国新国民经济核算体系的进一步改革 [J]. 财经问题研究, 1997 (07): 60-65.

[111] 牛润盛. 社会融资结构变迁对实体经济和产业结构的动态影响——基于状态空间模型研究 [J]. 海南金融, 2013 (05): 19-22.

[112] 裴长洪, 樊瑛. 利用外资仍要坚持数量与质量并重 [J]. 中国工业经济, 2008 (03): 5-13.

[113] 裴长洪. 吸收外商直接投资与产业结构优化升级——"十一五"时期利用外资政策目标的思考 [J]. 中国工业经济, 2006 (01): 33-39.

[114] 彭志龙. 我国政府经济活动的特点及国际比较 [J]. 统计研究, 2003 (04): 24-30.

[115] 祁京梅. 中国经济将从高速增长期步入中速增长阶段 [J]. 经济研究参考, 2013 (60): 9.

[116] 邱杨茜, 陈颖, 余军, 何孝星. 当前我国金融体系与实体经济运行的问题与对策研究 [J]. 经济学动态, 2012 (08): 57-62.

[117] 裘翔, 周强龙. 影子银行与货币政策传导 [J]. 经济研究, 2014,

49（05）：91－105.

［118］桑百川．中国利用外资三十年：历程、特点与前景［J］．特区经济，2008（07）：13－17.

［119］苏治，方彤，尹力博．中国虚拟经济与实体经济的关联性——基于规模和周期视角的实证研究［J］．中国社会科学，2017（08）：87－109＋205－206.

［120］孙国峰，贾君怡．中国影子银行界定及其规模测算——基于信用货币创造的视角［J］．中国社会科学，2015（11）：92－110＋207.

［121］孙杰．发达国家和发展中国家的金融结构、资本结构和经济增长［J］．金融研究，2002（10）：14－24.

［122］孙立芳．经济转轨过程中国有企业的融资结构和融资偏好．金融理论与实践．2005（8）：41－43.

［123］汤铎铎，张莹．实体经济低波动与金融去杠杆——2017年中国宏观经济中期报告［J］．经济学动态，2017（08）：4－17.

［124］陶春生．金融发展测度方法的优化路径分析［J］．管理世界，2015（12）：176－177.

［125］陶春生，肖建华．融资结构测度理论评述［J］．经济学动态，2008（06）：102－106.

［126］王浡力，李建军．中国影子银行的规模、风险评估与监管对策［J］．中央财经大学学报，2013（05）：20－25.

［127］王广谦．中国对外投资与引进外资的新变化及政策建议［J］．金融论坛，2017，22（07）：3－5.

［128］王亮亮，王跃堂．工资税盾、替代效应与资本结构［J］．金融研究，2016（07）：113－133.

［129］王洛林，江小涓．中国的外资引进与经济发展［J］．中国社会科学，1997（05）：55－67.

［130］王晓红，沈家文．我国利用外商直接投资的现状与趋势展望［J］．国际贸易，2015（02）：41－48.

［131］王永钦，刘紫寒，李嫦，杜巨澜．识别中国非金融企业的影子银行活动——来自合并资产负债表的证据［J］．管理世界，2015（12）：24－40.

［132］王玉荣．我国上市公司融资结构决定因素的实证分析．工业技术经济．2005（8）：125－129.

[133] 王喆，张明，刘士达．从“通道”到“同业”——中国影子银行体系的演进历程、潜在风险与发展方向［J］．国际经济评论，2017（04）：128-148+8.

[134] 吴晓求，陶晓红，张焞．发展中国债券市场需要重点思考的几个问题［J］．财贸经济，2018，39（03）：5-16.

[135] 巫云仙．改革开放以来我国引进和利用外资政策的历史演进［J］．中共党史研究，2009（07）：24-32.

[136] 吴彦艳，赵国杰，丁志卿．改革开放以来我国利用外资政策的回顾与展望［J］．经济体制改革，2008（06）：13-16.

[137] 徐书杰，夏云天，杨晴晴．我国影子银行的界定与统计体系构建［J］．金融理论与实践，2018（02）：110-115.

[138] 许宪春，戚少成．美国国民经济核算的主要构成部分［J］．统计与决策，1990（03）：44-46.

[139] 许宪春．发达的市场经济国家是如何实施1993年SNA的［J］．统计研究，2001（10）：3-10.

[140] 许宪春．改革开放以来我国国际收支情况分析［J］．统计研究，2009，26（01）：20-27.

[141] 许宪春．关于我国国民经济核算体系的修订［J］．全球化，2014（01）：14-20+123.

[142] 许宪春．联合国1993年SNA中的流量概念和记录方式［J］．当代经济科学，1998（01）：77-81.

[143] 许宪春．如何正确使用政府统计数据［J］．经济学报，2017，4（03）：1-17.

[144] 许宪春．我国经济结构的变化与面临的挑战［J］．国家行政学院学报，2015（06）：4-11.

[145] 许宪春．中国国际收支差额分析［J］．金融研究，2001（03）：68-77.

[146] 许宪春．中国国民经济核算：发展·改革·挑战［J］．统计研究，2008（07）：3-15.

[147] 许宪春．中国国民经济核算中的若干重要指标与有关统计指标的比较［J］．世界经济，2014，37（03）：145-159.

[148] 许宪春．中国新国民经济核算体系与1993年SNA的若干区别

[J]. 统计研究, 1994 (05): 18 - 24.

[149] 许宪春. 中国新国民经济核算体系与 1993 年 SNA 的若干区别 (续二) [J]. 统计研究, 1995 (01): 23 - 31.

[150] 许宪春. 中国新国民经济核算体系与 1993 年 SNA 的若干区别 (续三) [J]. 统计研究, 1995 (02): 16 - 18.

[151] 许宪春. 中国资金流量分析 [J]. 金融研究, 2002 (09): 18 - 33.

[152] 杨盼盼, 马光荣, 徐建炜. 理解中国 2002 ~ 2008 年的经常账户顺差扩大之谜 [J]. 世界经济, 2015, 38 (02): 112 - 139.

[153] 杨涛. 中国政府储蓄研究: 实践考察与政策应对 [J]. 财贸经济, 2011 (02): 49 - 54.

[154] 张成思, 张步昙. 再论金融与实体经济: 经济金融化视角 [J]. 经济学动态, 2015 (06): 56 - 66.

[155] 张京, 王淑慧, 韦珊珊. 论国内外企业融资结构. 山西财经大学学报. 2009 (1): 211 - 213.

[156] 张军扩, 余斌, 吴振宇. 增长阶段转换的成因、挑战和对策 [J]. 管理世界, 2014 (12): 12 - 20 + 37.

[157] 张晓朴, 朱太辉. 金融体系与实体经济关系的反思 [J]. 国际金融研究, 2014 (03): 43 - 54.

[158] 张永芳. "十二五" 经济转型背景下我国银行业发展问题与对策研究 [J]. 改革与战略, 2011, 27 (09): 69 - 71.

[159] 中国人民银行西安分行课题组, 白鹤祥. 我国影子银行资产负债表的构建与风险测度研究 [J]. 金融会计, 2017 (12): 17 - 23.

[160] 中国银监会. 中国银行业监督管理委员会 2016 年报 [R]. 中国银监会官网 (www.cbrc.gov.cn).

[161] 朱慈蕴. 中国影子银行: 兴起、本质、治理与监管创新 [J]. 清华法学, 2017, 11 (06): 6 - 24.

[162] 朱武祥, 魏炜, 王正位. 回归经典: 资本结构研究 60 年思考 [J]. 金融研究, 2014 (12): 194 - 206.